W9-BPN-706

PANORAMA

Introducción a la lengua española

THIRD EDITION

VOLUME 1

José A. Blanco

Philip Redwine Donley, Late
Austin Community College

Boston, Massachusetts

The **PANORAMA, Third Edition,** cover features a detail from Antoni Gaudí's **La Pedrera** in Barcelona, Spain. This remarkable architectural feat is one of the many landmarks from the Spanish-speaking world that you will learn about in **PANORAMA**.

Publisher: José A. Blanco
Vice President and Editorial Director: Beth Kramer
Managing Editor: Sarah Kenney
Project Manager: Isabelle Alouane
Editor: Gabriela Ferland
Director of Art and Design: Linda Jurras
Director of Production and Manufacturing: Lisa Perrier
Design Manager: Polo Barrera
Photo Researcher and Art Buyer: Rachel Distler
Production Coordinator: Nick Ventullo
Production and Manufacturing Team: Oscar Diez, Mauricio Henao, María Eugenia Castaño, Jeff Perron

President: Janet L. Dracksdorf
Sr. Vice President of Operations: Tom Delano
Vice President of Sales and Marketing: Scott Burns
Executive Marketing Manager: Benjamín Rivera

© 2009 and 2010 by Vista Higher Learning

All rights reserved.

No part of this work may be reproduced or distributed in any form or by any means, electronic or mechanical, including photocopying and recording, or by any information storage or retrieval system without prior written permission from Vista Higher Learning, 31 St. James Avenue, Boston, MA 02116-4104.

Student Text ISBN: 978-1-60007-898-9

Library of Congress Control Number: 2007934449

4 5 6 7 8 9 WC 13 12 11

TO THE STUDENT

To Vista Higher Learning's great pride, **PANORAMA** and **VISTAS**, the parent text from which **PANORAMA** is derived, became the best-selling new introductory college Spanish programs in more than a decade in their first editions. The success of the second editions followed suit, and it is now our pleasure to welcome you to **PANORAMA, Third Edition**, your gateway to the Spanish language and to the vibrant cultures of the Spanish-speaking world.

A direct result of extensive reviews and ongoing input from students and instructors, **PANORAMA 3/e** includes both the highly successful, ground-breaking features of the original program, plus many exciting new elements designed to keep **PANORAMA** the most student-friendly program available. Here are just some of the features you will encounter:

Original, hallmark features

- A unique, easy-to-navigate design built around color-coded sections that appear either completely on one page or on spreads of two facing pages
- Integration of an appealing video, up-front in each lesson of the student text
- Practical, high-frequency vocabulary in meaningful contexts
- Clear, comprehensive grammar explanations with high-impact graphics and other special features that make structures easier to learn and use
- Ample guided, focused practice to make you comfortable with the vocabulary and grammar you are learning and to give you a solid foundation for communication
- An emphasis on communicative interactions with a classmate, small groups, the full class, and your instructor
- Careful development of reading, writing, and listening skills incorporating learning strategies and a process approach
- Integration of the culture of the everyday lives of Spanish speakers and coverage of the entire Spanish-speaking world
- Unprecedented learning support through on-the-spot student sidebars and on-page correlations of the print and technology ancillaries for each lesson section
- A complete set of print and technology ancillaries to help you learn Spanish

New to the Third Edition

- Revised grammar scope for improved coverage within and across lessons
- Increased reading and coverage of culture in the new **Cultura** section
- The **Recapitulación** grammar review at the end of **Estructura**, available with auto-scoring and diagnostics at panorama.vhlcentral.com
- Exciting multimedia components, such as **En pantalla** and **Oye cómo va**
- New ancillaries, like the ***Flash cultura*** Video and the **PANORAMA, Third Edition**, Supersite at panorama.vhlcentral.com, all closely integrated with the student text

PANORAMA 3/e has fifteen lessons, each of which is organized exactly the same way. To familiarize yourself with the organization of the text, as well as its original and new features, turn to page xii and take the **at-a-glance** tour.

table of contents

cultura	estructura	adelante

table of contents

cultura	estructura	adelante

table of contents

	contextos	fotonovela
Lección 9 Las fiestas  Volume 2	Parties and celebrations . . . . . 276 Personal relationships. . . . . . . 277 Stages of life 278	**¡Feliz cumpleaños, Maite!** . . . 280 **Pronunciación** The letters **h, j,** and **g** 283
Lección 10 En el consultorio 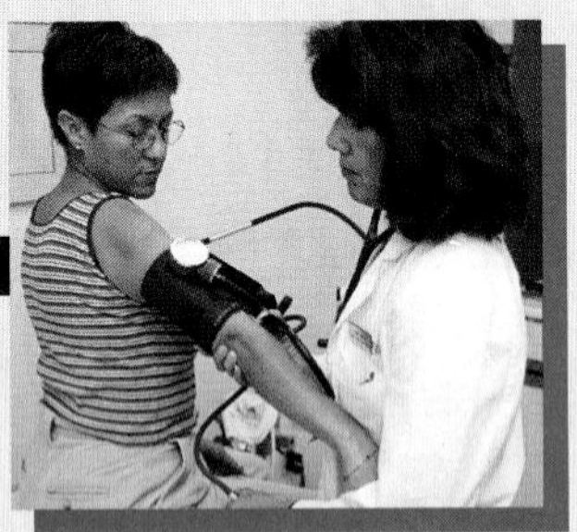 Volume 2	Health and medical terms . . . 308 Parts of the body . . . . 308 Symptoms and medical conditions . . . . 308 Health professions. 308	**¡Uf! ¡Qué dolor!** . . . . 312 **Ortografía** El acento y las sílabas fuertes 315
Lección 11 La tecnología  Volume 2	Home electronics . . . . 342 Computers and the Internet . . 342 The car and its accessories . . 344	**Tecnohombre, ¡mi héroe!** . . . . 346 **Ortografía** La acentuación de palabras similares 349
Lección 12 La vivienda  Volume 2	Parts of a house . . . . 376 Household chores . . . . 376 Table settings 378	**¡Les va a encantar la casa!** . . . 380 **Ortografía** Mayúsculas y minúsculas . . 383

cultura	estructura	adelante
En detalle: Semana Santa: vacaciones y tradición . . . . . 284 **Perfil:** Festival de Viña del Mar 285	**9.1** Irregular preterites . . . . . . 286 **9.2** Verbs that change meaning in the preterite . 290 **9.3 ¿Qué?** and **¿cuál?** . . . . 292 **9.4** Pronouns after prepositions. . . . . 294 **Recapitulación** 296	**Lectura:** *Vida social* . . . . 298 **Escritura** . . . . 300 **Escuchar** . . . . 301 **En pantalla** . . . . 302 **Oye cómo va** . . . . 303 **Panorama:** Chile. 304
En detalle: Servicios de salud . . . . 316 **Perfiles:** Curanderos y chamanes. 317	**10.1** The imperfect tense . . . . 318 **10.2** The preterite and the imperfect . . . . 322 **10.3** Constructions with **se** . . 326 **10.4** Adverbs . . . . 330 **Recapitulación** 332	**Lectura:** *Libro de la semana* . . 334 **Panorama:** Costa Rica y Nicaragua 336
En detalle: El teléfono celular . . . . 350 **Perfil:** Los cibercafés 351	**11.1** Familiar commands . . . . 352 **11.2 Por** and **para** . . . . 356 **11.3** Reciprocal reflexives. . . . 360 **11.4** Stressed possessive adjectives and pronouns 362 **Recapitulación** 366	**Lectura:** *Inteligencia y memoria: la inteligencia artificial*. . . . . 368 **Panorama:** Argentina y Uruguay. 370
En detalle: El patio central . . . 384 **Perfil:** Las islas flotantes del lago Titicaca 385	**12.1** Relative pronouns . . . . . 386 **12.2** Formal commands . . . . . 390 **12.3** The present subjunctive 394 **12.4** Subjunctive with verbs of will and influence . . . . 398 **Recapitulación** 402	**Lectura:** *Bienvenidos al Palacio de Las Garzas* . . . . . 404 **Escritura** . . . . 406 **Escuchar** . . . . 407 **En pantalla** . . . . 408 **Oye cómo va** . . . . 409 **Panorama:** Panamá y El Salvador 410

table of contents

contextos | **fotonovela**

Lección 13
La naturaleza

Volume 2

Lección 14
En la ciudad

Volume 2

Lección 15
El bienestar

Volume 2

Volume 2:
Lección de repaso

This lesson reviews key concepts in Volume 1. It comes before Lesson 8 in Volume 2.

Consulta (*Reference*)

Volumes 1 & 2

Lesson Openers
outline the content and features of each lesson.

A primera vista activities jump-start the lessons, allowing you to use the Spanish you know to talk about the photos.

Communicative goals highlight the real-life tasks you will be able to carry out in Spanish by the end of each lesson.

Contextos
presents vocabulary in meaningful contexts.

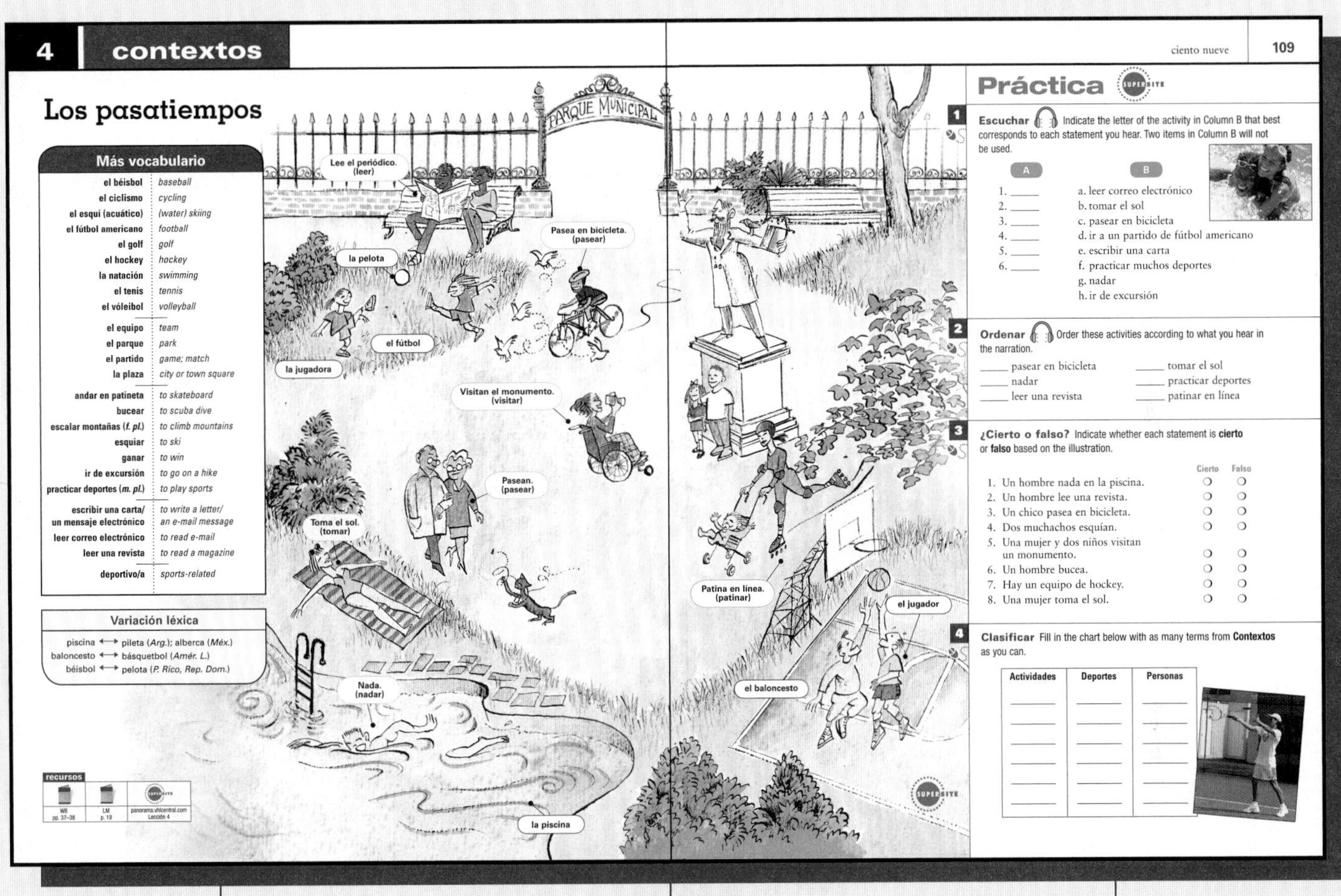

4 contextos

ciento nueve 109

Los pasatiempos

Más vocabulario

el béisbol	baseball
el ciclismo	cycling
el esquí (acuático)	(water) skiing
el fútbol americano	football
el golf	golf
el hockey	hockey
la natación	swimming
el tenis	tennis
el vóleibol	volleyball
el equipo	team
el parque	park
el partido	game; match
la plaza	city or town square
andar en patineta	to skateboard
bucear	to scuba dive
escalar montañas (f. pl.)	to climb mountains
esquiar	to ski
ganar	to win
ir de excursión	to go on a hike
practicar deportes (m. pl.)	to play sports
escribir una carta/ un mensaje electrónico	to write a letter/ an e-mail message
leer correo electrónico	to read e-mail
leer una revista	to read a magazine
deportivo/a	sports-related

Variación léxica

piscina ⟷ pileta (Arg.); alberca (Méx.)
baloncesto ⟷ básquetbol (Amér. L.)
béisbol ⟷ pelota (P. Rico, Rep. Dom.)

recursos: WB pp. 37–38 | LM p. 19 | panorama.vhlcentral.com Lección 4

Práctica

1 Escuchar Indicate the letter of the activity in Column B that best corresponds to each statement you hear. Two items in Column B will not be used.

A
1. ____
2. ____
3. ____
4. ____
5. ____
6. ____

B
a. leer correo electrónico
b. tomar el sol
c. pasear en bicicleta
d. ir a un partido de fútbol americano
e. escribir una carta
f. practicar muchos deportes
g. nadar
h. ir de excursión

2 Ordenar Order these activities according to what you hear in the narration.

____ pasear en bicicleta
____ nadar
____ leer una revista
____ tomar el sol
____ practicar deportes
____ patinar en línea

3 ¿Cierto o falso? Indicate whether each statement is **cierto** or **falso** based on the illustration.

	Cierto	Falso
1. Un hombre nada en la piscina.	❍	❍
2. Un hombre lee una revista.	❍	❍
3. Un chico pasea en bicicleta.	❍	❍
4. Dos muchachos esquían.	❍	❍
5. Una mujer y dos niños visitan un monumento.	❍	❍
6. Un hombre bucea.	❍	❍
7. Hay un equipo de hockey.	❍	❍
8. Una mujer toma el sol.	❍	❍

4 Clasificar Fill in the chart below with as many terms from **Contextos** as you can.

Actividades	Deportes	Personas

Más vocabulario boxes call out other important theme-related vocabulary in easy-to-reference Spanish-English lists.

Illustrations High-frequency vocabulary is introduced through expansive, full-color illustrations.

Práctica This section always begins with two listening exercises and continues with activities that practice the new vocabulary in meaningful contexts.

Variación léxica presents alternate words and expressions used throughout the Spanish-speaking world.

Recursos The icons in the **Recursos** boxes let you know exactly which print and technology ancillaries you can use to reinforce and expand on every section of every lesson.

Comunicación activities allow you to use the vocabulary creatively in interactions with a partner, a small group, or the entire class.

Fotonovela
tells the story of four students traveling in Ecuador.

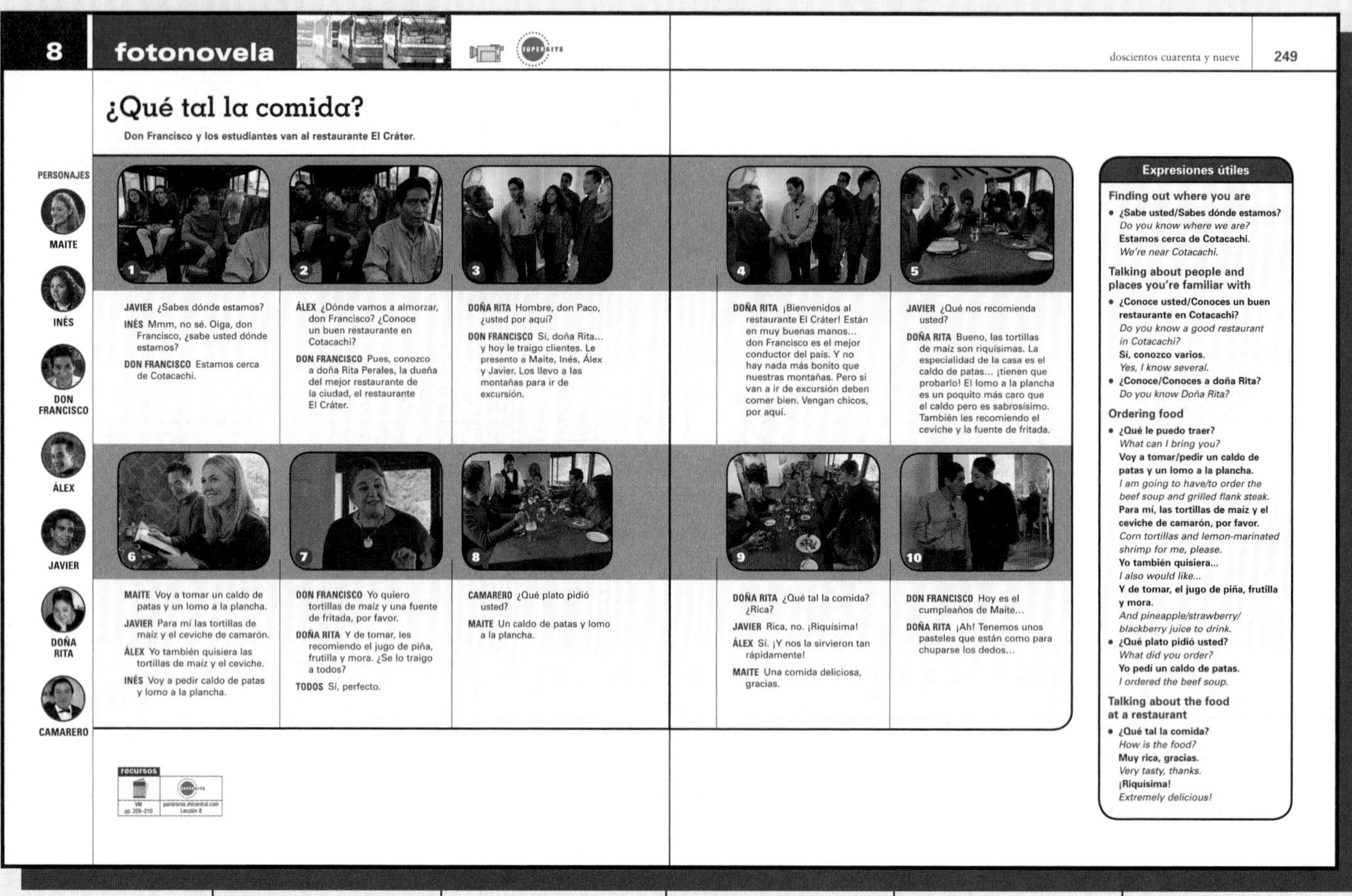

¿Qué tal la comida?

Don Francisco y los estudiantes van al restaurante El Cráter.

PERSONAJES: MAITE, INÉS, DON FRANCISCO, ÁLEX, JAVIER, DOÑA RITA, CAMARERO

1 **JAVIER** ¿Sabes dónde estamos?
INÉS Mmm, no sé. Oiga, don Francisco, ¿sabe usted dónde estamos?
DON FRANCISCO Estamos cerca de Cotacachi.

2 **ÁLEX** ¿Dónde vamos a almorzar, don Francisco? ¿Conoce un buen restaurante en Cotacachi?
DON FRANCISCO Pues, conozco a doña Rita Perales, la dueña del mejor restaurante de la ciudad, el restaurante El Cráter.

3 **DOÑA RITA** Hombre, don Paco, ¿usted por aquí?
DON FRANCISCO Sí, doña Rita... y hoy le traigo clientes. Le presento a Maite, Inés, Álex y Javier. Los llevo a las montañas para ir de excursión.

6 **MAITE** Voy a tomar un caldo de patas y un lomo a la plancha.
JAVIER Para mí las tortillas de maíz y el ceviche de camarón.
ÁLEX Yo también quisiera las tortillas de maíz y el ceviche.
INÉS Voy a pedir caldo de patas y lomo a la plancha.

7 **DON FRANCISCO** Yo quiero tortillas de maíz y una fuente de fritada, por favor.
DOÑA RITA Y de tomar, les recomiendo el jugo de piña, frutilla y mora. ¿Se lo traigo a todos?
TODOS Sí, perfecto.

8 **CAMARERO** ¿Qué plato pidió usted?
MAITE Un caldo de patas y lomo a la plancha.

recursos: VM pp. 209–210; panorama.vhlcentral.com Lección 8

4 **DOÑA RITA** ¡Bienvenidos al restaurante El Cráter! Están en muy buenas manos... don Francisco es el mejor conductor del país. Y no hay nada más bonito que nuestras montañas. Pero si van a ir de excursión deben comer bien. Vengan chicos, por aquí.

5 **JAVIER** ¿Qué nos recomienda usted?
DOÑA RITA Bueno, las tortillas de maíz son riquísimas. La especialidad de la casa es el caldo de patas... ¡tienen que probarlo! El lomo a la plancha es un poquito más caro que el caldo pero es sabrosísimo. También les recomiendo el ceviche y la fuente de fritada.

9 **DOÑA RITA** ¿Qué tal la comida? ¿Rica?
JAVIER Rica, no. ¡Riquísima!
ÁLEX Sí. ¡Y nos la sirvieron tan rápidamente!
MAITE Una comida deliciosa, gracias.

10 **DON FRANCISCO** Hoy es el cumpleaños de Maite...
DOÑA RITA ¡Ah! Tenemos unos pasteles que están como para chuparse los dedos...

Expresiones útiles

Finding out where you are
- **¿Sabe usted/Sabes dónde estamos?**
  Do you know where we are?
  Estamos cerca de Cotacachi.
  We're near Cotacachi.

Talking about people and places you're familiar with
- **¿Conoce usted/Conoces un buen restaurante en Cotacachi?**
  Do you know a good restaurant in Cotacachi?
  Sí, conozco varios.
  Yes, I know several.
- **¿Conoce/Conoces a doña Rita?**
  Do you know Doña Rita?

Ordering food
- **¿Qué le puedo traer?**
  What can I bring you?
  Voy a tomar/pedir un caldo de patas y un lomo a la plancha.
  I am going to have/to order the beef soup and grilled flank steak.
  Para mí, las tortillas de maíz y el ceviche de camarón, por favor.
  Corn tortillas and lemon-marinated shrimp for me, please.
  Yo también quisiera...
  I also would like...
  Y de tomar, el jugo de piña, frutilla y mora.
  And pineapple/strawberry/blackberry juice to drink.
- **¿Qué plato pidió usted?**
  What did you order?
  Yo pedí un caldo de patas.
  I ordered the beef soup.

Talking about the food at a restaurant
- **¿Qué tal la comida?**
  How is the food?
  Muy rica, gracias.
  Very tasty, thanks.
  ¡Riquísima!
  Extremely delicious!

Personajes The photo-based conversations take place among a cast of recurring characters—four college students on vacation in Ecuador and the bus driver who accompanies them.

Fotonovela* Video** The **Fotonovela** episode appears in the ***Fotonovela Video Program. To learn more about the video, turn to page xxvi.

Conversations Taken from the ***Fotonovela*** Video, the conversations reinforce vocabulary from **Contextos**. They also preview structures from the upcoming **Estructura** section in context *and* in a comprehensible way.

Icons provide on-the-spot visual cues for various types of activities: pair, small group, listening-based, video-related, handout-based, information gap, and Supersite. For a legend explaining all icons used in the student text, see page xxix.

Expresiones útiles These expressions organize new, active structures by language function so you can focus on using them for real-life, practical purposes.

Pronunciación & Ortografía present the rules of Spanish pronunciation and spelling.

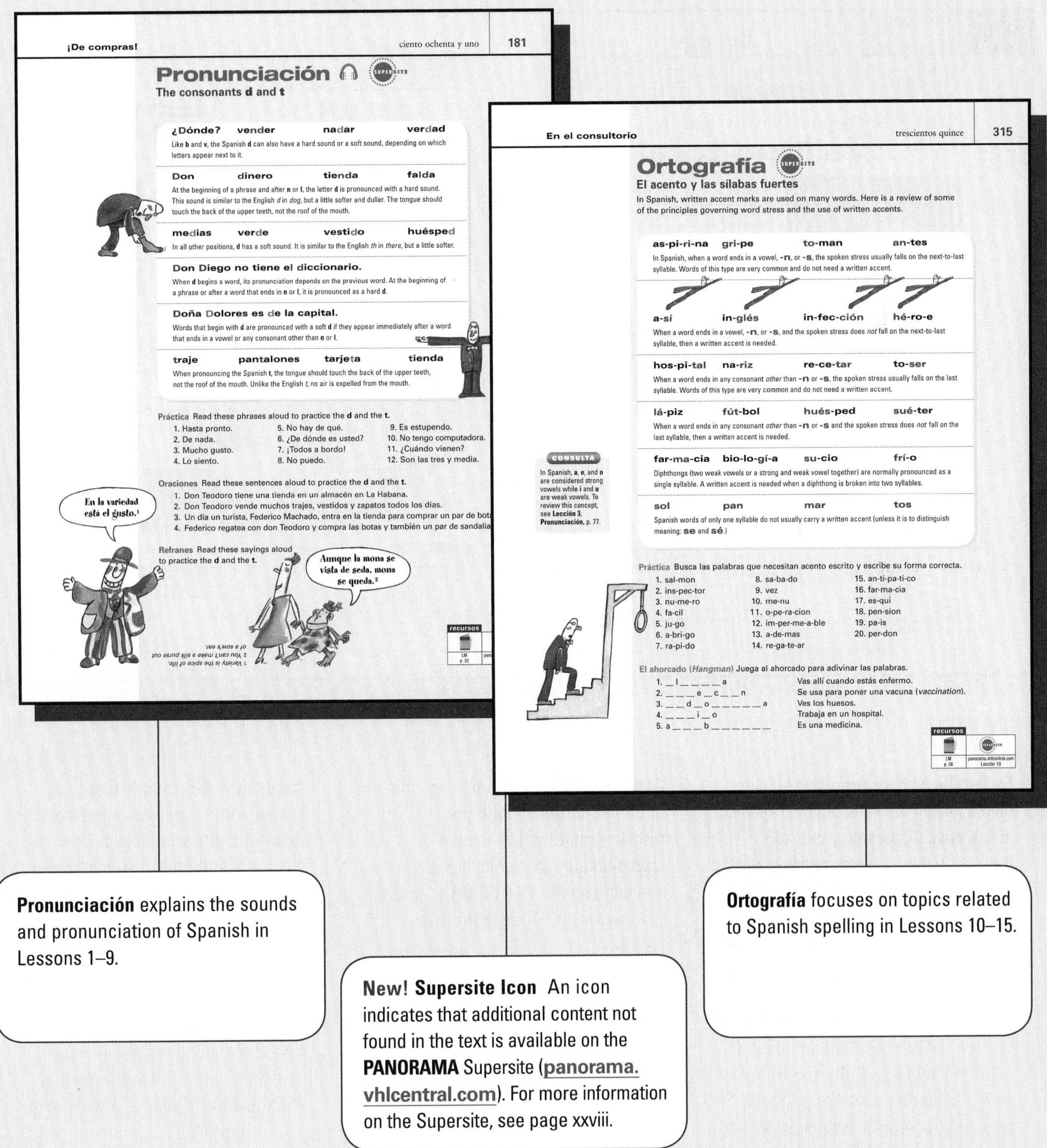

¡De compras! ciento ochenta y uno 181

Pronunciación

The consonants **d** and **t**

¿Dónde? vender nadar verdad

Like **b** and **v**, the Spanish **d** can also have a hard sound or a soft sound, depending on which letters appear next to it.

Don dinero tienda falda

At the beginning of a phrase and after **n** or **l**, the letter **d** is pronounced with a hard sound. This sound is similar to the English *d* in *dog*, but a little softer and duller. The tongue should touch the back of the upper teeth, not the roof of the mouth.

medias verde vestido huésped

In all other positions, **d** has a soft sound. It is similar to the English *th* in *there*, but a little softer.

Don Diego no tiene el diccionario.

When **d** begins a word, its pronunciation depends on the previous word. At the beginning of a phrase or after a word that ends in **n** or **l**, it is pronounced as a hard **d**.

Doña Dolores es de la capital.

Words that begin with **d** are pronounced with a soft **d** if they appear immediately after a word that ends in a vowel or any consonant other than **n** or **l**.

traje pantalones tarjeta tienda

When pronouncing the Spanish **t**, the tongue should touch the back of the upper teeth, not the roof of the mouth. Unlike the English *t*, no air is expelled from the mouth.

Práctica Read these phrases aloud to practice the **d** and the **t**.

1. Hasta pronto.
2. De nada.
3. Mucho gusto.
4. Lo siento.
5. No hay de qué.
6. ¿De dónde es usted?
7. ¡Todos a bordo!
8. No puedo.
9. Es estupendo.
10. No tengo computadora.
11. ¿Cuándo vienen?
12. Son las tres y media.

Oraciones Read these sentences aloud to practice the **d** and the **t**.

1. Don Teodoro tiene una tienda en un almacén en La Habana.
2. Don Teodoro vende muchos trajes, vestidos y zapatos todos los días.
3. Un día un turista, Federico Machado, entra en la tienda para comprar un par de bot
4. Federico regatea con don Teodoro y compra las botas y también un par de sandalia

Refranes Read these sayings aloud to practice the **d** and the **t**.

En el consultorio trescientos quince 315

Ortografía

El acento y las sílabas fuertes

In Spanish, written accent marks are used on many words. Here is a review of some of the principles governing word stress and the use of written accents.

as-pi-ri-na gri-pe to-man an-tes

In Spanish, when a word ends in a vowel, **-n**, or **-s**, the spoken stress usually falls on the next-to-last syllable. Words of this type are very common and do not need a written accent.

a-sí in-glés in-fec-ción hé-ro-e

When a word ends in a vowel, **-n**, or **-s**, and the spoken stress does *not* fall on the next-to-last syllable, then a written accent is needed.

hos-pi-tal na-riz re-ce-tar to-ser

When a word ends in any consonant *other* than **-n** or **-s**, the spoken stress usually falls on the last syllable. Words of this type are very common and do not need a written accent.

lá-piz fút-bol hués-ped sué-ter

When a word ends in any consonant *other* than **-n** or **-s** and the spoken stress does *not* fall on the last syllable, then a written accent is needed.

far-ma-cia bio-lo-gí-a su-cio frí-o

Diphthongs (two weak vowels or a strong and weak vowel together) are normally pronounced as a single syllable. A written accent is needed when a diphthong is broken into two syllables.

sol pan mar tos

Spanish words of only one syllable do not usually carry a written accent (unless it is to distinguish meaning: **se** and **sé**.)

CONSULTA In Spanish, **a**, **e**, and **o** are considered strong vowels while **i** and **u** are weak vowels. To review this concept, see **Lección 3, Pronunciación**, p. 77.

Práctica Busca las palabras que necesitan acento escrito y escribe su forma correcta.

1. sal-mon
2. ins-pec-tor
3. nu-me-ro
4. fa-cil
5. ju-go
6. a-bri-go
7. ra-pi-do
8. sa-ba-do
9. vez
10. me-nu
11. o-pe-ra-cion
12. im-per-me-a-ble
13. a-de-mas
14. re-ga-te-ar
15. an-ti-pa-ti-co
16. far-ma-cia
17. es-qui
18. pen-sion
19. pa-is
20. per-don

El ahorcado (*Hangman*) Juega al ahorcado para adivinar las palabras.

1. _ l _ _ _ _ a — Vas allí cuando estás enfermo.
2. _ _ _ e _ c _ _ n — Se usa para poner una vacuna (*vaccination*).
3. _ _ _ d _ o _ _ _ _ _ a — Ves los huesos.
4. _ _ _ _ i _ o — Trabaja en un hospital.
5. a _ _ _ b _ _ _ _ _ _ — Es una medicina.

Pronunciación explains the sounds and pronunciation of Spanish in Lessons 1–9.

New! Supersite Icon An icon indicates that additional content not found in the text is available on the **PANORAMA** Supersite (panorama.vhlcentral.com). For more information on the Supersite, see page xxviii.

Ortografía focuses on topics related to Spanish spelling in Lessons 10–15.

Cultura

exposes you to different aspects of Hispanic culture tied to the lesson theme.

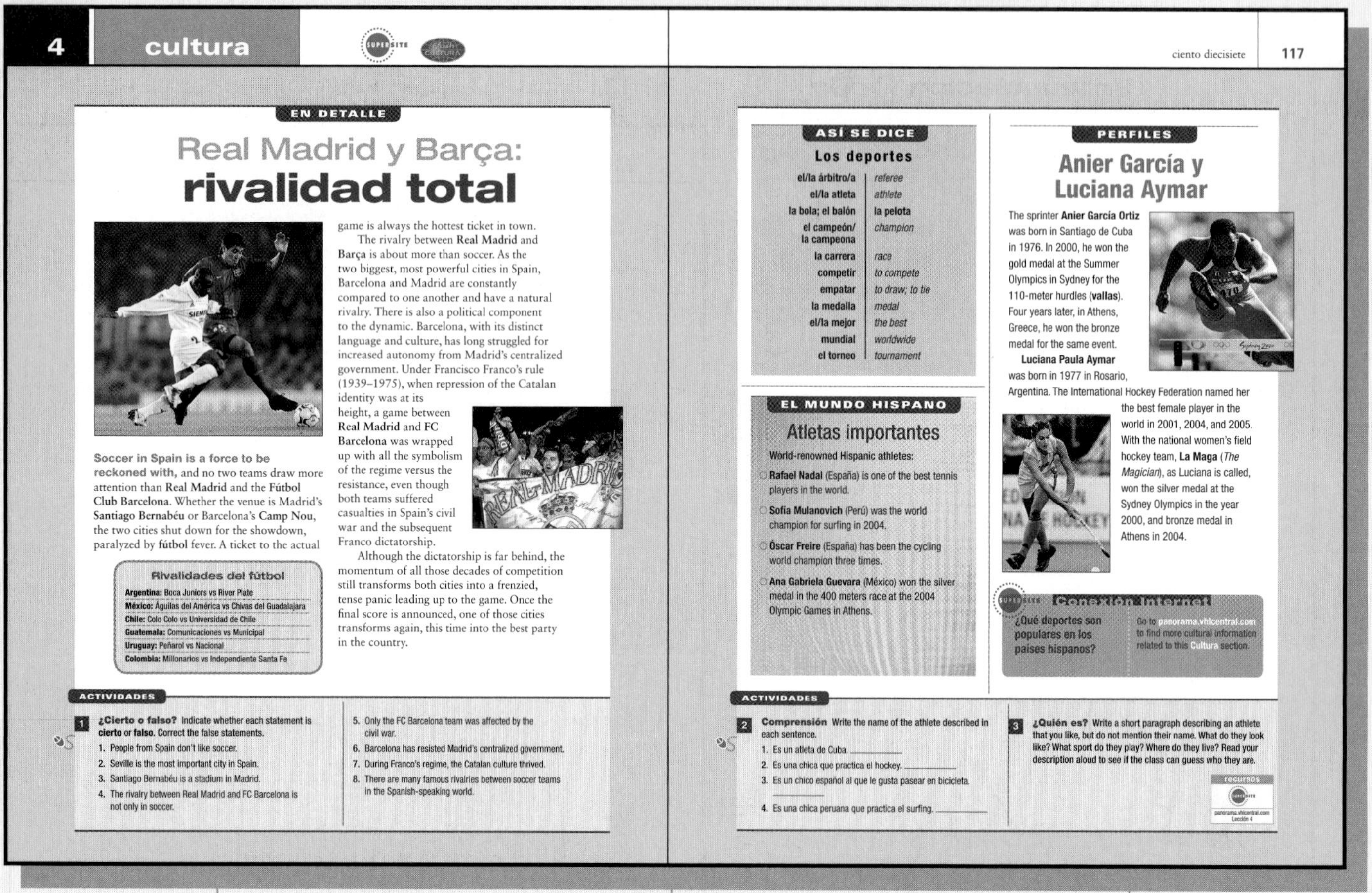

4 cultura

EN DETALLE

Real Madrid y Barça: rivalidad total

Soccer in Spain is a force to be reckoned with, and no two teams draw more attention than **Real Madrid** and the **Fútbol Club Barcelona**. Whether the venue is Madrid's **Santiago Bernabéu** or Barcelona's **Camp Nou**, the two cities shut down for the showdown, paralyzed by **fútbol** fever. A ticket to the actual game is always the hottest ticket in town.

The rivalry between **Real Madrid** and **Barça** is about more than soccer. As the two biggest, most powerful cities in Spain, Barcelona and Madrid are constantly compared to one another and have a natural rivalry. There is also a political component to the dynamic. Barcelona, with its distinct language and culture, has long struggled for increased autonomy from Madrid's centralized government. Under Francisco Franco's rule (1939–1975), when repression of the Catalan identity was at its height, a game between **Real Madrid** and **FC Barcelona** was wrapped up with all the symbolism of the regime versus the resistance, even though both teams suffered casualties in Spain's civil war and the subsequent Franco dictatorship.

Although the dictatorship is far behind, the momentum of all those decades of competition still transforms both cities into a frenzied, tense panic leading up to the game. Once the final score is announced, one of those cities transforms again, this time into the best party in the country.

Rivalidades del fútbol

- **Argentina:** Boca Juniors vs River Plate
- **México:** Águilas del América vs Chivas del Guadalajara
- **Chile:** Colo Colo vs Universidad de Chile
- **Guatemala:** Comunicaciones vs Municipal
- **Uruguay:** Peñarol vs Nacional
- **Colombia:** Millonarios vs Independiente Santa Fe

ACTIVIDADES

1 ¿Cierto o falso? Indicate whether each statement is **cierto** or **falso**. Correct the false statements.

1. People from Spain don't like soccer.
2. Seville is the most important city in Spain.
3. Santiago Bernabéu is a stadium in Madrid.
4. The rivalry between Real Madrid and FC Barcelona is not only in soccer.
5. Only the FC Barcelona team was affected by the civil war.
6. Barcelona has resisted Madrid's centralized government.
7. During Franco's regime, the Catalan culture thrived.
8. There are many famous rivalries between soccer teams in the Spanish-speaking world.

ciento diecisiete 117

ASÍ SE DICE

Los deportes

el/la árbitro/a	*referee*
el/la atleta	*athlete*
la bola; el balón	la pelota
el campeón/ la campeona	*champion*
la carrera	*race*
competir	*to compete*
empatar	*to draw; to tie*
la medalla	*medal*
el/la mejor	*the best*
mundial	*worldwide*
el torneo	*tournament*

EL MUNDO HISPANO

Atletas importantes

World-renowned Hispanic athletes:

- **Rafael Nadal** (España) is one of the best tennis players in the world.
- **Sofía Mulanovich** (Perú) was the world champion for surfing in 2004.
- **Óscar Freire** (España) has been the cycling world champion three times.
- **Ana Gabriela Guevara** (México) won the silver medal in the 400 meters race at the 2004 Olympic Games in Athens.

PERFILES

Anier García y Luciana Aymar

The sprinter **Anier García Ortiz** was born in Santiago de Cuba in 1976. In 2000, he won the gold medal at the Summer Olympics in Sydney for the 110-meter hurdles (**vallas**). Four years later, in Athens, Greece, he won the bronze medal for the same event.

Luciana Paula Aymar was born in 1977 in Rosario, Argentina. The International Hockey Federation named her the best female player in the world in 2001, 2004, and 2005. With the national women's field hockey team, **La Maga** (*The Magician*), as Luciana is called, won the silver medal at the Sydney Olympics in the year 2000, and bronze medal in Athens in 2004.

Conexión Internet

¿Qué deportes son populares en los países hispanos?

Go to panorama.vhlcentral.com to find more cultural information related to this **Cultura** section.

ACTIVIDADES

2 Comprensión Write the name of the athlete described in each sentence.

1. Es un atleta de Cuba. ________
2. Es una chica que practica el hockey. ________
3. Es un chico español al que le gusta pasear en bicicleta. ________
4. Es una chica peruana que practica el surfing. ________

3 ¿Quién es? Write a short paragraph describing an athlete that you like, but do not mention their name. What do they look like? What sport do they play? Where do they live? Read your description aloud to see if the class can guess who they are.

recursos panorama.vhlcentral.com Lección 4

En detalle & Perfil(es) Two articles on the lesson theme focus on a specific place, custom, person, group, or tradition in the Spanish-speaking world. In Spanish starting in **Lección 7,** these features also provide reading practice.

Activities check your understanding of the material and lead you to further exploration. A mouse icon indicates that activities are available on the **PANORAMA** Supersite (panorama.vhlcentral.com).

Así se dice & El mundo hispano Lexical and comparative features expand cultural coverage to people, traditions, customs, trends, and vocabulary throughout the Spanish-speaking world.

Coverage While the **Panorama** section takes a regional approach to cultural coverage, **Cultura** is theme-driven, covering several Spanish-speaking regions in every lesson.

Video An icon lets you know that the brand-new ***Flash cultura*** Video offers specially-shot content tied to the feature article. To learn more about the video, turn to page xxvii.

Conexión Internet An Internet icon leads you to research a topic related to the lesson theme on the **PANORAMA** Supersite (panorama.vhlcentral.com).

Estructura
presents Spanish grammar in a graphic-intensive format.

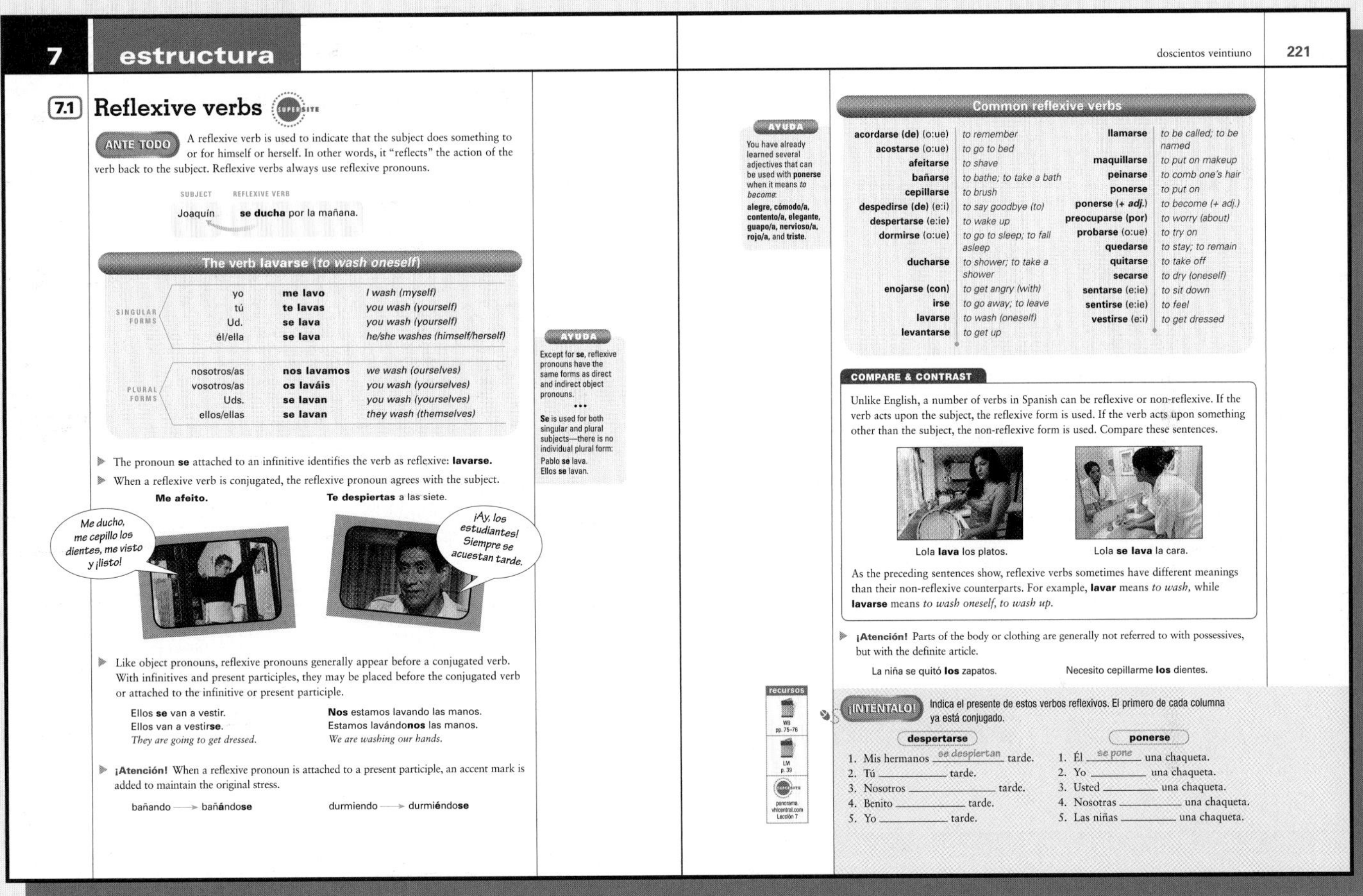

7 estructura

7.1 Reflexive verbs

ANTE TODO A reflexive verb is used to indicate that the subject does something to or for himself or herself. In other words, it "reflects" the action of the verb back to the subject. Reflexive verbs always use reflexive pronouns.

SUBJECT REFLEXIVE VERB
Joaquín **se ducha** por la mañana.

The verb lavarse (*to wash oneself*)

SINGULAR FORMS	yo	**me lavo**	*I wash (myself)*
	tú	**te lavas**	*you wash (yourself)*
	Ud.	**se lava**	*you wash (yourself)*
	él/ella	**se lava**	*he/she washes (himself/herself)*
PLURAL FORMS	nosotros/as	**nos lavamos**	*we wash (ourselves)*
	vosotros/as	**os laváis**	*you wash (yourselves)*
	Uds.	**se lavan**	*you wash (yourselves)*
	ellos/ellas	**se lavan**	*they wash (themselves)*

AYUDA
Except for **se**, reflexive pronouns have the same forms as direct and indirect object pronouns.
Se is used for both singular and plural subjects—there is no individual plural form:
Pablo **se** lava.
Ellos **se** lavan.

- The pronoun **se** attached to an infinitive identifies the verb as reflexive: **lavarse.**
- When a reflexive verb is conjugated, the reflexive pronoun agrees with the subject.

Me afeito. **Te despiertas** a las siete.

Me ducho, me cepillo los dientes, me visto y ¡listo!

¡Ay, los estudiantes! Siempre se acuestan tarde.

- Like object pronouns, reflexive pronouns generally appear before a conjugated verb. With infinitives and present participles, they may be placed before the conjugated verb or attached to the infinitive or present participle.

Ellos **se** van a vestir.
Ellos van a vestir**se**.
They are going to get dressed.

Nos estamos lavando las manos.
Estamos lavándo**nos** las manos.
We are washing our hands.

- **¡Atención!** When a reflexive pronoun is attached to a present participle, an accent mark is added to maintain the original stress.

bañando → bañ**á**ndo**se** durmiendo → durmi**é**ndo**se**

doscientos veintiuno 221

AYUDA
You have already learned several adjectives that can be used with **ponerse** when it means *to become*:
alegre, cómodo/a, contento/a, elegante, guapo/a, nervioso/a, rojo/a, and **triste.**

Common reflexive verbs

acordarse (de) (o:ue)	*to remember*	**llamarse**	*to be called; to be named*
acostarse (o:ue)	*to go to bed*	**maquillarse**	*to put on makeup*
afeitarse	*to shave*	**peinarse**	*to comb one's hair*
bañarse	*to bathe; to take a bath*	**ponerse**	*to put on*
cepillarse	*to brush*	**ponerse** (+ *adj.*)	*to become (+ adj.)*
despedirse (de) (e:i)	*to say goodbye (to)*	**preocuparse (por)**	*to worry (about)*
despertarse (e:ie)	*to wake up*	**probarse** (o:ue)	*to try on*
dormirse (o:ue)	*to go to sleep; to fall asleep*	**quedarse**	*to stay; to remain*
ducharse	*to shower; to take a shower*	**quitarse**	*to take off*
		secarse	*to dry (oneself)*
enojarse (con)	*to get angry (with)*	**sentarse** (e:ie)	*to sit down*
irse	*to go away; to leave*	**sentirse** (e:ie)	*to feel*
lavarse	*to wash (oneself)*	**vestirse** (e:i)	*to get dressed*
levantarse	*to get up*		

COMPARE & CONTRAST

Unlike English, a number of verbs in Spanish can be reflexive or non-reflexive. If the verb acts upon the subject, the reflexive form is used. If the verb acts upon something other than the subject, the non-reflexive form is used. Compare these sentences.

Lola **lava** los platos. Lola **se lava** la cara.

As the preceding sentences show, reflexive verbs sometimes have different meanings than their non-reflexive counterparts. For example, **lavar** means *to wash,* while **lavarse** means *to wash oneself, to wash up.*

- **¡Atención!** Parts of the body or clothing are generally not referred to with possessives, but with the definite article.

La niña se quitó **los** zapatos. Necesito cepillarme **los** dientes.

recursos
WB pp. 75–76
LM p. 39
panorama.vhlcentral.com Lección 7

¡INTÉNTALO! Indica el presente de estos verbos reflexivos. El primero de cada columna ya está conjugado.

despertarse
1. Mis hermanos _se despiertan_ tarde.
2. Tú ________ tarde.
3. Nosotros ________ tarde.
4. Benito ________ tarde.
5. Yo ________ tarde.

ponerse
1. Él _se pone_ una chaqueta.
2. Yo ________ una chaqueta.
3. Usted ________ una chaqueta.
4. Nosotras ________ una chaqueta.
5. Las niñas ________ una chaqueta.

Ante todo This introduction eases you into the grammar with definitions of grammatical terms, reminders about what you already know of English grammar, and Spanish grammar you have learned in earlier lessons.

Compare & Contrast This feature focuses on aspects of grammar that native speakers of English may find difficult, clarifying similarities and differences between Spanish and English.

Diagrams To clarify concepts, clear and easy-to-grasp grammar explanations are reinforced by diagrams that colorfully present sample words, phrases, and sentences.

Charts To help you learn, colorful, easy-to-use charts call out key grammatical structures and forms, as well as important related vocabulary.

Student sidebars On-the-spot linguistic, cultural, or language-learning information directly relates to the materials in front of you.

¡Inténtalo! offers an easy first step into each grammar point. A mouse icon indicates these activities are available with auto-grading at panorama.vhlcentral.com.

Estructura

provides directed and communicative practice.

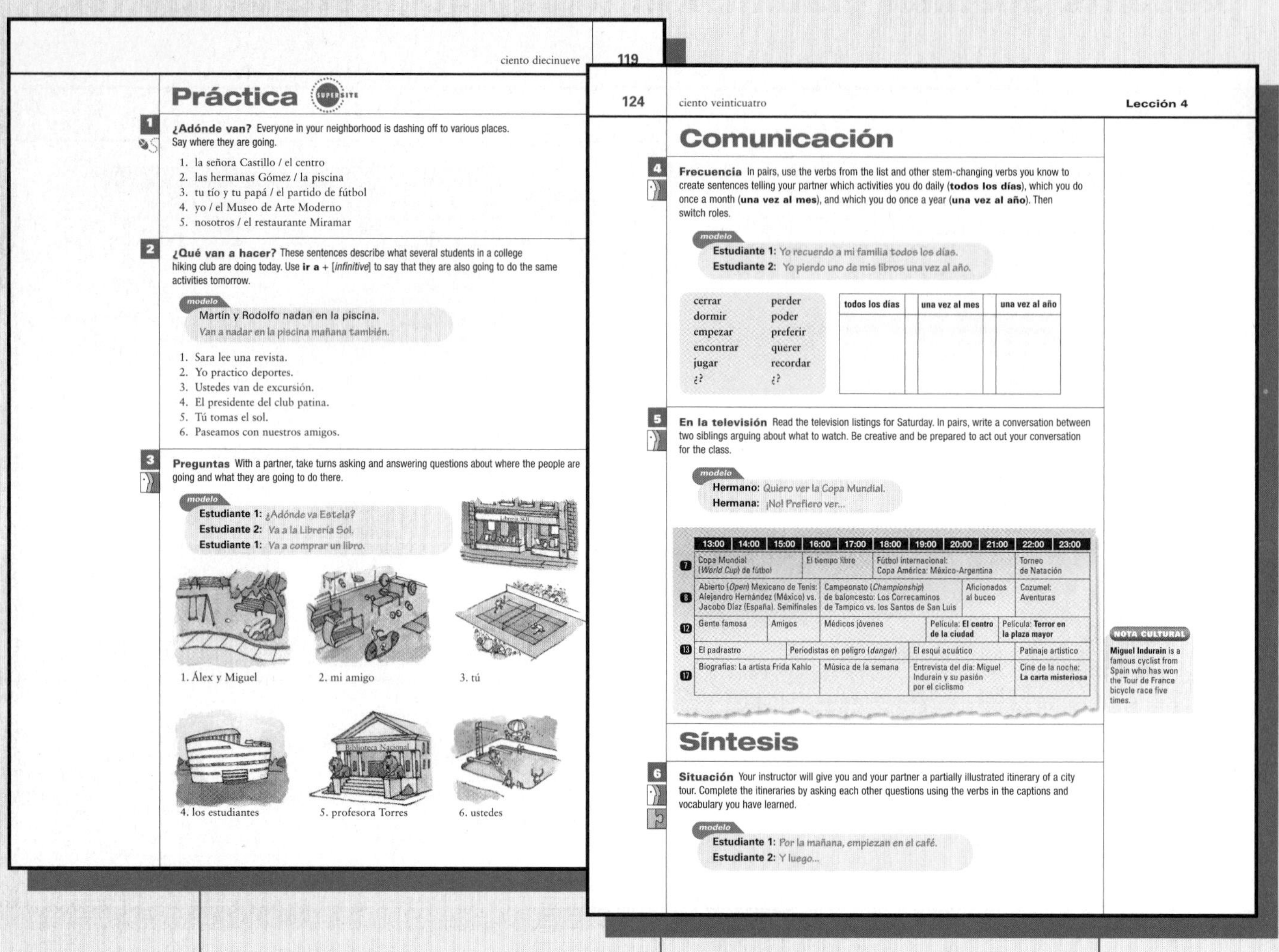

	13:00	14:00	15:00	16:00	17:00	18:00	19:00	20:00	21:00	22:00	23:00
7	Copa Mundial (*World Cup*) de fútbol			El tiempo libre		Fútbol internacional: Copa América: México-Argentina				Torneo de Natación	
8	Abierto (*Open*) Mexicano de Tenis: Alejandro Hernández (México) vs. Jacobo Díaz (España). Semifinales			Campeonato (*Championship*) de baloncesto: Los Correcaminos de Tampico vs. los Santos de San Luis				Aficionados al buceo		Cozumel: Aventuras	
12	Gente famosa		Amigos	Médicos jóvenes			Película: **El centro de la ciudad**		Película: **Terror en la plaza mayor**		
13	El padrastro		Periodistas en peligro (*danger*)				El esquí acuático			Patinaje artístico	
17	Biografías: La artista Frida Kahlo			Música de la semana			Entrevista del día: Miguel Indurain y su pasión por el ciclismo			Cine de la noche: **La carta misteriosa**	

Práctica A wide range of guided, yet meaningful exercises weave current and previously learned vocabulary together with the current grammar point.

Comunicación Opportunities for creative expression use the lesson's grammar and vocabulary. These activities take place with a partner, in small groups, or with the whole class.

Síntesis activities integrate the current grammar point with previously learned points, providing built-in, consistent review and recycling as you progress through the text.

New! **Supersite Icon** An icon at the top of the page indicates that new content is available on the **PANORAMA** Supersite (panorama.vhlcentral.com); mouse icons next to individual activities signal that these are available with auto-grading on the Supersite.

Information Gap activities engage you and a partner in problem-solving and other situations based on handouts your instructor gives you. However, you and your partner each have only half of the information you need, so you must work together to accomplish the task at hand.

Sidebars The **Notas culturales** expand coverage of the cultures of Spanish-speaking peoples and countries, while **Ayuda** sidebars provide on-the-spot language support.

Recapitulación

provides review and a short quiz, available with auto-grading on the Supersite, for each lesson.

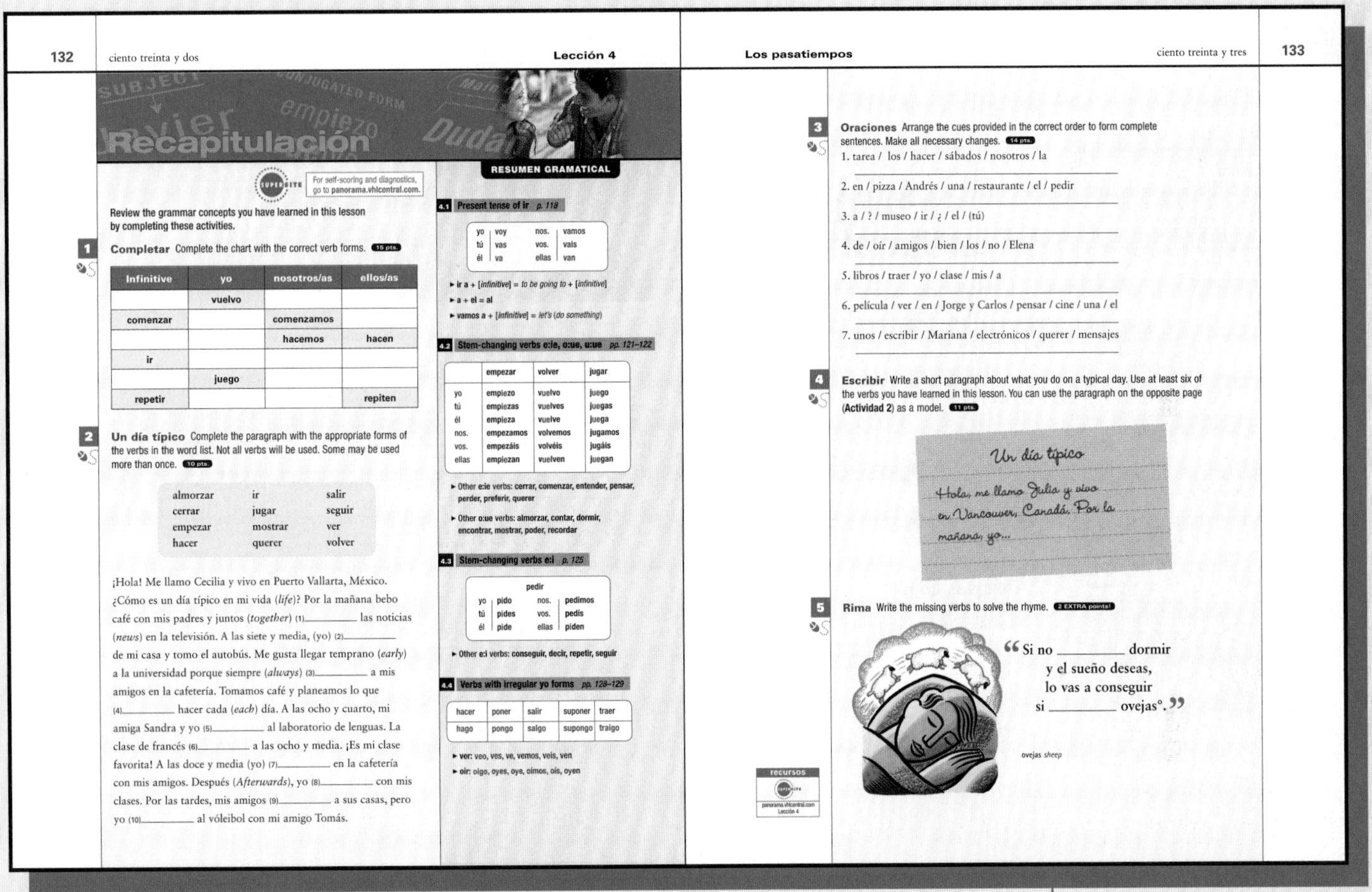

132 ciento treinta y dos — Lección 4

Recapitulación

For self-scoring and diagnostics, go to panorama.vhlcentral.com.

Review the grammar concepts you have learned in this lesson by completing these activities.

1 **Completar** Complete the chart with the correct verb forms. 15 pts.

Infinitive	yo	nosotros/as	ellos/as
	vuelvo		
comenzar		comenzamos	
		hacemos	hacen
ir			
	juego		
repetir			repiten

2 **Un día típico** Complete the paragraph with the appropriate forms of the verbs in the word list. Not all verbs will be used. Some may be used more than once. 10 pts.

almorzar	ir	salir
cerrar	jugar	seguir
empezar	mostrar	ver
hacer	querer	volver

¡Hola! Me llamo Cecilia y vivo en Puerto Vallarta, México. ¿Cómo es un día típico en mi vida (*life*)? Por la mañana bebo café con mis padres y juntos (*together*) (1)______ las noticias (*news*) en la televisión. A las siete y media, (yo) (2)______ de mi casa y tomo el autobús. Me gusta llegar temprano (*early*) a la universidad porque siempre (*always*) (3)______ a mis amigos en la cafetería. Tomamos café y planeamos lo que (4)______ hacer cada (*each*) día. A las ocho y cuarto, mi amiga Sandra y yo (5)______ al laboratorio de lenguas. La clase de francés (6)______ a las ocho y media. ¡Es mi clase favorita! A las doce y media (yo) (7)______ en la cafetería con mis amigos. Después (*Afterwards*), yo (8)______ con mis clases. Por las tardes, mis amigos (9)______ a sus casas, pero yo (10)______ al vóleibol con mi amigo Tomás.

RESUMEN GRAMATICAL

4.1 Present tense of ir *p. 118*

yo	voy	nos.	vamos
tú	vas	vos.	vais
él	va	ellas	van

- ir a + [*infinitive*] = *to be going to* + [*infinitive*]
- a + el = al
- vamos a + [*infinitive*] = *let's* (*do something*)

4.2 Stem-changing verbs e:ie, o:ue, u:ue *pp. 121–122*

	empezar	volver	jugar
yo	empiezo	vuelvo	juego
tú	empiezas	vuelves	juegas
él	empieza	vuelve	juega
nos.	empezamos	volvemos	jugamos
vos.	empezáis	volvéis	jugáis
ellas	empiezan	vuelven	juegan

- Other e:ie verbs: cerrar, comenzar, entender, pensar, perder, preferir, querer
- Other o:ue verbs: almorzar, contar, dormir, encontrar, mostrar, poder, recordar

4.3 Stem-changing verbs e:i *p. 125*

pedir			
yo	pido	nos.	pedimos
tú	pides	vos.	pedís
él	pide	ellas	piden

- Other e:i verbs: conseguir, decir, repetir, seguir

4.4 Verbs with irregular yo forms *pp. 128–129*

hacer	poner	salir	suponer	traer
hago	pongo	salgo	supongo	traigo

- ver: veo, ves, ve, vemos, veis, ven
- oír: oigo, oyes, oye, oímos, oís, oyen

Los pasatiempos — ciento treinta y tres 133

3 **Oraciones** Arrange the cues provided in the correct order to form complete sentences. Make all necessary changes. 14 pts.

1. tarea / los / hacer / sábados / nosotros / la
2. en / pizza / Andrés / una / restaurante / el / pedir
3. a / ? / museo / ir / ¿ / el / (tú)
4. de / oír / amigos / bien / los / no / Elena
5. libros / traer / yo / clase / mis / a
6. película / ver / en / Jorge y Carlos / pensar / cine / una / el
7. unos / escribir / Mariana / electrónicos / querer / mensajes

4 **Escribir** Write a short paragraph about what you do on a typical day. Use at least six of the verbs you have learned in this lesson. You can use the paragraph on the opposite page (**Actividad 2**) as a model. 11 pts.

Un día típico

Hola, me llamo Julia y vivo en Vancouver, Canadá. Por la mañana, yo...

5 **Rima** Write the missing verbs to solve the rhyme. 2 EXTRA points!

“Si no ______ dormir
y el sueño deseas,
lo vas a conseguir
si ______ ovejas°.”

ovejas *sheep*

recursos — panorama.vhlcentral.com Lección 4

Resumen gramatical This review panel provides you with an easy-to-study summary of the basic concepts of the lesson's grammar, with page references to the full explanation.

Activities A series of activities, moving from directed to open-ended, systematically tests your mastery of the lesson's grammar. The section ends with a riddle or puzzle using the lesson's grammar.

Points Each activity is assigned a point value to help you track your progress. All **Recapitulación** sections add up to fifty points, with two extra-credit points for the last activity.

Supersite Icon An icon lets you know that the **Recapitulación** activities can be completed online with automatic scoring and diagnostics to help you identify where you are strong or where you might need review.

Adelante

Lectura develops reading skills in the context of the lesson theme.

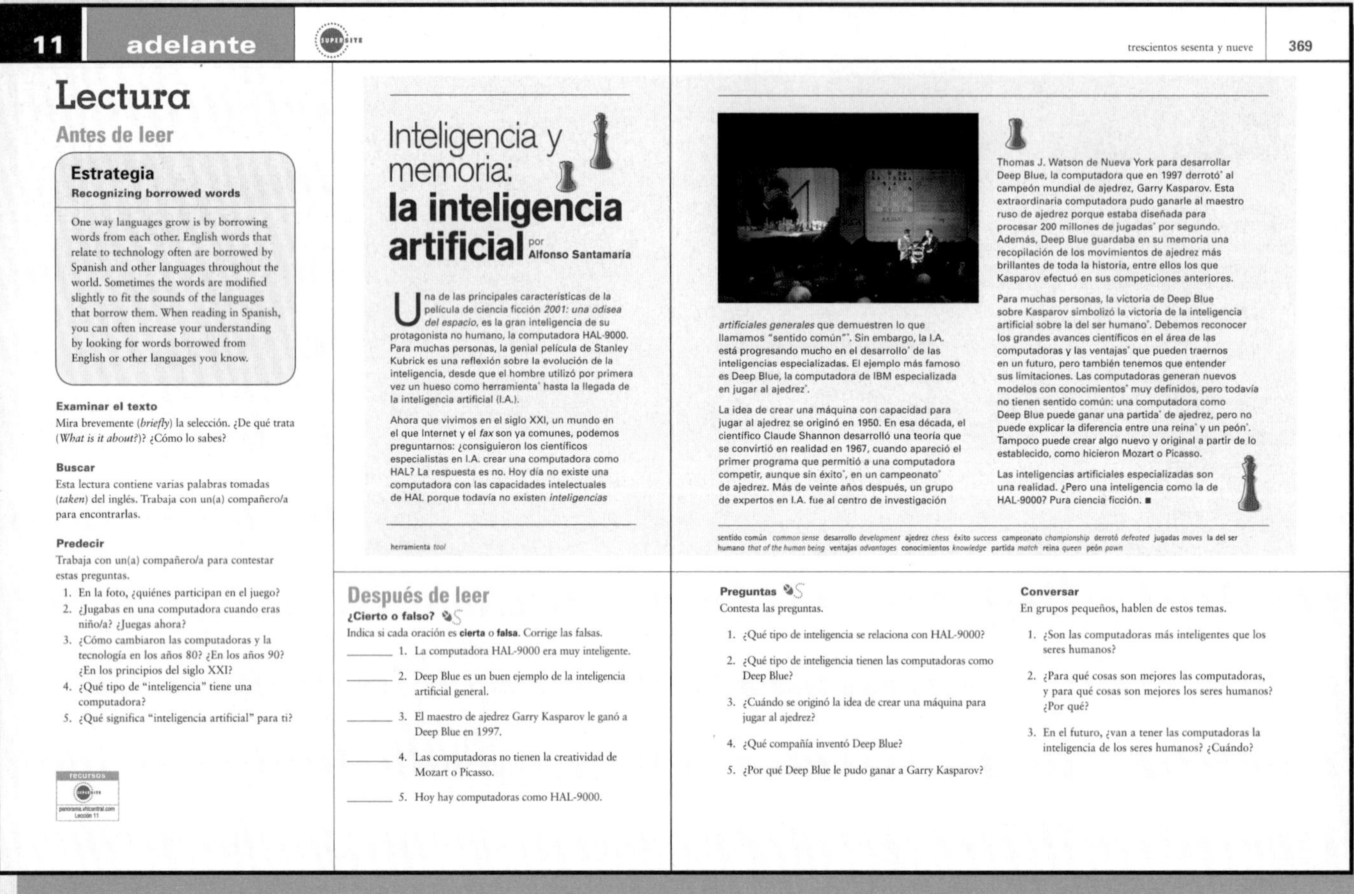

Lectura

Antes de leer

Estrategia
Recognizing borrowed words

One way languages grow is by borrowing words from each other. English words that relate to technology often are borrowed by Spanish and other languages throughout the world. Sometimes the words are modified slightly to fit the sounds of the languages that borrow them. When reading in Spanish, you can often increase your understanding by looking for words borrowed from English or other languages you know.

Examinar el texto
Mira brevemente (*briefly*) la selección. ¿De qué trata (*What is it about?*)? ¿Cómo lo sabes?

Buscar
Esta lectura contiene varias palabras tomadas (*taken*) del inglés. Trabaja con un(a) compañero/a para encontrarlas.

Predecir
Trabaja con un(a) compañero/a para contestar estas preguntas.

1. En la foto, ¿quiénes participan en el juego?
2. ¿Jugabas en una computadora cuando eras niño/a? ¿Juegas ahora?
3. ¿Cómo cambiaron las computadoras y la tecnología en los años 80? ¿En los años 90? ¿En los principios del siglo XXI?
4. ¿Qué tipo de "inteligencia" tiene una computadora?
5. ¿Qué significa "inteligencia artificial" para ti?

recursos
panorama.vhlcentral.com Lección 11

Inteligencia y memoria: la inteligencia artificial

por **Alfonso Santamaría**

Una de las principales características de la película de ciencia ficción *2001: una odisea del espacio*, es la gran inteligencia de su protagonista no humano, la computadora HAL-9000. Para muchas personas, la genial película de Stanley Kubrick es una reflexión sobre la evolución de la inteligencia, desde que el hombre utilizó por primera vez un hueso como herramienta* hasta la llegada de la inteligencia artificial (I.A.).

Ahora que vivimos en el siglo XXI, un mundo en el que Internet y el *fax* son ya comunes, podemos preguntarnos: ¿consiguieron los científicos especialistas en I.A. crear una computadora como HAL? La respuesta es no. Hoy día no existe una computadora con las capacidades intelectuales de HAL porque todavía no existen *inteligencias artificiales generales* que demuestren lo que llamamos "sentido común*". Sin embargo, la I.A. está progresando mucho en el desarrollo* de las inteligencias especializadas. El ejemplo más famoso es Deep Blue, la computadora de IBM especializada en jugar al ajedrez*.

La idea de crear una máquina con capacidad para jugar al ajedrez se originó en 1950. En esa década, el científico Claude Shannon desarrolló una teoría que se convirtió en realidad en 1967, cuando apareció el primer programa que permitió a una computadora competir, aunque sin éxito*, en un campeonato* de ajedrez. Más de veinte años después, un grupo de expertos en I.A. fue al centro de investigación Thomas J. Watson de Nueva York para desarrollar Deep Blue, la computadora que en 1997 derrotó* al campeón mundial de ajedrez, Garry Kasparov. Esta extraordinaria computadora pudo ganarle al maestro ruso de ajedrez porque estaba diseñada para procesar 200 millones de jugadas* por segundo. Además, Deep Blue guardaba en su memoria una recopilación de los movimientos de ajedrez más brillantes de toda la historia, entre ellos los que Kasparov efectuó en sus competiciones anteriores.

Para muchas personas, la victoria de Deep Blue sobre Kasparov simbolizó la victoria de la inteligencia artificial sobre la del ser humano*. Debemos reconocer los grandes avances científicos en el área de las computadoras y las ventajas* que pueden traernos en un futuro, pero también tenemos que entender sus limitaciones. Las computadoras generan nuevos modelos con conocimientos* muy definidos, pero todavía no tienen sentido común: una computadora como Deep Blue puede ganar una partida* de ajedrez, pero no puede explicar la diferencia entre una reina* y un peón*. Tampoco puede crear algo nuevo y original a partir de lo establecido, como hicieron Mozart o Picasso.

Las inteligencias artificiales especializadas son una realidad. ¿Pero una inteligencia como la de HAL-9000? Pura ciencia ficción. ■

herramienta *tool*

sentido común *common sense* desarrollo *development* ajedrez *chess* éxito *success* campeonato *championship* derrotó *defeated* jugadas *moves* la del ser humano *that of the human being* ventajas *advantages* conocimientos *knowledge* partida *match* reina *queen* peón *pawn*

Después de leer

¿Cierto o falso?
Indica si cada oración es **cierta** o **falsa**. Corrige las falsas.

_____ 1. La computadora HAL-9000 era muy inteligente.
_____ 2. Deep Blue es un buen ejemplo de la inteligencia artificial general.
_____ 3. El maestro de ajedrez Garry Kasparov le ganó a Deep Blue en 1997.
_____ 4. Las computadoras no tienen la creatividad de Mozart o Picasso.
_____ 5. Hoy hay computadoras como HAL-9000.

Preguntas
Contesta las preguntas.

1. ¿Qué tipo de inteligencia se relaciona con HAL-9000?
2. ¿Qué tipo de inteligencia tienen las computadoras como Deep Blue?
3. ¿Cuándo se originó la idea de crear una máquina para jugar al ajedrez?
4. ¿Qué compañía inventó Deep Blue?
5. ¿Por qué Deep Blue le pudo ganar a Garry Kasparov?

Conversar
En grupos pequeños, hablen de estos temas.

1. ¿Son las computadoras más inteligentes que los seres humanos?
2. ¿Para qué cosas son mejores las computadoras, y para qué cosas son mejores los seres humanos? ¿Por qué?
3. En el futuro, ¿van a tener las computadoras la inteligencia de los seres humanos? ¿Cuándo?

Antes de leer Valuable reading strategies and pre-reading activities strengthen your reading abilities in Spanish.

Readings Selections related to the lesson theme recycle vocabulary and grammar you have learned. The selections in Lessons 1–12 are cultural texts, while those in Lessons 13–15 are literary pieces.

Después de leer Activities include post-reading exercises that review and check your comprehension of the reading and expansion activities.

New! Three literary readings are new to this edition. Lessons 13–15 offer highly accessible poems, short stories, and excerpts from novels by important literary figures in the Spanish-speaking world.

In lessons 3, 6, 9, 12, and 15, *Escritura* and *Escuchar* develop writing and listening skills.

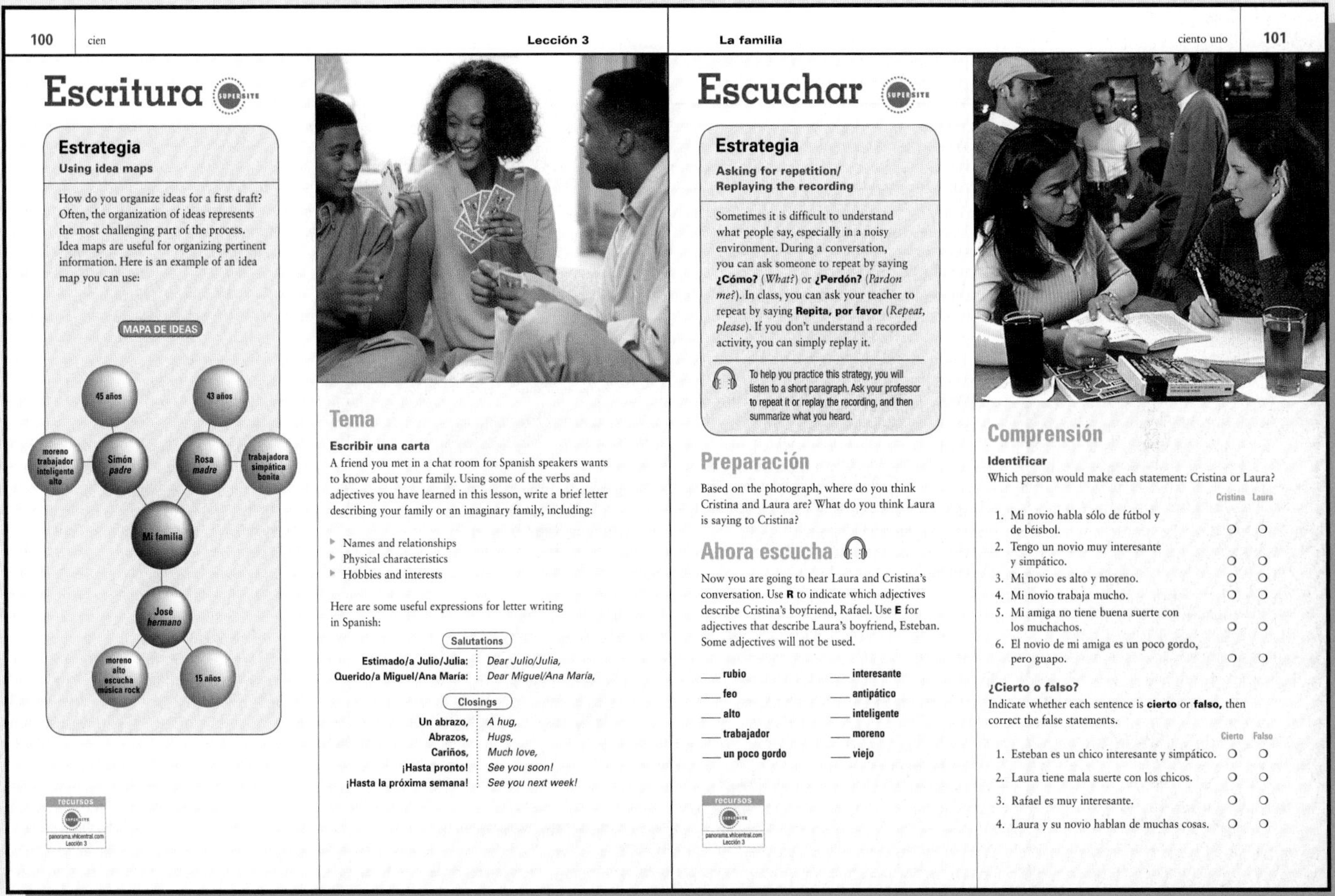

100 cien Lección 3

Escritura

Estrategia
Using idea maps

How do you organize ideas for a first draft? Often, the organization of ideas represents the most challenging part of the process. Idea maps are useful for organizing pertinent information. Here is an example of an idea map you can use:

MAPA DE IDEAS

45 años
43 años
moreno trabajador inteligente alto
Simón padre
Rosa madre
trabajadora simpática bonita
Mi familia
José hermano
moreno alto escucha música rock
15 años

Tema

Escribir una carta
A friend you met in a chat room for Spanish speakers wants to know about your family. Using some of the verbs and adjectives you have learned in this lesson, write a brief letter describing your family or an imaginary family, including:

- Names and relationships
- Physical characteristics
- Hobbies and interests

Here are some useful expressions for letter writing in Spanish:

Salutations

Estimado/a Julio/Julia:	*Dear Julio/Julia,*
Querido/a Miguel/Ana María:	*Dear Miguel/Ana María,*

Closings

Un abrazo,	*A hug,*
Abrazos,	*Hugs,*
Cariños,	*Much love,*
¡Hasta pronto!	*See you soon!*
¡Hasta la próxima semana!	*See you next week!*

La familia ciento uno 101

Escuchar

Estrategia
Asking for repetition/ Replaying the recording

Sometimes it is difficult to understand what people say, especially in a noisy environment. During a conversation, you can ask someone to repeat by saying **¿Cómo?** (*What?*) or **¿Perdón?** (*Pardon me?*). In class, you can ask your teacher to repeat by saying **Repita, por favor** (*Repeat, please*). If you don't understand a recorded activity, you can simply replay it.

To help you practice this strategy, you will listen to a short paragraph. Ask your professor to repeat it or replay the recording, and then summarize what you heard.

Preparación

Based on the photograph, where do you think Cristina and Laura are? What do you think Laura is saying to Cristina?

Ahora escucha

Now you are going to hear Laura and Cristina's conversation. Use **R** to indicate which adjectives describe Cristina's boyfriend, Rafael. Use **E** for adjectives that describe Laura's boyfriend, Esteban. Some adjectives will not be used.

___ rubio	___ interesante
___ feo	___ antipático
___ alto	___ inteligente
___ trabajador	___ moreno
___ un poco gordo	___ viejo

Comprensión

Identificar
Which person would make each statement: Cristina or Laura?

	Cristina	Laura
1. Mi novio habla sólo de fútbol y de béisbol.	O	O
2. Tengo un novio muy interesante y simpático.	O	O
3. Mi novio es alto y moreno.	O	O
4. Mi novio trabaja mucho.	O	O
5. Mi amiga no tiene buena suerte con los muchachos.	O	O
6. El novio de mi amiga es un poco gordo, pero guapo.	O	O

¿Cierto o falso?
Indicate whether each sentence is **cierto** or **falso**, then correct the false statements.

	Cierto	Falso
1. Esteban es un chico interesante y simpático.	O	O
2. Laura tiene mala suerte con los chicos.	O	O
3. Rafael es muy interesante.	O	O
4. Laura y su novio hablan de muchas cosas.	O	O

Estrategia Strategies help you prepare for the writing and listening tasks to come.

Escritura The **Tema** describes the writing topic and includes suggestions for approaching it.

Escuchar A recorded conversation or narration develops your listening skills in Spanish. **Preparación** prepares you for listening to the recorded passage.

Ahora escucha walks you through the passage, and **Comprensión** checks your listening comprehension.

Adelante

Every third lesson, *En pantalla* presents an authentic television clip tied to the lesson theme.

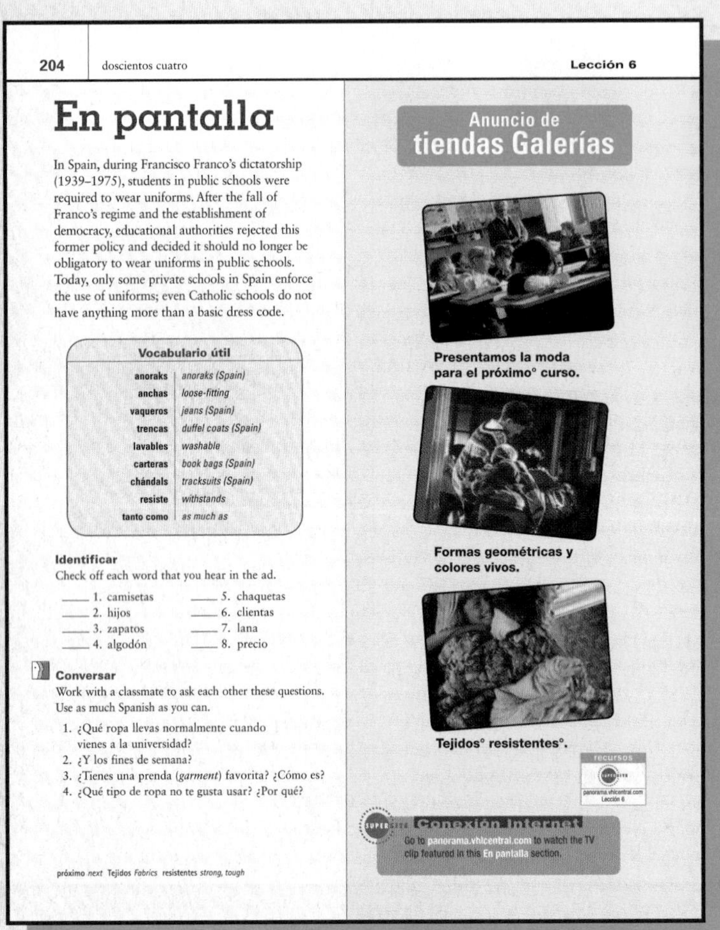

204 doscientos cuatro Lección 6

En pantalla

In Spain, during Francisco Franco's dictatorship (1939–1975), students in public schools were required to wear uniforms. After the fall of Franco's regime and the establishment of democracy, educational authorities rejected this former policy and decided it should no longer be obligatory to wear uniforms in public schools. Today, only some private schools in Spain enforce the use of uniforms; even Catholic schools do not have anything more than a basic dress code.

Vocabulario útil	
anoraks	*anoraks (Spain)*
anchas	*loose-fitting*
vaqueros	*jeans (Spain)*
trencas	*duffel coats (Spain)*
lavables	*washable*
carteras	*book bags (Spain)*
chándals	*tracksuits (Spain)*
resiste	*withstands*
tanto como	*as much as*

Identificar
Check off each word that you hear in the ad.

____ 1. camisetas	____ 5. chaquetas
____ 2. hijos	____ 6. clientas
____ 3. zapatos	____ 7. lana
____ 4. algodón	____ 8. precio

Conversar
Work with a classmate to ask each other these questions. Use as much Spanish as you can.

1. ¿Qué ropa llevas normalmente cuando vienes a la universidad?
2. ¿Y los fines de semana?
3. ¿Tienes una prenda (*garment*) favorita? ¿Cómo es?
4. ¿Qué tipo de ropa no te gusta usar? ¿Por qué?

próximo *next* **Tejidos** *Fabrics* **resistentes** *strong, tough*

Anuncio de tiendas Galerías

Presentamos la moda para el próximo° curso.

Formas geométricas y colores vivos.

Tejidos° resistentes°.

recursos
panorama.vhlcentral.com
Lección 6

Conexión Internet
Go to panorama.vhlcentral.com to watch the TV clip featured in this En pantalla section.

En pantalla TV clips from all over the Spanish-speaking world give you additional exposure to authentic language. The clips, in lessons 3, 6, 9, 12, and 15, include commercials, newscasts, and TV shows, and feature the language, vocabulary, and theme of the lesson.

Presentation Cultural notes, video stills with abbreviated excerpts, and vocabulary support all prepare you to view the clip. A series of activities checks your comprehension of the material and expands on the ideas presented.

Supersite Icon Icons and **Recursos** boxes lead you to the Supersite (**panorama.vhlcentral.com**), where you can view the TV clip and get further practice.

Adelante

Also every third lesson, *Oye cómo va* presents a song by an artist from the featured country or region.

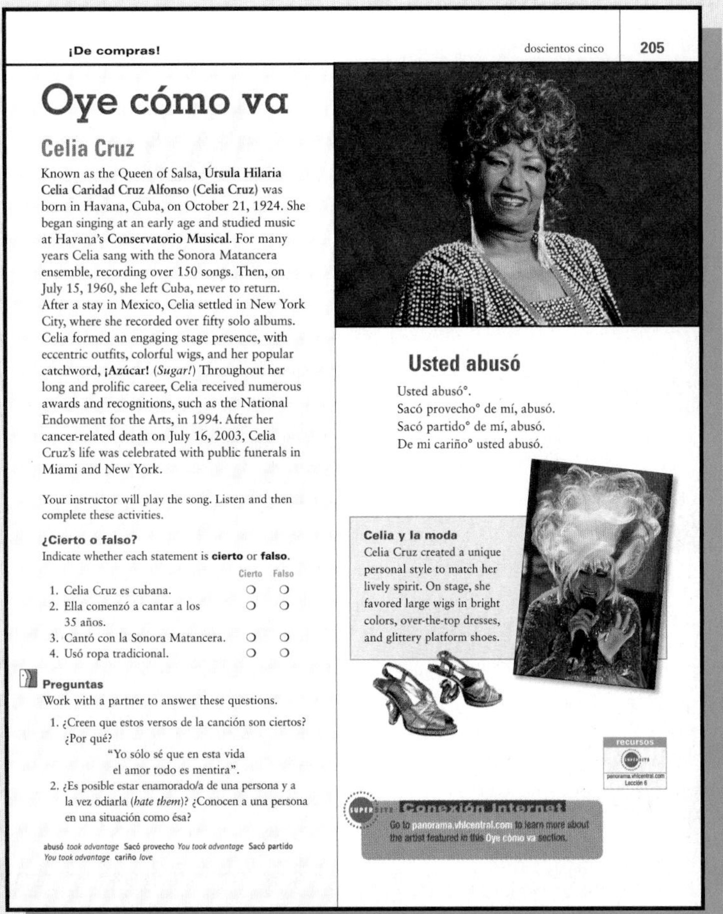

¡De compras! doscientos cinco 205

Oye cómo va

Celia Cruz

Known as the Queen of Salsa, **Úrsula Hilaria Celia Caridad Cruz Alfonso (Celia Cruz)** was born in Havana, Cuba, on October 21, 1924. She began singing at an early age and studied music at Havana's **Conservatorio Musical**. For many years Celia sang with the Sonora Matancera ensemble, recording over 150 songs. Then, on July 15, 1960, she left Cuba, never to return. After a stay in Mexico, Celia settled in New York City, where she recorded over fifty solo albums. Celia formed an engaging stage presence, with eccentric outfits, colorful wigs, and her popular catchword, **¡Azúcar!** (*Sugar!*) Throughout her long and prolific career, Celia received numerous awards and recognitions, such as the National Endowment for the Arts, in 1994. After her cancer-related death on July 16, 2003, Celia Cruz's life was celebrated with public funerals in Miami and New York.

Your instructor will play the song. Listen and then complete these activities.

¿Cierto o falso?
Indicate whether each statement is **cierto** or **falso**.

	Cierto	Falso
1. Celia Cruz es cubana.	○	○
2. Ella comenzó a cantar a los 35 años.	○	○
3. Cantó con la Sonora Matancera.	○	○
4. Usó ropa tradicional.	○	○

Preguntas
Work with a partner to answer these questions.

1. ¿Creen que estos versos de la canción son ciertos? ¿Por qué?
   "Yo sólo sé que en esta vida
   el amor todo es mentira".
2. ¿Es posible estar enamorado/a de una persona y a la vez odiarla (*hate them*)? ¿Conocen a una persona en una situación como ésa?

abusó *took advantage* **Sacó provecho** *You took advantage* **Sacó partido** *You took advantage* **cariño** *love*

Usted abusó

Usted abusó°.
Sacó provecho° de mí, abusó.
Sacó partido° de mí, abusó.
De mi cariño° usted abusó.

Celia y la moda
Celia Cruz created a unique personal style to match her lively spirit. On stage, she favored large wigs in bright colors, over-the-top dresses, and glittery platform shoes.

recursos
panorama.vhlcentral.com
Lección 6

Conexión Internet
Go to panorama.vhlcentral.com to learn more about the artist featured in this Oye cómo va section.

Oye cómo va A biography of an artist or group from the featured country introduces you to the music of the Spanish-speaking world. Excerpts from the song lyrics, photos, and explanations of the genre or other related information accompany the biography.

Activities A series of activities checks your comprehension of the material and expands on the ideas presented.

Supersite Icon Icons and **Recursos** boxes lead you to the Supersite (**panorama.vhlcentral.com**) for more information and further practice.

Panorama
presents the nations of the Spanish-speaking world.

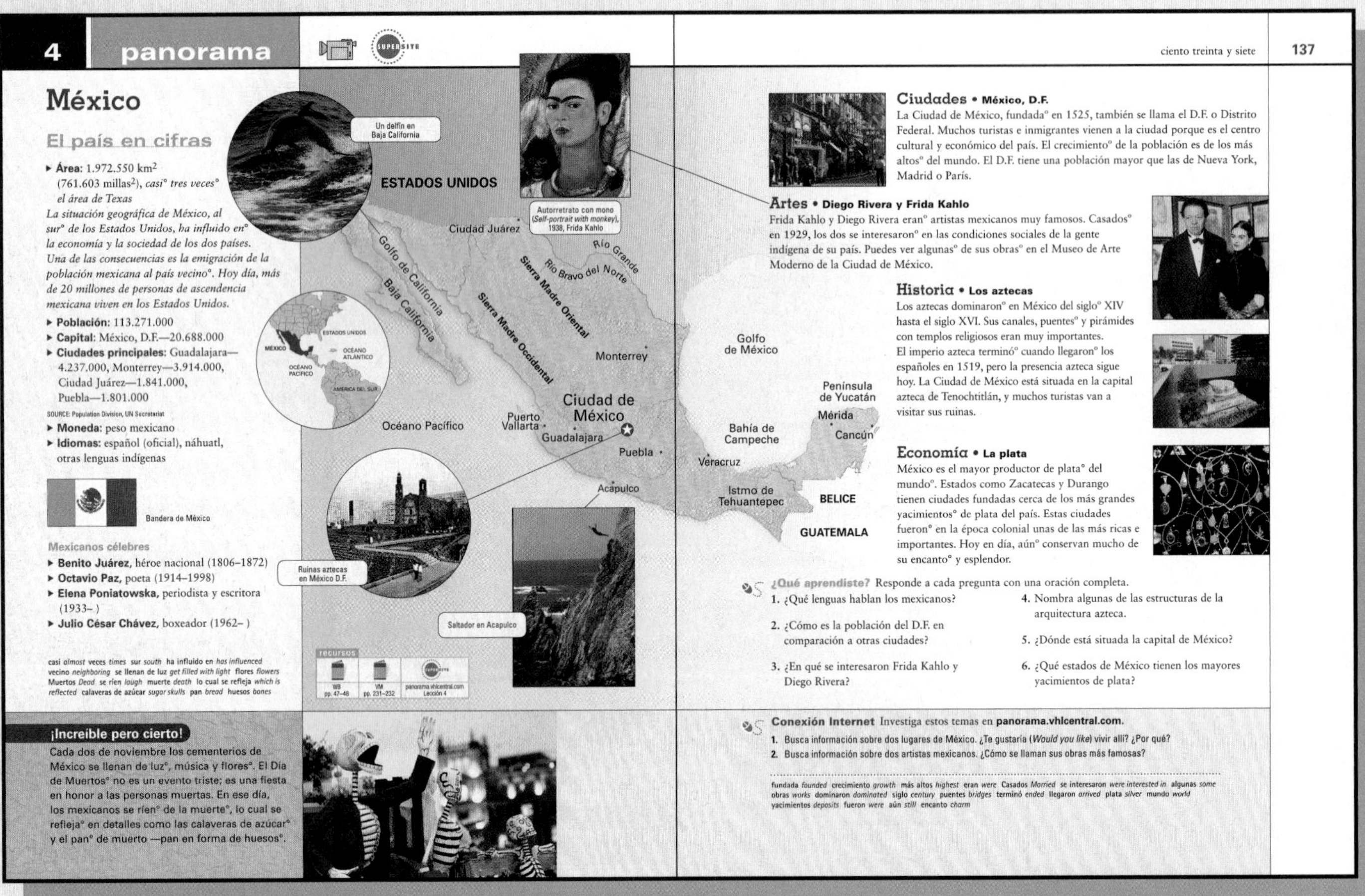

4 panorama

ciento treinta y siete 137

México

El país en cifras

- **Área:** 1.972.550 km^2 (761.603 millas^2), *casi° tres veces° el área de Texas*

La situación geográfica de México, al sur° de los Estados Unidos, ha influido en° la economía y la sociedad de los dos países. Una de las consecuencias es la emigración de la población mexicana al país vecino°. Hoy día, más de 20 millones de personas de ascendencia mexicana viven en los Estados Unidos.

- **Población:** 113.271.000
- **Capital:** México, D.F.—20.688.000
- **Ciudades principales:** Guadalajara—4.237.000, Monterrey—3.914.000, Ciudad Juárez—1.841.000, Puebla—1.801.000

SOURCE: Population Division, UN Secretariat

- **Moneda:** peso mexicano
- **Idiomas:** español (oficial), náhuatl, otras lenguas indígenas

Bandera de México

Mexicanos célebres

- **Benito Juárez,** héroe nacional (1806–1872)
- **Octavio Paz,** poeta (1914–1998)
- **Elena Poniatowska,** periodista y escritora (1933–)
- **Julio César Chávez,** boxeador (1962–)

casi *almost* veces *times* sur *south* ha influido en *has influenced* vecino *neighboring* se llenan de luz *get filled with light* flores *flowers* Muertos *Dead* se ríen *laugh* muerte *death* lo cual se refleja *which is reflected* calaveras de azúcar *sugar skulls* pan *bread* huesos *bones*

¡Increíble pero cierto!

Cada dos de noviembre los cementerios de México se llenan de luz°, música y flores°. El Día de Muertos° no es un evento triste; es una fiesta en honor a las personas muertas. En ese día, los mexicanos se ríen° de la muerte°, lo cual se refleja° en detalles como las calaveras de azúcar° y el pan° de muerto —pan en forma de huesos°.

Ciudades • México, D.F.

La Ciudad de México, fundada° en 1525, también se llama el D.F. o Distrito Federal. Muchos turistas e inmigrantes vienen a la ciudad porque es el centro cultural y económico del país. El crecimiento° de la población es de los más altos° del mundo. El D.F. tiene una población mayor que las de Nueva York, Madrid o París.

Artes • Diego Rivera y Frida Kahlo

Frida Kahlo y Diego Rivera eran° artistas mexicanos muy famosos. Casados° en 1929, los dos se interesaron° en las condiciones sociales de la gente indígena de su país. Puedes ver algunas° de sus obras° en el Museo de Arte Moderno de la Ciudad de México.

Historia • Los aztecas

Los aztecas dominaron° en México del siglo° XIV hasta el siglo XVI. Sus canales, puentes° y pirámides con templos religiosos eran muy importantes. El imperio azteca terminó° cuando llegaron° los españoles en 1519, pero la presencia azteca sigue hoy. La Ciudad de México está situada en la capital azteca de Tenochtitlán, y muchos turistas van a visitar sus ruinas.

Economía • La plata

México es el mayor productor de plata° del mundo°. Estados como Zacatecas y Durango tienen ciudades fundadas cerca de los más grandes yacimientos° de plata del país. Estas ciudades fueron° en la época colonial unas de las más ricas e importantes. Hoy en día, aún° conservan mucho de su encanto° y esplendor.

¿Qué aprendiste? Responde a cada pregunta con una oración completa.

1. ¿Qué lenguas hablan los mexicanos?
2. ¿Cómo es la población del D.F. en comparación a otras ciudades?
3. ¿En qué se interesaron Frida Kahlo y Diego Rivera?
4. Nombra algunas de las estructuras de la arquitectura azteca.
5. ¿Dónde está situada la capital de México?
6. ¿Qué estados de México tienen los mayores yacimientos de plata?

Conexión Internet Investiga estos temas en **panorama.vhlcentral.com.**

1. Busca información sobre dos lugares de México. ¿Te gustaría (*Would you like*) vivir allí? ¿Por qué?
2. Busca información sobre dos artistas mexicanos. ¿Cómo se llaman sus obras más famosas?

fundada *founded* crecimiento *growth* más altos *highest* eran *were* Casados *Married* se interesaron *were interested in* algunas *some* obras *works* dominaron *dominated* siglo *century* puentes *bridges* terminó *ended* llegaron *arrived* plata *silver* mundo *world* yacimientos *deposits* fueron *were* aún *still* encanto *charm*

El país en cifras presents interesting key facts about the featured country.

Maps point out major cities, rivers, and geographical features and situate the country in the context of its immediate surroundings and the world.

Readings A series of brief paragraphs explores facets of the country's culture such as history, places, fine arts, literature, and aspects of everyday life.

¡Increíble pero cierto! highlights an intriguing fact about the country or its people.

Conexión Internet offers Internet activities on the **PANORAMA** Supersite (panorama.vhlcentral.com) for additional avenues of discovery.

***Panorama cultural* Video** The authentic footage of this video takes you to the featured Spanish-speaking country, letting you experience the sights and sounds of an aspect of its culture. To learn more about the video, turn to page xxvii.

Vocabulario
summarizes all the active vocabulary of the lesson.

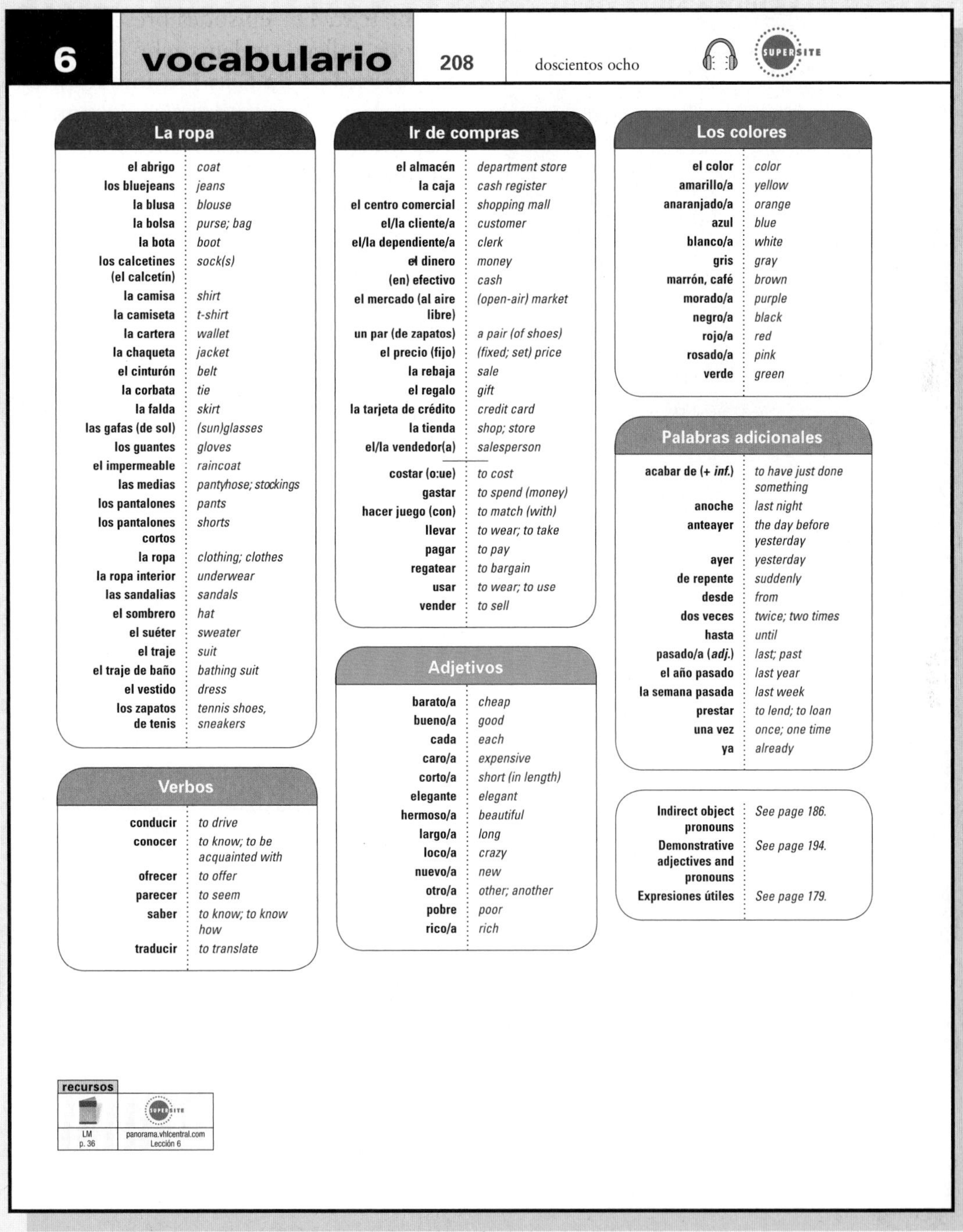

6 **vocabulario** 208 doscientos ocho

La ropa

el abrigo	coat
los bluejeans	jeans
la blusa	blouse
la bolsa	purse; bag
la bota	boot
los calcetines (el calcetín)	sock(s)
la camisa	shirt
la camiseta	t-shirt
la cartera	wallet
la chaqueta	jacket
el cinturón	belt
la corbata	tie
la falda	skirt
las gafas (de sol)	(sun)glasses
los guantes	gloves
el impermeable	raincoat
las medias	pantyhose; stockings
los pantalones	pants
los pantalones cortos	shorts
la ropa	clothing; clothes
la ropa interior	underwear
las sandalias	sandals
el sombrero	hat
el suéter	sweater
el traje	suit
el traje de baño	bathing suit
el vestido	dress
los zapatos de tenis	tennis shoes, sneakers

Verbos

conducir	to drive
conocer	to know; to be acquainted with
ofrecer	to offer
parecer	to seem
saber	to know; to know how
traducir	to translate

Ir de compras

el almacén	department store
la caja	cash register
el centro comercial	shopping mall
el/la cliente/a	customer
el/la dependiente/a	clerk
el dinero	money
(en) efectivo	cash
el mercado (al aire libre)	(open-air) market
un par (de zapatos)	a pair (of shoes)
el precio (fijo)	(fixed; set) price
la rebaja	sale
el regalo	gift
la tarjeta de crédito	credit card
la tienda	shop; store
el/la vendedor(a)	salesperson
costar (o:ue)	to cost
gastar	to spend (money)
hacer juego (con)	to match (with)
llevar	to wear; to take
pagar	to pay
regatear	to bargain
usar	to wear; to use
vender	to sell

Adjetivos

barato/a	cheap
bueno/a	good
cada	each
caro/a	expensive
corto/a	short (in length)
elegante	elegant
hermoso/a	beautiful
largo/a	long
loco/a	crazy
nuevo/a	new
otro/a	other; another
pobre	poor
rico/a	rich

Los colores

el color	color
amarillo/a	yellow
anaranjado/a	orange
azul	blue
blanco/a	white
gris	gray
marrón, café	brown
morado/a	purple
negro/a	black
rojo/a	red
rosado/a	pink
verde	green

Palabras adicionales

acabar de (+ *inf.*)	to have just done something
anoche	last night
anteayer	the day before yesterday
ayer	yesterday
de repente	suddenly
desde	from
dos veces	twice; two times
hasta	until
pasado/a (*adj.*)	last; past
el año pasado	last year
la semana pasada	last week
prestar	to lend; to loan
una vez	once; one time
ya	already

Indirect object pronouns	See page 186.
Demonstrative adjectives and pronouns	See page 194.
Expresiones útiles	See page 179.

recursos

LM p. 36 | SUPERSITE panorama.vhlcentral.com Lección 6

Recorded vocabulary The headset icon at the top of the page and the **Recursos** boxes at the bottom of the page highlight that the active lesson vocabulary is recorded for convenient study on the **PANORAMA** Supersite (panorama.vhlcentral.com).

FOTONOVELA VIDEO PROGRAM

Fully integrated with your textbook, the ***Fotonovela*** Video contains fifteen episodes, one for each lesson of the text. The episodes present the adventures of four college students who are studying at the **Universidad de San Francisco** in Quito, Ecuador. They decide to spend their vacation break on a bus tour of the Ecuadorian countryside with the ultimate goal of hiking up a volcano. The video, shot in various locations in Ecuador, tells their story and the story of Don Francisco, the tour bus driver who accompanies them.

The **Fotonovela** section in each textbook lesson is an abbreviated version of the dramatic episode featured in the video. Therefore, each **Fotonovela** section can be done before you see the corresponding video episode, after it, or as a section that stands alone.

As you watch each video episode, you will first see a live segment in which the characters interact using vocabulary and grammar you are studying. As the video progresses, the live segments carefully combine new vocabulary and grammar with previously taught language. You will then see a **Resumen** section in which one of the main video characters recaps the live segment, emphasizing the grammar and vocabulary you are studying within the context of the episode's key events.

In addition, in most of the video episodes, there are brief pauses to allow the characters to reminisce about their home country. These flashbacks—montages of real-life images shot in Spain, Mexico, Puerto Rico, and various parts of Ecuador—connect the theme of the video to everyday life in various parts of the Spanish-speaking world.

THE CAST

Here are the main characters you will meet when you watch the *Fotonovela* Video:

From Ecuador,
Inés Ayala Loor

From Spain,
María Teresa (Maite) Fuentes de Alba

From México,
Alejandro (Álex) Morales Paredes

From Puerto Rico,
Javier Gómez Lozano

And, also from Ecuador,
don Francisco Castillo Moreno

NEW! *FLASH CULTURA* VIDEO PROGRAM

The dynamic, new ***Flash cultura*** Video provides an entertaining supplement to the **Cultura** section of each lesson. Young people from all over the Spanish-speaking world share aspects of life in their countries; the similarities and differences among Spanish-speaking countries that come up through their experiences will challenge you to think about your own cultural practices and values.

The segments provide valuable cultural insights as well as linguistic input; the episodes will expose you to a wide variety of accents and vocabulary as they gradually move into Spanish.

PANORAMA CULTURAL VIDEO PROGRAM

The ***Panorama cultural*** Video is integrated with the **Panorama** section in each lesson of **PANORAMA, Third Edition**. Each segment is 2–3 minutes long and consists of documentary footage from each of the countries featured. The images were specially chosen for interest level and visual appeal, while the all-Spanish narrations were carefully written to reflect the vocabulary and grammar covered in the textbook.

As you watch the video segments, you will experience a diversity of images and topics: cities, monuments, traditions, festivals, archeological sites, geographical wonders, and more. You will be transported to each Spanish-speaking country, including the United States and Canada, thereby having the opportunity to expand your cultural perspectives with information directly related to the content of **PANORAMA, Third Edition**.

MAESTRO™ Supersite

The **PANORAMA** Supersite, powered by MAESTRO™, provides a wealth of resources for both students and instructors.

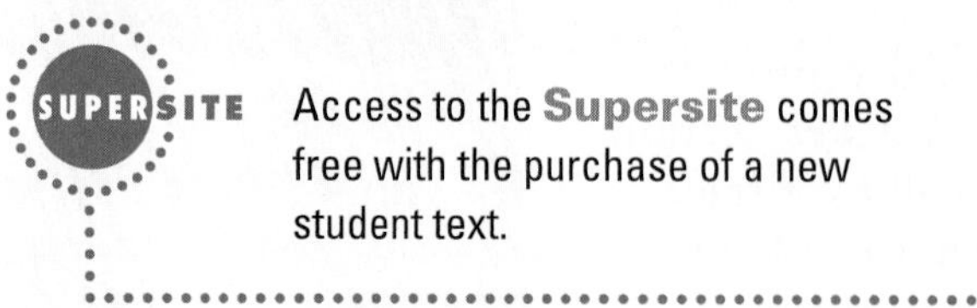

Learning tools available to students:

- interactive practice activities with auto-grading and real-time feedback
  - directed practice from the textbook, including audio activities
  - additional practice for each and every textbook section
- open-ended activities where students explore and search the Internet
  - activities for the **NEW! Cultura** and **Panorama** cultural sections, including annotated interactive maps
  - **NEW! Oye cómo va** music section spotlights Spanish-speaking musicians and leads students to explore further
- expanded audio practice
  - **NEW!** record-and-compare audio activities
- the complete **PANORAMA** Video Program
  - **Fotonovela:** These dramatic video episodes follow four students on their adventures through Ecuador.
  - **NEW! Flash cultura:** Shot on location in Latin America and Spain, this video in the form of a news program expands on the theme of each lesson in the book.
  - **Panorama cultural:** One episode for every country in the Spanish-speaking world highlights different aspects of each country's culture.
  - **NEW! En pantalla:** Real TV clips, one every three lessons, offer you an authentic window into Spanish-language media
- MP3 files for the complete **PANORAMA** Audio Program 
  - textbook audio files
  - lab program audio files
- and more...
  - auto-scored practice quizzes with feedback in every lesson
  - **NEW!** flashcards with audio
  - **NEW!** flash-animated grammar tutorials (Premium content)

ICONS AND *RECURSOS* BOXES

Icons

Familiarize yourself with these icons that appear throughout **PANORAMA, Third Edition**.

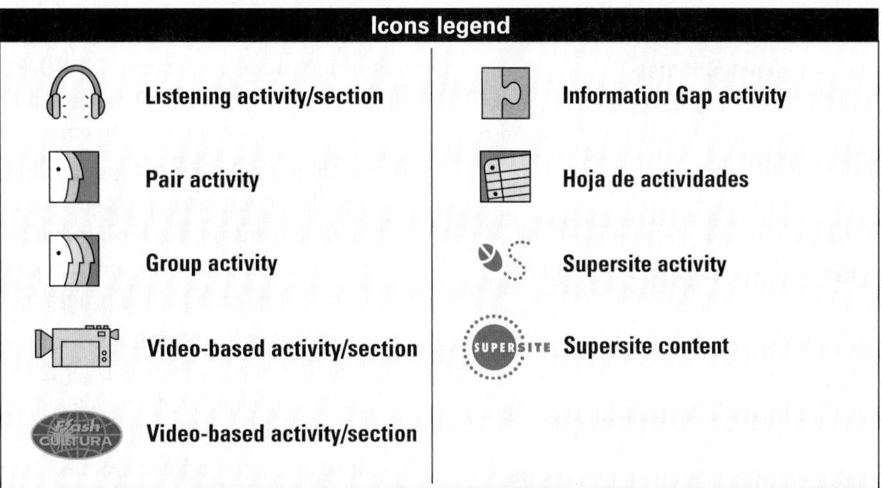

- The Information Gap activities and those involving **Hojas de actividades** (*activity sheets*) require handouts that your instructor will give you.
- You will see the listening icon in each lesson's **Contextos**, **Pronunciación**, **Escuchar,** and **Vocabulario** sections.
- The video icons appear in the **Fotonovela, Cultura,** and **Panorama** sections of each lesson.
- **New!** Both Supersite icons appear in every strand of every lesson. Visit panorama.vhlcentral.com.

Recursos

Recursos boxes let you know exactly what print and technology ancillaries you can use to reinforce and expand on every section of the lessons in your textbook. They even include page numbers when applicable. In **PANORAMA 3/e**, the colors of the icons match those of the actual ancillaries, making it even easier for you to use the complete program. See the next page for a description of the ancillaries.

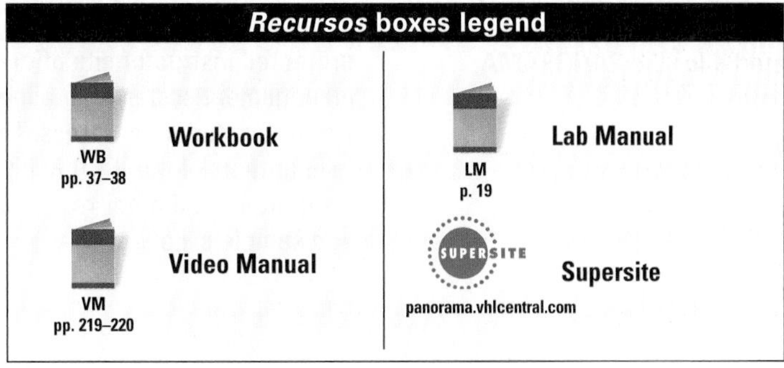

STUDENT ANCILLARIES

- **Workbook/Video Manual**
  The Workbook/Video Manual contains the workbook activities for each textbook lesson, activities for the ***Fotonovela*** Video, and pre-, while-, and post-viewing activities for the ***Panorama cultural*** Video.
- New! **Cuaderno para hispanohablantes**
  This new workbook parallels the traditional workbook and video manual with additional material directed to a heritage speaker audience.
- **Lab Manual**
  The Lab Manual contains lab activities for each textbook lesson for use with the Lab Audio Program.
- **Lab Audio Program**
  Available on the Supersite.
- **Textbook Audio Program**
  The Textbook Audio Program MP3s, available on the Supersite, are the audio recordings for the listening-based activities and recordings of the active vocabulary in each lesson of the student text.
- New! ***Fotonovela* Video DVD**
  The ***Fotonovela*** DVD provides the complete ***Fotonovela*** Video Program with subtitles.
- **VHL Intro Spanish Pocket Dictionary & Language Guide***
  This portable reference for Spanish was created expressly to complement and extend the student text.
- New! **Web-SAM** (online Workbook/Video Manual/ Lab Manual). New to the Third Edition, **PANORAMA** now offers two Web-SAM options: the traditional Quia version, and the new **Maestro™** version. Besides offering the entire Workbook, Video Manual, and Lab Manual online, the **Maestro** Web-SAM offers a robust learning management system that completely integrates with the **PANORAMA 3/e** Supersite.
- New! **Maestro™ Supersite***
  Newly developed for **PANORAMA**, **Third Edition**, your passcode to the Supersite (panorama.vhlcentral.com) is free with the purchase of a new text. Here you will find activities found in your text, available with auto-grading capability, additional activities for practice, all of the audio and video material for the **PANORAMA**, **Third Edition**, and much more.

**Free with purchase of a new Student Text*

INSTRUCTOR ANCILLARIES

- **Instructor's Annotated Edition (IAE)**
  The IAE contains a wealth of teaching information. The expanded trim size and enhanced design of **PANORAMA 3/e** make the annotations and facsimile student pages easy to read and reference in the classroom.
- New! **Instructor's Resource CD-ROM (IRCD)**
  All of the traditional components of the **PANORAMA** Ancillary Program are now on one convenient CD-ROM.
  - **Instructor's Resource Manual (IRM)**
    The IRM contains classroom handouts for the textbook, answers to directed activities in the textbook, audioscripts, and transcripts and translations of the video programs.
  - **PowerPoint Presentations**
    This feature provides the Overhead Transparencies as PowerPoint slides, including maps of all Spanish-speaking countries, the **Contextos** vocabulary drawings, and other selected drawings from the student text. Also included on PowerPoint are presentations of each grammar point in **Estructura**.
  - **Workbook/Lab Manual/Video Manual Answer Key**
  - **Testing Program**
    The Testing Program contains four versions of tests for each textbook lesson, semester exams and quarter exams, listening scripts, test answer keys, and optional cultural, video, and reading test items. The Testing Program is provided in three formats: within a powerful Test Generator, in customizable RTF files, and as PDFs.
- New! **Instructor's Resource CD & DVD Set**
  - Instructor's Resource CD-ROM (see above)
  - Two video DVDs (***Fotonovela*** and ***Panorama cultural***) available with subtitles in English and Spanish. In addition, a third DVD of the brand-new ***Flash cultura*** video program hosts a tour of eight countries in the Spanish-speaking world.
- New! **Maestro™ Supersite**
  In addition to access to the student site, the password-protected instructor site offers a robust course management system that allows instructors to assign and track student progress. The Supersite contains the full contents of the IRCD (with the exception of the Test Generator), and other resources, such as lesson plans and sample syllabi.

acknowledgments

On behalf of its authors and editors, Vista Higher Learning would like to express our appreciation to the many instructors nationwide who provided feedback on this program. Their comments and suggestions have been invaluable to this revision.

- We especially thank Stewart James-Lejárcegui, Associate Professor of Spanish at Iowa Wesleyan College, for his many careful and thoughtful observations.
- We thank Mercedes Valle of the University of Massachusetts at Amherst for her review of the **Recapitulación** section.
- We extend our gratitude to José Cruz of Fayetteville Technical Community College for his insight and input on the WebSAM.

Reviewers

Ellen Abrams
Northern Essex Community College, AZ

Yamandu P. Acosta
Andrew College, GA

Alma Alfaro
Walla Walla College, WA

Blanca Anderson
Loyola University New Orleans, LA

Eileen M. Angelini
Philadelphia University, PA

Karyn Armstrong
Mission College, CA

Bruno Arzola
Tacoma Community College, WA

Clara H. Becerra
Mount Union College, OH

Dennis Bricault
North Park University, IL

Maria Brucato
Merrimack College, MA

Carmela Bruni-Bossio
University of Alberta, AB, Canada

Ana Caldero
Valencia Community College/
West Campus, FL

Marla A. Calico
Georgia Perimeter College, GA

Beth Cardon
Georgia Perimeter College, GA

Lisa Celona
Tunxis Community College, CT

Robert O. Chase
Tunxis Community College, CT

Anita L. Coffey
Lander University, SC

Dominic Corraro
Albertus Magnus College, CT

Jose A. Cortes-Caballero
Georgia Perimeter College, GA

Javier A. Cortes de Jorge
Loyola University New Orleans, LA

Xuchitl N. Coso
Georgia Perimeter College, GA

Catherine Crater
Spring Arbor University, MI

Jan Coulson
Oklahoma State University-
Okmulgee, OK

Gregg O. Courtad
Mount Union College, OH

Yonghu Dai
Southern Arkansas University, AR

Janan Fallon
Georgia Perimeter College, GA

Ronna Feit
Nassau Community College, NY

Bruce Gartner
Ohio Dominican University, OH

Jill Gauthier
Miami University Hamilton, OH

Beata Gesicka
University of Alberta, AB, Canada

E. Ginnett Rollins
Asbury College, KY

Don Goetz
North Country Community
College, CT

Yolanda L Gonzalez
Valencia Community College, FL

Esperanza Granados
Erskine College, SC

Dr. Robert Harding
Lynchburg College, VA

Esther Holtermann
American University, VA

Robert Howell
Skagit Valley College, WA

Kib Hunt
Columbia College, SC

Harriet Hutchinson
Bunker Hill Community College, MA

Maria Italiano-McGreevy
Pikeville College, KY

William F Jimenez
Tunxis Community College, CT

Herman Johnson
Xavier University of Louisiana, LA

Michael Keathley
Ivy Tech Community College, IN

Todd Lakin
Richard J. Daley College, IL

Kimberly Z. Lowry
Asbury College, KY

Wendy W. Martin
Cleveland Community College, NC

Marco Mena
University of Wisconsin Oshkosh, WI

Joseph A Menig
Valencia Community College, FL

Carl Mentley
Erskine College, SC

Joshua Mora
Angelo State University, TX

Jennifer L. Omana
Texas Wesleyan University, TX

Ruth Owens
Arkansas State University, AR

Joy Parker
Southwestern Oregon Community College, OR

Noelle Parris
Trident Technical College, SC

Maria C. Perez
Iowa Western Community College, IA

Mercedes Rahilly
Lansing Community College, MI

Angelica Ramirez-Roa
University of Alberta, AB, Canada

Gabriel Rico
Victor Valley College, CA

John Riley
Greenville Technical College, SC

Fernando Rubio
University of Utah, UT

Laura Ruiz-Scott
Scottsdale Community College, AZ

Jose E. Sanchez
Skagit Valley College, WA

Virginia Shen
Chicago State University, IL

Nancy Stites
Jackson Community College, MI

Angela Tavares-Sogocio
Miami Dade College, FL

Jessica Treat
Northwestern Connecticut Community College, CT

Candice Tucker
Jackson Community College, MI

Marco Tulio Cedillo
Lynchburg College, VA

Jorge de Villasante
Middlesex Community College, MA

Antonia H. Wagner
Greenville Technical College, SC

Juping Wang
Southern Arkansas University, AR

Janice Wiberg
Montana State University-Northern, MT

Jean Zenor
Springfield Technical Community College, MA

Hola, ¿qué tal?

1

Communicative Goals

You will learn how to:

- **Greet people in Spanish**
- **Say goodbye**
- **Identify yourself and others**
- **Talk about the time of day**

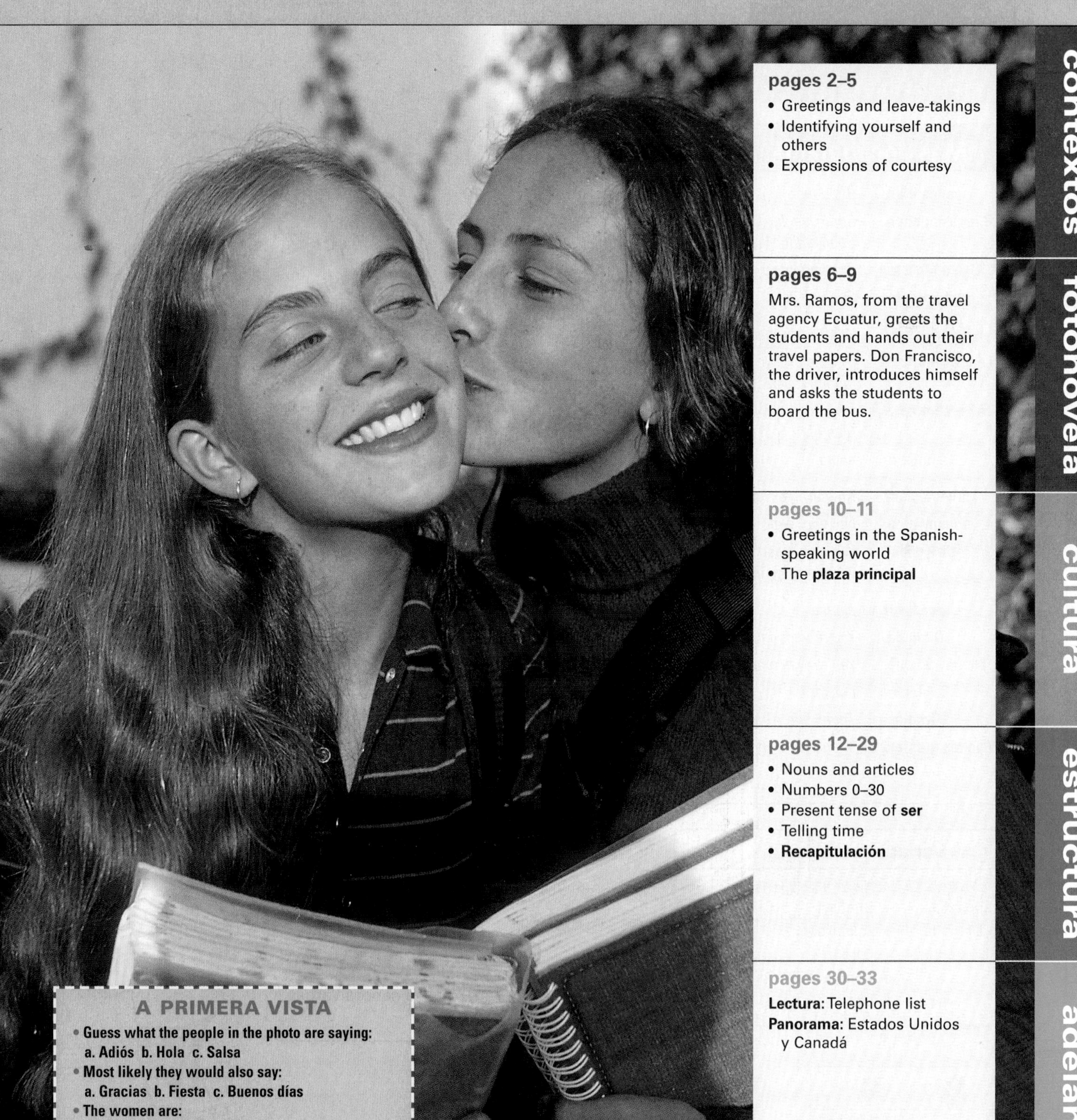

A PRIMERA VISTA

- Guess what the people in the photo are saying:
  a. Adiós b. Hola c. Salsa
- Most likely they would also say:
  a. Gracias b. Fiesta c. Buenos días
- The women are:
  a. amigas b. chicos c. señores

Hola, ¿qué tal?

Más vocabulario

Buenos días.	*Good morning.*
Buenas noches.	*Good evening; Good night.*
Hasta la vista.	*See you later.*
Hasta pronto.	*See you soon.*
¿Cómo se llama usted?	*What's your name? (form.)*
Le presento a...	*I would like to introduce (name) to you. (form.)*
Te presento a...	*I would like to introduce (name) to you. (fam.)*
el nombre	*name*
¿Cómo estás?	*How are you? (fam.)*
No muy bien.	*Not very well.*
¿Qué pasa?	*What's happening?; What's going on?*
por favor	*please*
De nada.	*You're welcome.*
No hay de qué.	*You're welcome.*
Lo siento.	*I'm sorry.*
Gracias.	*Thank you; Thanks.*
Muchas gracias.	*Thank you very much; Thanks a lot.*

Variación léxica

Items are presented for recognition purposes only.

Buenos días. ⟷ Buenas.
De nada. ⟷ A la orden.
Lo siento. ⟷ Perdón.
¿Qué tal? ⟷ ¿Qué hubo? (*Col.*)
chau ⟷ ciao

recursos

WB pp. 1–2	LM p. 1	SUPERSITE panorama.vhlcentral.com Lección 1

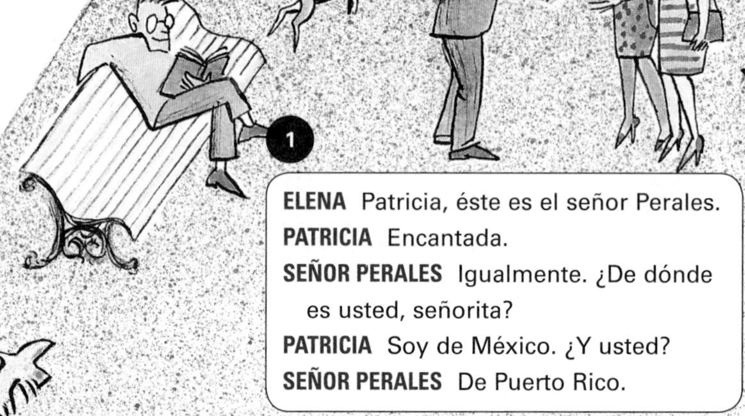

1

ELENA Patricia, éste es el señor Perales.
PATRICIA Encantada.
SEÑOR PERALES Igualmente. ¿De dónde es usted, señorita?
PATRICIA Soy de México. ¿Y usted?
SEÑOR PERALES De Puerto Rico.

2

TOMÁS ¿Qué tal, Alberto?
ALBERTO Regular. ¿Y tú?
TOMÁS Bien. ¿Qué hay de nuevo?
ALBERTO Nada.

3

SEÑOR VARGAS Buenas tardes, señora Wong. ¿Cómo está usted?
SEÑORA WONG Muy bien, gracias. ¿Y usted, señor Vargas?
SEÑOR VARGAS Bien, gracias.
SEÑORA WONG Hasta mañana, señor Vargas. Saludos a la señora Vargas.
SEÑOR VARGAS Adiós.

AYUDA

In Spanish, people can be addressed either formally or informally. Dialogues 1 and 3 are formal exchanges and use **usted** (*you*) forms. Dialogues 2, 4, and 5 are informal and use the familiar **tú** (*you*) form or other informal expressions. You will learn more about this in **Estructura 1.3.**

Práctica

1 Escuchar Listen to each question or statement, then choose the correct response.

	a.	b.
1.	a. Muy bien, gracias.	b. Me llamo Graciela.
2.	a. Lo siento.	b. Mucho gusto.
3.	a. Soy de Puerto Rico.	b. No muy bien.
4.	a. No hay de qué.	b. Regular.
5.	a. Mucho gusto.	b. Hasta pronto.
6.	a. Nada.	b. Igualmente.
7.	a. Me llamo Guillermo Montero.	b. Muy bien, gracias.
8.	a. Buenas tardes. ¿Cómo estás?	b. El gusto es mío.
9.	a. Saludos a la Sra. Ramírez.	b. Encantada.
10.	a. Adiós.	b. Regular.

2 Identificar You will hear a series of expressions. Identify the expression (**a**, **b**, **c**, or **d**) that does not belong in each series.

1. ____ 3. ____
2. ____ 4. ____

3 Escoger For each expression, write another word or phrase that expresses a similar idea.

modelo

¿Cómo estás? *¿Qué tal?*

1. De nada.
2. Encantado.
3. Adiós.
4. Te presento a Antonio.
5. Hasta la vista.
6. Mucho gusto.

4 Ordenar Work with a classmate to put this scrambled conversation in order. Then act it out.

___Muy bien, gracias. Soy Rosabel.
___Soy del Ecuador. ¿Y tú?
___Mucho gusto, Rosabel.
___Hola. Me llamo Carlos. ¿Cómo estás?
___Soy de Argentina.
___Igualmente. ¿De dónde eres, Carlos?

CARLOS ________________
ROSABEL ________________
CARLOS ________________
ROSABEL ________________
CARLOS ________________
ROSABEL ________________

5 **Completar** Work with a partner to complete these exchanges.

modelo

Estudiante 1: ¿Cómo estás?
Estudiante 2: Muy bien, gracias.

1. **Estudiante 1:** ________________
   Estudiante 2: Buenos días. ¿Qué tal?
2. **Estudiante 1:** ________________
   Estudiante 2: Me llamo Carmen Sánchez.
3. **Estudiante 1:** ________________
   Estudiante 2: De Canadá.
4. **Estudiante 1:** Te presento a Marisol.
   Estudiante 2: ________________
5. **Estudiante 1:** Gracias.
   Estudiante 2: ________________
6. **Estudiante 1:** ________________
   Estudiante 2: Regular.
7. **Estudiante 1:** ________________
   Estudiante 2: Nada.
8. **Estudiante 1:** ¡Hasta la vista!
   Estudiante 2: ________________

6 **Cambiar** Work with a partner and correct the second part of each conversation to make it logical.

modelo

Estudiante 1: ¿Qué tal?
Estudiante 2: ~~*No hay de qué.*~~ Bien. ¿Y tú?

1. **Estudiante 1:** Hasta mañana, señora Ramírez. Saludos al señor Ramírez.
   Estudiante 2: *Muy bien, gracias.*
2. **Estudiante 1:** ¿Qué hay de nuevo, Alberto?
   Estudiante 2: *Sí, me llamo Alberto. ¿Cómo te llamas tú?*
3. **Estudiante 1:** Gracias, Tomás.
   Estudiante 2: *Regular. ¿Y tú?*
4. **Estudiante 1:** Miguel, ésta es la señorita Perales.
   Estudiante 2: *No hay de qué, señorita.*
5. **Estudiante 1:** ¿De dónde eres, Antonio?
   Estudiante 2: *Muy bien, gracias. ¿Y tú?*
6. **Estudiante 1:** ¿Cómo se llama usted?
   Estudiante 2: *El gusto es mío.*
7. **Estudiante 1:** ¿Qué pasa?
   Estudiante 2: *Hasta luego, Alicia.*
8. **Estudiante 1:** Buenas tardes, señor. ¿Cómo está usted?
   Estudiante 2: *Soy de Puerto Rico.*

¡LENGUA VIVA!

The titles **señor, señora,** and **señorita** are abbreviated **Sr., Sra.,** and **Srta.** Note that these abbreviations are capitalized, while the titles themselves are not.

• • •

There is no Spanish equivalent for the English title *Ms.;* women are addressed as **señora** or **señorita**.

Comunicación

7

Diálogos With a partner, complete and act out these conversations.

Conversación 1

—Hola. Me llamo Teresa. ¿Cómo te llamas tú?

—______________________________

—Soy de Puerto Rico. ¿Y tú?

—______________________________

Conversación 2

—______________________________

—Muy bien, gracias. ¿Y usted, señora López?

—______________________________

—Hasta luego, señora. Saludos al señor López.

—______________________________

Conversación 3

—______________________________

—Regular. ¿Y tú?

—______________________________

—Nada.

8

Conversaciones This is the first day of class. Write four short conversations based on what the people in this scene would say.

9

Situaciones In groups of three, write and act out these situations.

1. On your way out of class on the first day of school, you strike up a conversation with the two students who were sitting next to you. You find out each student's name and where he or she is from before you say goodbye and go to your next class.
2. At the next class you meet up with a friend and find out how he or she is doing. As you are talking, your friend Elena enters. Introduce her to your friend.
3. As you're leaving the bookstore, you meet your parents' friends Mrs. Sánchez and Mr. Rodríguez. You greet them and ask how each person is. As you say goodbye, you send greetings to Mrs. Rodríguez.
4. Make up and act out a real-life situation that you and your classmates can role-play.

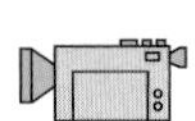

¡Todos a bordo!

Los cuatro estudiantes, don Francisco y la Sra. Ramos se reúnen (*meet*) en la universidad.

PERSONAJES

DON FRANCISCO

SRA. RAMOS

ÁLEX

JAVIER

INÉS

MAITE

SRA. RAMOS Buenos días, chicos. Yo soy Isabel Ramos de la agencia Ecuatur.

DON FRANCISCO Y yo soy don Francisco, el conductor.

SRA. RAMOS Bueno, ¿quién es María Teresa Fuentes de Alba?

MAITE ¡Soy yo!

SRA. RAMOS Ah, bien. Aquí tienes los documentos de viaje.

MAITE Gracias.

SRA. RAMOS ¿Javier Gómez Lozano?

JAVIER Aquí... soy yo.

JAVIER ¿Qué tal? Me llamo Javier.

ÁLEX Mucho gusto, Javier. Yo soy Álex. ¿De dónde eres?

JAVIER De Puerto Rico. ¿Y tú?

ÁLEX Yo soy de México.

DON FRANCISCO Bueno, chicos, ¡todos a bordo!

INÉS Con permiso.

recursos

	 SUPERSITE
VM pp. 195–196	panorama.vhlcentral.com Lección 1

4

SRA. RAMOS Y tú eres Inés Ayala Loor, ¿verdad?

INÉS Sí, yo soy Inés.

SRA. RAMOS Y tú eres Alejandro Morales Paredes, ¿no?

ÁLEX Sí, señora.

5

INÉS Hola. Soy Inés.

MAITE Encantada. Yo me llamo Maite. ¿De dónde eres?

INÉS Soy del Ecuador, de Portoviejo. ¿Y tú?

MAITE De España. Soy de Madrid, la capital. Oye, ¿qué hora es?

INÉS Son las diez y tres minutos.

9

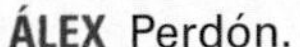

ÁLEX Perdón.

10

DON FRANCISCO ¿Y los otros?

SRA. RAMOS Son todos.

DON FRANCISCO Está bien.

Expresiones útiles

Identifying yourself and others

- **¿Cómo se llama usted?**
  What's your name?
  Yo soy don Francisco, el conductor.
  I'm Don Francisco, the driver.
- **¿Cómo te llamas?**
  What's your name?
  Me llamo Javier.
  My name is Javier.
- **¿Quién es...?**
  Who is...?
  Aquí... soy yo.
  Here... that's me.
- **Tú eres..., ¿verdad?/¿no?**
  You are..., right?/no?
  Sí, señora.
  Yes, ma'am.

Saying what time it is

- **¿Qué hora es?**
  What time is it?
  Es la una.
  It's one o'clock.
  Son las dos.
  It's two o'clock.
  Son las diez y tres minutos.
  It's 10:03.

Saying "excuse me"

- **Con permiso.**
  Pardon me; Excuse me. (to request permission)
- **Perdón.**
  Pardon me; Excuse me. (to get someone's attention or to ask forgiveness)

When starting a trip

- **¡Todos a bordo!**
  All aboard!
- **¡Buen viaje!**
  Have a good trip!

Getting someone's attention

- **Oye/Oiga(n)...**
  Listen (fam./form.)...

¿Qué pasó? SUPERSITE

1

¿Cierto o falso? Indicate if each statement is **cierto** or **falso**. Then correct the false statements.

	Cierto	Falso
1. Javier y Álex son pasajeros (*passengers*).	❍	❍
2. Javier Gómez Lozano es el conductor.	❍	❍
3. Inés Ayala Loor es de la agencia Ecuatur.	❍	❍
4. Inés es del Ecuador.	❍	❍
5. Maite es de España.	❍	❍
6. Javier es de Puerto Rico.	❍	❍
7. Álex es del Ecuador.	❍	❍

NOTA CULTURAL

Maite is a shortened version of the name **María Teresa**.

Other popular "combination names" in Spanish are **Juanjo (Juan José)** and **Maruja (María Eugenia)**.

2

Identificar Indicate which persons would make each statement. Two names will be used twice.

1. Yo soy de México. ¿De dónde eres tú?
2. ¡Atención! ¡Todos a bordo!
3. ¿Yo? Soy de la capital de España.
4. Y yo soy del Ecuador.
5. ¿Qué hora es, Inés?
6. Yo soy de Puerto Rico. ¿Y tú?

ÁLEX INÉS MAITE

DON FRANCISCO JAVIER

¡LENGUA VIVA!

In Spanish-speaking countries, **don** and **doña** are used with men's and women's first names to show respect: **don Francisco, doña Rita**. Note that these words are not capitalized.

3

Completar Complete this slightly altered version of the conversation that Inés and Maite had.

INÉS Hola. ¿Cómo te (1)__________?
MAITE Me llamo Maite. ¿Y (2)__________?
INÉS Inés. Mucho (3)__________.
MAITE (4)__________ gusto es mío.
INÉS ¿De (5)__________ eres?
MAITE (6)__________ España. ¿Y (7)__________?
INÉS Del (8)__________.

4

Conversar Imagine that you are chatting with a traveler you just met at the airport. With a partner, prepare a conversation using these cues.

Estudiante 1		Estudiante 2
Say "good afternoon" to your partner and ask for his or her name.	→	Say hello and what your name is. Then ask what your partner's name is.
Say what your name is and that you are glad to meet your partner.	→	Say that the pleasure is yours.
Ask how your partner is.	→	Say that you're doing well, thank you.
Ask where your partner is from.	→	Say where you're from.
Wish your partner a good trip.	→	Say thank you and goodbye.

Pronunciación  

The Spanish alphabet

The Spanish alphabet consists of 29 letters. The Spanish letter **ñ (eñe)** doesn't appear in the English alphabet. The letters **k (ka)** and **w (doble ve)** are used only in words of foreign origin.

Letra	Nombre(s)	Ejemplos	Letra	Nombre(s)	Ejemplos
a	a	**a**diós	**m**	eme	**m**apa
b	be	**b**ien, pro**b**lema	**n**	ene	**n**acionalidad
c	ce	**c**osa, **c**ero	**ñ**	eñe	ma**ñ**ana
ch	che	**ch**ico	**o**	o	**o**nce
d	de	**d**iario, na**d**a	**p**	pe	**p**rofesor
e	e	**e**studiante	**q**	cu	**q**ué
f	efe	**f**oto	**r**	ere	**r**egular, seño**r**a
g	ge	**g**racias, **G**erardo, re**g**ular	**s**	ese	**s**eñor
h	hache	**h**ola	**t**	te	**t**ú
i	i	**i**gualmente	**u**	u	**u**sted
j	jota	**J**avier	**v**	ve	**v**ista, nue**v**o
k	ka, ca	**k**ilómetro	**w**	doble ve	*walkman*
l	ele	**l**ápiz	**x**	equis	e**x**istir, Mé**x**ico
ll	elle	**ll**ave	**y**	i griega, ye	**y**o
			z	zeta, ceta	**z**ona

AYUDA

The letter combination **rr** produces a strong trilled sound which does not have an English equivalent. English speakers commonly make this sound when imitating the sound of a motor. This combination only occurs between vowels: **puertorriqueño, terrible**. See **Lección 7**, p. 217 for more information.

¡LENGUA VIVA!

In 1994, the **Real Academia** subsumed **ch** and **ll** under **c** and **l** in alphabetized lists. For example, in dictionaries, entries starting with **ch** come between **ce** and **ci**, not under a separate letter between **c** and **d**.

El alfabeto Repeat the Spanish alphabet and example words after your instructor.

Práctica Spell these words aloud in Spanish.

1. nada
2. maleta
3. quince
4. muy
5. hombre
6. por favor
7. San Fernando
8. Estados Unidos
9. Puerto Rico
10. España
11. Javier
12. Ecuador
13. Maite
14. gracias
15. Nueva York

Refranes Read these sayings aloud.

1 Seeing is believing.
2 Silence is golden.

recursos

LM p. 2

SUPERSITE panorama.vhlcentral.com Lección 1

EN DETALLE

Saludos y besos en los países hispanos

In Spanish-speaking countries, kissing on the cheek is a customary way to greet friends and family members. It is common to kiss someone upon introduction, particularly in a non-business setting. Whereas North Americans maintain considerable personal space when greeting, Spaniards and Latin Americans tend to decrease interpersonal space and give one or two kisses (**besos**) on the cheek, sometimes accompanied by a handshake or a hug. In formal business settings, where associates do not know one another on a personal level, greetings entail a simple handshake.

Greeting someone with a **beso** varies according to region, gender, and context. With the exception of Argentina—where male friends and relatives lightly kiss on the cheek—men generally greet each other with a hug or warm handshake. Greetings between men and women, and between women, can differ depending on the country and context, but generally include kissing. In Spain, it is customary to give **dos besos**, starting with the right cheek first. In Latin American countries, including Mexico, Costa Rica, Colombia, and Chile, a greeting consists of a single "air kiss" on the right cheek. Peruvians also "air kiss," but strangers will simply shake hands. In Colombia, female acquaintances tend to simply pat each other on the right forearm or shoulder.

Tendencias

País	Beso	País	Beso
Argentina	💋	España	💋💋
Bolivia	🚫	México	💋
Chile	💋	Paraguay	💋💋
Colombia	💋	Puerto Rico	💋
El Salvador	💋	Venezuela	💋/💋💋

ACTIVIDADES

1 **¿Cierto o falso?** Indicate whether these statements are true (**cierto**) or false (**falso**). Correct the false statements.

1. Hispanic cultures leave less interpersonal space when greeting than in the U.S.
2. Men never greet with a kiss in Spanish-speaking countries.
3. Shaking hands is not appropriate for a business setting in Latin America.
4. Spaniards greet with one kiss on the right cheek.
5. In Mexico, people greet with an "air kiss".
6. Gender can play a role in the type of greeting given.
7. If two women acquaintances meet up in Colombia, they should exchange two kisses on the cheek.
8. In Peru, a man and a woman meeting for the first time would probably greet each other with an "air kiss."

ASÍ SE DICE

Saludos y despedidas

Buenas.	*Hello./Hi.*
Chao./Ciao.	**Chau.**
¿Cómo te/le va?	*How are things going (for you)?*
Hasta ahora.	*See you soon.*
¿Qué hay?	*What's new?*
¿Qué onda? (Méx.); ¿Qué hubo? (Col.)	*What's going on?*

EL MUNDO HISPANO

Parejas y amigos famosos

Here are some famous couples and friends from the Spanish-speaking world.

- **Jennifer López** y **Marc Anthony** (Estados Unidos/ Puerto Rico) Not long after ending her relationship with Ben Affleck, Jennifer López married salsa singer Marc Anthony.
- **Gael García Bernal** (México) y **Diego Luna** (México) These lifelong friends both starred in the 2001 Mexican film *Y tu mamá también*.
- **Salma Hayek** (México) y **Penélope Cruz** (España) Close friends Salma Hayek and Penélope Cruz developed their acting skills in their countries of origin before meeting in Hollywood.

PERFIL

La plaza principal

In the Spanish-speaking world, public space is treasured. Small city and town life revolves around the **plaza principal**. Often surrounded by cathedrals or municipal buildings like the **ayuntamiento** (*city hall*), the pedestrian **plaza** is designated as a central meeting place for family and friends. During warmer months, when outdoor cafés usually line the **plaza**, it is a popular spot to have a leisurely cup of coffee, chat, and people watch. Many town festivals, or **ferias**, also take place in this space. One of the most famous town squares is the **Plaza Mayor** in the university town of Salamanca, Spain. Students gather underneath its famous clock tower to meet up with friends or simply take a coffee break.

La Plaza Mayor de Salamanca

La Plaza de Armas, Lima, Perú

SUPERSITE Conexión Internet

What are the **plazas principales** in large cities such as Mexico City and Buenos Aires?

Go to **panorama.vhlcentral.com** to find more cultural information related to this **Cultura** section.

ACTIVIDADES

2 Comprensión Answer these questions.

1. What are two types of buildings found on the **plaza principal**?
2. What are two types of events or activities common at a **plaza principal**?
3. How would Diego Luna greet his friends?
4. Would Salma Hayek and Jennifer López greet with one kiss or two?

3 Saludos Role-play these greetings with a partner. Include a verbal greeting as well as a kiss or handshake, as appropriate.

1. friends in Mexico
2. business associates at a conference in Chile
3. friends meeting in Madrid's Plaza Mayor
4. Peruvians meeting for the first time
5. relatives in Argentina

recursos

panorama.vhlcentral.com Lección 1

1.1 Nouns and articles

Spanish nouns

ANTE TODO A noun is a word used to identify people, animals, places, things, or ideas. Unlike English, all Spanish nouns, even those that refer to non-living things, have gender; that is, they are considered either masculine or feminine. As in English, nouns in Spanish also have number, meaning that they are either singular or plural.

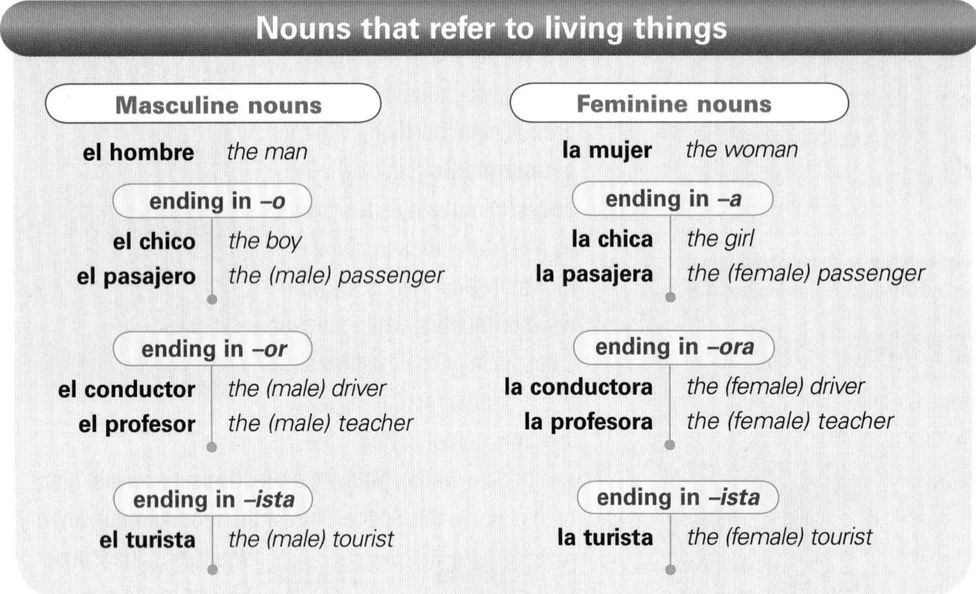

Nouns that refer to living things

Masculine nouns		Feminine nouns	
el hombre	*the man*	**la mujer**	*the woman*
ending in *–o*		ending in *–a*	
el chico	*the boy*	**la chica**	*the girl*
el pasajero	*the (male) passenger*	**la pasajera**	*the (female) passenger*
ending in *–or*		ending in *–ora*	
el conductor	*the (male) driver*	**la conductora**	*the (female) driver*
el profesor	*the (male) teacher*	**la profesora**	*the (female) teacher*
ending in *–ista*		ending in *–ista*	
el turista	*the (male) tourist*	**la turista**	*the (female) tourist*

- As shown above, nouns that refer to males, like **el hombre**, are generally masculine, while nouns that refer to females, like **la mujer,** are generally feminine.

- Many nouns that refer to male beings end in **–o** or **–or**. Their corresponding feminine forms end in **–a** and **–ora**, respectively.

el conductor

la profesora

- The masculine and feminine forms of nouns that end in **–ista,** like **turista**, are the same, so gender is indicated by the article **el** (masculine) or **la** (feminine). Some other nouns have identical masculine and feminine forms.

el joven *the youth; the young man*	**la** joven *the youth; the young woman*
el estudiante *the (male) student*	**la** estudiante *the (female) student*

¡LENGUA VIVA!

Profesor(a) and **turista** are *cognates*— words that share similar spellings and meanings in Spanish and English. Recognizing cognates will help you determine the meaning of many Spanish words. Here are some other cognates: **la administración, el animal, el apartamento, el cálculo, el color, la decisión, la historia, la música, el restaurante, el/la secretario/a**

AYUDA

Cognates can certainly be very helpful in your study of Spanish. Beware, however, of "false" cognates, those that have similar spellings in Spanish and English, but different meanings:

la carpeta *file folder*
el/la conductor(a) *driver*
el éxito *success*
la fábrica *factory*

Nouns that refer to non-living things

Masculine nouns		Feminine nouns	
ending in *–o*		**ending in *–a***	
el cuaderno	*the notebook*	**la cosa**	*the thing*
el diario	*the diary*	**la escuela**	*the school*
el diccionario	*the dictionary*	**la grabadora**	*the tape recorder*
el número	*the number*	**la maleta**	*the suitcase*
el video	*the video*	**la palabra**	*the word*
ending in *–ma*		**ending in *–ción***	
el problema	*the problem*	**la lección**	*the lesson*
el programa	*the program*	**la conversación**	*the conversation*
ending in *–s*		**ending in *–dad***	
el autobús	*the bus*	**la nacionalidad**	*the nationality*
el país	*the country*	**la comunidad**	*the community*

¡LENGUA VIVA!

The Spanish word for *video* can be pronounced with the stress on the **i** or the **e**. For that reason, you might see the word written with or without an accent: **video** or **vídeo**.

- As shown above, certain noun endings are strongly associated with a specific gender, so you can use them to determine if a noun is masculine or feminine.
- Because the gender of nouns that refer to non-living things cannot be determined by foolproof rules, you should memorize the gender of each noun you learn. It is helpful to memorize each noun with its corresponding article, **el** for masculine and **la** for feminine.
- Another reason to memorize the gender of every noun is that there are common exceptions to the rules of gender. For example, **el mapa** (*map*) and **el día** (*day*) end in **–a,** but are masculine. **La mano** (*hand*) ends in **–o,** but is feminine.

Plural of nouns

- In Spanish, nouns that end in a vowel form the plural by adding **–s.** Nouns that end in a consonant add **–es**. Nouns that end in **–z** change the **–z** to **–c**, then add **–es**.

el chico → los chico**s** la nacionalidad → las nacionalidad**es**

el diario → los diario**s** el país → los país**es**

el problema → los problema**s** el lápiz (*pencil*) → los lápi**ces**

CONSULTA

You will learn more about accent marks in **Lección 4, Pronunciación,** p. 115.

- In general, when a singular noun has an accent mark on the last syllable, the accent is dropped from the plural form.

la lección → las lecci**ones** el autobús → los autob**uses**

- Use the masculine plural form to refer to a group that includes both males and females.

1 pasajer**o** + 2 pasajer**as** = 3 pasajer**os** 2 chic**os** + 2 chic**as** = 4 chic**os**

Spanish articles

ANTE TODO As you know, English often uses definite articles (*the*) and indefinite articles (*a, an*) before nouns. Spanish also has definite and indefinite articles. Unlike English, Spanish articles vary in form because they agree in gender and number with the nouns they modify.

Definite articles

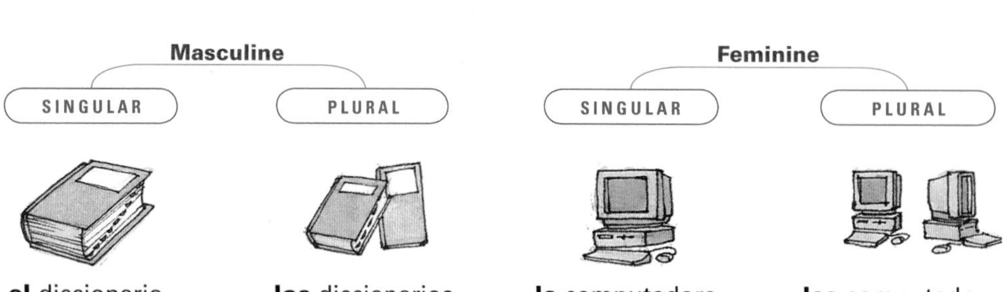

el diccionario *the dictionary*	**los** diccionarios *the dictionaries*	**la** computadora *the computer*	**las** computadoras *the computers*

- Spanish has four forms that are equivalent to the English definite article *the*. You use definite articles to refer to specific nouns.

¡LENGUA VIVA!

Feminine singular nouns that begin with **a-** or **ha-** require the masculine articles **el** and **un**. This is done in order to avoid repetition of the **a** sound:

el agua water
las aguas *waters*
un hacha *ax*
unas hachas *axes*

Indefinite articles

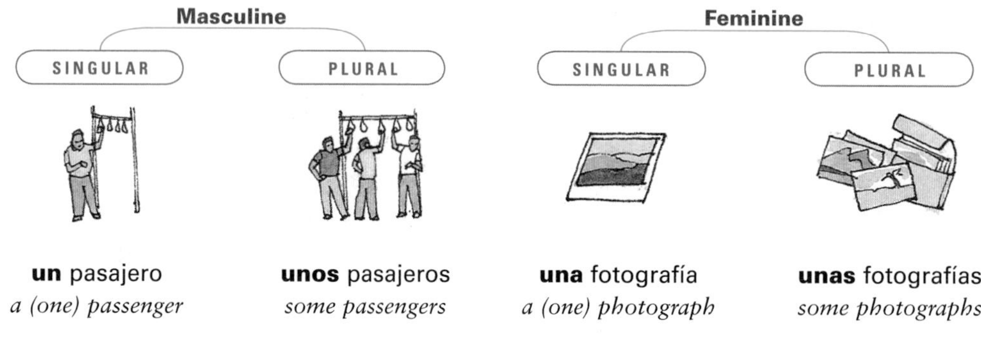

un pasajero *a (one) passenger*	**unos** pasajeros *some passengers*	**una** fotografía *a (one) photograph*	**unas** fotografías *some photographs*

- Spanish has four forms that are equivalent to the English indefinite article, which according to context may mean *a*, *an*, or *some*. You use indefinite articles to refer to unspecified persons or things.

¡LENGUA VIVA!

Since **la fotografía** is feminine, so is its shortened form, **la foto,** even though it ends in **–o**.

¡INTÉNTALO! Provide a definite article for each noun in the first column and an indefinite article for each noun in the second column. The first item has been done for you.

¿el, la, los o las?	**¿un, una, unos o unas?**
1. __la__ chica	1. __un__ autobús
2. ________ chico	2. ________ escuelas
3. ________ maleta	3. ________ computadora
4. ________ cuadernos	4. ________ hombres
5. ________ lápiz	5. ________ señora
6. ________ mujeres	6. ________ lápices

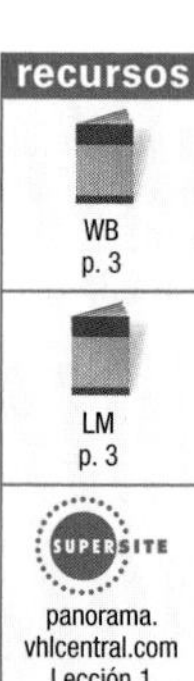

Práctica

1 **¿Singular o plural?** If the word is singular, make it plural. If it is plural, make it singular.

1. el número
2. un diario
3. la estudiante
4. el conductor
5. el país
6. las cosas
7. unos turistas
8. las nacionalidades
9. unas computadoras
10. los problemas
11. una fotografía
12. los profesores
13. unas señoritas
14. el hombre
15. la grabadora
16. la señora

2 **Identificar** For each drawing, provide the noun with its corresponding definite and indefinite articles.

las maletas, unas maletas

1. ________________

2. ________________

3. ________________

4. ________________

5. ________________

6. ________________

7. ________________

8. ________________

Comunicación

3 **Charadas** In groups, play a game of charades. Individually, think of two nouns for each charade, for example, a boy using a computer (**un chico; una computadora**). The first person to guess correctly acts out the next charade.

1.2 Numbers 0–30

Los números 0 a 30

0	cero				
1	uno	**11**	once	**21**	veintiuno
2	dos	**12**	doce	**22**	veintidós
3	tres	**13**	trece	**23**	veintitrés
4	cuatro	**14**	catorce	**24**	veinticuatro
5	cinco	**15**	quince	**25**	veinticinco
6	seis	**16**	dieciséis	**26**	veintiséis
7	siete	**17**	diecisiete	**27**	veintisiete
8	ocho	**18**	dieciocho	**28**	veintiocho
9	nueve	**19**	diecinueve	**29**	veintinueve
10	diez	**20**	veinte	**30**	treinta

AYUDA

The numbers sixteen through nineteen can also be written as three words: **diez y seis, diez y siete...**

- The number **uno** (*one*) and numbers ending in **-uno**, such as **veintiuno**, have more than one form. Before masculine nouns, **uno** shortens to **un**. Before feminine nouns, **uno** changes to **una**.

  un hombre → veinti**ún** hombres   **una** mujer → veinti**una** mujeres

- **¡Atención!** The forms **uno** and **veintiuno** are used when counting (**uno, dos, tres... veinte, veintiuno, veintidós...**). They are also used when the number *follows* a noun, even if the noun is feminine: **la lección uno**.

- To ask *how many people* or *things* there are, use **cuántos** before masculine nouns and **cuántas** before feminine nouns.

- The Spanish equivalent of both *there is* and *there are* is **hay**. Use **¿Hay...?** to ask *Is there...?* or *Are there...?* Use **no hay** to express *there is not* or *there are not*.

—**¿Cuántos** estudiantes **hay**?
How many students are there?

—**Hay** tres estudiantes en la foto.
There are three students in the photo.

—**¿Hay** chicas en la fotografía?
Are there girls in the picture?

—**Hay** cuatro chicos, y **no hay** chicas.
There are four guys, and there are no girls.

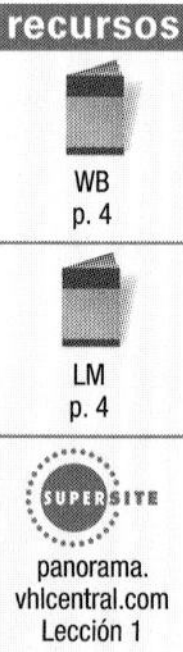

recursos

WB p. 4

LM p. 4

SUPERSITE panorama.vhlcentral.com Lección 1

¡INTÉNTALO! Provide the Spanish words for these numbers.

1. **7** ________
2. **16** ________
3. **29** ________
4. **1** ________
5. **0** ________
6. **15** ________
7. **21** ________
8. **9** ________
9. **23** ________
10. **11** ________
11. **30** ________
12. **4** ________
13. **12** ________
14. **28** ________
15. **14** ________
16. **10** ________

Práctica 

1

Contar Following the pattern, provide the missing numbers in Spanish.

1. 1, 3, 5, ..., 29
2. 2, 4, 6, ..., 30
3. 3, 6, 9, ..., 30
4. 30, 28, 26, ..., 0
5. 30, 25, 20, ..., 0
6. 28, 24, 20, ..., 0

2

Resolver Solve these math problems with a partner.

AYUDA

+ → **más**
– → **menos**
= → **son**

modelo

5 + 3 =
Estudiante 1: *cinco más tres son...*
Estudiante 2: *ocho*

1. **2 + 15 =**
2. **20 – 1 =**
3. **5 + 7 =**
4. **18 + 12 =**
5. **3 + 22 =**
6. **6 – 3 =**
7. **11 + 12 =**
8. **7 – 2 =**
9. **8 + 5 =**
10. **23 – 14 =**

3

¿Cuántos hay? How many persons or things are there in these drawings?

modelo

Hay tres maletas.

1. ____________________

2. ____________________

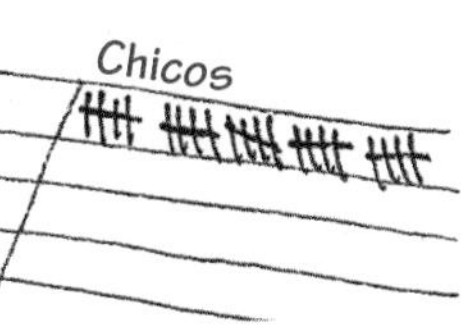

3. ____________________

4. ____________________

5. ____________________

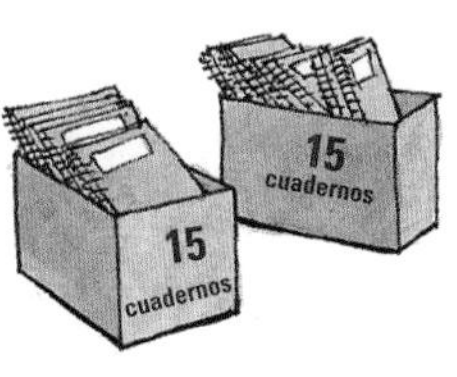

6. ____________________

7. ____________________

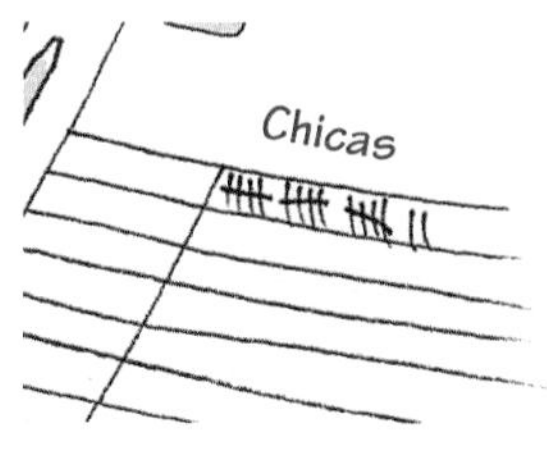

8. ____________________

Comunicación

4

En la clase With a classmate, take turns asking and answering these questions about your classroom.

1. ¿Cuántos estudiantes hay?
2. ¿Cuántos profesores hay?
3. ¿Hay una computadora?
4. ¿Hay una maleta?
5. ¿Cuántos mapas hay?
6. ¿Cuántos lápices hay?
7. ¿Hay cuadernos?
8. ¿Cuántas grabadoras hay?
9. ¿Hay hombres?
10. ¿Cuántas mujeres hay?

5

Preguntas With a classmate, take turns asking and answering questions about the drawing. Talk about:

1. how many children there are
2. how many women there are
3. if there are some photographs
4. if there is a boy
5. how many notebooks there are
6. if there is a bus
7. if there are tourists
8. how many pencils there are
9. if there is a man
10. how many computers there are

1.3 Present tense of ser

Subject pronouns

ANTE TODO In order to use verbs, you will need to learn about subject pronouns. A subject pronoun replaces the name or title of a person or thing and acts as the subject of a verb. In both Spanish and English, subject pronouns are divided into three groups: first person, second person, and third person.

Subject pronouns

	SINGULAR		PLURAL	
FIRST PERSON	**yo**	*I*	**nosotros**	*we* (masculine)
			nosotras	*we* (feminine)
SECOND PERSON	**tú**	*you* (familiar)	**vosotros**	*you* (masc., fam.)
	usted (Ud.)	*you* (formal)	**vosotras**	*you* (fem., fam.)
			ustedes (Uds.)	*you* (form.)
THIRD PERSON	**él**	*he*	**ellos**	*they* (masc.)
	ella	*she*	**ellas**	*they* (fem.)

¡LENGUA VIVA!

In Latin America, **ustedes** is used as the plural for both **tú** and **usted**. In Spain, however, **vosotros** and **vosotras** are used as the plural of **tú**, and **ustedes** is used only as the plural of **usted**.

• • •

Usted and **ustedes** are abbreviated as **Ud.** and **Uds.**, or occasionally as **Vd.** and **Vds.**

- Spanish has two subject pronouns that mean *you* (singular). Address all friends, family members, and children as **tú.** Use **usted** to address a person with whom you have a formal or more distant relationship, such as a superior at work, a professor, or an older person.

Tú eres de Canadá, ¿verdad David?
You are from Canada, right David?

¿**Usted** es la profesora de español?
Are you the Spanish professor?

- The masculine plural forms **nosotros**, **vosotros**, and **ellos** refer to a group of males or to a group of males and females. The feminine plural forms **nosotras**, **vosotras**, and **ellas** can refer only to groups made up exclusively of females.

nosotros, vosotros, ellos

nosotros, vosotros, ellos

nosotras, vosotras, ellas

- There is no Spanish equivalent of the English subject pronoun *it*, which is not expressed in Spanish.

Es un problema.
It's a problem.

Es una computadora.
It's a computer.

The present tense of ser

ANTE TODO In **Contextos** and **Fotonovela**, you have already used several forms of the present tense of **ser** (*to be*) to identify yourself and others and to talk about where you and others are from. **Ser** is an irregular verb, which means its forms don't follow the regular patterns that most verbs follow. You need to memorize the forms, which appear in this chart.

The verb ser (*to be*)

SINGULAR FORMS	yo	**soy**	*I am*
	tú	**eres**	*you are* (fam.)
	Ud./él/ella	**es**	*you are* (form.); *he/she is*
PLURAL FORMS	nosotros/as	**somos**	*we are*
	vosotros/as	**sois**	*you are* (fam.)
	Uds./ellos/ellas	**son**	*you are* (form.); *they are*

Uses of *ser*

- Use **ser** to identify people and things.

—¿Quién **es** él?
Who is he?

—**Es** Javier Gómez Lozano.
He's Javier Gómez Lozano.

—¿Qué **es**?
What is it?

—**Es** un mapa de España.
It's a map of Spain.

- **Ser** also expresses possession, with the preposition **de**. There is no Spanish equivalent of the English construction [*noun*] + 's (*Maite's*). In its place, Spanish uses [*noun*] + **de** + [*owner*].

—**¿De** quién **es**?
Whose is it?

—**Es** el diario **de** Maite.
It's Maite's diary.

—¿**De** quiénes **son**?
Whose are they?

—**Son** los lápices **de** la chica.
They are the girl's pencils.

- When **de** is followed by the article **el**, the two combine to form the contraction **del**. **De** does *not* contract with **la, las,** or **los**.

—**Es** la computadora **del** conductor.
It's the driver's computer.

—**Son** las maletas **del** chico.
They are the boy's suitcases.

¡LENGUA VIVA!

Some geographic locations can be referred to either with or without a definite article:

Soy de Ecuador./Soy del Ecuador.

•••

Sometimes a definite article is a part of a proper name, as in **El Salvador, El Paso,** and **Los Ángeles.** In these cases, **de** and **el** do not contract:

Soy de El Salvador.

▶ **Ser** also uses the preposition **de** to express origin.

¿De dónde eres?

Yo soy de España.

—¿**De** dónde **es** Javier?	—¿**De** dónde **es** Inés?
Where is Javier from?	*Where is Inés from?*
—Es **de** Puerto Rico.	—**Es del** Ecuador.
He's from Puerto Rico.	*She's from Ecuador.*

▶ Use **ser** to express profession or occupation.

Don Francisco **es conductor**.	Yo **soy estudiante**.
Don Francisco is a driver.	*I am a student.*

CONSULTA

You will learn more about adjectives in **Estructura 3.1**, pp. 80–82.

▶ Unlike English, Spanish does not use the indefinite article (**un, una**) after **ser** when referring to professions, unless accompanied by an adjective or other description.

Marta **es** profesora.	Marta **es una** profesora excelente.
Marta is a teacher.	*Marta is an excellent teacher.*

NOTA CULTURAL

Created in 1998, LAN Perú is an affiliate of the Chilean-based LAN Airlines, one of the largest carriers in South America. LAN Perú operates out of Lima, offering domestic flights and international service to select major cities in the Americas and Spain.

Somos Perú

LanPerú

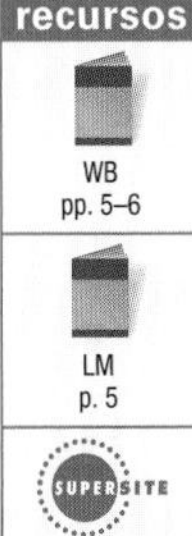

¡INTÉNTALO! Provide the correct subject pronouns and the present forms of **ser**. The first item has been done for you.

1. Gabriel	él	es	5. las turistas	______	______
2. Juan y yo	______	______	6. el chico	______	______
3. Óscar y Flora	______	______	7. los conductores	______	______
4. Adriana	______	______	8. los señores Ruiz	______	______

Práctica

1 **Pronombres** What subject pronouns would you use to (a) talk to these people directly and (b) talk about them?

modelo

un joven *tú, él*

1. una chica
2. el presidente de México
3. tres chicas y un chico
4. un estudiante
5. la señora Ochoa
6. dos profesoras

2 **Identidad y origen** With a partner, take turns asking and answering these questions about the people indicated: **¿Quién es?/¿Quiénes son?** and **¿De dónde es?/¿De dónde son?**

modelo

Ricky Martin (Puerto Rico)

Estudiante 1: *¿Quién es?*
Estudiante 2: *Es Ricky Martin.*

Estudiante 1: *¿De dónde es?*
Estudiante 2: *Es de Puerto Rico.*

1. Enrique Iglesias (España)
2. Sammy Sosa (República Dominicana)
3. Rebecca Lobo y Martin Sheen (Estados Unidos)
4. Carlos Santana y Salma Hayek (México)
5. Shakira (Colombia)
6. Antonio Banderas y Penélope Cruz (España)
7. Edward James Olmos y Jimmy Smits (Estados Unidos)
8. Gloria Estefan (Cuba)

3 **¿Qué es?** Ask your partner what each object is and to whom it belongs.

modelo

Estudiante 1: *¿Qué es?*
Estudiante 2: *Es una grabadora.*

Estudiante 1: *¿De quién es?*
Estudiante 2: *Es del profesor.*

1. 

2. 

3. 

4. 

Comunicación

4

Preguntas Using the items in the word bank, ask your partner questions about the ad. Be imaginative in your responses.

¿Quién?	¿De dónde?	¿Cuántos?
¿Qué?	¿De quién?	¿Cuántas?

5
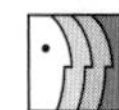

¿Quién es? In small groups, take turns pretending to be a person from Spain, Mexico, Puerto Rico, Cuba, the United States, or another Spanish-speaking country who is famous in these professions. Your partners will try to guess who you are.

actor *actor*	deportista *athlete*	escritor(a) *writer*
actriz *actress*	cantante *singer*	músico/a *musician*

modelo

Estudiante 3: ¿Eres de Puerto Rico?
Estudiante 1: No. Soy de Colombia.
Estudiante 2: ¿Eres hombre?
Estudiante 1: Sí. Soy hombre.
Estudiante 3: ¿Eres escritor?
Estudiante 1: No. Soy actor.
Estudiante 2: ¿Eres John Leguizamo?
Estudiante 1: ¡Sí! ¡Sí!

NOTA CULTURAL

John Leguizamo was born in Bogotá, Colombia. John is best known for his work as an actor and comedian. He has appeared in movies such as *Moulin Rouge* and *Land of the Dead.* Other Hispanic celebrities: Laura Esquivel (writer from Mexico), Andy García (actor from Cuba), and Don Omar (singer from Puerto Rico).

1.4 Telling time

ANTE TODO In both English and Spanish, the verb *to be* (**ser**) and numbers are used to tell time.

- To ask what time it is, use **¿Qué hora es?** When telling time, use **es + la** with **una** and **son + las** with all other hours.

Es la una.

Son las dos.

Son las seis.

- As in English, you express time from the hour to the half-hour in Spanish by adding minutes.

Son las cuatro **y cinco.**

Son las once **y veinte.**

- You may use either **y cuarto** or **y quince** to express fifteen minutes or quarter past the hour. For thirty minutes or half past the hour, you may use either **y media** or **y treinta**.

Es la una **y cuarto.**

Son las doce **y media.**

Son las nueve **y quince.**

Son las siete **y treinta.**

- You express time from the half-hour to the hour in Spanish by subtracting minutes or a portion of an hour from the next hour.

Es la una **menos cuarto.**

Son las tres **menos quince.**

Son las ocho **menos veinte.**

Son las tres **menos diez.**

▶ To ask at what time a particular event takes place, use the phrase **¿A qué hora (...)?** To state at what time something takes place, use the construction **a la(s)** + *time*.

¿A qué hora es la clase de biología? *(At) what time is biology class?*	La clase es **a las dos**. *The class is at two o'clock.*
¿A qué hora es la fiesta? *(At) what time is the party?*	**A las ocho.** *At eight.*

¡LENGUA VIVA!

Other useful expressions for telling time:
Son las doce (del día). It is twelve o'clock (p.m.).
Son las doce (de la noche). It is twelve o'clock (a.m.).

▶ Here are some useful words and phrases associated with telling time.

Son las ocho **en punto**. *It's 8 o'clock on the dot/sharp.*	Son las nueve **de la mañana**. *It's 9 a.m./in the morning.*
Es **el mediodía**. *It's noon.*	Son las cuatro y cuarto **de la tarde**. *It's 4:15 p.m./in the afternoon.*
Es **la medianoche**. *It's midnight.*	Son las diez y media **de la noche**. *It's 10:30 p.m./at night.*

recursos

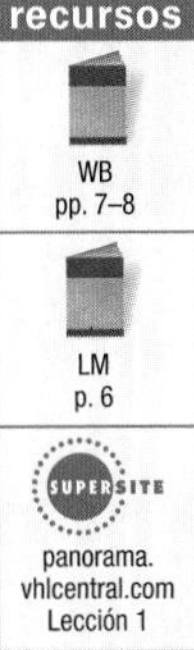

¡INTÉNTALO! Practice telling time by completing these sentences. The first item has been done for you.

1. (1:00 a.m.) Es la ___una___ de la mañana.
2. (2:50 a.m.) Son las tres ________ diez de la mañana.
3. (4:15 p.m.) Son las cuatro y ________ de la tarde.
4. (8:30 p.m.) Son las ocho y ________ de la noche.
5. (9:15 a.m.) Son las nueve y quince de la ________.
6. (12:00 p.m.) Es el ________.
7. (6:00 a.m.) Son las seis de la ________.
8. (4:05 p.m.) Son las cuatro y cinco de la ________.
9. (12:00 a.m.) Es la ________.
10. (3:45 a.m.) Son las cuatro menos ________ de la mañana.
11. (2:15 a.m.) Son las ________ y cuarto de la mañana.
12. (1:25 p.m.) Es la una y ________ de la tarde.
13. (6:50 a.m.) Son las ________ menos diez de la mañana.
14. (10:40 p.m.) Son las once menos veinte de la ________.

Práctica

SUPERSITE

1 **Ordenar** Put these times in order, from the earliest to the latest.

a. Son las dos de la tarde.
b. Son las once de la mañana.
c. Son las siete y media de la noche.
d. Son las seis menos cuarto de la tarde.
e. Son las dos menos diez de la tarde.
f. Son las ocho y veintidós de la mañana.

2 **¿Qué hora es?** Give the times shown on each clock or watch.

modelo

Son las cuatro y cuarto/quince de la tarde.

p.m.

p.m.

p.m.

a.m.

1. ________ 2. ________ 3. ________ 4. ________ 5. ________

a.m.

a.m.

p.m.

6. ________ 7. ________ 8. ________ 9. ________ 10. ________

3 **¿A qué hora?** Ask your partner at what time these events take place. Your partner will answer according to the cues provided.

modelo

la clase de matemáticas (2:30 p.m.)
Estudiante 1: ¿A qué hora es la clase de matemáticas?
Estudiante 2: Es a las dos y media de la tarde.

1. el programa *Las cuatro amigas* (*11:30 a.m.*)
2. el drama *La casa de Bernarda Alba* (*7:00 p.m.*)
3. el programa *Las computadoras* (*8:30 a.m.*)
4. la clase de español (*10:30 a.m.*)
5. la clase de biología (*9:40 a.m.*)
6. la clase de historia (*10:50 a.m.*)
7. el partido (*game*) de béisbol (*5:15 p.m.*)
8. el partido de tenis (*12:45 p.m.*)
9. el partido de baloncesto (*basketball*) (*7:45 p.m.*)

NOTA CULTURAL

Many Spanish-speaking countries use both the 12-hour clock and the 24-hour clock (that is, military time). The 24-hour clock is commonly used in written form on signs and schedules. For example, 1 p.m. is **13h**, 2 p.m. is **14h** and so on.

NOTA CULTURAL

La casa de Bernarda Alba is a famous play by Spanish poet and playwright **Federico García Lorca** (1898–1936). Lorca was one of the most famous writers of the 20th century and a close friend of Spain's most talented artists, including the painter Salvador Dalí and the filmmaker Luis Buñuel.

Comunicación

4 

En la televisión With a partner, take turns asking and answering questions about these television listings.

modelo

Estudiante 1: ¿A qué hora es el documental *Las computadoras*?
Estudiante 2: Es a las nueve en punto de la noche.

NOTA CULTURAL

Telenovelas are the Latin American version of soap operas, but they differ from North American soaps in many ways. Many **telenovelas** are prime-time shows enjoyed by a large segment of the population. They seldom run for more than one season and they are sometimes based on famous novels.

TV Hoy – Programación

11:00 am	Telenovela: *Cuatro viajeros y un autobús*
12:00 pm	Película: *El cóndor* (drama)
2:00 pm	Telenovela: *Dos mujeres y dos hombres*
3:00 pm	Programa juvenil: *Fiesta*
3:30 pm	Telenovela: *¡Sí, sí, sí!*
4:00 pm	Telenovela: *El diario de la Sra. González*
5:00 pm	Telenovela: *Tres mujeres*
6:00 pm	Noticias
7:00 pm	Especial musical: *Música folklórica de México*
7:30 pm	La naturaleza: *Jardín secreto*
8:00 pm	Noticiero: *Veinticuatro horas*
9:00 pm	Documental: *Las computadoras*

5 

Preguntas With a partner, answer these questions based on your own knowledge.

1. Son las tres de la tarde en Nueva York. ¿Qué hora es en Los Ángeles?
2. Son las ocho y media en Chicago. ¿Qué hora es en Miami?
3. Son las dos menos cinco en San Francisco. ¿Qué hora es en San Antonio?
4. ¿A qué hora es el programa *60 Minutes*?; ¿A qué hora es el programa *Today Show*?

6

Más preguntas Using the questions in the previous activity as a model, make up four questions of your own. Then, get together with a classmate and take turns asking and answering each other's questions.

Síntesis

7

Situación With a partner, play the roles of a journalism student interviewing a visiting literature professor (**profesor(a) de literatura**) from Venezuela. Be prepared to act out the conversation for your classmates.

Estudiante	Profesor(a) de literatura
Ask the professor his/her name.	Ask the student his/her name.
Ask the professor what time his/her literature class is.	Ask the student where he/she is from.
Ask how many students are in his/her class.	Ask to whom his/her tape recorder belongs.
Say thank you and goodbye.	Say thank you and you are pleased to meet him/her.

Recapitulación

For self-scoring and diagnostics, go to **panorama.vhlcentral.com.**

Review the grammar concepts you have learned in this lesson by completing these activities.

1 **Completar** Complete the charts according to the models. 14 pts.

MASCULINO	FEMENINO
el chico	*la chica*
	la profesora
	la amiga
el señor	
	la pasajera
el estudiante	
	la turista
el joven	

SINGULAR	PLURAL
una cosa	*unas cosas*
un libro	
	unas clases
una lección	
un conductor	
	unos países
	unos lápices
un problema	

2 **En la clase** Complete each conversation with the correct word. 11 pts.

César   Beatriz

CÉSAR ¿(1) __________ (Cuántos/Cuántas) chicas hay en la (2) __________ (maleta/clase)?

BEATRIZ Hay (3) __________ (catorce/cuatro) [*14*] chicas.

CÉSAR Y, ¿(4) __________ (cuántos/cuántas) chicos hay?

BEATRIZ Hay (5) __________ (tres/trece) [*13*] chicos.

CÉSAR Entonces (*Then*), en total hay (6) __________ (veintiséis/veintisiete) (7) __________ (estudiantes/chicas) en la clase.

Ariana   Daniel

ARIANA ¿Tienes (*Do you have*) (8) ________ (un/una) diccionario?

DANIEL No, pero (*but*) aquí (9) __________ (es/hay) uno.

ARIANA ¿De quién (10) __________ (eres/es)?

DANIEL (11) __________ (Son/Es) de Carlos.

RESUMEN GRAMATICAL

1.1 Nouns and articles *pp. 12–14*

Gender of nouns

Nouns that refer to living things

	Masculine		Feminine
-o	el chico	-a	la chica
-or	el profesor	-ora	la profesora
-ista	el turista	-ista	la turista

Nouns that refer to non-living things

	Masculine		Feminine
-o	el libro	-a	la cosa
-ma	el programa	-ción	la lección
-s	el autobús	-dad	la nacionalidad

Plural of nouns

- ending in vowels + *-s* la chica → las chicas
- ending in consonant + *-es* el señor → los señores

(-z → -ces un lápiz → unos lápices)

Definite articles: el, la, los, las

Indefinite articles: un, una, unos, unas

1.2 Numbers 0–30 *p. 16*

0	cero	8	ocho	16	dieciséis
1	uno	9	nueve	17	diecisiete
2	dos	10	diez	18	dieciocho
3	tres	11	once	19	diecinueve
4	cuatro	12	doce	20	veinte
5	cinco	13	trece	21	veintiuno
6	seis	14	catorce	22	veintidós
7	siete	15	quince	30	treinta

1.3 Present tense of *ser* *pp. 19–21*

yo	soy	nosotros/as	somos
tú	eres	vosotros/as	sois
Ud./él/ella	es	Uds./ellos/ellas	son

1.4 Telling time *pp. 24–25*

Es la **una**.	*It's 1:00.*
Son las **dos**.	*It's 2:00.*
Son las **tres** y **diez**.	*It's 3:10.*
Es la **una** y **cuarto/quince**.	*It's 1:15.*
Son las **siete** y **media/treinta**.	*It's 7:30.*
Es la **una** menos **cuarto/quince**.	*It's 12:45.*
Son las **once** menos **veinte**.	*It's 10:40.*
Es el **mediodía**/la **medianoche**.	*It's noon/midnight.*

3 **Presentaciones** Complete this conversation with the correct form of the verb **ser**.

JUAN ¡Hola! Me llamo Juan. (1) __________ estudiante en la clase de español.

DANIELA ¡Hola! Mucho gusto. Yo (2) __________ Daniela y ella (3) __________ Mónica. ¿De dónde (4) __________ (tú), Juan?

JUAN De California. Y ustedes, ¿de dónde (5) __________ ?

MÓNICA Nosotras (6) __________ de Florida.

4 **¿Qué hora es?** Write out in words the following times, indicating whether it's morning, noon, afternoon, or night. 10 pts.

1. It's 12:00 p.m.
____
2. It's 7:05 a.m.
____
3. It's 9:35 p.m.
____
4. It's 5:15 p.m.
____
5. It's 1:30 p.m.
____

5 **¡Hola!** Write five sentences introducing yourself and talking about your classes. You may want to include: your name, where you are from, who your Spanish teacher is, the time of your Spanish class, how many students are in the class, etc. 9 pts.

____

____

____

____

6 **Canción** Write the missing words to complete this children's song. 2 EXTRA points!

"¿ __________ patas°
tiene un gato°?
Una, dos, tres y
__________ ."

patas *legs* tiene un gato *does a cat have*

Lectura

Antes de leer

Estrategia

Recognizing cognates

As you learned earlier in this lesson, cognates are words that share similar meanings and spellings in two or more languages. When reading in Spanish, it's helpful to look for cognates and use them to guess the meaning of what you're reading. But watch out for false cognates. For example, **librería** means *bookstore*, not *library*, and **embarazada** means *pregnant*, not *embarrassed*. Look at this list of Spanish words, paying special attention to prefixes and suffixes. Can you guess the meaning of each word?

importante	oportunidad
farmacia	cultura
inteligente	activo
dentista	sociología
decisión	espectacular
televisión	restaurante
médico	policía

Examinar el texto

Glance quickly at the reading selection and guess what type of document it is. Explain your answer.

Cognados

Read the document and make a list of the cognates you find. Guess their English equivalents, then compare your answers with those of a classmate.

recursos

panorama.vhlcentral.com
Lección 1

Teléfonos importantes

Policía

Médico

Dentista

Pediatra

Farmacia

Banco Central

Aerolíneas Nacionales

Cine Metro

Hora/Temperatura

Profesora Salgado (universidad)

Felipe (oficina)

Gimnasio Gente Activa

Restaurante Roma

Supermercado Famoso

Librería El Inteligente

54.11.11

54.36.92

54.87.11

53.14.57

54.03.06

54.90.83

54.87.40

53.45.96

53.24.81

54.15.33

54.84.99

54.36.04

53.75.44

54.77.23

54.66.04

Después de leer

¿Cierto o falso?

Indicate whether each statement is **cierto** or **falso.** Then correct the false statements.

1. There is a child in this household.
2. To renew a prescription you would dial 54.90.83.
3. If you wanted the exact time and information about the weather you'd dial 53.24.81.
4. Felipe probably works outdoors.
5. This household probably orders a lot of Chinese food.
6. If you had a toothache, you would dial 54.87.11.
7. You would dial 54.87.40 to make a flight reservation.
8. To find out if a best-selling book were in stock, you would dial 54.66.04.
9. If you needed information about aerobics classes, you would dial 54.15.33.
10. You would call **Cine Metro** to find out what time a movie starts.

Números de teléfono

Make your own list of phone numbers like the one shown in this reading. Include emergency phone numbers as well as frequently called numbers. Use as many cognates from the reading as you can.

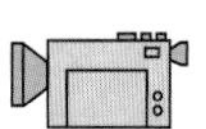

Estados Unidos

El país en cifras°

- **Población° de EE.UU.:** 302 millones
- **Población de origen hispano:** 43 millones
- **País de origen de hispanos en EE.UU.:**

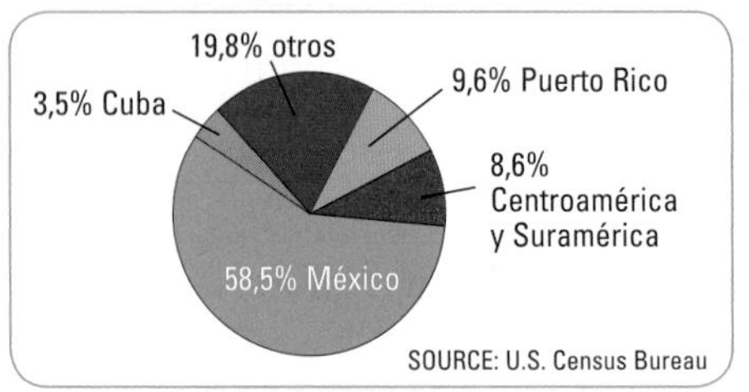

- **Estados con la mayor° población hispana:**

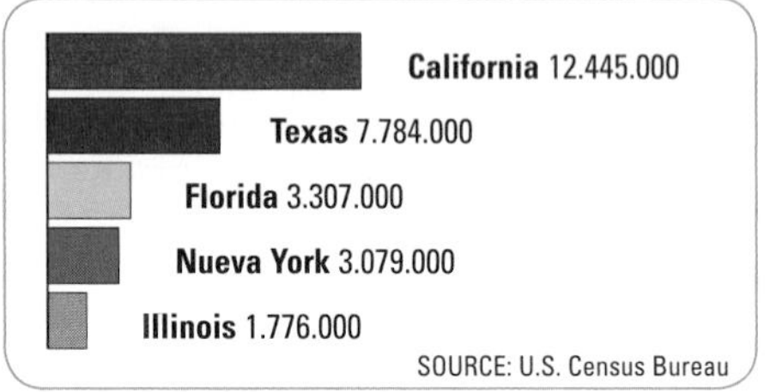

Canadá

El país en cifras

- **Población del Canadá:** 33 millones
- **Población de origen hispano:** 300.000
- **País de origen de hispanos en Canadá:**

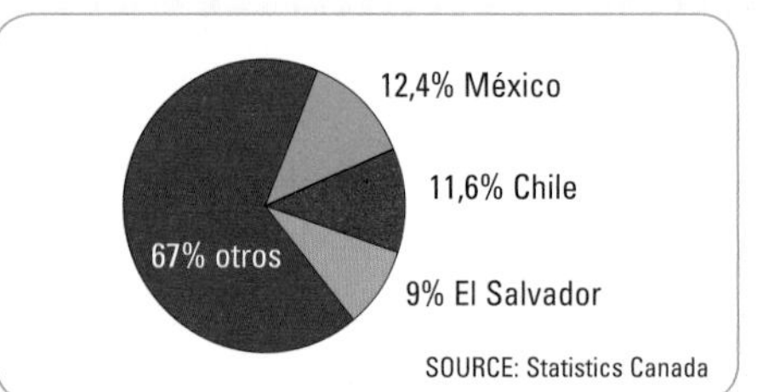

- **Ciudades° con la mayor población hispana:** Montreal, Toronto, Vancouver

en cifras *in figures* Población *Population* mayor *largest* Ciudades *Cities* creció *grew* cada *each* niños *children* Se estima *It is estimated* va a ser *it is going to be*

AK HI CANADÁ Vancouver Calgary Ottawa Montreal Toronto San Francisco Chicago Nueva York Las Vegas EE.UU. Los Ángeles San Diego Washington, D.C. San Antonio Océano Atlántico Miami Golfo de México MÉXICO Mar Caribe

Mission District, en San Francisco

El Álamo, en San Antonio, Texas

recursos

WB pp. 9–10	VM pp. 225–226	SUPERSITE panorama.vhlcentral.com Lección 1

¡Increíble pero cierto!

La población hispana en los EE.UU. creció° un 3.3% entre los años 2004 (dos mil cuatro) y 2005 (dos mil cinco) (1.3 millones de personas más). Hoy, uno de cada° cinco niños° en los EE.UU. es de origen hispano. Se estima° que en el año 2050 va a ser° uno de cada cuatro.

SOURCE: U.S. Census Bureau and The Associated Press

Comida • La comida mexicana

La comida° mexicana es muy popular en los Estados Unidos. Los tacos, las enchiladas, las quesadillas y los frijoles son platos° mexicanos que frecuentemente forman parte de las comidas de muchos norteamericanos. También° son populares las variaciones de la comida mexicana en los Estados Unidos... el tex-mex y el cali-mex.

Lugares • La Pequeña Habana

La Pequeña Habana° es un barrio° de Miami, Florida, donde viven° muchos cubanoamericanos. Es un lugar° donde se encuentran° las costumbres° de la cultura cubana, los aromas y sabores° de su comida y la música salsa. La Pequeña Habana es una parte de Cuba en los Estados Unidos.

Costumbres • Desfile puertorriqueño

Cada junio desde° 1951 (mil novecientos cincuenta y uno), los puertorriqueños celebran su cultura con un desfile° en Nueva York. Es un gran espectáculo con carrozas° y música salsa, merengue y hip-hop. Muchos espectadores llevan° la bandera° de Puerto Rico en su ropa° o pintada en la cara°.

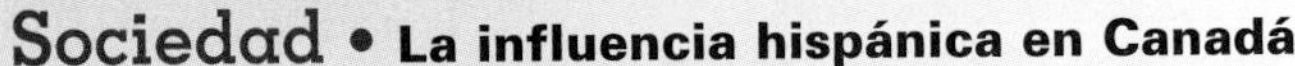

Sociedad • La influencia hispánica en Canadá

La presencia hispana en Canadá es importante en la cultura del país. En 1998 (mil novecientos noventa y ocho) se establecieron° los *Latin American Achievement Awards Canada*, para reconocer° los logros° de la comunidad en varios campos°. Dos figuras importantes de origen argentino son Alberto Manguel (novelista) y Sergio Marchi (político°). Osvaldo Núñez es un político de origen chileno. Hay grupos musicales que son parte de la cultura hispana en Canadá: Dominicanada, Bomba, Norteño y Rasca.

¿Qué aprendiste? Completa las frases con la información adecuada (*appropriate*).

1. Hay __________ de personas de origen hispano en los Estados Unidos.
2. Los cuatro estados con las poblaciones hispanas más grandes son (en orden) __________, Texas, Florida y __________.
3. Toronto, Montreal y __________ son las tres ciudades con mayor población hispana del Canadá.
4. Las quesadillas y las enchiladas son platos __________.
5. La Pequeña __________ es un barrio de Miami.
6. En Miami hay muchas personas de origen __________.
7. Cada junio se celebra en Nueva York un gran desfile para personas de origen __________.
8. Dominicanada es un __________ del Canadá.

Conexión Internet Investiga estos temas en **panorama.vhlcentral.com**.

1. Haz (*Make*) una lista de seis hispanos célebres de los EE.UU. o Canadá. Explica (*Explain*) por qué (*why*) son célebres.
2. Escoge (*Choose*) seis lugares en los Estados Unidos con nombres hispanos e investiga sobre el origen y el significado (*meaning*) de cada nombre.

comida *food* platos *dishes* También *Also* La Pequeña Habana *Little Havana* barrio *neighborhood* viven *live* lugar *place* se encuentran *are found* costumbres *customs* sabores *flavors* Cada junio desde *Each June since* desfile *parade* con carrozas *with floats* llevan *wear* bandera *flag* ropa *clothing* cara *face* se establecieron *were established* reconocer *to recognize* logros *achievements* campos *fields* político *politician*

Saludos

Hola.	*Hello; Hi.*
Buenos días.	*Good morning.*
Buenas tardes.	*Good afternoon.*
Buenas noches.	*Good evening; Good night.*

Despedidas

Adiós.	*Goodbye.*
Nos vemos.	*See you.*
Hasta luego.	*See you later.*
Hasta la vista.	*See you later.*
Hasta pronto.	*See you soon.*
Hasta mañana.	*See you tomorrow.*
Saludos a...	*Greetings to...*
Chau.	*Bye.*

¿Cómo está?

¿Cómo está usted?	*How are you?* (form.)
¿Cómo estás?	*How are you?* (fam.)
¿Qué hay de nuevo?	*What's new?*
¿Qué pasa?	*What's happening?; What's going on?*
¿Qué tal?	*How are you?; How is it going?*
(Muy) bien, gracias.	*(Very) well, thanks.*
Nada.	*Nothing.*
No muy bien.	*Not very well.*
Regular.	*So-so; OK.*

Expresiones de cortesía

Con permiso.	*Pardon me; Excuse me.*
De nada.	*You're welcome.*
Lo siento.	*I'm sorry.*
(Muchas) gracias.	*Thank you (very much); Thanks (a lot).*
No hay de qué.	*You're welcome.*
Perdón.	*Pardon me; Excuse me.*
por favor	*please*

Títulos

señor (Sr.); don	*Mr.; sir*
señora (Sra.); doña	*Mrs.; ma'am*
señorita (Srta.)	*Miss*

Presentaciones

¿Cómo se llama usted?	*What's your name?* (form.)
¿Cómo te llamas (tú)?	*What's your name?* (fam.)
Me llamo...	*My name is...*
¿Y tú?	*And you?* (fam.)
¿Y usted?	*And you?* (form.)
Mucho gusto.	*Pleased to meet you.*
El gusto es mío.	*The pleasure is mine.*
Encantado/a.	*Delighted; Pleased to meet you.*
Igualmente.	*Likewise.*
Éste/Ésta es...	*This is...*
Le presento a...	*I would like to introduce* (name) *to you...* (form.)
Te presento a...	*I would like to introduce* (name) *to you...* (fam.)
el nombre	*name*

¿De dónde es?

¿De dónde es usted?	*Where are you from?* (form.)
¿De dónde eres?	*Where are you from?* (fam.)
Soy de...	*I'm from...*

Palabras adicionales

¿cuánto(s)/a(s)?	*how much/many?*
¿de quién...?	*whose...?* (sing.)
¿de quiénes...?	*whose...?* (plural)
(no) hay	*there is (not); there are (not)*

Países

Ecuador	*Ecuador*
España	*Spain*
Estados Unidos (EE.UU.)	*United States*
México	*Mexico*
Puerto Rico	*Puerto Rico*

Verbo

ser	*to be*

Sustantivos

el autobús	*bus*
la capital	*capital city*
el chico	*boy*
la chica	*girl*
la computadora	*computer*
la comunidad	*community*
el/la conductor(a)	*driver*
la conversación	*conversation*
la cosa	*thing*
el cuaderno	*notebook*
el día	*day*
el diario	*diary*
el diccionario	*dictionary*
la escuela	*school*
el/la estudiante	*student*
la foto(grafía)	*photograph*
la grabadora	*tape recorder*
el hombre	*man*
el/la joven	*youth; young person*
el lápiz	*pencil*
la lección	*lesson*
la maleta	*suitcase*
la mano	*hand*
el mapa	*map*
la mujer	*woman*
la nacionalidad	*nationality*
el número	*number*
el país	*country*
la palabra	*word*
el/la pasajero/a	*passenger*
el problema	*problem*
el/la profesor(a)	*teacher*
el programa	*program*
el/la turista	*tourist*
el video	*video*

Numbers 0–30	*See page 16.*
Telling time	*See pages 24–25.*
Expresiones útiles	*See page 7.*

recursos

LM p. 6 | panorama.vhlcentral.com Lección 1

En la universidad 2

Communicative Goals

You will learn how to:

- **Talk about your classes and school life**
- **Discuss everyday activities**
- **Ask questions in Spanish**
- **Describe the location of people and things**

A PRIMERA VISTA

- ¿Hay dos chicas en la foto?
- ¿Hay un libro o dos?
- ¿Son turistas o estudiantes?
- ¿Qué hora es, la una de la mañana o de la tarde?

En la universidad

Más vocabulario

la biblioteca	*library*
la cafetería	*cafeteria*
la casa	*house; home*
el estadio	*stadium*
el laboratorio	*laboratory*
la librería	*bookstore*
la residencia estudiantil	*dormitory*
la universidad	*university; college*
el/la compañero/a de clase	*classmate*
el/la compañero/a de cuarto	*roommate*
la clase	*class*
el curso	*course*
la especialización	*major*
el examen	*test; exam*
el horario	*schedule*
la prueba	*test; quiz*
el semestre	*semester*
la tarea	*homework*
el trimestre	*trimester; quarter*
la administración de empresas	*business administration*
el arte	*art*
la biología	*biology*
las ciencias	*sciences*
la computación	*computer science*
la contabilidad	*accounting*
la economía	*economics*
el español	*Spanish*
la física	*physics*
la geografía	*geography*
la música	*music*

Variación léxica

pluma ⟷ bolígrafo
pizarra ⟷ tablero (*Col.*)

recursos

WB pp. 11–12	LM p. 7	SUPERSITE panorama.vhlcentral.com Lección 2

el mapa

la pizarra

LAS MATERIAS	COURSES
la historia	*history*
las humanidades	*humanities*
el inglés	*English*
las lenguas extranjeras	*foreign languages*
la literatura	*literature*
las matemáticas	*mathematics*
el periodismo	*journalism*
la psicología	*psychology*
la química	*chemistry*
la sociología	*sociology*

el papel

el borrador

la tiza

la papelera

el escritorio

la estudiante

la silla

Práctica 

1 Escuchar Listen to Professor Morales talk about her Spanish classroom, then check the items she mentions.

puerta	✓	tiza	○	plumas	✓
ventanas	✓	escritorios	✓	mochilas	○
pizarra	✓	sillas	○	papel	✓
borrador	○	libros	✓	reloj	✓

2 Identificar You will hear a series of words. Write each one in the appropriate category.

Personas	Lugares	Materias
el estudiante	la biblioteca	la química
la profesora	el dormitorio	las lenguas extranjeras
el compañero de clase	el estadio	el inglés

3 Emparejar Match each question with its most logical response. **¡Ojo!** (*Careful!*) One response will not be used.

1. ¿Qué clase es?
2. ¿Quiénes son?
3. ¿Quién es?
4. ¿De dónde es?
5. ¿A qué hora es la clase de inglés?
6. ¿Cuántos estudiantes hay?

a. Hay veinticinco.
b. Es un reloj.
c. Es del Perú.
d. Es la clase de química.
e. Es el señor Bastos.
f. Es a las nueve en punto.
g. Son los profesores.

4 Identificar Identify the word that does not fit in each group.

1. examen • grabadora • tarea • prueba
2. economía • matemáticas • biblioteca • contabilidad
3. pizarra • tiza • borrador • librería
4. lápiz • cafetería • papel • cuaderno
5. veinte • diez • pluma • treinta
6. conductor • laboratorio • autobús • pasajero

5 ¿Qué clase es? Name the class associated with the subject matter.

modelo

los elementos, los átomos — Es la clase de química.

1. Abraham Lincoln, Winston Churchill
2. Picasso, Leonardo da Vinci
3. Freud, Jung
4. África, el océano Pacífico
5. la cultura de España, verbos
6. Hemingway, Shakespeare
7. geometría, trigonometría

SUPERSITE

septiembre

lunes	martes	miércoles	jueves	viernes	sábado	domingo
	1	2	3	4	5	6
7	8	9	10			

SUPERSITE

¡LENGUA VIVA!

The days of the week are never capitalized in Spanish.

•••

Monday is considered the first day of the week in Spanish-speaking countries.

CONSULTA

Note that September in Spanish is **septiembre**. For all of the months of the year, go to **Contextos, Lección 5,** p. 142.

6 **¿Qué día es hoy?** Complete each statement with the correct day of the week.

1. Hoy es martes. Mañana es ________. Ayer fue (*Yesterday was*) ________.
2. Ayer fue sábado. Mañana es ________. Hoy es ________.
3. Mañana es viernes. Hoy es ________. Ayer fue ________.
4. Ayer fue domingo. Hoy es ________. Mañana es ________.
5. Hoy es jueves. Ayer fue ________. Mañana es ________.
6. Mañana es lunes. Hoy es ________. Ayer fue ________.

7 **Analogías** Use these words to complete the analogies. Some words will not be used.

arte	día	martes	pizarra
biblioteca	domingo	matemáticas	profesor
catorce	estudiante	mujer	reloj

1. maleta ⟷ pasajero ⊜ mochila ⟷ ________
2. chico ⟷ chica ⊜ hombre ⟷ ________
3. pluma ⟷ papel ⊜ tiza ⟷ ________
4. inglés ⟷ lengua ⊜ miércoles ⟷ ________
5. papel ⟷ cuaderno ⊜ libro ⟷ ________
6. quince ⟷ dieciséis ⊜ lunes ⟷ ________
7. Cervantes ⟷ literatura ⊜ Dalí ⟷ ________
8. autobús ⟷ conductor ⊜ clase ⟷ ________
9. los EE.UU. ⟷ mapa ⊜ hora ⟷ ________
10. veinte ⟷ veintitrés ⊜ jueves ⟷ ________

Comunicación

8

Horario Choose three classes to create your own class schedule, then discuss it with a classmate.

¡ATENCIÓN!

Use **el** + [*day of the week*] when an activity occurs on a specific day and **los** + [*day of the week*] when an activity occurs regularly.

El lunes tengo un examen.

***On Monday** I have an exam.*

Los lunes y miércoles tomo biología.

***On Mondays and Wednesdays** I take biology.*

•••

Except for **sábados** and **domingos,** the singular and plural forms for days of the week are the same.

materia	hora	días	profesor(a)
historia	9–10	lunes, miércoles	Ordóñez
biología	12–1	lunes, jueves	Dávila
periodismo	2–3	martes, jueves	Quiñones
matemáticas	2–3	miércoles, jueves	Jiménez
arte	12–1:30	lunes, miércoles	Molina

modelo

Estudiante 1: Tomo (*I take*) biología los lunes y jueves con (*with*) la profesora Dávila.

Estudiante 2: ¿Sí? Yo no tomo biología. Yo tomo arte los lunes y miércoles con el profesor Molina.

9

La clase First, look around your classroom to get a mental image, then close your eyes. Your partner will then use these words or other vocabulary to ask you questions about the classroom. After you have answered six questions, switch roles.

modelo

Estudiante 1: ¿Cuántas ventanas hay?

Estudiante 2: Hay cuatro ventanas.

escritorio	mochila	puerta
estudiante	pizarra	reloj
libro	profesor(a)	silla

10

Nuevos amigos During the first week of class, you meet a new student in the cafeteria. With a partner, prepare a conversation using these cues.

Estudiante 1		Estudiante 2
Greet your new acquaintance.	→	Introduce yourself.
Find out about him or her.	→	Tell him or her about yourself.
Ask about your partner's class schedule.	→	Compare your schedule to your partner's.
Say nice to meet you and goodbye.	→	Say nice to meet you and goodbye.

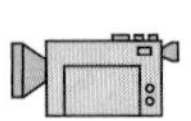

¿Qué clases tomas?

Maite, Inés, Javier y Álex hablan de las clases.

PERSONAJES

MAITE

INÉS

ÁLEX

JAVIER

1

ÁLEX Hola, Ricardo... Aquí estamos en la Mitad del Mundo. ¿Qué tal las clases en la UNAM?

2

MAITE Es exactamente como las fotos en los libros de geografía.

INÉS ¡Sí! ¿También tomas tú geografía?

MAITE Yo no. Yo tomo inglés y literatura. También tomo una clase de periodismo.

3

MAITE Muy buenos días. María Teresa Fuentes, de Radio Andina FM 93. Hoy estoy con estudiantes de la Universidad San Francisco de Quito. ¡A ver! La señorita que está cerca de la ventana... ¿Cómo te llamas y de dónde eres?

6

MAITE ¿En qué clase hay más chicos?

INÉS Bueno, eh... en la clase de historia.

MAITE ¿Y más chicas?

INÉS En la de sociología hay más chicas, casi un ochenta y cinco por ciento.

7

MAITE Y tú, joven, ¿cómo te llamas y de dónde eres?

JAVIER Me llamo Javier Gómez y soy de San Juan, Puerto Rico.

MAITE ¿Tomas muchas clases este semestre?

JAVIER Sí, tomo tres: historia y arte los lunes, miércoles y viernes y computación los martes y jueves.

8

MAITE ¿Te gustan las computadoras, Javier?

JAVIER No me gustan nada. Me gusta mucho más el arte... y sobre todo me gusta dibujar.

ÁLEX ¿Cómo que no? ¿No te gustan las computadoras?

recursos

VM pp. 197–198	panorama.vhlcentral.com Lección 2

INÉS Hola. Me llamo Inés Ayala Loor y soy del Ecuador... de Portoviejo.

MAITE Encantada. ¿Qué clases tomas en la universidad?

INÉS Tomo geografía, inglés, historia, sociología y arte.

MAITE Tomas muchas clases, ¿no?

INÉS Pues sí, me gusta estudiar mucho.

ÁLEX Pero si son muy interesantes, hombre.

JAVIER Sí, ¡muy interesantes!

Expresiones útiles

Talking about classes

- **¿Qué tal las clases en la UNAM?**
  How are classes going at UNAM?
- **¿También tomas tú geografía?**
  Are you also taking geography?
  No, tomo inglés y literatura.
  No, I'm taking English and literature.
- **Tomas muchas clases, ¿no?**
  You're taking lots of classes, aren't you?
  Pues sí. *Well, yes.*
- **¿En qué clase hay más chicos?**
  In which class are there more guys?
  En la clase de historia.
  In history class.

Talking about likes/dislikes

- **¿Te gusta estudiar?**
  Do you like to study?
  Sí, me gusta mucho. Pero también me gusta mirar la televisión.
  Yes, I like it a lot. But I also like to watch television.
- **¿Te gusta la clase de sociología?**
  Do you like sociology class?
  Sí, me gusta muchísimo.
  Yes, I like it very much.
- **¿Te gustan las computadoras?**
  Do you like computers?
  No, no me gustan nada.
  No, I don't like them at all.

Talking about location

- **Aquí estamos en...**
  Here we are at/in...
- **¿Dónde está la señorita?**
  Where is the young woman?
  Está cerca de la ventana.
  She's near the window.

Expressing hesitation

- **A ver...**
  Let's see...
- **Bueno...**
  Well...

¿Qué pasó?

SUPERSITE

1

Escoger Choose the answer that best completes each sentence.

1. Maite toma (*is taking*) _________ en la universidad.
   a. geografía, inglés y periodismo b. economía, periodismo y literatura
   c. periodismo, inglés y literatura
2. Inés toma sociología, geografía, _________.
   a. inglés, historia y arte b. periodismo, computación y arte
   c. historia, literatura y biología
3. Javier toma _________ clases este semestre.
   a. cuatro b. tres c. dos
4. Javier toma historia y _________ los _________.
   a. computación; martes y jueves b. arte; lunes, martes y miércoles
   c. arte; lunes, miércoles y viernes

2

Identificar Indicate which person would make each statement. The names may be used more than once.

1. Sí, me gusta estudiar.
2. ¡Hola! ¿Te gustan las clases en la UNAM?
3. ¿La clase de periodismo? Sí, me gusta mucho.
4. Hay más chicas en la clase de sociología.
5. Buenos días. Yo soy de Radio Andina FM 93.
6. ¡Uf! ¡No me gustan las computadoras!
7. Las computadoras son muy interesantes.
8. Me gusta dibujar en la clase de arte.

INÉS

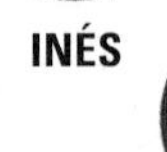

JAVIER

MAITE

ÁLEX

3

Completar These sentences are similar to things said in the **Fotonovela**. Complete each sentence with the correct word(s).

la sociología	el arte	la Universidad San Francisco de Quito
la clase de historia	geografía	la Mitad del Mundo

1. Maite, Javier, Inés y yo estamos en...
2. Hay fotos impresionantes de la Mitad del Mundo en los libros de...
3. Me llamo Maite. Estoy aquí con estudiantes de...
4. Hay muchos chicos en...
5. No me gustan las computadoras. Me gusta más...

NOTA CULTURAL

In the **Fotonovela,** Álex, Maite, Javier, and Inés visit **la Mitad del Mundo** (*Center of the World*), a monument north of Quito, Ecuador. It marks the line at which the equator divides the Earth's northern and southern hemispheres.

4

Preguntas personales Interview a classmate about his/her university life.

1. ¿Qué clases tomas en la universidad?
2. ¿Qué clases tomas los martes?
3. ¿Qué clases tomas los viernes?
4. ¿En qué clase hay más chicos?
5. ¿En qué clase hay más chicas?
6. ¿Te gusta la clase de español?

Pronunciación  

Spanish vowels

a **e** **i** **o** **u**

Spanish vowels are never silent; they are always pronounced in a short, crisp way without the glide sounds used in English.

Álex	**clase**	**nada**	**encantada**

The letter **a** is pronounced like the *a* in *father*, but shorter.

el	**ene**	**mesa**	**elefante**

The letter **e** is pronounced like the *e* in *they*, but shorter.

Inés	**chica**	**tiza**	**señorita**

The letter **i** sounds like the *ee* in *beet*, but shorter.

hola	**con**	**libro**	**don Francisco**

The letter **o** is pronounced like the *o* in *tone*, but shorter.

uno	**regular**	**saludos**	**gusto**

The letter **u** sounds like the *oo* in *room*, but shorter.

Práctica Practice the vowels by saying the names of these places in Spain.

1. Madrid
2. Alicante
3. Tenerife
4. Toledo
5. Barcelona
6. Granada
7. Burgos
8. La Coruña

Oraciones Read the sentences aloud, focusing on the vowels.

1. Hola. Me llamo Ramiro Morgado.
2. Estudio arte en la Universidad de Salamanca.
3. Tomo también literatura y contabilidad.
4. Ay, tengo clase en cinco minutos. ¡Nos vemos!

Refranes Practice the vowels by reading these sayings aloud.

AYUDA

Although **ay** and **hay** are pronounced identically, they do not have the same meaning. **¡Ay!** is an exclamation expressing pain, shock, or affliction: *Oh, dear; Woe is me!* As you learned in **Lección 1, hay** is a verb form that means *there is/are.* **Hay veinte libros.** (*There are twenty books.*)

1 Easier said than done.
2 To each his own.

EN DETALLE

La elección de una carrera universitaria

Since higher education is heavily state-subsidized in the Spanish-speaking world, tuition is almost free and thus public universities see large enrollments. Spanish and Latin American students generally choose their **carrera universitaria** (major) around 18 years of age—either the year before or upon entering the university. In order to enroll, all students must complete a high school degree, known as the **bachillerato**. In countries like Bolivia, Mexico, and Peru, the last year of high school (**colegio***) tends to be specialized toward an area of study, such as the arts or natural sciences.

Students then choose their major according to their area of specialization. Similarly, university-bound students in Argentina follow the **polimodal** track during the last three years of high school. **Polimodal** refers to exposure to various disciplines, such as business, social sciences, or design; based on this coursework, Argentine students choose their **carrera**. Finally, in Spain, students choose their major according to the score they receive on the **prueba de aptitud** (skills test or entrance exam).

University graduates receive a **licenciatura**, or bachelor's degree. In Argentina or Chile, a

Universidad Central de Venezuela en Caracas

licenciatura takes four to six years to complete, and may be considered equivalent to a master's degree. In Peru and Venezuela, a bachelor's degree is a five-year process. Spanish and Colombian **licenciaturas** take four to five years, although some fields, such as medicine, require six or more.

Estudiantes hispanos en los EE.UU.

In the 2004–05 academic year, over 13,000 Mexican students (2.3% of all international students) studied at U.S. universities. Colombians were the second largest Spanish-speaking group, with over 7,000 students.

*¡**Ojo! El colegio** is a false cognate. In most countries, it means *high school*, but in some regions it refers to an elementary school. All undergraduate study takes place at **la universidad**.

ACTIVIDADES

1 **¿Cierto o falso?** Indicate whether these statements are **cierto** or **falso**. Correct the false statements.

1. Students in Spanish-speaking countries must pay large amounts of money toward their college tuition.
2. After studying at a **colegio**, students receive their **bachillerato**.
3. Undergraduates study at a **colegio** or an **universidad**.
4. In Latin America and Spain, students usually choose their majors in their second year at the university.
5. The **polimodal** system exposes students to many disciplines and helps them choose their university major.
6. In Mexico, the **bachillerato** involves specialized study.
7. In Spain, majors depend on entrance exam scores.
8. Venezuelans complete a **licenciatura** in five years.

ASÍ SE DICE

Clases y exámenes

aprobar	*to pass*
la asignatura (Esp.)	**la clase, la materia**
la clase anual	*year-long course*
el examen parcial	*midterm exam*
la facultad	*department, school*
la investigación	*research*
reprobar; suspender (Esp.)	*to fail*
sacar buenas/ malas notas	*to get good/ bad grades*
tomar apuntes	*to take notes*

EL MUNDO HISPANO

Las universidades hispanas

Enrollment in Spanish and Latin American universities is often much higher than in the U.S.

- **Universidad de Buenos Aires** (Argentina) 308.600 estudiantes
- **Universidad Autónoma de Santo Domingo** (República Dominicana) 100.000 estudiantes
- **Universidad Complutense de Madrid** (España) 92.000 estudiantes
- **Universidad Central de Venezuela** (Venezuela) 60.000 estudiantes

PERFIL

La UNAM

The **Universidad Nacional Autónoma de México (UNAM)**, founded in 1551, is the second oldest university in North America. Its enrollment of about 270,000 students makes this one of the largest universities in the world. The main campus (or **ciudad universitaria**), located in Mexico City, has a famous library covered with the world's largest mosaic mural, which depicts scenes from Mexico's precolonial past, present, and future. The university has also established several locations in other parts of Mexico and abroad (including the United States and Canada). Today the **UNAM** is widely considered one of the best institutions of higher education in Latin America.

SUPERSITE **Conexión Internet**

To which facultad does your major belong in Spain or Latin America?

Go to **panorama.vhlcentral.com** to find more cultural information related to this **Cultura** section.

ACTIVIDADES

2 **Comprensión** Complete these sentences.

1. The **UNAM** was founded in the year __________.
2. A __________ is a year-long course.
3. The world's largest __________ is part of the **UNAM**'s library.
4. Over 300,000 students attend the __________.
5. An __________ occurs about halfway through a course.

3 **La universidad en cifras** With a partner, research a Spanish or Latin American university online and find five statistics about that institution (for instance, the total enrollment, majors offered, year it was founded, etc.). Using the information you found, create a dialogue between a prospective student and a university representative. Present your dialogue to the class.

recursos

panorama.vhlcentral.com Lección 2

2.1 Present tense of -ar verbs

ANTE TODO In order to talk about activities, you need to use verbs. Verbs express actions or states of being. In English and Spanish, the infinitive is the base form of the verb. In English, the infinitive is preceded by the word *to*: *to study*, *to be*. The infinitive in Spanish is a one-word form and can be recognized by its endings: **-ar, -er,** or **-ir.**

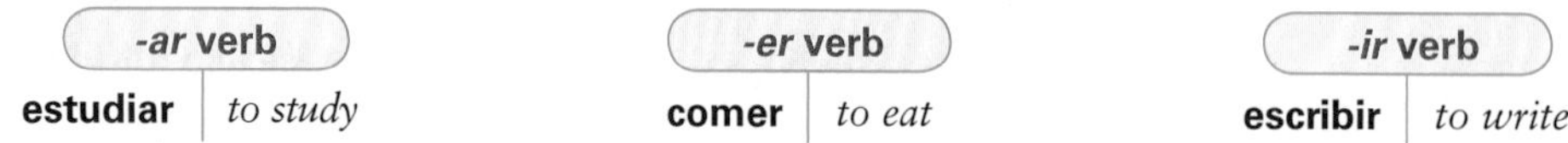

-ar verb		*-er* verb		*-ir* verb	
estudiar	*to study*	**comer**	*to eat*	**escribir**	*to write*

▶ In this lesson, you will learn the forms of regular **-ar** verbs.

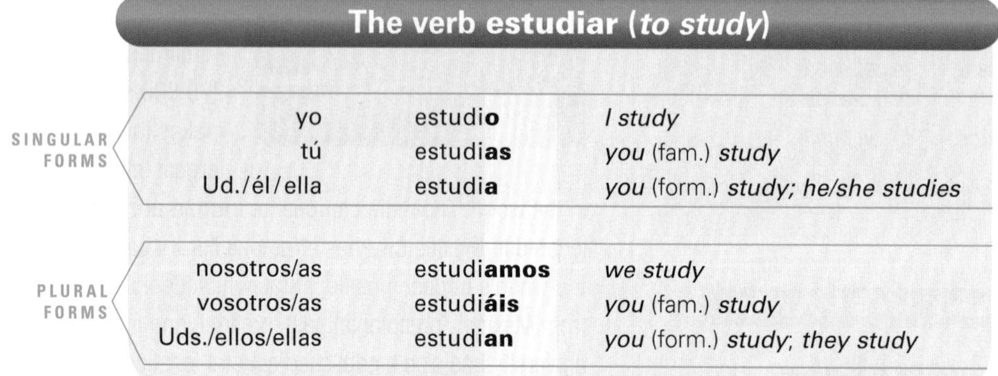

The verb estudiar (*to study*)

SINGULAR FORMS	yo	estudi**o**	*I study*
	tú	estudi**as**	*you* (fam.) *study*
	Ud./él/ella	estudi**a**	*you* (form.) *study; he/she studies*
PLURAL FORMS	nosotros/as	estudi**amos**	*we study*
	vosotros/as	estudi**áis**	*you* (fam.) *study*
	Uds./ellos/ellas	estudi**an**	*you* (form.) *study; they study*

▶ To create the forms of most regular verbs in Spanish, drop the infinitive endings (**-ar, -er, -ir**). You then add to the stem the endings that correspond to the different subject pronouns. This diagram will help you visualize the process by which verb forms are created.

Conjugation of *-ar* verbs

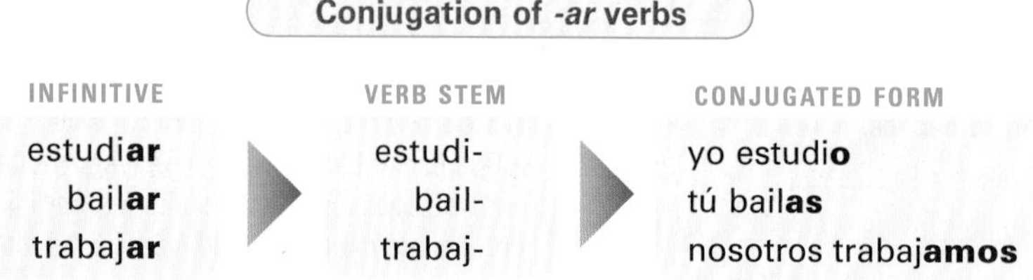

INFINITIVE	VERB STEM	CONJUGATED FORM
estudi**ar**	estudi-	yo estudi**o**
bail**ar**	bail-	tú bail**as**
trabaj**ar**	trabaj-	nosotros trabaj**amos**

Common *-ar* verbs

bailar	*to dance*	**estudiar**	*to study*
buscar	*to look for*	**explicar**	*to explain*
caminar	*to walk*	**hablar**	*to talk; to speak*
cantar	*to sing*	**llegar**	*to arrive*
cenar	*to have dinner*	**llevar**	*to carry*
comprar	*to buy*	**mirar**	*to look (at); to watch*
contestar	*to answer*	**necesitar (+ *inf.*)**	*to need*
conversar	*to converse, to chat*	**practicar**	*to practice*
desayunar	*to have breakfast*	**preguntar**	*to ask (a question)*
descansar	*to rest*	**preparar**	*to prepare*
desear (+ *inf.*)	*to desire; to wish*	**regresar**	*to return*
dibujar	*to draw*	**terminar**	*to end; to finish*
enseñar	*to teach*	**tomar**	*to take; to drink*
escuchar	*to listen (to)*	**trabajar**	*to work*
esperar (+ *inf.*)	*to wait (for); to hope*	**viajar**	*to travel*

▶ **¡Atención!** The Spanish verbs **buscar, escuchar, esperar,** and **mirar** do not need to be followed by prepositions as they do in English.

Busco la tarea.
I'm looking for the homework.

Escucho la música.
I'm listening to the music.

Espero el autobús.
I'm waiting for the bus.

Miro la pizarra.
I'm looking at the blackboard.

COMPARE & CONTRAST

English uses three sets of forms to talk about the present: (1) the simple present (*Paco works*), (2) the present progressive (*Paco is working*), and (3) the emphatic present (*Paco does work*). In Spanish, the simple present can be used in all three cases.

Paco **trabaja** en la cafetería.

1. *Paco works in the cafeteria.*
2. *Paco is working in the cafeteria.*
3. *Paco does work in the cafeteria.*

In Spanish and English, the present tense is also sometimes used to express future action.

Marina **viaja** a Madrid mañana.

1. *Marina travels to Madrid tomorrow.*
2. *Marina will travel to Madrid tomorrow.*
3. *Marina is traveling to Madrid tomorrow.*

▶ When two verbs are used together with no change of subject, the second verb is generally in the infinitive. To make a sentence negative in Spanish, the word **no** is placed before the conjugated verb. In this case, **no** means *not*.

Deseo hablar con don Francisco.
I want to speak with Don Francisco.

Alicia **no** desea bailar ahora.
Alicia doesn't want to dance now.

- Spanish speakers often omit subject pronouns because the verb endings indicate who the subject is. In Spanish, subject pronouns are used for emphasis, clarification, or contrast.

Clarification/Contrast

—¿Qué enseñan? *What do they teach?*	—**Ella** enseña arte y **él** enseña física. *She teaches art, and he teaches physics.*

Emphasis

—¿Quién desea trabajar hoy? *Who wants to work today?*	—**Yo** no deseo trabajar hoy. *I don't want to work today.*

The verb gustar

- To express your own likes and dislikes, use the expression **me gusta** + [*singular noun*] or **me gustan** + [*plural noun*]. Never use a subject pronoun (such as **yo**) with this structure.

Me gusta la música clásica. *I like classical music.*	**Me gustan las clases** de español y biología. *I like Spanish and biology classes.*

- To express what you like to do, use the expression **me gusta** + [*infinitive(s)*].

Me gusta viajar. *I like to travel.*	**Me gusta cantar** y **bailar**. *I like to sing and dance.*

- To use the verb **gustar** with reference to another person, use the expressions **te gusta(n)** (**tú**) or **a** + [*name/pronoun*] **le gusta(n)** (**usted, él, ella**). To say that someone does not like something, insert the word **no** before the expression.

Te gusta la geografía. *You like geography.*	**A Javier no le gustan las computadoras.** *Javier doesn't like computers.*

- To use the verb **gustar** with reference to more than one person, use **nos gusta(n)** (**nosotros**) or **a** + [*name/pronoun*] **les gusta(n)** (**ustedes, ellos, ellas**).

Nos gusta dibujar.
We like to draw.

A ellos no **les gustan los exámenes.**
They don't like tests.

¡ATENCIÓN!

Note that **gustar** does not behave like other **-ar** verbs. You must study its use carefully and pay attention to prepositions, pronouns, and agreement.

AYUDA

Use the construction **a** + [*name/pronoun*] to clarify to whom you are referring. This construction is not always necessary.

A Gabriela le gusta bailar.

A Sara y a él les gustan los animales.

CONSULTA

For other verbs like **gustar**, see **Estructura 7.4**, pp. 230–231.

Provide the present tense forms of these verbs. The first items have been done for you.

hablar

1. Yo ___hablo___ español.
2. Ellos __________ español.
3. Inés __________ español.
4. Nosotras __________ español.
5. Tú __________ español.

gustar

1. ___Me gusta___ el café. (yo)
2. ¿__________ las clases? (tú)
3. No __________ el café. (usted)
4. No __________ las clases. (ella)
5. No __________ el café. (nosotros)

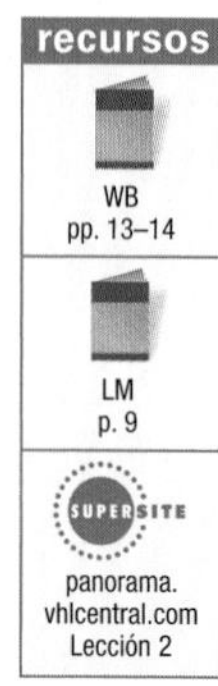

2.2 Forming questions in Spanish

ANTE TODO There are three basic ways to ask questions in Spanish. Can you guess what they are by looking at the photos and photo captions on this page?

AYUDA

With a partner, take turns saying out loud the example statements and questions on this page. Your pitch indicates whether you are making a statement or asking a question. Then take turns making up statements of your own and turning them into questions, using all three of the methods described.

- One way to form a question is to raise the pitch of your voice at the end of a declarative sentence. When writing any question in Spanish, be sure to use an upside down question mark (**¿**) at the beginning and a regular question mark (**?**) at the end of the sentence.

Statement	Question
Ustedes trabajan los sábados. *You work on Saturdays.*	¿Ustedes trabajan los sábados? *Do you work on Saturdays?*
Miguel busca un mapa. *Miguel is looking for a map.*	¿Miguel busca un mapa? *Is Miguel looking for a map?*

- You can also form a question by inverting the order of the subject and the verb of a declarative statement. The subject may even be placed at the end of the sentence.

Statement	Question
SUBJECT VERB **Ustedes trabajan** los sábados. *You work on Saturdays.*	VERB SUBJECT ¿**Trabajan ustedes** los sábados? *Do you work on Saturdays?*
SUBJECT VERB **Carlota regresa** a las seis. *Carlota returns at six.*	VERB SUBJECT ¿**Regresa** a las seis **Carlota**? *Does Carlota return at six?*

AYUDA

With negative statements, only the tag **¿verdad?** may be used.

Statement
Ustedes **no** trabajan los sábados.
You don't work on Saturdays.

Question
Ustedes **no** trabajan los sábados, **¿verdad?**
You don't work on Saturdays, right?

- Questions can also be formed by adding the tags **¿no?** or **¿verdad?** at the end of a statement.

Statement	Question
Ustedes trabajan los sábados. *You work on Saturdays.*	Ustedes trabajan los sábados, **¿no?** *You work on Saturdays, don't you?*
Carlota regresa a las seis. *Carlota returns at six.*	Carlota regresa a las seis, **¿verdad?** *Carlota returns at six, right?*

Question words

Interrogative words			
¿Adónde?	*Where (to)?*	**¿De dónde?**	*From where?*
¿Cómo?	*How?*	**¿Dónde?**	*Where?*
¿Cuál?, ¿Cuáles?	*Which?; Which one(s)?*	**¿Por qué?**	*Why?*
¿Cuándo?	*When?*	**¿Qué?**	*What?; Which?*
¿Cuánto/a?	*How much?*	**¿Quién?**	*Who?*
¿Cuántos/as?	*How many?*	**¿Quiénes?**	*Who* (plural)?

¡ATENCIÓN!

To ask for clarification or repetition in Spanish, use **¿Cómo** instead of **¿Qué** to soften the request.

¿Cómo No la escuchobien.
Pardon? I can't hear you well.

- To ask a question that requires more than a *yes* or *no* answer, use an interrogative word.

¿Cuál de ellos estudia en la biblioteca?
Which of them studies in the library?

¿Cuántos estudiantes hablan español?
How many students speak Spanish?

¿Dónde trabaja Ricardo?
Where does Ricardo work?

¿Qué clases tomas?
What classes are you taking?

¿Adónde caminamos?
Where are we walking?

¿Por qué necesitas hablar con ella?
Why do you need to talk to her?

¿Quién enseña la clase de arte?
Who teaches the art class?

¿Cuánta tarea hay?
How much homework is there?

CONSULTA

You will learn more about the difference between **qué** and **cuál** in **Estructura 9.3**, p. 292.

- When pronouncing this type of question, the pitch of your voice falls at the end of the sentence.

¿Cómo llegas a clase?
How do you get to class?

¿Por qué necesitas estudiar?
Why do you need to study?

- Notice the difference between **¿por qué?**, which is written as two words and has an accent, and **porque**, which is written as one word without an accent.

¿Por qué estudias español?
Why do you study Spanish?

¡**Porque** es divertido!
Because it's fun!

- In Spanish **no** can mean both *no* and *not*. Therefore, when answering a yes/no question in the negative, you need to use **no** twice.

¿Caminan a la universidad?
Do you walk to the university?

No, no caminamos a la universidad.
No, we do not walk to the university.

Make questions out of these statements. Use intonation in column 1 and the tag **¿no?** in column 2. The first item has been done for you.

Statement	Intonation	Tag questions
1. Hablas inglés.	¿Hablas inglés?	Hablas inglés, ¿no?
2. Trabajamos mañana.		
3. Ustedes desean bailar.		
4. Raúl estudia mucho.		
5. Enseño a las nueve.		
6. Luz mira la televisión.		

Práctica

SUPERSITE

1 

Preguntas Change these sentences into questions by inverting the word order.

modelo

Ernesto habla con su compañero de clase.
¿Habla Ernesto con su compañero de clase? / ¿Habla con su compañero de clase Ernesto?

1. La profesora Cruz prepara la prueba.
2. Sandra y yo necesitamos estudiar.
3. Los chicos practican el vocabulario.
4. Jaime termina la tarea.
5. Tú trabajas en la biblioteca.

2

Completar Irene and Manolo are chatting in the library. Complete their conversation with the appropriate questions.

IRENE Hola, Manolo. (1)________________________
MANOLO Bien, gracias. (2)________________________
IRENE Muy bien. (3)________________________
MANOLO Son las nueve.
IRENE (4)________________________
MANOLO Estudio historia.
IRENE (5)________________________
MANOLO Porque hay un examen mañana.
IRENE (6)________________________
MANOLO Sí, me gusta mucho la clase.
IRENE (7)________________________
MANOLO El profesor Padilla enseña la clase.
IRENE (8)________________________
MANOLO No, no tomo psicología este semestre.
IRENE (9)________________________
MANOLO Regreso a la residencia a las once.
IRENE (10)________________________
MANOLO No, no deseo tomar soda. ¡Deseo estudiar!

3  

Dos profesores In pairs, create a dialogue, similar to the one in **Actividad 2**, between Professor Padilla and his colleague Professor Martínez. Use question words.

modelo

Prof. Padilla: *¿Qué enseñas este semestre?*
Prof. Martínez: *Enseño dos cursos de sociología.*

Comunicación

4

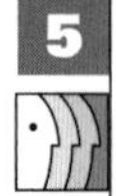

Encuesta Your instructor will give you a worksheet. Change the categories in the first column into questions, then use them to survey your classmates. Find at least one person for each category. Be prepared to report the results of your survey to the class.

Categorías	Nombres
1. estudiar computación	
2. tomar una clase de psicología	
3. dibujar bien	
4. cantar bien	
5. escuchar música clásica	

5

Un juego In groups of four or five, play a game (**un juego**) of Jeopardy.® Each person has to write two clues. Then take turns reading the clues and guessing the questions. The person who guesses correctly reads the next clue.

Es algo que...	**Es un lugar donde...**	**Es una persona que...**
It's something that...	*It's a place where...*	*It's a person that...*

modelo

Estudiante 1: Es un lugar donde estudiamos.
Estudiante 2: ¿Qué es la biblioteca?

Estudiante 1: Es algo que escuchamos.
Estudiante 2: ¿Qué es la música?

Estudiante 1: Es un director de España.
Estudiante 2: ¿Quién es Pedro Almodóvar?

NOTA CULTURAL

Pedro Almodóvar is an award-winning film director from Spain. His films are full of both humor and melodrama, and their controversial subject matter has often sparked great debate. His 1999 film ***Todo sobre mi madre*** (*All About My Mother*) received an Oscar for Best Foreign Film and Best Director at the Cannes Film Festival.

Síntesis

6

Entrevista Imagine that you are a reporter for the school newspaper. Write five questions about student life at your school and use them to interview two classmates. Be prepared to report your findings to the class.

2.3 Present tense of estar

CONSULTA

To review the forms of **ser**, see **Estructura 1.3**, pp. 19–21.

ANTE TODO In **Lección 1**, you learned how to conjugate and use the verb **ser** *(to be)*. You will now learn a second verb which means *to be*, the verb **estar**. Although **estar** ends in **-ar**, it does not follow the pattern of regular **-ar** verbs. The **yo** form (**estoy**) is irregular. Also, all forms have an accented **á** except the **yo** and **nosotros/as** forms.

The verb estar (*to be*)

SINGULAR FORMS	yo	est**oy**	*I am*
	tú	est**ás**	*you* (fam.) *are*
	Ud./él/ella	est**á**	*you* (form.) *are; he/she is*
PLURAL FORMS	nosotros/as	est**amos**	*we are*
	vosotros/as	est**áis**	*you* (fam.) *are*
	Uds./ellos/ellas	est**án**	*you* (form.) *are; they are*

COMPARE & CONTRAST

Compare the uses of the verb **estar** to those of the verb **ser**.

Uses of *estar*

Location
Estoy en casa.
I am at home.

Inés **está** al lado de Javier.
Inés is next to Javier.

Health
Álex **está** enfermo hoy.
Álex is sick today.

Well-being
—¿Cómo **estás**, Maite?
How are you, Maite?

—**Estoy** muy bien, gracias.
I'm very well, thank you.

Uses of *ser*

Identity
Hola, **soy** Maite.
Hello, I'm Maite.

Occupation
Soy estudiante.
I'm a student.

Origin
—¿**Eres** de España?
Are you from Spain?

—Sí, **soy** de España.
Yes, I'm from Spain.

Telling time
Son las cuatro.
It's four o'clock.

AYUDA

Use **la casa** to express *the house*, but **en casa** to express *at home*.

CONSULTA

To learn more about the difference between **ser** and **estar**, see **Estructura 5.3**, pp. 158–159.

Estar is often used with certain prepositions to describe the location of a person or an object.

Prepositions often used with estar

al lado de	*next to; beside*	**delante de**	*in front of*
a la derecha de	*to the right of*	**detrás de**	*behind*
a la izquierda de	*to the left of*	**encima de**	*on top of*
en	*in; on*	**entre**	*between; among*
cerca de	*near*	**lejos de**	*far from*
con	*with*	**sin**	*without*
debajo de	*below*	**sobre**	*on; over*

La clase **está al lado de** la biblioteca.
The class is next to the library.

Los libros **están encima del** escritorio.
The books are on top of the desk.

El laboratorio **está cerca de** la clase.
The lab is near the classroom.

Maribel **está delante de** José.
Maribel is in front of José.

El estadio no **está lejos de** la librería.
The stadium isn't far from the bookstore.

El mapa **está entre** la pizarra y la puerta.
The map is between the blackboard and the door.

Los estudiantes **están en** la clase.
The students are in class.

El libro **está sobre** la mesa.
The book is on the table.

¡INTÉNTALO! Provide the present tense forms of **estar**. The first item has been done for you.

1. Ustedes ___están___ en la clase.
2. José __________ en la biblioteca.
3. Yo __________ bien, gracias.
4. Nosotras __________ en la cafetería.
5. Tú __________ en el laboratorio.
6. Elena __________ en la librería.
7. Ellas __________ en la clase.
8. Ana y yo __________ en la clase.
9. ¿Cómo __________ usted?
10. Javier y Maribel __________ en el estadio.
11. Nosotros __________ en la cafetería.
12. Yo __________ en el laboratorio.
13. Carmen y María __________ enfermas.
14. Tú __________ en la clase.

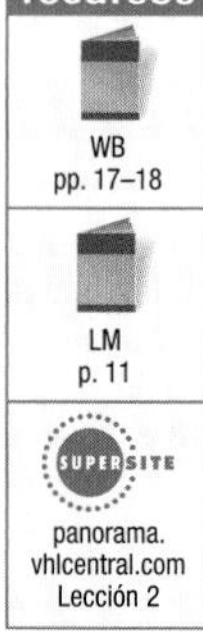

Práctica

SUPERSITE

1 

Completar Daniela has just returned home from her classes at the local university. Complete this conversation with the appropriate forms of **ser** or **estar**.

NOTA CULTURAL

In many Spanish-speaking countries, students attend college in their home city. Many tend to live at home instead of in a college dormitory. However, students from small towns without universities typically study away from home.

MAMÁ Hola, Daniela. ¿Cómo (1)__________?

DANIELA Hola, mamá. (2)__________ bien. ¿Dónde (3)__________ papá? ¡Ya (*Already*) (4)__________ las ocho de la noche!

MAMÁ No (5)__________ aquí. (6)__________ en la oficina.

DANIELA Y Andrés y Margarita, ¿dónde (7)__________ ellos?

MAMÁ (8)__________ en el restaurante La Palma con Martín.

DANIELA ¿Quién (9)__________ Martín?

MAMÁ (10)__________ un compañero de clase. (11)__________ de México.

DANIELA Ah. Y el restaurante La Palma, ¿dónde (12)__________?

MAMÁ (13)__________ cerca de la Plaza Mayor, en San Modesto.

DANIELA Gracias, mamá. Voy (*I'm going*) al restaurante. ¡Hasta pronto!

2

Escoger Choose the preposition that best completes each sentence.

1. La pluma está (encima de / detrás de) la mesa.
2. La ventana está (a la izquierda de / debajo de) la puerta.
3. La pizarra está (debajo de / delante de) los estudiantes.
4. Las sillas están (encima de / detrás de) los escritorios.
5. Los estudiantes llevan los libros (en / sobre) la mochila.
6. La biblioteca está (sobre / al lado de) la residencia estudiantil.
7. España está (cerca de / lejos de) Puerto Rico.
8. Cuba está (cerca de / lejos de) los Estados Unidos.
9. Felipe trabaja (con / en) Ricardo en la cafetería.

3

La librería Imagine that you are in the school bookstore and can't find various items. Ask the clerk (your partner) where the items in the drawing are located. Then switch roles.

NOTA CULTURAL

Many universities in the Spanish-speaking world do not have a central campus bookstore. Students generally purchase their texts at designated commercial bookstores.

modelo

Estudiante 1: ¿Dónde están los diccionarios?

Estudiante 2: Los diccionarios están debajo de los libros de literatura.

Comunicación

4

¿Dónde estás...? Get together with a partner and take turns asking each other where you are at these times.

modelo

lunes / 10:00 a.m.
Estudiante 1: *¿Dónde estás los lunes a las diez de la mañana?*
Estudiante 2: *Estoy en la clase de español.*

1. sábados / 6:00 a.m.
2. miércoles / 9:15 a.m.
3. lunes / 11:10 a.m.
4. jueves / 12:30 a.m.
5. viernes / 2:25 p.m.
6. martes / 3:50 p.m.
7. jueves / 5:45 p.m.
8. miércoles / 8:20 p.m.

5

La ciudad universitaria You are an exchange student at a Spanish university. Tell a classmate which buildings you are looking for and ask for their location relative to where you are.
Answers will vary.

modelo

Estudiante 1: *¿La Facultad de Medicina está lejos?*
Estudiante 2: *No, está cerca. Está a la izquierda de la Facultad de Administración de Empresas.*

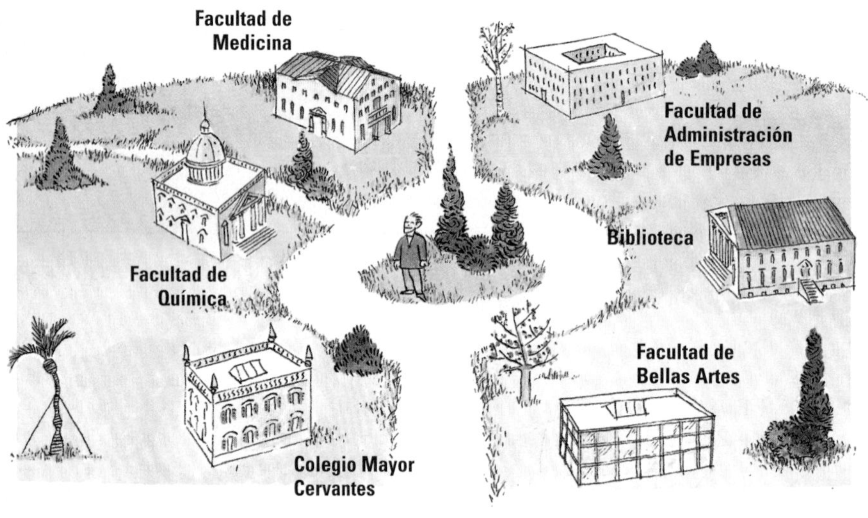

¡LENGUA VIVA!

La Facultad (*School*) de Filosofía y Letras includes departments such as language, literature, philosophy, history, and linguistics. Fine arts can be studied in **la Facultad de Bellas Artes.** In Spain the business school is sometimes called **la Facultad de Administración de Empresas. Residencias estudiantiles** are referred to as **colegios mayores.**

Síntesis

6

Entrevista Use these questions to interview two classmates. Then switch roles.

1. ¿Cómo estás?
2. ¿Dónde estamos ahora?
3. ¿Dónde está tu (*your*) compañero/a de cuarto ahora?
4. ¿Cuántos estudiantes hay en la clase de español?
5. ¿Quién(es) no está(n) en la clase hoy?
6. ¿A qué hora termina la clase hoy?
7. ¿Estudias mucho?
8. ¿Cuántas horas estudias para (*for*) una prueba?

2.4 Numbers 31 and higher 

ANTE TODO You have already learned numbers 0–30. Now you will learn the rest of the numbers.

Numbers 31–100

▶ Numbers 31–99 follow the same basic pattern as 21–29.

Numbers 31–100

31	treinta y uno	**40**	cuarenta	**50**	cincuenta
32	treinta y dos	**41**	cuarenta y uno	**51**	cincuenta y uno
33	treinta y tres	**42**	cuarenta y dos	**52**	cincuenta y dos
34	treinta y cuatro	**43**	cuarenta y tres	**60**	sesenta
35	treinta y cinco	**44**	cuarenta y cuatro	**63**	sesenta y tres
36	treinta y seis	**45**	cuarenta y cinco	**64**	sesenta y cuatro
37	treinta y siete	**46**	cuarenta y seis	**70**	setenta
38	treinta y ocho	**47**	cuarenta y siete	**80**	ochenta
39	treinta y nueve	**48**	cuarenta y ocho	**90**	noventa
		49	cuarenta y nueve	**100**	cien, ciento

▶ **Y** is used in most numbers from **31** through **99**. Unlike numbers 21–29, these numbers must be written as three separate words.

Hay **noventa y dos** exámenes.
There are ninety-two exams.

Hay **cuarenta y dos** estudiantes.
There are forty-two students.

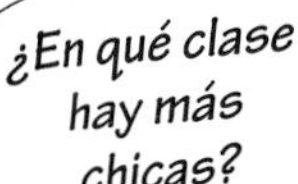

▶ With numbers that end in **uno** (31, 41, etc.), **uno** becomes **un** before a masculine noun and **una** before a feminine noun.

Hay **treinta y un** chicos.
There are thirty-one guys.

Hay **treinta y una** chicas.
There are thirty-one girls.

▶ **Cien** is used before nouns and in counting. The words **un, una,** and **uno** are never used before **cien** in Spanish. **Ciento** is used for numbers over one hundred.

¿Cuántos libros hay? **Cientos.**
How many books are there? Hundreds.

Hay **cien** libros y **cien** sillas.
There are one hundred books and one hundred chairs.

Numbers 101 and higher

▶ As shown in the chart, Spanish uses a period to indicate thousands and millions, rather than a comma as used in English.

Numbers 101 and higher

101	ciento uno	**1.000**	mil
200	doscientos/as	**1.100**	mil cien
300	trescientos/as	**2.000**	dos mil
400	cuatrocientos/as	**5.000**	cinco mil
500	quinientos/as	**100.000**	cien mil
600	seiscientos/as	**200.000**	doscientos/as mil
700	setecientos/as	**550.000**	quinientos/as cincuenta mil
800	ochocientos/as	**1.000.000**	un millón (de)
900	novecientos/as	**8.000.000**	ocho millones (de)

▶ The numbers 200 through 999 agree in gender with the nouns they modify.

324 plum**as**
trescient**as** veinticuatro plum**as**

605 libr**os**
seiscient**os** cinco libr**os**

Hay tres mil quinient**os** libr**os** en la biblioteca.

▶ The word **mil**, which can mean *a thousand* and *one thousand*, is not usually used in the plural form when referring to numbers. **Un millón** (*a million* or *one million*), has the plural form **millones,** in which the accent is dropped.

1.000 relojes
mil relojes

25.000 pizarras
veinticinco **mil** pizarras

2.000.000 de estudiantes
dos **millones** de estudiantes

▶ To express a complex number (including years), string together its component parts.

55.422 cincuenta y cinco mil cuatrocientos veintidós

¡LENGUA VIVA!

In Spanish, years are not expressed as pairs of 2-digit numbers as they are in English (1979, *nineteen seventy-nine*): **1776, mil setecientos setenta y seis; 1945, mil novecientos cuarenta y cinco; 2007, dos mil siete.**

¡ATENCIÓN!

When **millón** or **millones** is used before a noun, the word **de** is placed between the two:
1.000.000 de hombres = un millón de hombres
12.000.000 de aviones = doce millones de aviones.

¡INTÉNTALO! Give the Spanish equivalent of each number. The first item has been done for you.

1. **102** ciento dos
2. **5.000.000** ____
3. **201** ____
4. **76** ____
5. **92** ____
6. **550.300** ____
7. **235** ____
8. **79** ____
9. **113** ____
10. **88** ____
11. **17.123** ____
12. **497** ____

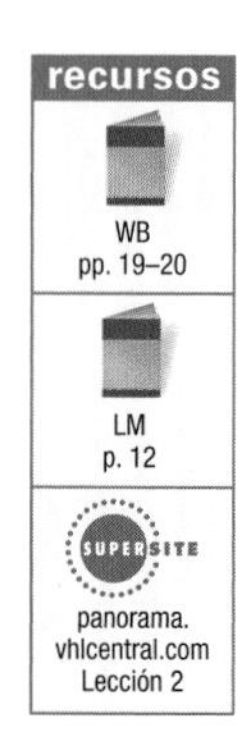

Práctica y Comunicación

1

Baloncesto Provide these basketball scores in Spanish.

1. Ohio State 76, Michigan 65
2. Florida 92, Florida State 104
3. Stanford 78, UCLA 89
4. Purdue 81, Indiana 78
5. Princeton 67, Harvard 55
6. Duke 115, Virginia 121

2

Completar Complete these sequences of numbers.

1. 50, 150, 250 ... 1.050
2. 5.000, 20.000, 35.000 ... 95.000
3. 100.000, 200.000, 300.000 ... 1.000.000
4. 100.000.000, 90.000.000, 80.000.000 ... 0

3

Resolver Read the math problems aloud and solve them.

AYUDA

+ → **más**
– → **menos**
= → **son**

modelo

200 + 300 = Doscientos más trescientos son quinientos.

1. 1.000 + 753 =
2. 1.000.000 – 30.000 =
3. 10.000 + 555 =
4. 15 + 150 =
5. 100.000 + 205.000 =
6. 29.000 – 10.000 =

4

Entrevista Find out the telephone numbers and e-mail addresses of four classmates.

AYUDA

arroba *at* (@)
punto *dot* (.)

modelo

Estudiante 1: ¿Cuál es tu *(your)* número de teléfono?
Estudiante 2: Es el 635-19-51.
Estudiante 1: ¿Y tu dirección de correo electrónico?
Estudiante 2: Es a-Smith-arroba-pe-ele-punto-e-de-u. *(asmith@pl.edu)*

Síntesis

5

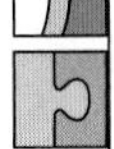

¿A qué distancia...? Your instructor will give you and a partner incomplete charts that indicate the distances between Madrid and various locations. Fill in the missing information on your chart by asking your partner questions.

modelo

Estudiante 1: ¿A qué distancia está Arganda del Rey?
Estudiante 2: Está a veintisiete kilómetros de Madrid.

Recapitulación

For self-scoring and diagnostics, go to **panorama.vhlcentral.com.**

Review the grammar concepts you have learned in this lesson by completing these activities.

1 **Completar** Complete the chart with the correct verb forms. 12 pts.

yo	tú	nosotros	ellas
compro			
	deseas		
		miramos	
			preguntan

2 **Números** Write these numbers in Spanish. 8 pts.

modelo

645: *seiscientos cuarenta y cinco*

1. **49:** ______
2. **97:** ______
3. **113:** ______
4. **632:** ______
5. **1.781:** ______
6. **3.558:** ______
7. **1.006.015:** ______
8. **67.224.370:** ______

3 **Preguntas** Write questions for these answers. 12 pts.

1. —¿______ Patricia?
   —Patricia es de Colombia.
2. —¿______ él?
   —Él es mi amigo (*friend*).
3. —¿______ (tú)?
   —Hablo dos idiomas.
4. —¿______ (ustedes)?
   —Deseamos tomar dos cafés.
5. —¿______?
   —Tomo biología porque me gusta.
6. —¿______?
   —Camilo descansa por las mañanas.

RESUMEN GRAMATICAL

2.1 Present tense of -ar verbs *pp. 46–48*

estudiar

estudio	estudiamos
estudias	estudiáis
estudia	estudian

The verb gustar

SINGULAR me, te, le / PLURAL nos, os, les — gusta: el chocolate, viajar, cantar y bailar; gustan: los libros

2.2 Forming questions in Spanish *pp. 51–52*

- ¿Ustedes trabajan los sábados?
- ¿Trabajan ustedes los sábados?
- Ustedes trabajan los sábados, ¿verdad?/¿no?

Interrogative words

¿Adónde?	¿Cuánto/a?	¿Por qué?
¿Cómo?	¿Cuántos/as?	¿Qué?
¿Cuál(es)?	¿(De) dónde?	¿Quién(es)?
¿Cuándo?		

2.3 Present tense of estar *pp. 55–56*

- estar: estoy, estás, está, estamos, estáis, están

2.4 Numbers 31 and higher *pp. 59–60*

31	treinta y uno	101	ciento uno
32	treinta y dos	200	doscientos/as
	(and so on)	500	quinientos/as
40	cuarenta	700	setecientos/as
50	cincuenta	900	novecientos/as
60	sesenta	1.000	mil
70	setenta	2.000	dos mil
80	ochenta	5.100	cinco mil cien
90	noventa	100.000	cien mil
100	cien, ciento	1.000.000	un millón (de)

4 **Al teléfono** Complete this telephone conversation with the correct forms of the verb **estar**. 8 pts.

MARÍA TERESA Hola, señora López. (1) ¿__________ Elisa en casa?

SRA. LÓPEZ ¿Quién es?

MARÍA TERESA Soy María Teresa. Elisa y yo (2) __________ en la misma (*same*) clase de literatura.

SRA. LÓPEZ ¡Ah, María Teresa! ¿Cómo (3) __________?

MARÍA TERESA (4) __________ muy bien, gracias. Y usted, ¿cómo (5) __________?

SRA. LÓPEZ Bien, gracias. Pues, no, Elisa no (6) __________ en casa. Ella y su hermano (*her brother*) (7) __________ en la Biblioteca Cervantes.

MARÍA TERESA ¿Cervantes?

SRA. LÓPEZ Es la biblioteca que (8) __________ al lado del Café Bambú.

MARÍA TERESA ¡Ah, sí! Gracias, señora López.

SRA. LÓPEZ Hasta luego, María Teresa.

5 **¿Qué te gusta?** Write a paragraph of at least five sentences stating what you like and don't like about your university. If possible, explain your likes and dislikes. 10 pts.

Me gusta la clase de música porque no hay muchos exámenes. No me gusta cenar en la cafetería...

6 **Canción** Write the missing words to complete the beginning of a popular song by Manu Chao. 2 EXTRA points!

"Me __________ los aviones°,
me gustas tú,
me __________ viajar,
me gustas tú,
me gusta la mañana,
me gustas tú."

aviones *airplanes*

Lectura

Antes de leer

Estrategia

Predicting Content Through Formats

Recognizing the format of a document can help you to predict its content. For instance, invitations, greeting cards, and classified ads follow an easily identifiable format, which usually gives you a general idea of the information they contain. Look at the text and identify it based on its format.

	lunes	martes	miércoles	jueves	viernes
8:30	biología		biología		biología
9:00		historia		historia	
9:30	inglés		inglés		inglés
10:00					
10:30					
11:00					
12:00					
12:30					
1:00					
2:00	arte		arte		arte

If you guessed that this is a page from a student's schedule, you are correct. You can now infer that the document contains information about a student's weekly schedule, including days, times, and activities.

Cognados

With a classmate, make a list of the cognates in the text and guess their English meanings. What do the cognates reveal about the content of the document?

Examinar el texto

Look at the format of the document entitled ***¡Español en Madrid!*** What type of text is it? What information do you expect to find in a document of this kind?

Después de leer

Correspondencias

Provide the letter of each item in Column B that matches the words in Column A. Two items will not be used.

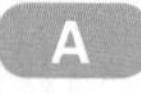

A	B
1. profesores	a. (34) 91 523 4500
2. vivienda	b. (34) 91 524 0210
3. Madrid	c. 23 junio–30 julio
4. número de teléfono	d. capital cultural de Europa
5. Español 2B	e. 16 junio–22 julio
6. número de fax	f. especializados en enseñar español como lengua extranjera
	g. (34) 91 523 4623
	h. familias españolas

¿Dónde?
En la Facultad de Filosofía y Letras de la UAM.

¿Quiénes son los profesores?
Son todos hablantes nativos del español y catedráticos° de la UAM especializados en enseñar el español como lengua extranjera.

¿Qué niveles se ofrecen?
Se ofrecen tres niveles° básicos:
1. Español Elemental, A, B y C
2. Español Intermedio, A y B
3. Español Avanzado, A y B

Viviendas
Para estudiantes extranjeros se ofrece vivienda° con familias españolas.

¿Cuándo?
Este verano desde° el 16 de junio hasta el 10 de agosto. Los cursos tienen una duración de 6 semanas.

Cursos	Empieza°	Termina
Español 1A	16 junio	22 julio
Español 1B	23 junio	30 julio
Español 1C	30 junio	10 agosto
Español 2A	16 junio	22 julio
Español 2B	23 junio	30 julio
Español 3A	16 junio	22 julio
Español 3B	23 junio	30 julio

Información
Para mayor información, sirvan comunicarse con la siguiente° oficina:

Universidad Autónoma de Madrid
Programa de Español como Lengua Extranjera
Ctra. Colmenar Viejo, Km. 15
28049 Madrid, ESPAÑA
Tel. (34) 91 523 4500
Fax (34) 91 523 4623
www.uam.es

verano *summer* **aprender** *to learn* **nunca antes** *never before* **catedráticos** *professors* **niveles** *levels* **vivienda** *housing* **desde** *from* **Empieza** *Begins* **siguiente** *following*

¿Cierto o falso?

Indicate whether each statement is **cierto** or **falso**. Then correct the false statements.

	Cierto	Falso
1. La Universidad Autónoma de Madrid ofrece (*offers*) cursos intensivos de italiano.	❍	❍
2. La lengua nativa de los profesores del programa es el inglés.	❍	❍
3. Los cursos de español son en la Facultad de Ciencias.	❍	❍
4. Los estudiantes pueden vivir (*can live*) con familias españolas.	❍	❍
5. La universidad que ofrece los cursos intensivos está en Salamanca.	❍	❍
6. Español 3B termina en agosto.	❍	❍
7. Si deseas información sobre (*about*) los cursos intensivos de español, es posible llamar al (34) 91 523 4500.	❍	❍
8. Español 1A empieza en julio.	❍	❍

España

El país en cifras

- **Área:** 504.750 km² (kilómetros cuadrados) ó 194.884 millas cuadradas°, incluyendo las islas Baleares y las islas Canarias
- **Población:** 43.993.000
- **Capital:** Madrid—5.977.000
- **Ciudades° principales:** Barcelona—4.998.000, Valencia—806.000, Sevilla, Zaragoza

SOURCE: Population Division, UN Secretariat

- **Moneda°:** euro
- **Idiomas°:** español o castellano, catalán, gallego, valenciano, euskara

Regiones lingüísticas

Bandera de España

Españoles célebres

- **Miguel de Cervantes,** escritor° (1547–1616)
- **Pedro Almodóvar,** director de cine° (1949–)
- **Rosa Montero,** escritora y periodista° (1951–)
- **Fernando Alonso,** corredor de autos° (1981–)
- **Paz Vega,** actriz° (1976–)

millas cuadradas *square miles* Ciudades *Cities* Moneda *Currency* Idiomas *Languages* escritor *writer* cine *film* periodista *reporter* corredor de autos *racing driver* actriz *actress* pueblo *town* Cada año *Every year* Durante todo un día *All day long* se tiran *throw at each other* varias toneladas *many tons*

Plaza Mayor en Madrid

La Sagrada Familia en Barcelona

El baile flamenco

¡Increíble pero cierto!

En Buñol, un pueblo° de Valencia, la producción de tomates es un recurso económico muy importante. Cada año° se celebra el festival de *La Tomatina*. Durante todo un día°, miles de personas se tiran° tomates. Llegan turistas de todo el país, y se usan varias toneladas° de tomates.

Lugares • La Universidad de Salamanca

La Universidad de Salamanca, fundada en 1218, es la más antigua° de España. Más de 35.000 estudiantes toman clases en la universidad. La universidad está en la ciudad de Salamanca, famosa por sus edificios° históricos, tales como° los puentes° romanos y las catedrales góticas.

Economía • La Unión Europea

Desde° 1992 España es miembro de la Unión Europea, un grupo de países europeos que trabaja para desarrollar° una política° económica y social común en Europa. La moneda de la mayoría de los países de la Unión Europea es el euro.

Las meninas,
Diego Velázquez, 1656

Artes • Velázquez y el Prado

El Prado, en Madrid, es uno de los museos más famosos del mundo°. En el Prado hay pinturas° importantes de Botticelli, de El Greco, y de los españoles Goya y Velázquez. *Las meninas* es la obra° más conocida° de Diego Velázquez, pintor° oficial de la corte real° durante el siglo° XVII.

Comida • La paella

La paella es uno de los platos más típicos de España. Siempre se prepara° con arroz° y azafrán°, pero hay diferentes recetas°. La paella valenciana, por ejemplo, es de pollo° y conejo°, y la paella marinera es de mariscos°.

Una playa de Ibiza

¿Qué aprendiste? Completa las oraciones con la información adecuada.

1. La __________ trabaja para desarrollar una política económica común en Europa.
2. El arroz y el azafrán son ingredientes básicos de la __________.
3. El Prado está en __________.
4. La universidad más antigua de España es la __________________.
5. La ciudad de __________ es famosa por sus edificios históricos, tales como los puentes romanos.
6. El gallego es una de las lenguas oficiales de __________.

Conexión Internet Investiga estos temas en **vistas.vhlcentral.com.**

1. Busca (*Look for*) información sobre la Universidad de Salamanca u otra universidad española. ¿Qué cursos ofrece (*does it offer*)? ¿Ofrece tu universidad cursos similares?
2. Busca información sobre un español o una española célebre (por ejemplo, un(a) político/a, un actor, una actriz, un(a) artista). ¿De qué parte de España es, y por qué es célebre?

más antigua *oldest* edificios *buildings* tales como *such as* puentes *bridges* Desde *Since* desarrollar *develop* política *policy* mundo *world* pinturas *paintings* obra *work* más conocida *best-known* pintor *painter* corte real *royal court* siglo *century* Siempre se prepara *It is always prepared* arroz *rice* azafrán *saffron* recetas *recipes* pollo *chicken* conejo *rabbit* mariscos *seafood*

La clase y la universidad

el/la compañero/a de clase	*classmate*
el/la compañero/a de cuarto	*roommate*
el/la estudiante	*student*
el/la profesor(a)	*teacher*
el borrador	*eraser*
el escritorio	*desk*
el libro	*book*
el mapa	*map*
la mesa	*table*
la mochila	*backpack*
el papel	*paper*
la papelera	*wastebasket*
la pizarra	*blackboard*
la pluma	*pen*
la puerta	*door*
el reloj	*clock; watch*
la silla	*seat*
la tiza	*chalk*
la ventana	*window*
la biblioteca	*library*
la cafetería	*cafeteria*
la casa	*house; home*
el estadio	*stadium*
el laboratorio	*laboratory*
la librería	*bookstore*
la residencia estudiantil	*dormitory*
la universidad	*university; college*
la clase	*class*
el curso, la materia	*course*
la especialización	*major*
el examen	*test; exam*
el horario	*schedule*
la prueba	*test; quiz*
el semestre	*semester*
la tarea	*homework*
el trimestre	*trimester; quarter*

Las materias

la administración de empresas	*business administration*
el arte	*art*
la biología	*biology*
las ciencias	*sciences*
la computación	*computer science*
la contabilidad	*accounting*
la economía	*economics*
el español	*Spanish*
la física	*physics*
la geografía	*geography*
la historia	*history*
las humanidades	*humanities*
el inglés	*English*
las lenguas extranjeras	*foreign languages*
la literatura	*literature*
las matemáticas	*mathematics*
la música	*music*
el periodismo	*journalism*
la psicología	*psychology*
la química	*chemistry*
la sociología	*sociology*

Preposiciones

al lado de	*next to; beside*
a la derecha de	*to the right of*
a la izquierda de	*to the left of*
en	*in; on*
cerca de	*near*
con	*with*
debajo de	*below; under*
delante de	*in front of*
detrás de	*behind*
encima de	*on top of*
entre	*between; among*
lejos de	*far from*
sin	*without*
sobre	*on; over*

Palabras adicionales

¿Adónde?	*Where (to)?*
ahora	*now*
¿Cuál?, ¿Cuáles?	*Which?; Which one(s)?*
¿Por qué?	*Why?*
porque	*because*

Verbos

bailar	*to dance*
buscar	*to look for*
caminar	*to walk*
cantar	*to sing*
cenar	*to have dinner*
comprar	*to buy*
contestar	*to answer*
conversar	*to converse, to chat*
desayunar	*to have breakfast*
descansar	*to rest*
desear	*to wish; to desire*
dibujar	*to draw*
enseñar	*to teach*
escuchar la radio/ música	*to listen (to) the radio/music*
esperar (+ *inf.*)	*to wait (for); to hope*
estar	*to be*
estudiar	*to study*
explicar	*to explain*
gustar	*to like*
hablar	*to talk; to speak*
llegar	*to arrive*
llevar	*to carry*
mirar	*to look (at); to watch*
necesitar (+ *inf.*)	*to need*
practicar	*to practice*
preguntar	*to ask (a question)*
preparar	*to prepare*
regresar	*to return*
terminar	*to end; to finish*
tomar	*to take; to drink*
trabajar	*to work*
viajar	*to travel*

Los días de la semana

¿Cuándo?	*When?*
¿Qué día es hoy?	*What day is it?*
Hoy es…	*Today is…*
la semana	*week*
lunes	*Monday*
martes	*Tuesday*
miércoles	*Wednesday*
jueves	*Thursday*
viernes	*Friday*
sábado	*Saturday*
domingo	*Sunday*

Numbers 31 and higher	*See pages 59–60.*
Expresiones útiles	*See page 41.*

recursos

LM p. 12 | panorama.vhlcentral.com Lección 2

La familia

3

Communicative Goals

You will learn how to:

- **Talk about your family and friends**
- **Describe people and things**
- **Express ownership**

A PRIMERA VISTA

- ¿Hay cuatro personas en la foto?
- ¿Hay una mujer a la izquierda? ¿Y a la derecha?
- ¿Está el hombre al lado de la mujer?
- ¿Conversan ellos? ¿Trabajan? ¿Viajan? ¿Caminan?

La familia

Más vocabulario

los abuelos	*grandparents*
el/la bisabuelo/a	*great-grandfather/great-grandmother*
el/la gemelo/a	*twin*
el/la hermanastro/a	*stepbrother/stepsister*
el/la hijastro/a	*stepson/stepdaughter*
la madrastra	*stepmother*
el medio hermano/ la media hermana	*half-brother/ half-sister*
el padrastro	*stepfather*
los padres	*parents*
los parientes	*relatives*
el/la cuñado/a	*brother-in-law/ sister-in-law*
la nuera	*daughter-in-law*
el/la suegro/a	*father-in-law/ mother-in-law*
el yerno	*son-in-law*
el/la amigo/a	*friend*
el apellido	*last name*
la gente	*people*
el/la muchacho/a	*boy/girl*
el/la niño/a	*child*
el/la novio/a	*boyfriend/girlfriend*
la persona	*person*
el/la artista	*artist*
el/la ingeniero/a	*engineer*
el/la doctor(a), el/la médico/a	*doctor; physician*
el/la periodista	*journalist*
el/la programador(a)	*computer programmer*

Variación léxica

madre ⟷ mamá, mami (*colloquial*)
padre ⟷ papá, papi (*colloquial*)
muchacho/a ⟷ chico/a

recursos
WB pp. 23–24 | LM p. 13 | panorama.vhlcentral.com Lección 3

La familia de José Miguel Pérez Santoro

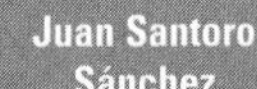
Juan Santoro Sánchez

mi abuelo (*my grandfather*)

Ernesto Santoro González

mi tío (*uncle*)
hijo (*son*) **de Juan y Socorro**

Marina Gutiérrez de Santoro

mi tía (*aunt*)
esposa (*wife*) **de Ernesto**

Silvia Socorro Santoro Gutiérrez

mi prima (*cousin*)
hija (*daughter*) **de Ernesto y Marina**

Héctor Manuel Santoro Gutiérrez

mi primo (*cousin*)
nieto (*grandson*) **de Juan y Socorro**

Carmen Santoro Gutiérrez

mi prima
hija de Ernesto y Marina

¡LENGUA VIVA!

In Spanish-speaking countries, it is common for people to go by both first name and middle name, such as **José Miguel.** You will learn more about names and naming conventions on p. 78.

mi abuela (*my grandmother*)

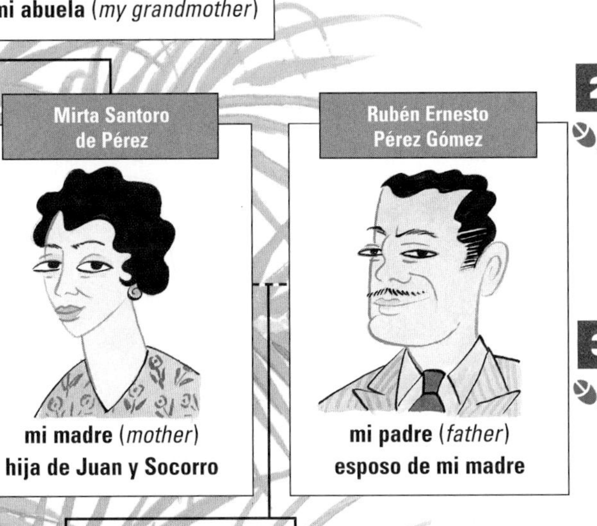

mi madre (*mother*) hija de Juan y Socorro

mi padre (*father*) esposo de mi madre

hijo de Rubén y de Mirta

mi hermana (*sister*)

esposo (*husband*) de Beatriz Alicia

mi sobrino (*nephew*) hermano (*brother*) de Anita

mi sobrina (*niece*) nieta (*granddaughter*) de mis padres

los hijos (*children*) de Beatriz Alicia y de Felipe

Práctica

1 **Escuchar** Listen to each statement made by José Miguel Pérez Santoro, then indicate whether it is **cierto** or **falso**, based on his family tree.

	Cierto	Falso		Cierto	Falso
1.	❍	❍	6.	❍	❍
2.	❍	❍	7.	❍	❍
3.	❍	❍	8.	❍	❍
4.	❍	❍	9.	❍	❍
5.	❍	❍	10.	❍	❍

2 **Personas** Indicate each word that you hear mentioned in the narration.

1. _____ cuñado
2. _____ tía
3. _____ periodista
4. _____ niño
5. _____ esposo
6. _____ abuelos
7. _____ ingeniera
8. _____ primo

3 **Emparejar** Provide the letter of the phrase that matches each description. Two items will not be used.

1. Mi hermano programa las computadoras.
2. Son los padres de mi esposo.
3. Son los hijos de mis (*my*) tíos.
4. Mi tía trabaja en un hospital.
5. Es el hijo de mi madrastra y el hijastro de mi padre.
6. Es el esposo de mi hija.
7. Es el hijo de mi hermana.
8. Mi primo dibuja y pinta mucho.
9. Mi hermanastra enseña en la universidad.
10. Mi padre trabaja con planos (*blueprints*).

a. Es médica.
b. Es mi hermanastro.
c. Es programador.
d. Es ingeniero.
e. Son mis suegros.
f. Es mi novio.
g. Es mi padrastro.
h. Son mis primos.
i. Es artista.
j. Es profesora.
k. Es mi sobrino.
l. Es mi yerno.

4 **Definiciones** Define these family terms in Spanish.

modelo

hijastro *Es el hijo de mi esposo/a, pero no es mi hijo.*

1. abuela
2. bisabuelo
3. tío
4. parientes
5. suegra
6. cuñado
7. nietos
8. medio hermano

5 **Escoger** Complete the description of each photo using words you have learned in **Contextos**.

1. La __________ de Sara es muy grande.

2. Héctor y Lupita son ________.

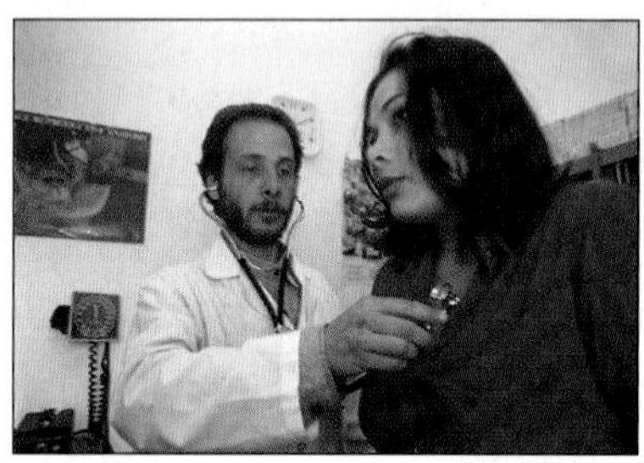

3. Alberto Díaz es __________.

4. Rubén camina con su ________.

5. Los dos __________ están en el parque.

6. Don Manuel es el __________ de Martín.

7. Elena Vargas Soto es __________.

8. Irene es __________.

Comunicación

6 **Una familia** With a classmate, identify the members in the family tree by asking questions about how each family member is related to Graciela Vargas García.

modelo

Estudiante 1: *¿Quién es Beatriz Pardo de Vargas?*
Estudiante 2: *Es la abuela de Graciela.*

CONSULTA

To see the cities where these family members live, look at the map in **Panorama** on p. 104.

Now take turns asking each other these questions. Then invent three original questions.

1. ¿Cómo se llama el primo de Graciela?
2. ¿Cómo se llama la hija de David y de Beatriz?
3. ¿De dónde es María Susana?
4. ¿De dónde son Ramón y Graciela?
5. ¿Cómo se llama el yerno de David y de Beatriz?
6. ¿De dónde es Carlos Antonio?
7. ¿De dónde es Ernesto?
8. ¿Cuáles son los apellidos del sobrino de Lupe?

7  **Preguntas personales** With a classmate, take turns asking each other these questions.

AYUDA

tu *your* (sing.)
tus *your* (plural)
mi *my* (sing.)
mis *my* (plural)
tienes *you have*
tengo *I have*

1. ¿Cuántas personas hay en tu familia?
2. ¿Cómo se llaman tus padres? ¿De dónde son? ¿Dónde trabajan?
3. ¿Cuántos hermanos tienes? ¿Cómo se llaman? ¿Dónde estudian o trabajan?
4. ¿Cuántos primos tienes? ¿Cuáles son los apellidos de ellos? ¿Cuántos son niños y cuántos son adultos? ¿Hay más chicos o más chicas en tu familia?
5. ¿Eres tío/a? ¿Cómo se llaman tus sobrinos/as? ¿Dónde estudian o trabajan?
6. ¿Quién es tu pariente favorito?
7. ¿Tienes novio/a? ¿Tienes esposo/a? ¿Cómo se llama?

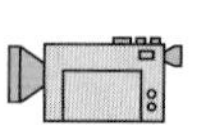

¿Es grande tu familia?

Los chicos hablan de sus familias en el autobús.

PERSONAJES

MAITE

INÉS

DON FRANCISCO

ÁLEX

JAVIER

MAITE Inés, ¿tienes una familia grande?

INÉS Pues, sí... mis papás, mis abuelos, cuatro hermanas y muchos tíos y primos.

INÉS Sólo tengo un hermano mayor, Pablo. Su esposa, Francesca, es médica. No es ecuatoriana, es italiana. Sus papás viven en Roma, creo. Vienen de visita cada año. Ah... y Pablo es periodista.

MAITE ¡Qué interesante!

INÉS ¿Y tú, Javier? ¿Tienes hermanos?

JAVIER No, pero aquí tengo unas fotos de mi familia.

INÉS ¡Ah! ¡Qué bien! ¡A ver!

6

INÉS ¿Y cómo es él?

JAVIER Es muy simpático. Él es viejo pero es un hombre muy trabajador.

MAITE Oye, Javier, ¿qué dibujas?

JAVIER ¿Eh? ¿Quién? ¿Yo? ¡Nada!

MAITE ¡Venga! ¡No seas tonto!

MAITE Jaaavieeer... Oye, pero ¡qué bien dibujas!

JAVIER Este... pues... ¡Sí! ¡Gracias!

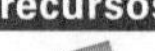

VM pp. 199–200

panorama.vhlcentral.com Lección 3

JAVIER ¡Aquí están!

INÉS ¡Qué alto es tu papá! Y tu mamá, ¡qué bonita!

JAVIER Mira, aquí estoy yo. Y éste es mi abuelo. Es el padre de mi mamá.

INÉS ¿Cuántos años tiene tu abuelo?

JAVIER Noventa y dos.

MAITE Álex, mira, ¿te gusta?

ÁLEX Sí, mucho. ¡Es muy bonito!

DON FRANCISCO Epa, ¿qué pasa con Inés y Javier?

Expresiones útiles

Talking about your family

- **¿Tienes una familia grande?**
  Do you have a large family?
  Sí... mis papás, mis abuelos, cuatro hermanas y muchos tíos.
  Yes... my parents, my grandparents, four sisters, and many (aunts and) uncles.
  Sólo tengo un hermano mayor/menor.
  I only have one older/younger brother.
- **¿Tienes hermanos?**
  Do you have siblings (brothers or sisters)?
  No, soy hijo único.
  No, I'm an only (male) child.
- **Su esposa, Francesca, es médica.**
  His wife, Francesca, is a doctor.
  No es ecuatoriana, es italiana.
  She's not Ecuadorian; she's Italian.
  Pablo es periodista.
  Pablo is a journalist.
  Es el padre de mi mamá.
  He is my mother's father.

Describing people

- **¡Qué alto es tu papá!**
  How tall your father is!
- **Y tu mamá, ¡qué bonita!**
  And your mother, how pretty!
- **¿Cómo es tu abuelo?**
  What is your grandfather like?
  Es simpático.
  He's nice.
  Es viejo.
  He's old.
  Es un hombre muy trabajador.
  He's a very hard-working man.

Saying how old people are

- **¿Cuántos años tienes?**
  How old are you?
- **¿Cuántos años tiene tu abuelo?**
  How old is your grandfather?
  Noventa y dos.
  Ninety-two.

¿Qué pasó? 

1 **¿Cierto o falso?** Indicate whether each sentence is **cierto** or **falso**. Correct the false statements.

	Cierto	Falso
1. Inés tiene una familia grande.	❍	❍
2. El hermano de Inés es médico.	❍	❍
3. Francesca es de Italia.	❍	❍
4. Javier tiene cuatro hermanos.	❍	❍
5. El abuelo de Javier tiene ochenta años.	❍	❍
6. Javier habla del padre de su (*his*) padre.	❍	❍

2 **Identificar** Indicate which person would make each statement. The names may be used more than once. **¡Ojo!** One name will not be used.

1. Tengo una familia grande. Tengo un hermano, cuatro hermanas y muchos primos.
2. Mi abuelo tiene mucha energía. Trabaja mucho.
3. ¿Es tu mamá? ¡Es muy bonita!
4. Oye, chico… ¿qué dibujas?
5. ¿Fotos de mi familia? ¡Tengo muchas!
6. Mmm... Inés y Javier... ¿qué pasa con ellos?
7. ¡Dibujas muy bien! Eres un artista excelente.
8. Mmm... ¿Yo? ¡No dibujo nada!

ÁLEX

JAVIER

INÉS

MAITE

DON FRANCISCO

3  **Escribir** In pairs, choose Don Francisco, Álex, or Maite and write a brief description of his or her family. Be creative!

MAITE

Maite es de España. ¿Cómo es su familia?

ÁLEX

Álex es de México. ¿Cómo es su familia?

DON FRANCISCO

Don Francisco es del Ecuador. ¿Cómo es su familia?

4  **Conversar** With a partner, use these questions to talk about your families.

1. ¿Cuántos años tienes?
2. ¿Tienes una familia grande?
3. ¿Tienes hermanos o hermanas?
4. ¿Cuántos años tiene tu abuelo (tu hermana, tu primo, etc.)?
5. ¿De dónde son tus padres?

AYUDA

Here are some expressions to help you talk about age.

Yo tengo… años.
I am… years old.

Mi abuelo tiene… años.
My grandfather is… years old.

Pronunciación

Diphthongs and linking

hermano **niña** **cuñado**

In Spanish, **a**, **e**, and **o** are considered strong vowels. The weak vowels are **i** and **u**.

ruido **parientes** **periodista**

A diphthong is a combination of two weak vowels or of a strong vowel and a weak vowel. Diphthongs are pronounced as a single syllable.

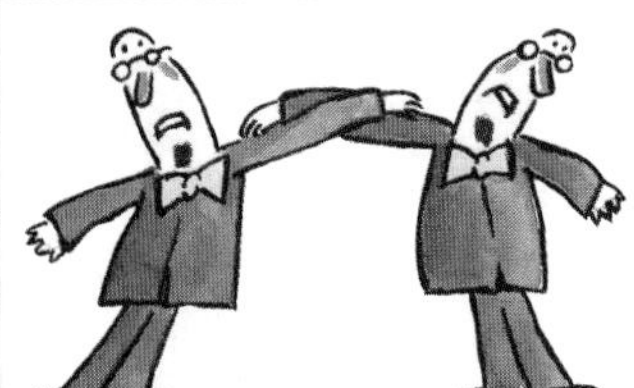

la abuela

mi hijo **una clase excelente**

Two identical vowel sounds that appear together are pronounced like one long vowel.

con Natalia **sus sobrinos** **las sillas**

Two identical consonants together sound like a single consonant.

es ingeniera **mis abuelos** **sus hijos**

A consonant at the end of a word is linked with the vowel at the beginning of the next word.

mi hermano **su esposa** **nuestro amigo**

A vowel at the end of a word is linked with the vowel at the beginning of the next word.

Práctica Say these words aloud, focusing on the diphthongs.

1. historia
2. nieto
3. parientes
4. novia
5. residencia
6. prueba
7. puerta
8. ciencias
9. lenguas
10. estudiar
11. izquierda
12. ecuatoriano

Oraciones Read these sentences aloud to practice diphthongs and linking words.

1. Hola. Me llamo Anita Amaral. Soy del Ecuador.
2. Somos seis en mi familia.
3. Tengo dos hermanos y una hermana.
4. Mi papá es del Ecuador y mi mamá es de España.

Refranes Read these sayings aloud to practice diphthongs and linking sounds.

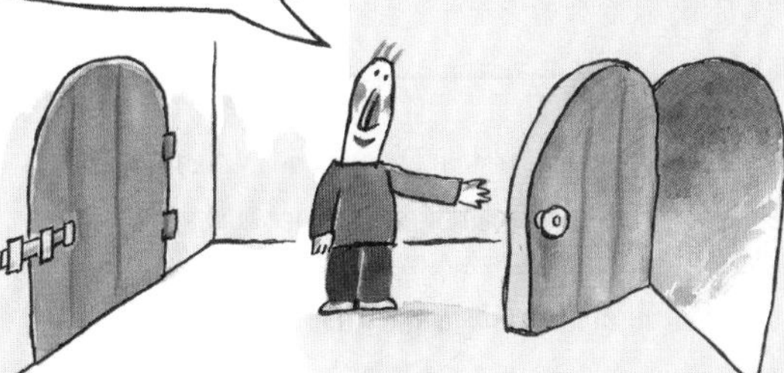

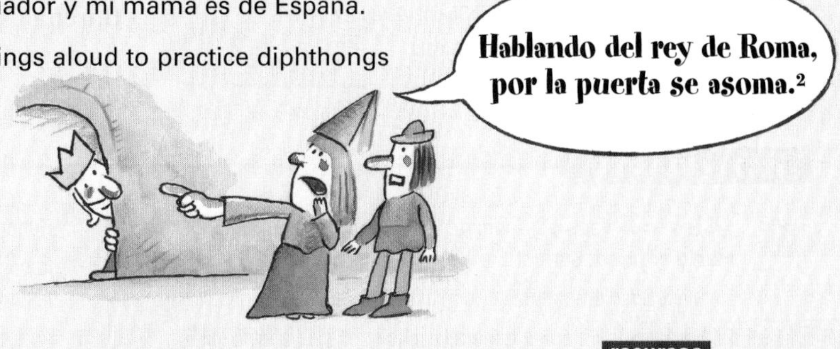

1 When one door closes, another opens.
2 Speak of the devil and he will appear.

recursos

LM p. 14	panorama.vhlcentral.com Lección 3

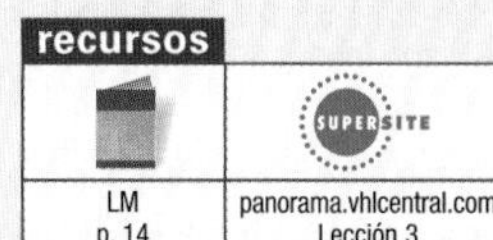

EN DETALLE

¿Cómo te llamas?

In the Spanish-speaking world, it is common to have two last names. The first last name is inherited from the father and the second from the mother. In some cases, the conjunctions **de** or **y** are used to connect the two last names. For example, in the name **Juan Martínez de Velasco**, *Martínez* is the paternal surname (**el apellido paterno**), and *Velasco* is the maternal surname (**el apellido materno**); **de** simply links the two names. This convention of using two last names (**doble apellido**) is a European tradition that Spaniards brought to the Americas and continues to be practiced in many countries, including Chile, Colombia, Mexico, Peru, and Venezuela. There are exceptions, however; in Argentina, the prevailing custom is to use only the father's last name.

When a woman marries in a country where two last names are used, legally she retains her two maiden surnames. However, socially she may take her husband's paternal surname in place of her inherited maternal surname. Therefore, now that **Mercedes Barcha Pardo** is married to Colombian writer **Gabriel García Márquez**, she could use **Mercedes Barcha García** or **Mercedes Barcha de García** in social situations, although officially her name remains **Mercedes Barcha Pardo**. (Adopting a husband's last name for social purposes, though widespread, is only legally recognized in Ecuador and Peru.)

Gabriel García Márquez

Mercedes Barcha Pardo

Rodrigo García Barcha

Regardless of the surnames the mother uses, most parents do not break tradition upon naming their children; they maintain the father's first surname followed by the mother's first surname, as in the name **Rodrigo García Barcha**. However, one should note that both surnames come from the grandfathers, and therefore all **apellidos** are effectively paternal.

Hijos en la casa

In Spanish-speaking countries, family and society place very little pressure on young adults to live on one's own (**independizarse**), and children often live with their parents well into their thirties. Although reluctance to live on one's own is partly cultural, the main reason is economic—lack of job security or low wages coupled with a high cost of living make it impractical for young adults to live independently before they marry. For example, about 60% of Spaniards under 34 years of age live at home with their parents.

ACTIVIDADES

1 **¿Cierto o falso?** Indicate whether these statements are **cierto** or **falso**. Correct the false statements.

1. Most Spanish-speaking people have three last names.
2. Hispanic last names generally consist of the paternal last name followed by the maternal last name.
3. It is common to see **de** or **y** used in a Hispanic last name.
4. Someone from Argentina would most likely have two last names.
5. Generally, married women legally retain two maiden surnames.
6. In social situations, a married woman often uses her husband's last name in place of her inherited paternal surname.
7. Adopting a husband's surname is only legally recognized in Peru and Ecuador.
8. Hispanic last names are effectively a combination of the maternal surnames from the previous generation.

ASÍ SE DICE

Familia y amigos

el/la bisnieto/a	*great-grandson/daughter*
el/la chamaco/a (Méx.); el/la chamo/a (Ven.); el/la chaval(a) (Esp.)	**el/la muchacho/a**
el/la colega (Esp.)	**el/la amigo/a**
mi cuate (Méx.); mi llave (Col.); mi pana (Ven., P. Rico, Rep. Dom.)	*my pal; my buddy*
la madrina	*godmother*
el padrino	*godfather*
el/la tatarabuelo/a	*great-great-grandfather/ great-great-grandmother*

EL MUNDO HISPANO

Las familias

Although worldwide population trends show a decrease in average family size, households in many Spanish-speaking countries are still larger than their U.S. counterparts.

- **Colombia** 5,2 personas
- **México** 5,0 personas
- **Argentina** 3,7 personas
- **Uruguay** 3,2 personas
- **España** 2,9 personas
- **Estados Unidos** 2,6 personas

PERFIL

La familia real española

Undoubtedly, Spain's most famous family is **la familia real** (*Royal*). In 1962, then-prince **Juan Carlos de Borbón**, living in exile in Italy, married Princess **Sofía** of Greece. Then, in the late 1970s, **el Rey** (*King*) **Juan Carlos** and **la Reina** (*Queen*) Sofía returned to Spain and helped to transition the country to democracy after a forty-year dictatorship. The royal couple, who enjoys immense public support, has three children: **las infantas** (*Princesses*) **Elena** and **Cristina**, and a son, **el príncipe** (*Prince*) **Felipe**, whose official title is **el príncipe de Asturias**. In 2004, Felipe married **Letizia Ortiz Rocasolano** (now **la princesa de Asturias**), a journalist and TV presenter. A year later, the future king and queen had their first child, **la infanta** Leonor.

SUPERSITE **Conexión Internet**

What role do **padrinos** and **madrinas** have in today's Hispanic family?

Go to **panorama.vhlcentral.com** to find more cultural information related to this **Cultura** section.

ACTIVIDADES

2 Comprensión Complete these sentences.

1. Spain's royals were responsible for guiding in ___________.
2. In Spanish, your godmother is called ___________.
3. Princess Leonor is the ___________ of Queen Sofía.
4. Uruguay's average household has ___________ people.
5. If a Venezuelan calls you **mi pana**, you are that person's ___________.

3 Una familia famosa Create a genealogical tree of a famous family, using photos or drawings labeled with names and ages. Present the family tree to a classmate and explain who the people are and their relationships to each other.

recursos

panorama.vhlcentral.com
Lección 3

3.1 Descriptive adjectives SUPERSITE

ANTE TODO Adjectives are words that describe people, places, and things. In Spanish, descriptive adjectives are used with the verb **ser** to point out characteristics such as nationality, size, color, shape, personality, and appearance.

Forms and agreement of adjectives

COMPARE & CONTRAST

In English, the forms of descriptive adjectives do not change to reflect the gender (masculine/feminine) and number (singular/plural) of the noun or pronoun they describe.

*Juan is **nice**.* *Elena is **nice**.* *They are **nice**.*

In Spanish, the forms of descriptive adjectives agree in gender and/or number with the nouns or pronouns they describe.

Juan es simpátic**o.** Elena es simpátic**a.** Ellos son simpátic**os.**

- Adjectives that end in **-o** have four different forms. The feminine singular is formed by changing the **-o** to **-a.** The plural is formed by adding **-s** to the singular forms.

Masculine		Feminine	
SINGULAR	PLURAL	SINGULAR	PLURAL
el muchach**o** alt**o**	los muchach**os** alt**os**	la muchach**a** alt**a**	las muchach**as** alt**as**

- Adjectives that end in **-e** or a consonant have the same masculine and feminine forms.

Masculine		Feminine	
SINGULAR	PLURAL	SINGULAR	PLURAL
el chico inteligent**e**	los chicos inteligent**es**	la chica inteligent**e**	las chicas inteligent**es**
el examen difíci**l**	los exámenes difíci**les**	la clase difíci**l**	las clases difíci**les**

- Adjectives that end in **-or** are variable in both gender and number.

Masculine		Feminine	
SINGULAR	PLURAL	SINGULAR	PLURAL
el hombre trabajad**or**	los hombres trabajad**ores**	la mujer trabajad**ora**	las mujeres trabajad**oras**

AYUDA

Many adjectives are cognates, that is, words that share similar spellings and meanings in Spanish and English. A cognate can be a noun like **profesor** or a descriptive adjective like **interesante**.

¡ATENCIÓN!

Note that **joven** takes an accent in its plural form. **Los jóvenes estudian mucho.**

- Adjectives that refer to nouns of different genders use the masculine plural form.

  Manuel es alt**o**. Lola es alt**a**. Manuel y Lola son alt**os**.

Common adjectives

alto/a	*tall*	**gordo/a**	*fat*	**moreno/a**	*brunet(te)*
antipático/a	*unpleasant*	**grande**	*big; large*	**mucho/a**	*much; many; a lot of*
bajo/a	*short (in height)*	**guapo/a**	*handsome; good-looking*	**pelirrojo/a**	*red-haired*
bonito/a	*pretty*	**importante**	*important*	**pequeño/a**	*small*
bueno/a	*good*	**inteligente**	*intelligent*	**rubio/a**	*blond(e)*
delgado/a	*thin; slender*	**interesante**	*interesting*	**simpático/a**	*nice; likeable*
difícil	*hard; difficult*	**joven**	*young*	**tonto/a**	*silly; foolish*
fácil	*easy*	**malo/a**	*bad*	**trabajador(a)**	*hard-working*
feo/a	*ugly*	**mismo/a**	*same*	**viejo/a**	*old*

Adjectives of nationality

- Unlike in English, Spanish adjectives of nationality are **not** capitalized. Proper names of countries, however, are capitalized.

Some adjectives of nationality

alemán, alemana	*German*	**inglés, inglesa**	*English*
canadiense	*Canadian*	**italiano/a**	*Italian*
chino/a	*Chinese*	**japonés, japonesa**	*Japanese*
ecuatoriano/a	*Ecuadorian*	**mexicano/a**	*Mexican*
español(a)	*Spanish*	**norteamericano/a**	*(North) American*
estadounidense	*from the U.S.*	**puertorriqueño/a**	*Puerto Rican*
francés, francesa	*French*	**ruso/a**	*Russian*

- Adjectives of nationality are formed like other descriptive adjectives. Those that end in **-o** form the feminine by changing the **-o** to **-a.**

  chin**o** → chin**a** mexican**o** → mexican**a**

  The plural is formed by adding an **-s** to the masculine or feminine form.

  chin**o** → chin**os** mexican**a** → mexican**as**

- Adjectives of nationality that end in **-e** have only two forms, singular and plural.

  canadiens**e** → canadiens**es** estadounidens**e** → estadounidens**es**

- Adjectives of nationality that end in a consonant form the feminine by adding **–a.**

  alemá**n** → alema**na** españo**l** → españo**la**
  japoné**s** → japone**sa** inglé**s** → ingle**sa**

- Adjectives of nationality which carry an accent mark on the last syllable drop it in the feminine and plural forms.

  ingl**é**s → ingl**e**sa alem**á**n → alem**a**nes

Position of adjectives

▶ Descriptive adjectives and adjectives of nationality generally follow the nouns they modify.

El niño **rubio** es de España.
The blond boy is from Spain.

La mujer **española** habla inglés.
The Spanish woman speaks English.

▶ Unlike descriptive adjectives, adjectives of quantity are placed before the modified noun.

Hay **muchos** libros en la biblioteca.
There are many books in the library.

Hablo con **dos** turistas puertorriqueños.
I am talking with two Puerto Rican tourists.

▶ **Bueno/a** and **malo/a** can be placed before or after a noun. When placed before a masculine singular noun, the forms are shortened: **bueno** → **buen; malo** → **mal.**

Joaquín es un **buen** amigo.
Joaquín es un amigo **bueno.** → *Joaquín is a good friend.*

Hoy es un **mal** día.
Hoy es un día **malo.** → *Today is a bad day.*

▶ When **grande** appears before a singular noun, it is shortened to **gran,** and the meaning of the word changes: **gran** = *great* and **grande** = *big, large.*

Don Francisco es un **gran** hombre.
Don Francisco is a great man.

La familia de Inés es **grande.**
Inés' family is large.

¡LENGUA VIVA!

Like **bueno** and **grande, santo** (*saint*) is also shortened before masculine nouns (unless they begin with **To-** or **Do-**): **San Francisco, San José, Santo Tomás. Santa** is used with names of female saints: **Santa Bárbara, Santa Clara.**

¡INTÉNTALO! Provide the appropriate forms of the adjectives. The first item in each group has been done for you.

simpático

1. Mi hermano es simpático.
2. La profesora Martínez es __________.
3. Rosa y Teresa son __________.
4. Nosotros somos __________.

alemán

1. Hans es alemán.
2. Mis primas son __________.
3. Marcus y yo somos __________.
4. Mi tía es __________.

difícil

1. La química es difícil.
2. El curso es __________.
3. Las pruebas son __________.
4. Los libros son __________.

guapo

1. Su esposo es guapo.
2. Mis sobrinas son __________.
3. Los padres de ella son __________.
4. Marta es __________.

recursos

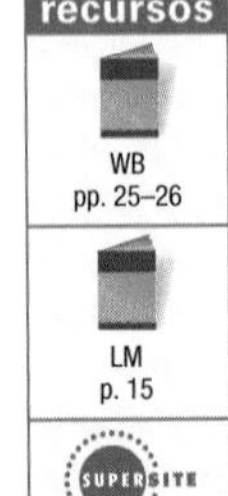

WB pp. 25–26

LM p. 15

panorama.vhlcentral.com Lección 3

Práctica

SUPERSITE

1 **Emparejar** Find the words in column B that are the opposite of the words in column A. One word in B will not be used.

A	B
1. guapo	a. delgado
2. moreno	b. pequeño
3. alto	c. malo
4. gordo	d. feo
5. joven	e. viejo
6. grande	f. rubio
7. simpático	g. antipático
	h. bajo

2 **Completar** Indicate the nationalities of these people by selecting the correct adjectives and changing their forms when necessary.

1. Una persona del Ecuador es __________.
2. Carlos Fuentes es un gran escritor (*writer*) de México; es __________.
3. Los habitantes de Vancouver son __________.
4. Giorgio Armani es un diseñador de modas (*fashion designer*) __________.
5. Gérard Depardieu es un actor __________.
6. Tony Blair y Margaret Thatcher son __________.
7. Claudia Schiffer y Boris Becker son __________.
8. Los habitantes de Puerto Rico son __________.

NOTA CULTURAL

Carlos Fuentes (1928–) is one of Mexico's best-known living writers. His novel, ***La muerte*** (*death*) ***de Artemio Cruz***, explores the psyche of a Mexican revolutionary.

3 **Describir** Look at the drawing and describe each family member using as many adjectives as possible.

1. Susana Romero Barcos es ____________________.
2. Tomás Romero Barcos es ____________________.
3. Los dos hermanos son ____________________.
4. Josefina Barcos de Romero es ____________________.
5. Carlos Romero Sandoval es ____________________.
6. Alberto Romero Pereda es ____________________.
7. Tomás y su (*his*) padre son ____________________.
8. Susana y su (*her*) madre son ____________________.

Comunicación

4

¿Cómo es? With a partner, take turns describing each item on the list. Tell your partner whether you agree (**Estoy de acuerdo**) or disagree (**No estoy de acuerdo**) with the descriptions.

modelo

San Francisco
Estudiante 1: San Francisco es una ciudad *(city)* muy bonita.
Estudiante 2: No estoy de acuerdo. Es muy fea.

1. Nueva York
2. Jim Carrey
3. las canciones (*songs*) de Celine Dion
4. el presidente de los Estados Unidos
5. Steven Spielberg
6. la primera dama (*first lady*) de los Estados Unidos
7. el/la profesor(a) de español
8. las personas de Los Ángeles
9. las residencias de mi universidad
10. mi clase de español

AYUDA

Here are some tips to help you complete the descriptions:

- **Jim Carrey es actor de cine.**
- **Celine Dion es cantante.**
- **Steven Spielberg es director de cine.**

5

Anuncio personal Write a personal ad that describes yourself and your ideal boyfriend, girlfriend, or mate. Then compare your ad with a classmate's. How are you similar and how are you different? Are you looking for the same things in a boyfriend, girlfriend, or mate?

AYUDA

casado/a *married*
divorciado/a *divorced*
soltero/a *single; unmarried*

These words and others like them are presented in **Contextos, Lección 9**, p. 278.

Síntesis

6

Diferencias Your instructor will give you and a partner each a drawing of a family. Find at least five more differences between your picture and your partner's.

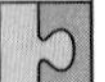

modelo

Estudiante 1: Susana, la madre, es rubia.
Estudiante 2: No, la madre es morena.

3.2 Possessive adjectives

ANTE TODO Possessive adjectives, like descriptive adjectives, are words that are used to qualify people, places, or things. Possessive adjectives express the quality of ownership or possession.

Forms of possessive adjectives

SINGULAR FORMS	PLURAL FORMS	
mi	**mis**	*my*
tu	**tus**	*your* (fam.)
su	**sus**	*his, her, its, your* (form.)
nuestro/a	**nuestros/as**	*our*
vuestro/a	**vuestros/as**	*your* (fam.)
su	**sus**	*their, your* (form.)

COMPARE & CONTRAST

In English, possessive adjectives are invariable; that is, they do not agree in gender and number with the nouns they modify. Spanish possessive adjectives, however, do agree in number with the nouns they modify.

my cousin	*my cousins*	*my aunt*	*my aunts*
mi primo	**mis** primos	**mi** tía	**mis** tías

The forms **nuestro** and **vuestro** agree in both gender and number with the nouns they modify.

nuestr**o** prim**o** — nuestr**os** prim**os** — nuestr**a** tí**a** — nuestr**as** tí**as**

▶ Possessive adjectives are always placed before the nouns they modify.

—¿Está **tu novio** aquí?
Is your boyfriend here?

—No, **mi novio** está en la biblioteca.
No, my boyfriend is in the library.

▶ Because **su** and **sus** have multiple meanings (*your, his, her, their, its*), you can avoid confusion by using this construction instead: [*article*] + [*noun*] + **de** + [*subject pronoun*].

sus parientes ◀
- los parientes **de él/ella** — *his/her relatives*
- los parientes **de Ud./Uds.** — *your relatives*
- los parientes **de ellos/ellas** — *their relatives*

AYUDA

Look at the context, focusing on nouns and pronouns, to help you determine the meaning of **su(s)**.

¡INTÉNTALO! Provide the appropriate form of each possessive adjective. The first item in each column has been done for you.

1. Es ___mi___ (*my*) libro.
2. ______ (*My*) familia es ecuatoriana.
3. _____ (*Your,* fam.) esposo es italiano.
4. _______ (*Our*) profesor es español.
5. Es __________ (*her*) reloj.
6. Es __________ (*your,* fam.) mochila.
7. Es __________ (*your,* form.) maleta.
8. ______ (*Their*) sobrina es alemana.

1. ___Sus___ (*Her*) primos son franceses.
2. __________ (*Our*) primos son canadienses.
3. Son __________ (*their*) lápices.
4. __________ (*Their*) nietos son japoneses.
5. Son __________ (*our*) plumas.
6. Son __________ (*my*) papeles.
7. __________ (*My*) amigas son inglesas.
8. Son __________ (*his*) cuadernos.

recursos

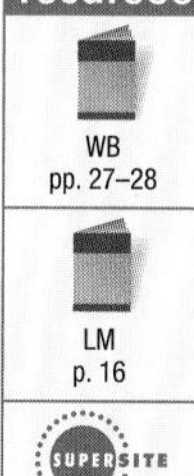

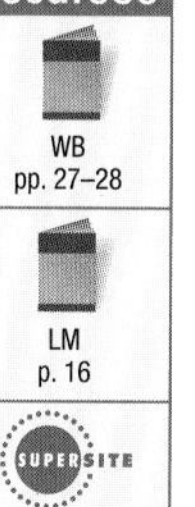

WB pp. 27–28

LM p. 16

panorama.vhlcentral.com Lección 3

Práctica

SUPERSITE

1 **La familia de Manolo** Complete each sentence with the correct possessive adjective. Use the subject of each sentence as a guide.

1. Me llamo Manolo, y __________ (nuestro, mi, sus) hermano es Federico.
2. __________ (Nuestra, Sus, Mis) madre Silvia es profesora y enseña química.
3. Ella admira a __________ (tu, nuestro, sus) estudiantes porque trabajan mucho.
4. Yo estudio en la misma universidad, pero no tomo clases con __________ (mi, nuestras, tus) madre.
5. Federico trabaja en una oficina con __________ (mis, tu, nuestro) padre.
6. __________ (Mi, Su, Tu) oficina está en el centro de Quito.
7. Javier y Óscar son __________ (mis, mi, sus) tíos de Guayaquil.
8. ¿Y tú? ¿Cómo es __________ (mi, su, tu) familia?

2 **Clarificar** Clarify each sentence with a prepositional phrase. Follow the model.

modelo

Su hermana es muy bonita. (ella)

La hermana de ella es muy bonita.

1. Su casa es muy grande. (ellos) ______________________________
2. ¿Cómo se llama su hermano? (ellas) ______________________________
3. Sus padres trabajan en el centro. (ella) ______________________________
4. Sus abuelos son muy simpáticos. (él) ______________________________
5. Maribel es su prima. (ella) ______________________________
6. Su primo lee los libros. (ellos) ______________________________

3 **¿Dónde está?** With a partner, imagine that you can't remember where you put some of the belongings you see in the pictures. Your partner will help you by reminding you where your things are. Take turns playing each role.

CONSULTA

For a list of useful prepositions, refer to the table *Prepositions often used with* ***estar***, in **Estructura 2.3**, p. 56.

modelo

Estudiante 1: *¿Dónde está mi mochila?*

Estudiante 2: *Tu mochila está encima del escritorio.*

1. 

2. 

3. 

4. 

5. 

6. 

Comunicación

4

Describir Get together with a partner and take turns describing the people and places on the list.

modelo

la biblioteca de su universidad

La biblioteca de nuestra universidad es muy grande. Hay muchos libros en la biblioteca. Mis amigos y yo estudiamos en la biblioteca.

1. tu profesor favorito
2. tu profesora favorita
3. su clase de español
4. la librería de su universidad
5. tus padres
6. tus abuelos
7. tu mejor (*best*) amigo
8. tu mejor amiga
9. su universidad
10. tu país de origen

5

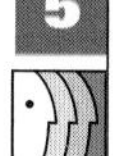

Una familia In small groups, each student pretends to be a different member of the family pictured and shares that person's private thoughts about the others in the family. Make two positive comments and two negative ones.

modelo

Estudiante 1: *Mi hijo Roberto es muy trabajador. Estudia mucho y siempre termina su tarea.*

Estudiante 2: *Nuestra familia es difícil. Mis padres no escuchan mis opiniones.*

Síntesis

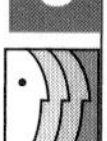

Describe a tu familia Get together with two classmates and describe your family to them in several sentences (**Mi padre es alto y moreno. Mi madre es delgada y muy bonita. Mis hermanos son...**). They will work together to try to repeat your description (**Su padre es alto y moreno. Su madre...**). If they forget any details, they will ask you questions (**¿Es alto tu hermano?**). Alternate roles until all of you have described your families.

3.3 Present tense of -er and -ir verbs

ANTE TODO In **Lección 2,** you learned how to form the present tense of regular **-ar** verbs. You also learned about the importance of verb forms, which change to show who is performing the action. The chart below shows the forms of verbs from two other important verb groups, **-er** verbs and **-ir** verbs.

CONSULTA

To review the conjugation of **-ar** verbs, see **Estructura 2.1**, p. 46.

Present tense of -er and -ir verbs

		comer *(to eat)*	**escribir** *(to write)*
SINGULAR FORMS	yo	com**o**	escrib**o**
	tú	com**es**	escrib**es**
	Ud./él/ella	com**e**	escrib**e**
PLURAL FORMS	nosotros/as	com**emos**	escrib**imos**
	vosotros/as	com**éis**	escrib**ís**
	Uds./ellos/ellas	com**en**	escrib**en**

- **-Er** and **-ir** verbs have very similar endings. Study the preceding chart to detect the patterns that make it easier for you to use them to communicate in Spanish.

AYUDA

Here are some tips on learning Spanish verbs:

1) Learn to identify the stem of each verb, to which all endings attach.

2) Memorize the endings that go with each verb and verb tense.

3) As often as possible, practice using different forms of each verb in speech and writing.

4) Devote extra time to learning irregular verbs, such as **ser** and **estar**.

- Like **-ar** verbs, the **yo** forms of **-er** and **-ir** verbs end in **-o.**

Yo com**o**. Yo escrib**o**.

- Except for the **yo** form, all of the verb endings for **-er** verbs begin with **-e.**

-es	**-emos**	**-en**
-e	**-éis**	

- **-Er** and **-ir** verbs have the exact same endings, except in the **nosotros/as** and **vosotros/as** forms.

nosotros: com**emos**, escrib**imos**

vosotros: com**éis**, escrib**ís**

Common -er and -ir verbs

-er verbs		-ir verbs	
aprender (a + *inf.*)	*to learn*	**abrir**	*to open*
beber	*to drink*	**asistir (a)**	*to attend*
comer	*to eat*	**compartir**	*to share*
comprender	*to understand*	**decidir (+ *inf.*)**	*to decide*
correr	*to run*	**describir**	*to describe*
creer (en)	*to believe (in)*	**escribir**	*to write*
deber (+ *inf.*)	*should; must; ought to*	**recibir**	*to receive*
leer	*to read*	**vivir**	*to live*

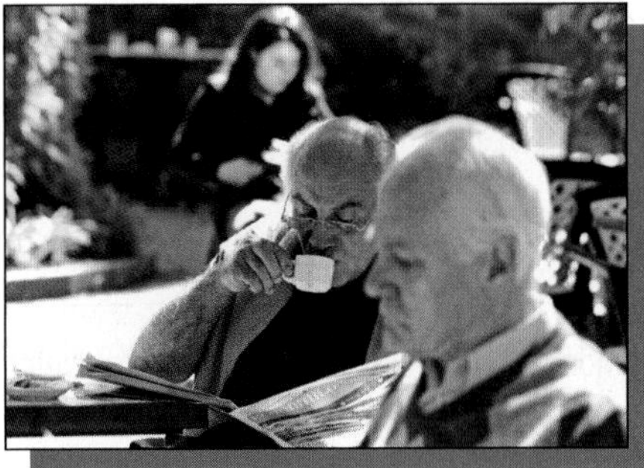

Ellos **beben** café y **leen** el periódico.

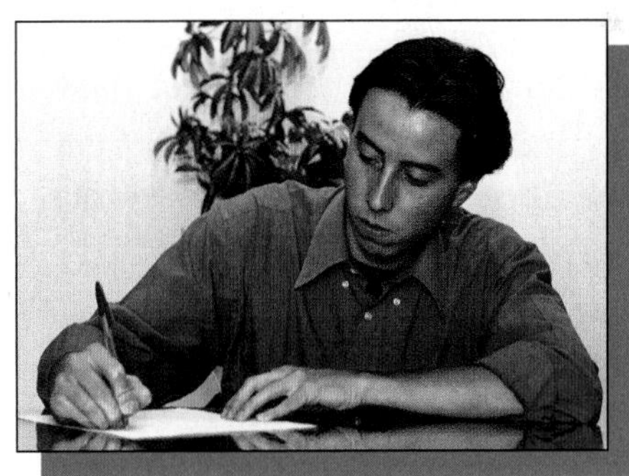

Él **escribe** una carta.

¡INTÉNTALO! Provide the appropriate present tense forms of these verbs. The first item in each column has been done for you.

correr

1. Graciela corre.
2. Tú ________.
3. Yo ________.
4. Sara y Ana ________.
5. Usted ________.
6. Ustedes ________.
7. La gente ________.
8. Marcos y yo ________.

abrir

1. Ellos abren la puerta.
2. Carolina ________ la maleta.
3. Yo ________ las ventanas.
4. Nosotras ________ los libros.
5. Usted ________ el cuaderno.
6. Tú ________ la ventana.
7. Ustedes ________ las maletas.
8. Los muchachos ________ los cuadernos.

aprender

1. Él aprende español.
2. Maribel y yo ________ inglés.
3. Tú ________ japonés.
4. Tú y tu hermanastra ________ francés.
5. Mi hijo ________ chino.
6. Yo ________ alemán.
7. Usted ________ inglés.
8. Nosotros ________ italiano.

recursos

WB pp. 29–30

LM p. 17

SUPERSITE panorama.vhlcentral.com Lección 3

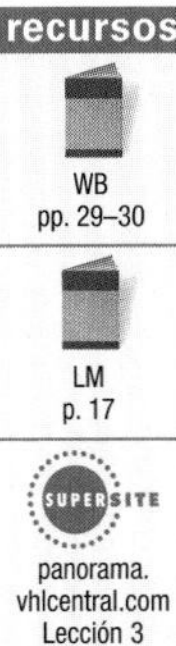

Práctica

SUPERSITE

1 

Completar Complete Susana's sentences about her family with the correct forms of the verbs in parentheses. One of the verbs will remain in the infinitive.

1. Mi familia y yo __________ (vivir) en Guayaquil.
2. Tengo muchos libros. Me gusta __________ (leer).
3. Mi hermano Alfredo es muy inteligente. Alfredo __________ (asistir) a clases los lunes, miércoles y viernes.
4. Los martes y jueves Alfredo y yo __________ (correr).
5. Mis padres __________ (comer) mucho.
6. Yo __________ (creer) que (*that*) mis padres deben comer menos (*less*).

2

Oraciones Juan is talking about what he and his friends do after school. Form complete sentences.

modelo

yo / correr / amigos / lunes y miércoles
Yo corro con mis amigos los lunes y miércoles.

1. Manuela / asistir / clase / yoga
2. Eugenio / abrir / correo electrónico (*e-mail*)
3. Isabel y yo / leer / biblioteca
4. Sofía y Roberto / aprender / hablar / inglés
5. tú / comer / cafetería / universidad
6. mi novia y yo / compartir / libro de historia

3

Consejos Mario teaches Japanese at a university in Quito and is spending a year in Tokyo with his family. In pairs, use the words below to say what he and/or his family members are doing or should do to adjust to life in Japan. Then, create one more sentence using a verb not in the list.

modelo

recibir libros / deber practicar japonés
Estudiante 1: *Mario y su esposa reciben muchos libros en japonés.*
Estudiante 2: *Los hijos deben practicar japonés.*

aprender japonés	decidir explorar el país
asistir a clases	escribir listas de palabras en japonés
beber sake	leer novelas japonesas
deber comer cosas nuevas	vivir con una familia japonesa
¿?	¿?

Comunicación

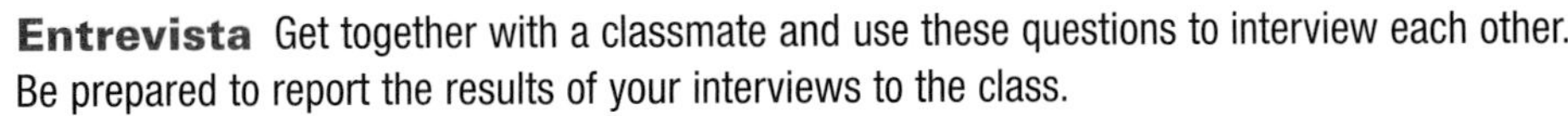

4 **Entrevista** Get together with a classmate and use these questions to interview each other. Be prepared to report the results of your interviews to the class.

1. ¿Dónde comes al mediodía? ¿Comes mucho?
2. ¿Debes comer más (*more*) o menos (*less*)?
3. ¿Cuándo asistes a tus clases?
4. ¿Cuál es tu clase favorita? ¿Por qué?
5. ¿Dónde vives?
6. ¿Con quién vives?
7. ¿Qué cursos debes tomar el próximo (*next*) semestre?
8. ¿Lees el periódico (*newspaper*)? ¿Qué periódico lees y cuándo?
9. ¿Recibes muchas cartas (*letters*)? ¿De quién(es)?
10. ¿Escribes poemas?

5 **Encuesta** Your instructor will give you a worksheet. Walk around the class and ask a different classmate each question about his/her familiy members. Be prepared to report the results of your survey to the class.

Actividades	Miembros de la familia
1. vivir en una casa	los padres de Juan
2. beber café	
3. correr todos los días (*every day*)	
4. comer mucho en restaurantes	
5. recibir mucho correo electrónico (*e-mail*)	
6. comprender tres lenguas	
7. deber estudiar más (*more*)	
8. leer muchos libros	

Síntesis

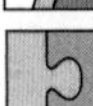

6 **Horario** Your instructor will give you and a partner incomplete versions of Alicia's schedule. Fill in the missing information on the schedule by talking to your partner. Be prepared to reconstruct Alicia's complete schedule with the class.

modelo

Estudiante 1: A las ocho, Alicia corre.
Estudiante 2: ¡Ah, sí! (*Writes down information.*) A las nueve, ella...

3.4 Present tense of tener and venir

ANTE TODO The verbs **tener** (*to have*) and **venir** (*to come*) are among the most frequently used in Spanish. Because most of their forms are irregular, you will have to learn each one individually.

The verbs tener and venir

		tener	venir
SINGULAR FORMS	yo	ten**go**	ven**go**
	tú	tien**es**	vien**es**
	Ud./él/ella	tien**e**	vien**e**
PLURAL FORMS	nosotros/as	ten**emos**	ven**imos**
	vosotros/as	ten**éis**	ven**ís**
	Uds./ellos/ellas	tien**en**	vien**en**

- The endings are the same as those of regular **-er** and **-ir** verbs, except for the **yo** forms, which are irregular: **tengo, vengo.**

- In the **tú, Ud.,** and **Uds.** forms, the **e** of the stem changes to **ie** as shown below.

AYUDA

Use what you already know about regular **-er** and **-ir** verbs to identify the irregularities in **tener** and **venir**.

1) Which verb forms use a regular stem? Which use an irregular stem?

2) Which verb forms use the regular endings? Which use irregular endings?

- The **nosotros** and **vosotros** forms are the only ones which are regular. Compare them to the forms of **comer** and **escribir** that you learned on page 88.

	tener	comer	venir	escribir
nosotros/as	ten**emos**	com**emos**	ven**imos**	escrib**imos**
vosotros/as	ten**éis**	com**éis**	ven**ís**	escrib**ís**

Expressions with tener

tener... años	*to be... years old*	**tener (mucha) prisa**	*to be in a (big) hurry*
tener (mucho) calor	*to be (very) hot*	**tener razón**	*to be right*
tener (mucho) cuidado	*to be (very) careful*	**no tener razón**	*to be wrong*
tener (mucho) frío	*to be (very) cold*	**tener (mucha) sed**	*to be (very) thirsty*
tener (mucha) hambre	*to be (very) hungry*	**tener (mucho) sueño**	*to be (very) sleepy*
tener (mucho) miedo (de)	*to be (very) afraid/ scared (of)*	**tener (mucha) suerte**	*to be (very) lucky*

- In certain idiomatic or set expressions in Spanish, you use the construction **tener** + [*noun*] to express *to be* + [*adjective*]. The chart above contains a list of the most common expressions with **tener.**

—¿**Tienen** hambre ustedes?
Are you hungry?

—Sí, y **tenemos** sed también.
Yes, and we're thirsty, too.

- To express an obligation, use **tener que** (*to have to*) + [*infinitive*].

—¿Qué **tienes que** estudiar hoy?
What do you have to study today?

—**Tengo que** estudiar biología.
I have to study biology.

- To ask people if they feel like doing something, use **tener ganas de** (*to feel like*) + [*infinitive*].

—¿**Tienes ganas de** comer?
Do you feel like eating?

—No, **tengo ganas de** dormir.
No, I feel like sleeping.

¡INTÉNTALO! Provide the appropriate forms of **tener** and **venir**. The first item in each column has been done for you.

tener

1. Ellos tienen dos hermanos.
2. Yo __________ una hermana.
3. El artista __________ tres primos.
4. Nosotros __________ diez tíos.
5. Eva y Diana __________ un sobrino.
6. Usted __________ cinco nietos.
7. Tú __________ dos hermanastras.
8. Ustedes __________ cuatro hijos.
9. Ella __________ una hija.

venir

1. Mis padres vienen de México.
2. Tú __________ de España.
3. Nosotras __________ de Cuba.
4. Pepe __________ de Italia.
5. Yo __________ de Francia.
6. Ustedes __________ de Canadá.
7. Alfonso y yo__________ de Portugal.
8. Ellos __________ de Alemania.
9. Usted __________ de Venezuela.

recursos

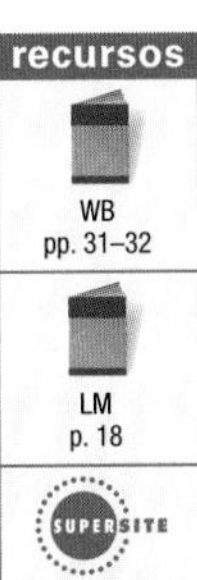
WB pp. 31–32
LM p. 18
SUPERSITE panorama.vhlcentral.com Lección 3

Práctica

SUPERSITE

1 **Emparejar** Find the phrase in column B that matches best with the phrase in column A. One phrase in column B will not be used.

A	B
1. el Polo Norte	a. tener calor
2. una sauna	b. tener sed
3. la comida salada (*salty food*)	c. tener frío
4. una persona muy inteligente	d. tener razón
5. un abuelo	e. tener ganas de
6. una dieta	f. tener hambre
	g. tener 75 años

2 **Completar** Complete the sentences with the forms of **tener** or **venir**.

1. Hoy nosotros __________ una reunión familiar (*family reunion*).
2. Yo __________ en autobús de la Universidad de Quito.
3. Todos mis parientes __________, excepto mi tío Manolo y su esposa.
4. Ellos no __________ ganas de venir porque viven en Portoviejo.
5. Mi prima Susana y su novio no __________ hasta las ocho porque ella __________ que trabajar.
6. En las fiestas, mi hermana siempre (*always*) __________ muy tarde (*late*).
7. Nosotros __________ mucha suerte porque las reuniones son divertidas (*fun*).
8. Mi madre cree que mis sobrinos son muy simpáticos. Creo que ella __________ razón.

3 **Describir** Look at the drawings and describe what people are doing using an expression with **tener**.

1. ______________

2. ______________

3. ______________

4. ______________

5. ______________

6. ______________

Comunicación

4

¿Sí o no? Using complete sentences, indicate whether these statements apply to you.

1. Mi padre tiene 50 años.
2. Mis amigos vienen a mi casa todos los días (*every day*).
3. Vengo a la universidad los martes.
4. Tengo hambre.
5. Tengo dos computadoras.
6. Tengo sed.
7. Tengo que estudiar los domingos.
8. Tengo una familia grande.

Now interview a classmate by transforming each statement into a question. Be prepared to report the results of your interview to the class.

modelo

Estudiante 1: ¿Tiene tu padre 50 años?
Estudiante 2: No, no tiene 50 años. Tiene 65.

5

Preguntas Get together with a classmate and ask each other these questions.

1. ¿Tienes que estudiar hoy?
2. ¿Cuántos años tienes? ¿Y tus hermanos/as?
3. ¿Cuándo vienes a la clase de español?
4. ¿Cuándo vienen tus amigos a tu casa, apartamento o residencia estudiantil?
5. ¿De qué tienes miedo? ¿Por qué?
6. ¿Qué tienes ganas de hacer esta noche (*tonight*)?

6

Conversación Use an expression with **tener** to hint at what's on your mind. Your partner will ask questions to find out why you feel that way. If your partner cannot guess what's on your mind after three attempts, tell him/her. Then switch roles.

Estudiante 1: Tengo miedo.
Estudiante 2: ¿Tienes que hablar en público?
Estudiante 1: No.
Estudiante 2: ¿Tienes un examen hoy?
Estudiante 1: Sí, y no tengo tiempo para estudiar.

Síntesis

7

Minidrama Act out this situation with a partner: you are introducing your boyfriend/girlfriend to your extended family. To avoid any surprises before you go, talk about who is coming and what each family member is like. Switch roles.

Recapitulación

For self-scoring and diagnostics, go to **panorama.vhlcentral.com.**

Review the grammar concepts you have learned in this lesson by completing these activities.

1 **Adjetivos** Complete each phrase with the appropriate adjective from the list. Make all necessary changes. 6 pts.

antipático	interesante	mexicano
difícil	joven	moreno

1. Mi tía es ________. Vive en Guadalajara.
2. Mi primo no es rubio, es ________.
3. Mi novio cree que la clase no es fácil; es ________.
4. Los libros son ________; me gustan mucho.
5. Mis hermanos son ________; no tienen muchos amigos.
6. Las gemelas tienen quince años. Son ________.

2 **Completar** For each set of sentences, provide the appropriate form of the verb **tener** and the possessive adjective. Follow the model. 12 pts.

modelo
Él tiene un libro. Es su libro.

1. Esteban y Julio ________ una tía. Es ________ tía.
2. Yo ________ muchos amigos. Son ________ amigos.
3. Tú ________ tres primas. Son ________ primas.
4. María y tú ________ un hermano. Es ________ hermano.
5. Nosotras ________ unas mochilas. Son ________ mochilas.
6. Usted ________ dos sobrinos. Son ________ sobrinos.

3 **Oraciones** Arrange the words in the correct order to form complete logical sentences. **¡Ojo!** Don't forget to conjugate the verbs. 10 pts.

1. libros / unos / tener / interesantes / tú / muy
____
2. dos / tener / grandes / universidad / mi / bibliotecas
____
3. mi / francés / ser / amigo / buen / Hugo
____
4. ser / simpáticas / dos / personas / nosotras
____
5. menores / rubios / sus / ser / hermanos
____

RESUMEN GRAMATICAL

3.1 Descriptive adjectives *pp. 80–82*

Forms and agreement of adjectives

Masculine		Feminine	
Singular	Plural	Singular	Plural
alto	altos	alta	altas
inteligente	inteligentes	inteligente	inteligentes
trabajador	trabajadores	trabajadora	trabajadoras

- Descriptive adjectives follow the noun: **el chico rubio**
- Adjectives of nationality also follow the noun: **la mujer española**
- Adjectives of quantity precede the noun: **muchos libros, dos turistas**

Note: When placed before a masculine noun, these adjectives are shortened.

bueno → buen **malo → mal** **grande → gran**

3.2 Possessive adjectives *p. 85*

Singular		Plural	
mi	nuestro/a	mis	nuestros/as
tu	vuestro/a	tus	vuestros/as
su	su	sus	sus

3.3 Present tense of -er and -ir verbs *pp. 88–89*

comer		escribir	
como	comemos	escribo	escribimos
comes	coméis	escribes	escribís
come	comen	escribe	escriben

3.4 Present tense of tener and venir *pp. 92–93*

tener		venir	
tengo	tenemos	vengo	venimos
tienes	tenéis	vienes	venís
tiene	tienen	viene	vienen

4 **Carta** Complete this letter with the appropriate forms of the verbs in the word list. Not all verbs will be used. **10 pts.**

abrir	correr	recibir
asistir	creer	tener
compartir	escribir	venir
comprender	leer	vivir

Hola, Ángel,

¿Qué tal? (Yo) (1) ______ esta carta (*this letter*) en la biblioteca. Todos los días (2) ______ aquí y (3) ______ un buen libro. Yo (4) ______ que es importante leer por diversión. Mi compañero de apartamento no (5) ______ por qué me gusta leer. Él sólo (6) ______ los libros de texto. Pero nosotros (7) ______ unos intereses. Por ejemplo, los dos somos atléticos; por las mañanas nosotros (8) ______ . También nos gustan las ciencias; por las tardes (9) ______ a nuestra clase de biología. Y tú, ¿cómo estás? ¿(Tú) (10) ______ mucho trabajo?

5 **Su familia** Write a brief description of a friend's family. Describe the family members using vocabulary and structures from this lesson. Write at least five sentences. **12 pts.**

modelo

La familia de mi amiga Gabriela es grande. Ella tiene tres hermanos y una hermana. Su hermana mayor es periodista...

6 **Proverbio** Write the missing words to complete this proverb. **2 EXTRA points!**

"Dos andares° ________ el dinero°,
________ despacio°
y se va° ligero°."

andares *gaits* dinero *money* despacio *slowly*
se va *it leaves* ligero *fast*

Lectura

Antes de leer

Estrategia

Guessing meaning from context

As you read in Spanish, you'll often come across words you haven't learned. You can guess what they mean by looking at the surrounding words and sentences. Look at the following text and guess what **tía abuela** means, based on the context.

¡Hola, Claudia!
¿Qué hay de nuevo?
¿Sabes qué? Ayer fui a ver a mi tía abuela, la hermana de mi abuela. Tiene 85 años pero es muy independiente. Vive en un apartamento en Quito con su prima Lorena, quien también tiene 85 años.

If you guessed *great-aunt*, you are correct, and you can conclude from this word and the format clues that this is a letter about someone's visit with his or her great-aunt.

Examinar el texto

Quickly read through the paragraphs and find two or three words you don't know. Using the context as your guide, guess what these words mean. Then glance at the paragraphs where these words appear and try to predict what the paragraphs are about.

Examinar el formato

Look at the format of the reading. What clues do the captions, photos, and layout give you about its content?

Gente . . . Las familias

1. Me llamo Armando y tengo setenta años pero no me considero viejo. Tengo seis nietas y un nieto. Vivo con mi hija y tengo la oportunidad de pasar mucho tiempo con ella y con mi nieto. Por las tardes salgo a pasear° por el parque con mi nieto y por la noche le leo cuentos°.

Armando. Tiene seis nietas y un nieto.

2. Mi prima Victoria y yo nos llevamos muy bien. Estudiamos juntas° en la universidad y compartimos un apartamento. Ella es muy inteligente y me ayuda° con los estudios. Además°, es muy simpática y generosa. Si no tengo dinero°, ¡ella me lo presta!

Diana. Vive con su prima.

3. Me llamo Ramona y soy paraguaya, aunque° ahora vivo en los Estados Unidos. Tengo tres hijos, uno de nueve años, uno de doce y el mayor de quince. Es difícil a veces, pero mi esposo y yo tratamos° de ayudarlos y comprenderlos siempre°.

Ramona. Sus hijos son muy importantes para ella.

4. Tengo mucha suerte. Aunque mis padres están divorciados, tengo una familia muy unida. Tengo dos hermanos y dos hermanas. Me gusta hablar y salir a fiestas con ellos. Ahora tengo novio en la universidad y él no conoce a mis hermanos. ¡Espero que se lleven bien!

Ana María. Su familia es muy unida.

5. Antes quería° tener hermanos pero ya no° es tan importante. Ser hija única tiene muchas ventajas°: no tengo que compartir mis cosas con hermanos, no hay discusiones° y, como soy nieta única también, ¡mis abuelos piensan° que soy perfecta!

Fernanda. Es hija única.

6. Como soy joven todavía°, no tengo ni esposa ni hijos. Pero tengo un sobrino, el hijo de mi hermano, que es muy especial para mí. Se llama Benjamín y tiene diez años. Es un muchacho muy simpático. Siempre tiene hambre y por lo tanto vamos° frecuentemente a comer hamburguesas. Nos gusta también ir al cine° a ver películas de acción. Hablamos de todo. ¡Creo que ser tío es mejor que ser padre!

Santiago. Ser tío es divertido.

salgo a pasear *I go take a walk* cuentos *stories* juntas *together* me ayuda *she helps me* Además *Besides* dinero *money* aunque *although* tratamos *we try* siempre *always* quería *I wanted* ya no *no longer* ventajas *advantages* discusiones *arguments* piensan *think* todavía *still* vamos *we go* ir al cine *to go to the movies*

Después de leer

Emparejar

Glance at the paragraphs and see how the words and phrases in column A are used in context. Then find their definitions in column B.

A	B
1. me lo presta	a. the oldest
2. nos llevamos bien	b. movies
3. no conoce	c. the youngest
4. películas	d. loans it to me
5. mejor que	e. borrows it from me
6. el mayor	f. we see each other
	g. doesn't know
	h. we get along
	i. portraits
	j. better than

Seleccionar 

Choose the sentence that best summarizes each paragraph.

1. Párrafo 1
   a. Me gusta mucho ser abuelo.
   b. No hablo mucho con mi nieto.
   c. No tengo nietos.
2. Párrafo 2
   a. Mi prima es antipática.
   b. Mi prima no es muy trabajadora.
   c. Mi prima y yo somos muy buenas amigas.
3. Párrafo 3
   a. Tener hijos es un gran sacrificio pero es muy bonito también.
   b. No comprendo a mis hijos.
   c. Mi esposo y yo no tenemos hijos.
4. Párrafo 4
   a. No hablo mucho con mis hermanos.
   b. Comparto mis cosas con mis hermanos.
   c. Mis hermanos y yo somos como (*like*) amigos.
5. Párrafo 5
   a. Me gusta ser hija única.
   b. Tengo hermanos y hermanas.
   c. Vivo con mis abuelos.
6. Párrafo 6
   a. Mi sobrino tiene diez años.
   b. Me gusta mucho ser tío.
   c. Mi esposa y yo no tenemos hijos.

Escritura

Estrategia

Using idea maps

How do you organize ideas for a first draft? Often, the organization of ideas represents the most challenging part of the process. Idea maps are useful for organizing pertinent information. Here is an example of an idea map you can use:

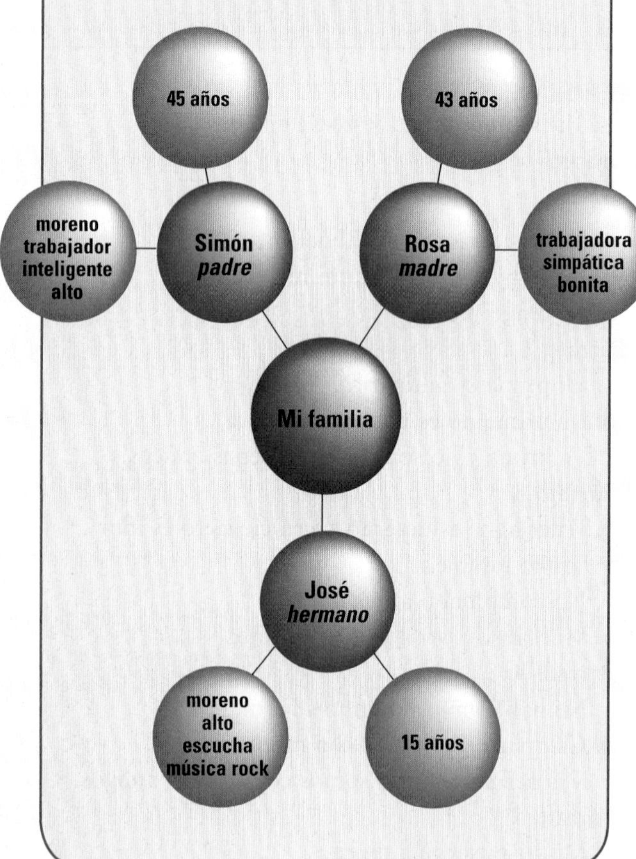

Tema

Escribir una carta

A friend you met in a chat room for Spanish speakers wants to know about your family. Using some of the verbs and adjectives you have learned in this lesson, write a brief letter describing your family or an imaginary family, including:

- Names and relationships
- Physical characteristics
- Hobbies and interests

Here are some useful expressions for letter writing in Spanish:

Salutations

Estimado/a Julio/Julia:	*Dear Julio/Julia,*
Querido/a Miguel/Ana María:	*Dear Miguel/Ana María,*

Closings

Un abrazo,	*A hug,*
Abrazos,	*Hugs,*
Cariños,	*Much love,*
¡Hasta pronto!	*See you soon!*
¡Hasta la próxima semana!	*See you next week!*

Escuchar 

Estrategia

Asking for repetition/ Replaying the recording

Sometimes it is difficult to understand what people say, especially in a noisy environment. During a conversation, you can ask someone to repeat by saying **¿Cómo?** (*What?*) or **¿Perdón?** (*Pardon me?*). In class, you can ask your teacher to repeat by saying **Repita, por favor** (*Repeat, please*). If you don't understand a recorded activity, you can simply replay it.

To help you practice this strategy, you will listen to a short paragraph. Ask your professor to repeat it or replay the recording, and then summarize what you heard.

Preparación

Based on the photograph, where do you think Cristina and Laura are? What do you think Laura is saying to Cristina?

Ahora escucha 

Now you are going to hear Laura and Cristina's conversation. Use **R** to indicate which adjectives describe Cristina's boyfriend, Rafael. Use **E** for adjectives that describe Laura's boyfriend, Esteban. Some adjectives will not be used.

___ **rubio**	___ **interesante**
___ **feo**	___ **antipático**
___ **alto**	___ **inteligente**
___ **trabajador**	___ **moreno**
___ **un poco gordo**	___ **viejo**

recursos

panorama.vhlcentral.com
Lección 3

Comprensión

Identificar

Which person would make each statement: Cristina or Laura?

	Cristina	Laura
1. Mi novio habla sólo de fútbol y de béisbol.	❍	❍
2. Tengo un novio muy interesante y simpático.	❍	❍
3. Mi novio es alto y moreno.	❍	❍
4. Mi novio trabaja mucho.	❍	❍
5. Mi amiga no tiene buena suerte con los muchachos.	❍	❍
6. El novio de mi amiga es un poco gordo, pero guapo.	❍	❍

¿Cierto o falso?

Indicate whether each sentence is **cierto** or **falso,** then correct the false statements.

	Cierto	Falso
1. Esteban es un chico interesante y simpático.	❍	❍
2. Laura tiene mala suerte con los chicos.	❍	❍
3. Rafael es muy interesante.	❍	❍
4. Laura y su novio hablan de muchas cosas.	❍	❍

En pantalla

The American concept of dating does not exist in the same way in countries like Mexico, Spain, and Argentina. In the Spanish-speaking world, at the beginning of a relationship couples can go out without the social or psychological pressures and expectations of "being on a date." Relationships develop just like in the rest of the world, but perhaps in a more spontaneous manner and without insisting on labels.

Vocabulario útil

has sido	*you have been*
maravillosa	*wonderful*
conmigo	*with me*
te sorprenda	*it catches you by surprise*
quiero que me dejes	*I want you to let me*
explicarte	*explain to you*
por muy bajo que te parezca	*however low it seems to you*
lo que hago	*what I do*
Gracias por haberme querido escuchar.	*Thank you for having wanted to listen to me.*
que me dejes	*that you leave me*
haberme querido	*having loved me*
vida	*life*

Preguntas

Answer these questions.

1. Who wrote the letter to the young woman?
2. What do you think she was expecting from the letter?
3. How does she feel at the end of the ad? Why?

Conversar

Answer these questions with a classmate.

1. What is your opinion about the young woman's reaction to the letter?
2. What do you think about ending a relationship by mail?
3. What other ways do people use to break up?

algo falla *something is wrong* por eso *that's why* hay que acabar *we must break up* Sería *It would be* lo que ha sido *what has been*

Anuncio de Pentel

Eres una buena chica.

Pero algo falla°, por eso° hay que acabar°.

Sería° tonto convertir en feo lo que ha sido° bonito.

SUPERSITE Conexión Internet

Go to **panorama.vhlcentral.com** to watch the TV clip featured in this **En pantalla** section.

Oye cómo va

Olimpo Cárdenas

Ecuadorian vocalist **Olimpo Cárdenas Moreira** was born in the town of Vinces in 1919. A singer from the age of eight, at ten years old he began participating in children's music competitions in Guayaquil and Quito. In 1946 Cárdenas recorded, as a duet with Carlos Rubira Infante, the song *En las lejanías*. Of the more than fifty albums he completed during his career, six were joint endeavors with another famous Ecuadorian singer, Julio Jaramillo. Some of the songs Cárdenas made famous are *Temeridad*, *Hay que saber perder*, *Nuestro juramento*, and *Lágrimas de amor*. He often performed internationally, in countries such as Colombia, Venezuela, Mexico, and the United States. In 1991, Olimpo Cárdenas died in Tuluá, Colombia, the country where he had resided for many years.

Your instructor will play the song. Listen and then complete these activities.

Completar

Complete each sentence.

1. Olimpo Cárdenas started singing when he was __________ years old.
2. He recorded __________ with Carlos Rubira Infante.
3. He visited Colombia, __________, Mexico, and the U.S. with his music.
4. Cárdenas died in 1991 in __________, Colombia.

Interpretación

Answer these questions in Spanish. Then, share your answers with a classmate.

1. Describe the girl to whom this song is dedicated.
2. What do you think her relationship is with the singer?
3. If the girl had to reply to this song, what do you think she would say?

Chacha *short for* Muchacha linda *pretty* no sé *I don't know* si pueda *if I could* dejar de *stop* quererte *loving you* dejarte de amar *stop loving you*

Chacha linda

Chacha°,
mi chacha linda°,
cómo te adoro, mi linda muchacha;
no sé° si pueda° dejar de° quererte°,
no sé si pueda dejarte de amar°.

Julio Jaramillo

El pasillo

Olimpo Cárdenas and Julio Jaramillo were famous for their interpretations of **pasillo**, which is considered the national music of Ecuador. **El pasillo**, a sentimental and romantic musical style, descended from the waltz and is closely related to the **bolero**.

SUPERSITE Conexión Internet

Go to panorama.vhlcentral.com to learn more about the artist featured in this Oye cómo va section.

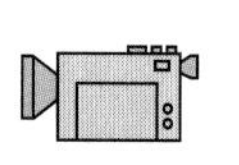

Ecuador

El país en cifras

- **Área:** 283.560 km^2 (109.483 millas^2), *incluyendo las islas Galápagos, aproximadamente el área de Colorado*
- **Población:** 14.192.000
- **Capital:** Quito — 1.680.000
- **Ciudades° principales:** Guayaquil — 2.709.000, Cuenca, Machala, Portoviejo

SOURCE: Population Division, UN Secretariat

- **Moneda:** dólar estadounidense
- **Idiomas:** español (oficial), quichua

La lengua oficial del Ecuador es el español, pero también se hablan° otras° lenguas en el país. Aproximadamente unos 4.000.000 de ecuatorianos hablan lenguas indígenas; la mayoría° de ellos habla quichua. El quichua es el dialecto ecuatoriano del quechua, la lengua de los incas.

Los indígenas del Ecuador hablan quichua.

Bandera del Ecuador

Ecuatorianos célebres

- **Francisco Eugenio De Santa Cruz y Espejo,** médico, periodista y patriota (1747–1795)
- **Juan León Mera,** novelista (1832–1894)
- **Eduardo Kingman,** pintor° (1913–1998)
- **Rosalía Arteaga,** abogada°, política y ex-vicepresidenta (1956–)

Ciudades *cities* se hablan *are spoken* otras *other* mayoría *majority* pintor *painter* abogada *lawyer* sur *south* mundo *world* pies *feet* dos veces más alto que *twice as tall as*

Las islas Galápagos

ESTADOS UNIDOS
OCÉANO ATLÁNTICO
OCÉANO PACÍFICO
ECUADOR
AMÉRICA DEL SUR

COLOMBIA
Río Esmeraldas
Ibarra
Quito
Volcán Cotopaxi
Río Napo
Portoviejo
Río Daule
Volcán Tungurahua
Cordillera de los Andes
Río Pastaza
Guayaquil
Volcán Chimborazo
Océano Pacífico
Cuenca
Machala
Loja
PERÚ

Indígenas del Amazonas

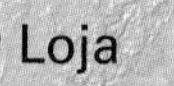

La ciudad de Quito y la Cordillera de los Andes

Catedral de Guayaquil

recursos

WB pp. 33–34

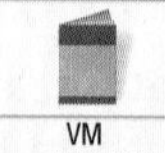
VM pp. 229–230

panorama.vhlcentral.com Lección 3

¡Increíble pero cierto!

El volcán Cotopaxi, situado a unos 60 kilómetros al sur° de Quito, es considerado el volcán activo más alto del mundo°. Tiene una altura de 5.897 metros (19.340 pies°). Es dos veces más alto que° el monte St. Helens (2.550 metros o 9.215 pies) en el estado de Washington.

Lugares • Las islas Galápagos

Muchas personas vienen de lejos a visitar las islas Galápagos porque son un verdadero tesoro° ecológico. Aquí Charles Darwin estudió° las especies que inspiraron° sus ideas sobre la evolución. Como las islas están lejos del continente, sus plantas y animales son únicos. Las islas son famosas por sus tortugas° gigantes.

Artes • Oswaldo Guayasamín

Oswaldo Guayasamín fue° uno de los artistas latinoamericanos más famosos del mundo. Fue escultor° y muralista. Su expresivo estilo viene del cubismo y sus temas preferidos son la injusticia y la pobreza° sufridas° por los indígenas de su país.

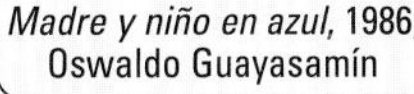

Madre y niño en azul, 1986, Oswaldo Guayasamín

Deportes • El *trekking*

El sistema montañoso de los Andes cruza° y divide el Ecuador en varias regiones. La Sierra, que tiene volcanes, grandes valles y una variedad increíble de plantas y animales, es perfecta para el *trekking*. Muchos turistas visitan el Ecuador cada° año para hacer° *trekking* y escalar montañas°.

Lugares • Latitud 0

Hay un monumento en el Ecuador, a unos 22 kilómetros (14 millas) de Quito, donde los visitantes están en el hemisferio norte y el hemisferio sur a la vez°. Este monumento se llama la Mitad del Mundo°, y es un destino turístico muy popular.

Explosión del volcán Tungurahua en 1999

¿Qué aprendiste? Completa las oraciones con la información correcta.

1. La ciudad más grande (*biggest*) del Ecuador es ________.
2. La capital del Ecuador es ________.
3. Unos 4.000.000 de ecuatorianos hablan ________.
4. Darwin estudió el proceso de la evolución en ____________.
5. Dos temas del arte de ________ son la pobreza y la _________.
6. Un monumento muy popular es ____________.
7. La Sierra es un lugar perfecto para el _________.
8. El volcán ________ es el volcán activo más alto del mundo.

Conexión Internet Investiga estos temas en **panorama.vhlcentral.com.**

1. Busca información sobre una ciudad del Ecuador. ¿Te gustaría (*Would you like*) visitar la ciudad? ¿Por qué?
2. Haz una lista de tres animales o plantas que viven sólo en las islas Galápagos. ¿Dónde hay animales o plantas similares?

verdadero tesoro *true treasure* **estudió** *studied* **inspiraron** *inspired* **tortugas** *tortoises* **fue** *was* **escultor** *sculptor* **pobreza** *poverty* **sufridas** *suffered* **cruza** *crosses* **cada** *every* **hacer** *to do* **escalar montañas** *to climb mountains* **a la vez** *at the same time* **Mitad del Mundo** *Equatorial Line Monument (lit. Midpoint of the World)*

La familia

el/la abuelo/a	*grandfather/ grandmother*
los abuelos	*grandparents*
el apellido	*last name*
el/la bisabuelo/a	*great-grandfather/ great-grandmother*
el/la cuñado/a	*brother-in-law/ sister-in-law*
el/la esposo/a	*husband; wife; spouse*
la familia	*family*
el/la gemelo/a	*twin*
el/la hermanastro/a	*stepbrother/ stepsister*
el/la hermano/a	*brother/sister*
el/la hijastro/a	*stepson/ stepdaughter*
el/la hijo/a	*son/daughter*
los hijos	*children*
la madrastra	*stepmother*
la madre	*mother*
el/la medio/a hermano/a	*half-brother/ half-sister*
el/la nieto/a	*grandson/ granddaughter*
la nuera	*daughter-in-law*
el padrastro	*stepfather*
el padre	*father*
los padres	*parents*
los parientes	*relatives*
el/la primo/a	*cousin*
el/la sobrino/a	*nephew/niece*
el/la suegro/a	*father-in-law/ mother-in-law*
el/la tío/a	*uncle/aunt*
el yerno	*son-in-law*

Otras personas

el/la amigo/a	*friend*
la gente	*people*
el/la muchacho/a	*boy/girl*
el/la niño/a	*child*
el/la novio/a	*boyfriend/girlfriend*
la persona	*person*

Profesiones

el/la artista	*artist*
el/la doctor(a), el/la médico/a	*doctor; physician*
el/la ingeniero/a	*engineer*
el/la periodista	*journalist*
el/la programador(a)	*computer programmer*

Adjetivos

alto/a	*tall*
antipático/a	*unpleasant*
bajo/a	*short (in height)*
bonito/a	*pretty*
buen, bueno/a	*good*
delgado/a	*thin; slender*
difícil	*difficult; hard*
fácil	*easy*
feo/a	*ugly*
gordo/a	*fat*
gran, grande	*big; large*
guapo/a	*handsome; good-looking*
importante	*important*
inteligente	*intelligent*
interesante	*interesting*
joven	*young*
mal, malo/a	*bad*
mismo/a	*same*
moreno/a	*brunet(te)*
mucho/a	*much; many; a lot of*
pelirrojo/a	*red-haired*
pequeño/a	*small*
rubio/a	*blond(e)*
simpático/a	*nice; likeable*
tonto/a	*silly; foolish*
trabajador(a)	*hard-working*
viejo/a	*old*

Nacionalidades

alemán, alemana	*German*
canadiense	*Canadian*
chino/a	*Chinese*
ecuatoriano/a	*Ecuadorian*
español(a)	*Spanish*
estadounidense	*from the U.S.*
francés, francesa	*French*
inglés, inglesa	*English*
italiano/a	*Italian*
japonés, japonesa	*Japanese*
mexicano/a	*Mexican*
norteamericano/a	*(North) American*
puertorriqueño/a	*Puerto Rican*
ruso/a	*Russian*

Verbos

abrir	*to open*
aprender (a + *inf.*)	*to learn*
asistir (a)	*to attend*
beber	*to drink*
comer	*to eat*
compartir	*to share*
comprender	*to understand*
correr	*to run*
creer (en)	*to believe (in)*
deber (+ *inf.*)	*should; must; ought to*
decidir (+ *inf.*)	*to decide*
describir	*to describe*
escribir	*to write*
leer	*to read*
recibir	*to receive*
tener	*to have*
venir	*to come*
vivir	*to live*

Possessive adjectives	*See page 85.*
Expressions with *tener*	*See page 93.*
Expresiones útiles	*See page 75.*

recursos

LM p. 18	panorama.vhlcentral.com Lección 3

Los pasatiempos 4

Communicative Goals

You will learn how to:

- Talk about pastimes, weekend activities, and sports
- Make plans and invitations

A PRIMERA VISTA

- ¿Qué son estas personas, atletas o artistas?
- ¿En qué tienen interés, en el fútbol o el tenis?
- ¿Son viejos? ¿Son delgados?
- ¿Tienen frío o calor?

Los pasatiempos

Más vocabulario

el béisbol	*baseball*
el ciclismo	*cycling*
el esquí (acuático)	*(water) skiing*
el fútbol americano	*football*
el golf	*golf*
el hockey	*hockey*
la natación	*swimming*
el tenis	*tennis*
el vóleibol	*volleyball*
el equipo	*team*
el parque	*park*
el partido	*game; match*
la plaza	*city or town square*
andar en patineta	*to skateboard*
bucear	*to scuba dive*
escalar montañas (*f. pl.*)	*to climb mountains*
esquiar	*to ski*
ganar	*to win*
ir de excursión	*to go on a hike*
practicar deportes (*m. pl.*)	*to play sports*
escribir una carta/ un mensaje electrónico	*to write a letter/ an e-mail message*
leer correo electrónico	*to read e-mail*
leer una revista	*to read a magazine*
deportivo/a	*sports-related*

Variación léxica

piscina ⟷ pileta (*Arg.*); alberca (*Méx.*)
baloncesto ⟷ básquetbol (*Amér. L.*)
béisbol ⟷ pelota (*P. Rico, Rep. Dom.*)

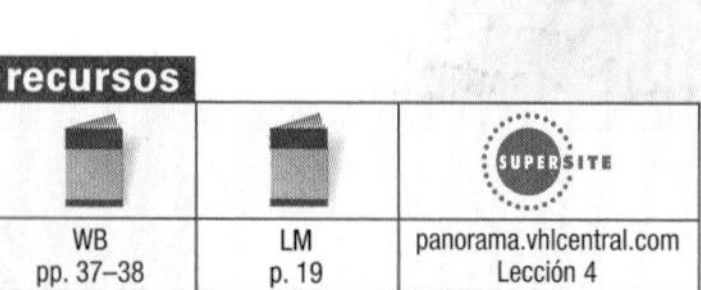

Patina en línea. (patinar)

el jugador

el baloncesto

Práctica

1 **Escuchar** Indicate the letter of the activity in Column B that best corresponds to each statement you hear. Two items in Column B will not be used.

A	B
1. _____	a. leer correo electrónico
2. _____	b. tomar el sol
3. _____	c. pasear en bicicleta
4. _____	d. ir a un partido de fútbol americano
5. _____	e. escribir una carta
6. _____	f. practicar muchos deportes
	g. nadar
	h. ir de excursión

2 **Ordenar** Order these activities according to what you hear in the narration.

_____ pasear en bicicleta	_____ tomar el sol
_____ nadar	_____ practicar deportes
_____ leer una revista	_____ patinar en línea

3 **¿Cierto o falso?** Indicate whether each statement is **cierto** or **falso** based on the illustration.

	Cierto	Falso
1. Un hombre nada en la piscina.	❍	❍
2. Un hombre lee una revista.	❍	❍
3. Un chico pasea en bicicleta.	❍	❍
4. Dos muchachos esquían.	❍	❍
5. Una mujer y dos niños visitan un monumento.	❍	❍
6. Un hombre bucea.	❍	❍
7. Hay un equipo de hockey.	❍	❍
8. Una mujer toma el sol.	❍	❍

4 **Clasificar** Fill in the chart below with as many terms from **Contextos** as you can.

Actividades	Deportes	Personas
_____	_____	_____
_____	_____	_____
_____	_____	_____
_____	_____	_____
_____	_____	_____
_____	_____	_____

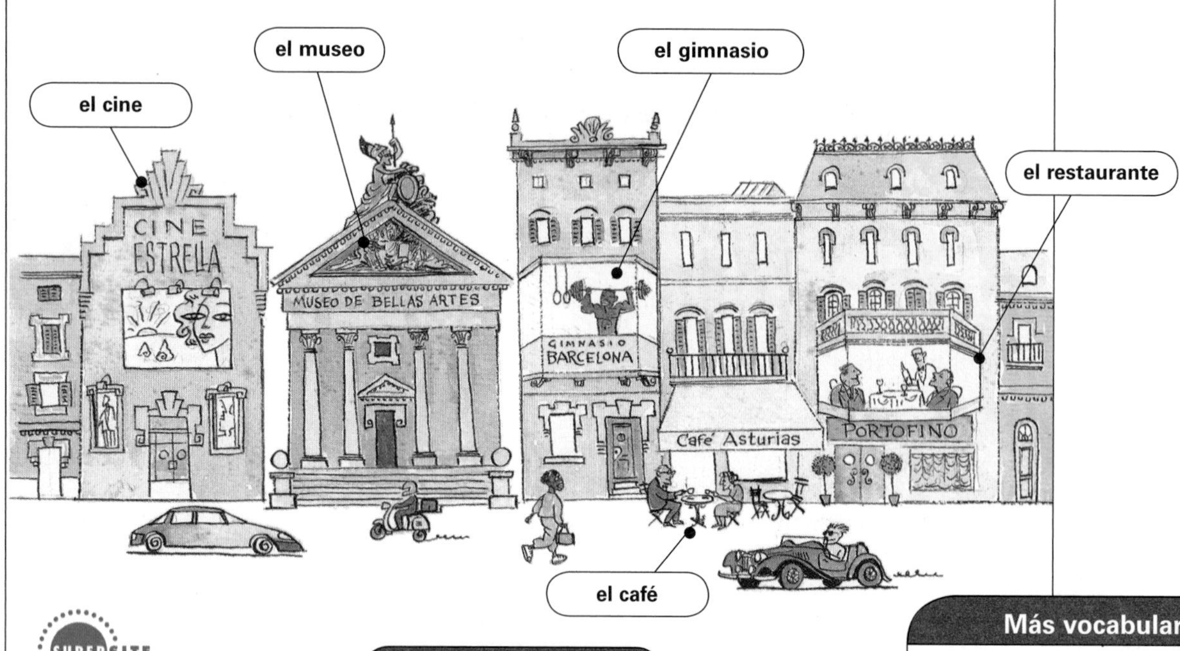

SUPERSITE

En el centro

Más vocabulario

la diversión	*fun activity; entertainment; recreation*
el fin de semana	*weekend*
el pasatiempo	*pastime; hobby*
los ratos libres	*spare (free) time*
el videojuego	*video game*
la iglesia	*church*
el lugar	*place*
ver películas (*f. pl.*)	*to see movies*
favorito/a	*favorite*

5 **Identificar** Identify the place where these activities would take place.

modelo

Esquiamos.
Es una montaña.

1. Tomamos una limonada.
2. Vemos una película.
3. Nadamos y tomamos el sol.
4. Hay muchos monumentos.
5. Comemos tacos y fajitas.
6. Miramos pinturas (*paintings*) de Diego Rivera y Frida Kahlo.
7. Hay mucho tráfico.
8. Practicamos deportes.

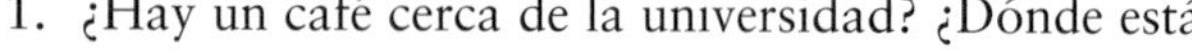

6 **Entrevista** In pairs, take turns asking and answering the questions.

1. ¿Hay un café cerca de la universidad? ¿Dónde está?
2. ¿Cuál es tu restaurante favorito?
3. ¿Te gusta viajar y visitar monumentos? ¿Por qué?
4. ¿Te gusta ir al cine los fines de semana?
5. ¿Cuáles son tus películas favoritas?
6. ¿Te gusta practicar deportes?
7. ¿Cuáles son tus deportes favoritos? ¿Por qué?
8. ¿Cuáles son tus pasatiempos favoritos?

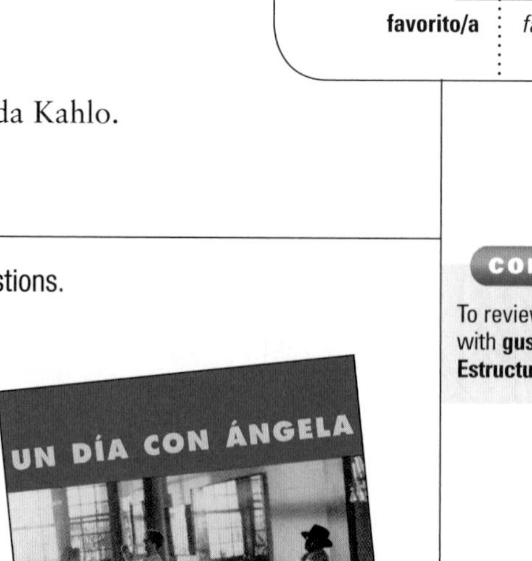

CONSULTA

To review expressions with **gustar**, see **Estructura 2.1**, p. 48.

Comunicación

7 **Preguntar** Ask a classmate what he or she does in the places mentioned below. Your classmate will respond using verbs from the word bank.

beber	escribir	patinar
caminar	leer	practicar
correr	mirar	tomar
escalar	nadar	visitar

modelo

una plaza
Estudiante 1: ¿Qué haces (*What do you do*) cuando estás en una plaza?
Estudiante 2: Camino por la plaza y miro a las personas.

1. una biblioteca
2. un estadio
3. una plaza
4. una piscina
5. las montañas
6. un parque
7. un café
8. un museo

8  **Conversación** Using the words and expressions provided, work with a partner to prepare a short conversation about your pastimes.

¿a qué hora?	¿con quién(es)?	¿dónde?
¿cómo?	¿cuándo?	¿qué?

modelo

Estudiante 1: ¿Cuándo patinas en línea?
Estudiante 2: Patino en línea los domingos. Y tú, ¿patinas en línea?
Estudiante 1: No, no me gusta patinar en línea. Me gusta practicar el béisbol.

9  **Pasatiempos** In pairs, tell each other what pastimes three of your friends and family members enjoy. Be prepared to share with the class any pastimes you noticed they have in common.

modelo

Estudiante 1: Mi hermana pasea mucho en bicicleta. Pero mis padres practican la natación. Mi hermano no nada, pero visita muchos museos.
Estudiante 2: Mi primo lee muchas revistas, pero no practica muchos deportes. Mis tíos esquían y practican el golf...

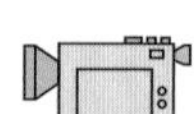

¡Vamos al parque!

Los estudiantes pasean por la ciudad y hablan de sus pasatiempos.

PERSONAJES

DON FRANCISCO

JAVIER

INÉS

ÁLEX

MAITE

JOVEN

DON FRANCISCO Tienen una hora libre. Pueden explorar la ciudad, si quieren.

JAVIER Inés, ¿quieres ir a pasear por la ciudad?

INÉS Sí, vamos.

ÁLEX ¿Por qué no vamos al parque, Maite? Podemos hablar y tomar el sol.

MAITE ¡Buena idea! También quiero escribir unas postales.

ÁLEX ¡Maite!

MAITE ¡Dios mío!

JOVEN Mil perdones. Lo siento muchísimo.

MAITE ¡No es nada! Estoy bien.

ÁLEX Ya son las dos y treinta. Debemos regresar al autobús, ¿no?

MAITE Tienes razón.

ÁLEX Oye, Maite, ¿qué vas a hacer esta noche?

MAITE No tengo planes. ¿Por qué?

recursos

VM pp. 201–202

panorama.vhlcentral.com Lección 4

MAITE ¿Eres aficionado a los deportes, Álex?

ÁLEX Sí, me gusta mucho el fútbol. Me gusta también nadar, correr e ir de excursión a las montañas.

MAITE Yo también corro mucho.

ÁLEX Oye, Maite, ¿por qué no jugamos al fútbol con él?

MAITE Mmm... no quiero. Voy a terminar de escribir unas postales.

ÁLEX Eh, este... a veces salgo a correr por la noche. ¿Quieres venir a correr conmigo?

MAITE Sí, vamos. ¿A qué hora?

ÁLEX ¿A las seis?

MAITE Perfecto.

DON FRANCISCO Esta noche van a correr. ¡Y yo no tengo energía para pasear!

Expresiones útiles

Making invitations

- **¿Por qué no vamos al parque?**
  Why don't we go to the park?
  ¡Buena idea!
  Good idea!
- **¿Por qué no jugamos al fútbol?**
  Why don't we play soccer?
  Mmm... no quiero.
  Hmm... I don't want to.
  Lo siento, pero no puedo.
  I'm sorry, but I can't.
- **¿Quieres ir a pasear por la ciudad/el pueblo conmigo?**
  Do you want to walk around the city/the town with me?
  Sí, vamos.
  Yes, let's go.
  Sí, si tenemos tiempo.
  Yes, if we have time.

Making plans

- **¿Qué vas a hacer esta noche?**
  What are you going to do tonight?
  No tengo planes.
  I don't have any plans.
  Voy a terminar de escribir unas postales.
  I'm going to finish writing some postcards.

Talking about pastimes

- **¿Eres aficionado/a a los deportes?**
  Are you a sports fan?
  Sí, me gustan todos los deportes.
  Yes, I like all sports.
  Sí, me gusta mucho el fútbol.
  Yes, I like soccer a lot.
- **Me gusta también nadar, correr e ir de excursión a las montañas.**
  I also like to swim, run, and go hiking in the mountains.
  Yo también corro mucho.
  I also run a lot.

Apologizing

- **Mil perdones./Lo siento muchísimo.**
  I'm so sorry.

¿Qué pasó?

SUPERSITE

1

Escoger Choose the answer that best completes each sentence.

1. Inés y Javier______.
   a. toman el sol b. pasean por la ciudad c. corren por el parque
2. Álex desea ______ en el parque.
   a. hablar y tomar el sol b. hablar y leer el periódico c. nadar y tomar el sol
3. A Álex le gusta nadar, ______.
   a. jugar al fútbol y escribir postales b. escalar montañas y esquiar
   c. ir de excursión y correr
4. A Maite le gusta ______.
   a. nadar y correr b. correr y escribir postales c. correr y jugar al fútbol
5. Maite desea ______.
   a. ir de excursión b. jugar al fútbol c. ir al parque

2

Identificar Identify the person who would make each statement.

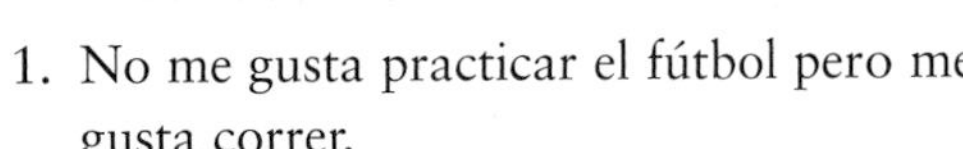

1. No me gusta practicar el fútbol pero me gusta correr. __________

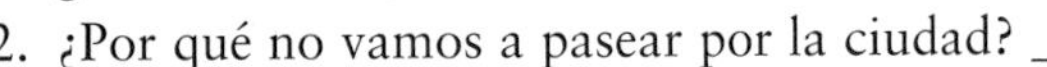

2. ¿Por qué no vamos a pasear por la ciudad? __________

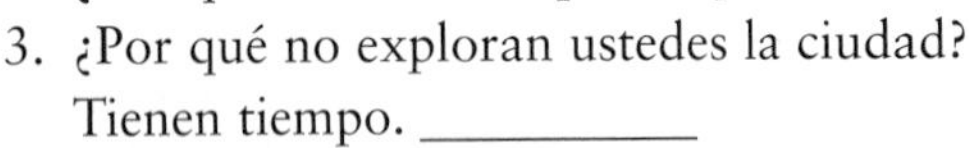

3. ¿Por qué no exploran ustedes la ciudad? Tienen tiempo. __________
4. ¿Por qué no corres conmigo esta noche? __________

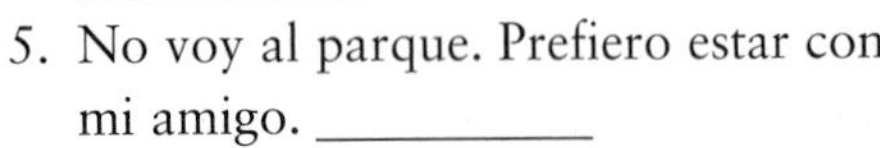

5. No voy al parque. Prefiero estar con mi amigo. __________

JAVIER

INÉS

ÁLEX

MAITE

DON FRANCISCO

3

Preguntas Answer the questions using the information from the **Fotonovela.**

1. ¿Qué desean hacer Inés y Javier?
2. ¿Qué desea hacer Álex en el parque?
3. ¿Qué desea hacer Maite en el parque?
4. ¿Qué deciden hacer Maite y Álex esta noche?

4

Conversación With a partner, prepare a conversation in which you talk about pastimes and invite each other to do some activity together. Use these expressions and also look at **Expresiones útiles** on the previous page.

¿A qué hora? *(At) What time?*	**¿Dónde?** *Where?*	**Nos vemos a las siete.** *See you at seven.*
contigo *with you*	**No puedo porque...** *I can't because...*	

- ¿Eres aficionado/a a...?
- ¿Te gusta...?
- ¿Por qué no...?
- ¿Quieres... conmigo?
- ¿Qué vas a hacer esta noche?

Pronunciación  

Word stress and accent marks

pe-lí-cu-la **e-di-fi-cio** **ver** **yo**

Every Spanish syllable contains at least one vowel. When two vowels are joined in the same syllable they form a **diphthong***. A **monosyllable** is a word formed by a single syllable.

bi-blio-te-ca **vi-si-tar** **par-que** **fút-bol**

The syllable of a Spanish word that is pronounced most emphatically is the "stressed" syllable.

pe-lo-ta **pis-ci-na** **ra-tos** **ha-blan**

Words that end in **n, s,** or a **vowel** are usually stressed on the next to last syllable.

na-ta-ción **pa-pá** **in-glés** **Jo-sé**

If words that end in **n, s,** or a **vowel** are stressed on the last syllable, they must carry an accent mark on the stressed syllable.

bai-lar **es-pa-ñol** **u-ni-ver-si-dad** **tra-ba-ja-dor**

Words that do *not* end in **n, s,** or a **vowel** are usually stressed on the last syllable.

béis-bol **lá-piz** **ár-bol** **Gó-mez**

If words that do *not* end in **n, s,** or a **vowel** are stressed on the next to last syllable, they must carry an accent mark on the stressed syllable.

**The two vowels that form a diphthong are either both weak or one is weak and the other is strong.*

Práctica Pronounce each word, stressing the correct syllable. Then give the word stress rule for each word.

1. profesor	4. Mazatlán	7. niños	10. México
2. Puebla	5. examen	8. Guadalajara	11. están
3. ¿Cuántos?	6. ¿Cómo?	9. programador	12. geografía

Oraciones Read the conversation aloud to practice word stress.

MARINA Hola, Carlos. ¿Qué tal?
CARLOS Bien. Oye, ¿a qué hora es el partido de fútbol?
MARINA Creo que es a las siete.
CARLOS ¿Quieres ir?
MARINA Lo siento, pero no puedo. Tengo que estudiar biología.

Refranes Read these sayings aloud to practice word stress.

En la unión está la fuerza.[2]

Quien ríe de último, ríe mejor.[1]

1 He who laughs last, laughs loudest.
2 United we stand.

EN DETALLE

Real Madrid y Barça: rivalidad total

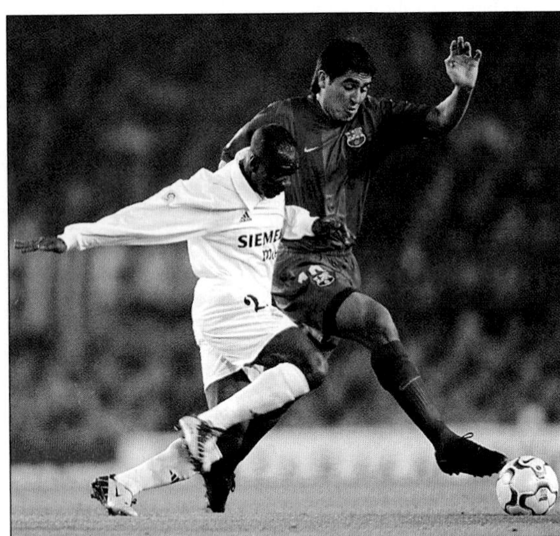

Soccer in Spain is a force to be reckoned with, and no two teams draw more attention than **Real Madrid** and the **Fútbol Club Barcelona**. Whether the venue is Madrid's **Santiago Bernabéu** or Barcelona's **Camp Nou**, the two cities shut down for the showdown, paralyzed by **fútbol** fever. A ticket to the actual game is always the hottest ticket in town.

The rivalry between **Real Madrid** and **Barça** is about more than soccer. As the two biggest, most powerful cities in Spain, Barcelona and Madrid are constantly compared to one another and have a natural rivalry. There is also a political component to the dynamic. Barcelona, with its distinct language and culture, has long struggled for increased autonomy from Madrid's centralized government. Under Francisco Franco's rule (1939–1975), when repression of the Catalan identity was at its height, a game between **Real Madrid** and **FC Barcelona** was wrapped up with all the symbolism of the regime versus the resistance, even though both teams suffered casualties in Spain's civil war and the subsequent Franco dictatorship.

Although the dictatorship is far behind, the momentum of all those decades of competition still transforms both cities into a frenzied, tense panic leading up to the game. Once the final score is announced, one of those cities transforms again, this time into the best party in the country.

Rivalidades del fútbol

Argentina: Boca Juniors vs River Plate
México: Águilas del América vs Chivas del Guadalajara
Chile: Colo Colo vs Universidad de Chile
Guatemala: Comunicaciones vs Municipal
Uruguay: Peñarol vs Nacional
Colombia: Millonarios vs Independiente Santa Fe

ACTIVIDADES

1 **¿Cierto o falso?** Indicate whether each statement is **cierto** or **falso**. Correct the false statements.

1. People from Spain don't like soccer.
2. Seville is the most important city in Spain.
3. Santiago Bernabéu is a stadium in Madrid.
4. The rivalry between Real Madrid and FC Barcelona is not only in soccer.
5. Only the FC Barcelona team was affected by the civil war.
6. Barcelona has resisted Madrid's centralized government.
7. During Franco's regime, the Catalan culture thrived.
8. There are many famous rivalries between soccer teams in the Spanish-speaking world.

ASÍ SE DICE

Los deportes

el/la árbitro/a	*referee*
el/la atleta	*athlete*
la bola; el balón	**la pelota**
el campeón/ la campeona	*champion*
la carrera	*race*
competir	*to compete*
empatar	*to draw; to tie*
la medalla	*medal*
el/la mejor	*the best*
mundial	*worldwide*
el torneo	*tournament*

EL MUNDO HISPANO

Atletas importantes

World-renowned Hispanic athletes:

- **Rafael Nadal** (España) is one of the best tennis players in the world.
- **Sofía Mulanovich** (Perú) was the world champion for surfing in 2004.
- **Óscar Freire** (España) has been the cycling world champion three times.
- **Ana Gabriela Guevara** (México) won the silver medal in the 400 meters race at the 2004 Olympic Games in Athens.

PERFILES

Anier García y Luciana Aymar

The sprinter **Anier García Ortiz** was born in Santiago de Cuba in 1976. In 2000, he won the gold medal at the Summer Olympics in Sydney for the 110-meter hurdles (**vallas**). Four years later, in Athens, Greece, he won the bronze medal for the same event.

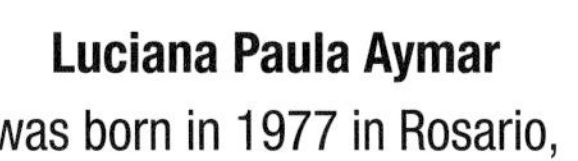

Luciana Paula Aymar was born in 1977 in Rosario, Argentina. The International Hockey Federation named her the best female player in the world in 2001, 2004, and 2005. With the national women's field hockey team, **La Maga** (*The Magician*), as Luciana is called, won the silver medal at the Sydney Olympics in the year 2000, and bronze medal in Athens in 2004.

SUPERSITE Conexión Internet

¿Qué deportes son populares en los países hispanos?

Go to **panorama.vhlcentral.com** to find more cultural information related to this **Cultura** section.

ACTIVIDADES

2 **Comprensión** Write the name of the athlete described in each sentence.

1. Es un atleta de Cuba. ____________
2. Es una chica que practica el hockey. ____________
3. Es un chico español al que le gusta pasear en bicicleta.

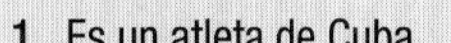

4. Es una chica peruana que practica el surfing. ____________

3 **¿Quién es?** Write a short paragraph describing an athlete that you like, but do not mention their name. What do they look like? What sport do they play? Where do they live? Read your description aloud to see if the class can guess who they are.

4.1 Present tense of ir 

ANTE TODO The verb **ir** (*to go*) is irregular in the present tense. Note that, except for the **yo** form (**voy**) and the lack of a written accent on the **vosotros** form (**vais**), the endings are the same as those for **–ar** verbs.

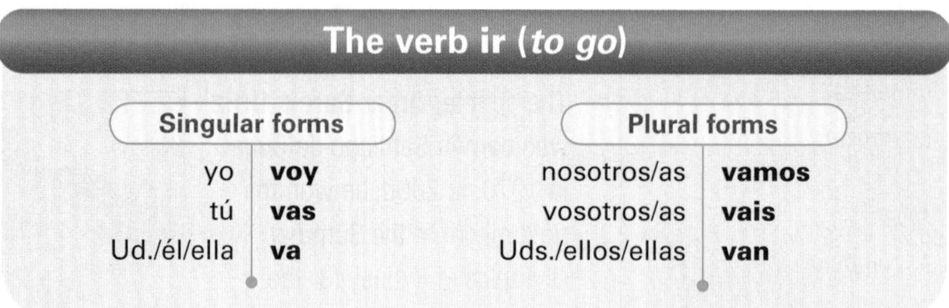

The verb ir (*to go*)

Singular forms		Plural forms	
yo	**voy**	nosotros/as	**vamos**
tú	**vas**	vosotros/as	**vais**
Ud./él/ella	**va**	Uds./ellos/ellas	**van**

▶ **Ir** is often used with the preposition **a** (*to*). If **a** is followed by the definite article **el**, they combine to form the contraction **al**. If **a** is followed by the other definite articles (**la, las, los**), there is no contraction.

a + el = al

Voy **al** parque con Juan.
I'm going to the park with Juan.

Mis amigos van **a las** montañas.
My friends are going to the mountains.

▶ The construction **ir a** + *[infinitive]* is used to talk about actions that are going to happen in the future. It is equivalent to the English *to be going to* + *[infinitive]*.

Va a leer el periódico.
He is going to read the newspaper.

Van a pasear por el pueblo.
They are going to walk around town.

▶ **Vamos a** + *[infinitive]* can also express the idea of *let's (do something)*.

Vamos a pasear.
Let's take a stroll.

¡**Vamos a** ver!
Let's see!

CONSULTA

To review the contraction **de** + **el**, see **Estructura 1.3**, pp. 20–21.

AYUDA

When asking a question that contains a form of the verb **ir**, remember to use **adónde**:

¿Adónde vas?
(To) Where are you going?

recursos

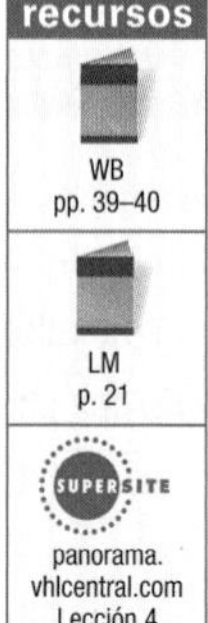

¡INTÉNTALO! Provide the present tense forms of **ir**. The first item has been done for you.

1. Ellos ___van___.
2. Yo ________.
3. Tu novio ________.
4. Adela ________.
5. Mi prima y yo ________.
6. Tú ________.
7. Ustedes ________.
8. Nosotros ________.
9. Usted ________.
10. Nosotras ________.
11. Miguel ________.
12. Ellas ________.

Práctica

SUPERSITE

1 **¿Adónde van?** Everyone in your neighborhood is dashing off to various places. Say where they are going.

1. la señora Castillo / el centro
2. las hermanas Gómez / la piscina
3. tu tío y tu papá / el partido de fútbol
4. yo / el Museo de Arte Moderno
5. nosotros / el restaurante Miramar

2 **¿Qué van a hacer?** These sentences describe what several students in a college hiking club are doing today. Use **ir a** + [*infinitive*] to say that they are also going to do the same activities tomorrow.

modelo

Martín y Rodolfo nadan en la piscina.
Van a nadar en la piscina mañana también.

1. Sara lee una revista.
2. Yo practico deportes.
3. Ustedes van de excursión.
4. El presidente del club patina.
5. Tú tomas el sol.
6. Paseamos con nuestros amigos.

3 **Preguntas** With a partner, take turns asking and answering questions about where the people are going and what they are going to do there.

modelo

Estudiante 1: *¿Adónde va Estela?*
Estudiante 2: *Va a la Librería Sol.*
Estudiante 1: *Va a comprar un libro.*

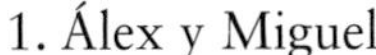

1. Álex y Miguel

2. mi amigo

3. tú

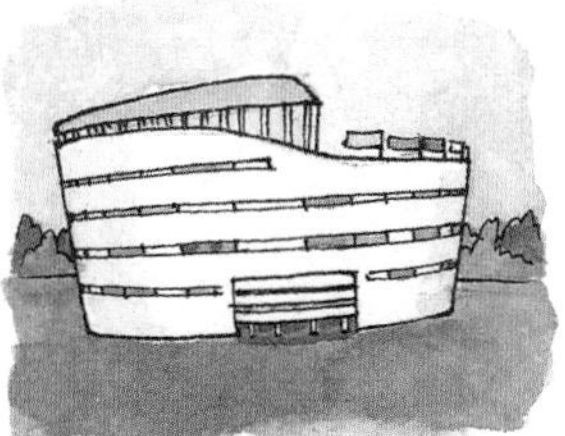

4. los estudiantes

5. profesora Torres

6. ustedes

Comunicación

4 **Situaciones** Work with a partner and say where you and your friends go in these situations.

1. Cuando deseo descansar...
2. Cuando mi novio/a tiene que estudiar...
3. Si mis compañeros de clase necesitan practicar el español...
4. Si deseo hablar con unos amigos...
5. Cuando tengo dinero (*money*)...
6. Cuando mis amigos y yo tenemos hambre...
7. En mis ratos libres...
8. Cuando mis amigos desean esquiar...
9. Si estoy de vacaciones...
10. Si tengo ganas de leer...

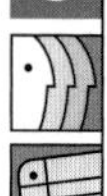

5 **Encuesta** Your instructor will give you a worksheet. Walk around the class and ask your classmates if they are going to do these activities today. Find one person to answer **Sí** and one to answer **No** for each item and note their names on the worksheet in the appropriate column. Be prepared to report your findings to the class.

modelo

Tú: *¿Vas a leer el periódico hoy?*
Ana: *Sí, voy a leer el periódico hoy.*
Luis: *No, no voy a leer el periódico hoy.*

Actividades	Sí	No
1. comer en un restaurante chino		
2. leer el periódico	Ana	Luis
3. escribir un mensaje electrónico		
4. correr 20 kilómetros		
5. ver una película de horror		
6. pasear en bicicleta		

6 **Entrevista** Interview two classmates to find out where they are going and what they are going to do on their next vacation.

Estudiante 1: *¿Adónde vas de vacaciones (for vacation)?*
Estudiante 2: *Voy a Guadalajara con mis amigos.*
Estudiante 1: *¿Y qué van a hacer (to do) ustedes en Guadalajara?*
Estudiante 2: *Vamos a visitar unos monumentos y museos.*

Síntesis

7 **El fin de semana** Create a schedule with your activities for this weekend.

- For each day, list at least three things you have to do.
- For each day, list at least two things you will do for fun.
- Tell a classmate what your weekend schedule is like. He or she will write down what you say.
- Switch roles to see if you have any plans in common.
- Take turns asking each other to participate in some of the activities you listed.

4.2 Stem-changing verbs: e→ie, o→ue

ANTE TODO Stem-changing verbs deviate from the normal pattern of regular verbs. In stem-changing verbs, the stressed vowel of the stem changes when the verb is conjugated.

CONSULTA

To review the present tense of regular **–ar** verbs, see **Estructura 2.1**, p. 46.

•••

To review the present tense of regular **–er** and **–ir** verbs, see **Estructura 3.3**, p. 88.

INFINITIVE	VERB STEM	STEM CHANGE	CONJUGATED FORM
empezar	empez-	empi**e**z-	empi**e**zo
volver	volv-	vu**e**lv-	vu**e**lvo

- In many verbs, such as **empezar** *(to begin)*, the stem vowel changes from **e** to **ie**. Note that the **nosotros/as** and **vosotros/as** forms don't have a stem change.

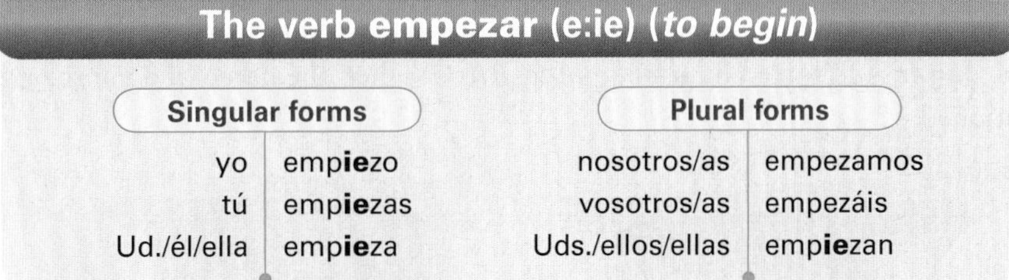

The verb empezar (e:ie) (*to begin*)

Singular forms		Plural forms	
yo	empi**e**zo	nosotros/as	empezamos
tú	empi**e**zas	vosotros/as	empezáis
Ud./él/ella	empi**e**za	Uds./ellos/ellas	empi**e**zan

- In many other verbs, such as **volver** *(to return)*, the stem vowel changes from **o** to **ue**. The **nosotros/as** and **vosotros/as** forms have no stem change.

The verb volver (o:ue) (*to return*)

Singular forms		Plural forms	
yo	vu**e**lvo	nosotros/as	volvemos
tú	vu**e**lves	vosotros/as	volvéis
Ud./él/ella	vu**e**lve	Uds./ellos/ellas	vu**e**lven

- To help you identify stem-changing verbs, they will appear as follows throughout the text:

empezar (e:ie), volver (o:ue)

Common stem-changing verbs

e:ie		o:ue	
cerrar	*to close*	**almorzar**	*to have lunch*
comenzar (a + *inf.*)	*to begin*	**contar**	*to count; to tell*
empezar (a + *inf.*)	*to begin*	**dormir**	*to sleep*
entender	*to understand*	**encontrar**	*to find*
pensar	*to think*	**mostrar**	*to show*
perder	*to lose; to miss*	**poder (+ *inf.*)**	*to be able to; can*
preferir (+ *inf.*)	*to prefer*	**recordar**	*to remember*
querer (+ *inf.*)	*to want; to love*	**volver**	*to return*

¡LENGUA VIVA!

The verb **perder** can mean *to lose* or *to miss*, in the sense of "to miss a train":

Siempre pierdo mis llaves.
I always lose my keys.

Es importante no perder el autobús.
It's important not to miss the bus.

- **Jugar** (*to play* a sport or game) is the only Spanish verb that has a **u:ue** stem change. **Jugar** is followed by **a** + [*definite article*] when the name of a sport or game is mentioned.

- **Comenzar** and **empezar** require the preposition **a** when they are followed by an infinitive.

Comienzan a jugar a las siete.
They begin playing at seven.

Ana **empieza a** escribir una postal.
Ana starts to write a postcard.

- **Pensar** + [*infinitive*] means *to plan* or *to intend to do something*. **Pensar en** means *to think about someone* or *something*.

¿**Piensan** ir al gimnasio?
Are you planning to go to the gym?

¿**En** qué **piensas**?
What are you thinking about?

Provide the present tense forms of these verbs. The first item in each column has been done for you.

cerrar (e:ie)

1. Ustedes cierran.
2. Tú ________.
3. Nosotras ________.
4. Mi hermano ________.
5. Yo ________.
6. Usted ________.
7. Los chicos ________.
8. Ella ________.

dormir (o:ue)

1. Mi abuela no duerme.
2. Yo no ________.
3. Tú no ________.
4. Mis hijos no ________.
5. Usted no ________.
6. Nosotros no ________.
7. Él no ________.
8. Ustedes no ________.

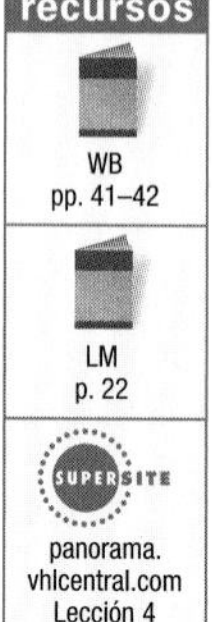

Práctica

SUPERSITE

1

Completar Complete this conversation with the appropriate forms of the verbs. Then act it out with a partner.

PABLO Óscar, voy al centro ahora.

ÓSCAR ¿A qué hora (1)__________ (pensar) volver? El partido de fútbol (2)__________ (empezar) a las dos.

PABLO (3)__________ (Volver) a la una. (4)__________ (Querer) ver el partido.

ÓSCAR (5)¿__________ (Recordar) que (*that*) nuestro equipo es muy bueno? (6)¡ __________ (Poder) ganar!

PABLO No, (7)__________ (pensar) que va a (8)__________ (perder). Los jugadores de Guadalajara son salvajes (*wild*) cuando (9)__________ (jugar).

2

Preferencias With a partner, take turns asking and answering questions about what these people want to do, using the cues provided.

NOTA CULTURAL

Dominó (*Dominoes*) is a popular pastime throughout Colombia, Venezuela, Central America, and the Spanish-speaking countries of the Caribbean. It's played both socially and competitively by people of all ages.

modelo

Guillermo: estudiar / pasear en bicicleta
Estudiante 1: *¿Quiere estudiar Guillermo?*
Estudiante 2: *No, prefiere pasear en bicicleta.*

1. tú: trabajar / dormir
2. ustedes: mirar la televisión / jugar al dominó
3. tus amigos: ir de excursión / descansar
4. tú: comer en la cafetería / ir a un restaurante
5. Elisa: ver una película / leer una revista
6. María y su hermana: tomar el sol / practicar el esquí acuático

3

Describir Use a verb from the list to describe what these people are doing.

almorzar cerrar contar dormir encontrar mostrar

1. las niñas
2. yo
3. nosotros
4. tú
5. Pedro
6. Teresa

1,2,3

Comunicación

4 **Frecuencia** In pairs, use the verbs from the list and other stem-changing verbs you know to create sentences telling your partner which activities you do daily (**todos los días**), which you do once a month (**una vez al mes**), and which you do once a year (**una vez al año**). Then switch roles.

modelo

Estudiante 1: *Yo recuerdo a mi familia todos los días.*
Estudiante 2: *Yo pierdo uno de mis libros una vez al año.*

cerrar	perder
dormir	poder
empezar	preferir
encontrar	querer
jugar	recordar
¿?	¿?

todos los días		una vez al mes		una vez al año

5 **En la televisión** Read the television listings for Saturday. In pairs, write a conversation between two siblings arguing about what to watch. Be creative and be prepared to act out your conversation for the class.

modelo

Hermano: *Quiero ver la Copa Mundial.*
Hermana: *¡No! Prefiero ver...*

	13:00	14:00	15:00	16:00	17:00	18:00	19:00	20:00	21:00	22:00	23:00
7	Copa Mundial (*World Cup*) de fútbol			El tiempo libre		Fútbol internacional: Copa América: México-Argentina				Torneo de Natación	
8	Abierto (*Open*) Mexicano de Tenis: Alejandro Hernández (México) vs. Jacobo Díaz (España). Semifinales			Campeonato (*Championship*) de baloncesto: Los Correcaminos de Tampico vs. los Santos de San Luis				Aficionados al buceo		Cozumel: Aventuras	
12	Gente famosa		Amigos	Médicos jóvenes			Película: **El centro de la ciudad**		Película: **Terror en la plaza mayor**		
13	El padrastro		Periodistas en peligro (*danger*)			El esquí acuático				Patinaje artístico	
17	Biografías: La artista Frida Kahlo			Música de la semana		Entrevista del día: Miguel Indurain y su pasión por el ciclismo				Cine de la noche: **La carta misteriosa**	

NOTA CULTURAL

Miguel Indurain is a famous cyclist from Spain who has won the Tour de France bicycle race five times.

Síntesis

6 **Situación** Your instructor will give you and your partner a partially illustrated itinerary of a city tour. Complete the itineraries by asking each other questions using the verbs in the captions and vocabulary you have learned.

modelo

Estudiante 1: *Por la mañana, empiezan en el café.*
Estudiante 2: *Y luego...*

4.3 Stem-changing verbs: e→i

ANTE TODO You've already seen that many verbs in Spanish change their stem vowel when conjugated. There is a third kind of stem-vowel change in some verbs, such as **pedir** (*to ask for; to request*). In these verbs, the stressed vowel in the stem changes from **e** to **i**, as shown in the diagram.

INFINITIVE	VERB STEM	STEM CHANGE	CONJUGATED FORM
pedir	ped-	pid-	pido

- As with other stem-changing verbs you have learned, there is no stem change in the **nosotros/as** or **vosotros/as** forms in the present tense.

The verb pedir (e:i) (*to ask for; to request*)

Singular forms		Plural forms	
yo	pido	nosotros/as	pedimos
tú	pides	vosotros/as	pedís
Ud./él/ella	pide	Uds./ellos/ellas	piden

¡LENGUA VIVA!

As you learned in **Lección 2, preguntar** means *to ask a question*. **Pedir**, however, means *to ask for something*:

Ella me pregunta cuántos años tengo.
She asks me how old I am.

Él me pide ayuda.
He asks me for help.

- To help you identify verbs with the **e:i** stem change, they will appear as follows throughout the text:

pedir (e:i)

- These are the most common **e:i** stem-changing verbs:

conseguir	**decir**	**repetir**	**seguir**
to get; to obtain	*to say; to tell*	*to repeat*	*to follow; to continue; to keep (doing something)*

Pido favores cuando es necesario.
I ask for favors when it's necessary.

Javier **dice** la verdad.
Javier is telling the truth.

Sigue con su trabajo.
He continues with his job.

Consiguen ver buenas películas.
They get to see good movies.

- **¡Atención!** The verb **decir** is irregular in its **yo** form: **yo digo.**
- The **yo** forms of **seguir** and **conseguir** have a spelling change as well as the stem change **e→i**.

Sigo su plan.
I'm following their plan.

Consigo novelas en la librería.
I get novels at the bookstore.

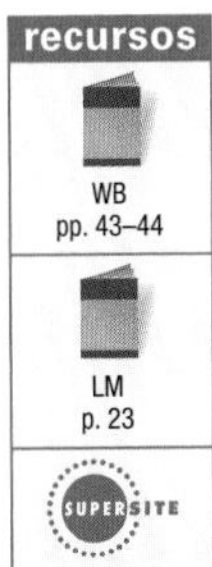

¡INTÉNTALO! Provide the correct forms of the verbs.

repetir (e:i)
1. Arturo y Eva repiten.
2. Yo ________.
3. Nosotros ________.
4. Julia ________.
5. Sofía y yo ________.

decir (e:i)
1. Yo digo.
2. Él ________.
3. Tú ________.
4. Usted ________.
5. Ellas ________.

seguir (e: i)
1. Yo sigo.
2. Nosotros ________.
3. Tú ________.
4. Los chicos ________.
5. Usted ________.

Práctica

SUPERSITE

1

Completar Complete these sentences with the correct form of the verb provided.

1. Cuando mi familia pasea por la ciudad, mi madre siempre (*always*) va al café y ________ (pedir) una soda.
2. Pero mi padre ________ (decir) que perdemos mucho tiempo. Tiene prisa por llegar al bosque de Chapultepec.
3. Mi padre tiene suerte, porque él siempre ________ (conseguir) lo que (*that which*) desea.
4. Cuando llegamos al parque, mis hermanos y yo ________ (seguir) conversando (*talking*) con nuestros padres.
5. Mis padres siempre ________ (repetir) la misma cosa: "Nosotros tomamos el sol aquí sin ustedes."
6. Yo siempre ________ (pedir) permiso para volver a casa un poco más tarde porque me gusta mucho el parque.

NOTA CULTURAL

A popular weekend destination for residents and tourists, **El bosque de Chapultepec** is a beautiful park located in Mexico City. It occupies over 1.5 square miles and includes lakes, wooded areas, several museums, and a botanical garden.

2

Combinar Combine words from the columns to create sentences about yourself and people you know.

A	B
yo	(no) pedir muchos favores
mi compañero/a de cuarto	nunca (*never*) pedir perdón
mi mejor (*best*) amigo/a	nunca seguir las instrucciones
mi familia	siempre seguir las instrucciones
mis amigos/as	conseguir libros en Internet
mis amigos y yo	repetir el vocabulario
mis padres	
mi hermano/a	
mi profesor(a) de español	

3

Opiniones Work in pairs to guess how your partner completed the sentences from **Actividad 2**. If you guess incorrectly, your partner must supply the correct answer. Switch roles.

modelo

Estudiante 1: En mi opinión, tus padres consiguen libros en Internet.
Estudiante 2: ¡No! Mi hermana consigue libros en Internet.

CONSULTA

To review possessive adjectives, see **Estructura 3.2**, p. 85.

Comunicación

4

Las películas Use these questions to interview a classmate.

1. ¿Prefieres las películas románticas, las películas de acción o las películas de horror? ¿Por qué?
2. ¿Dónde consigues información sobre (*about*) una película?
3. ¿Dónde consigues las entradas (*tickets*) para una película?
4. Para decidir qué películas vas a ver, ¿sigues las recomendaciones de los críticos? ¿Qué dicen los críticos en general?
5. ¿Qué cines en tu comunidad muestran las mejores (*best*) películas?
6. ¿Vas a ver una película esta semana? ¿A qué hora empieza la película?

Síntesis

5

El cine In pairs, first scan the ad and jot down all the stem-changing verbs. Then answer the questions. Be prepared to share your answers with the class.

1. ¿Qué palabras indican que *Un mundo azul oscuro (Dark Blue World)* es una película dramática?
2. ¿Cuántas personas hay en el póster?
3. ¿Cómo son las personas del póster? ¿Qué relación tienen?
4. ¿Te gustan las películas como ésta (*this one*)?
5. Describe tu película favorita con los verbos de la **Lección 4.**

4.4 Verbs with irregular yo forms

ANTE TODO In Spanish, several verbs have irregular **yo** forms in the present tense. You have already seen three verbs with the **-go** ending in the **yo** form: **decir → digo**, **tener → tengo**, and **venir → vengo**.

▶ Here are some common expressions with **decir**.

decir la verdad
to tell the truth

decir mentiras
to tell lies

decir que
to say that

decir la respuesta
to say the answer

▶ The verb **hacer** is often used to ask questions about what someone does. Note that, when answering, **hacer** is frequently replaced with another, more specific, action verb.

Verbs with irregular yo forms

	hacer (to do; to make)	**poner** (to put; to place)	**salir** (to leave)	**suponer** (to suppose)	**traer** (to bring)
SINGULAR FORMS	**hago**	**pongo**	**salgo**	**supongo**	**traigo**
	haces	pones	sales	supones	traes
	hace	pone	sale	supone	trae
PLURAL FORMS	hacemos	ponemos	salimos	suponemos	traemos
	hacéis	ponéis	salís	suponéis	traéis
	hacen	ponen	salen	suponen	traen

Yo no salgo, prefiero poner la televisión y ver películas.

▶ **Poner** can also mean *to turn on* a household appliance.

Carlos **pone** la radio.
Carlos turns on the radio.

María **pone** la televisión.
María turns on the television.

▶ **Salir de** is used to indicate that someone is leaving a particular place.

Hoy **salgo del** hospital.
Today I leave the hospital.

Sale de la clase a las cuatro.
He leaves class at four.

- **Salir para** is used to indicate someone's destination.

  Mañana **salgo para** México.
  Tomorrow I leave for Mexico.

  Hoy **salen para** España.
  Today they leave for Spain.

- **Salir con** means *to leave with someone* or *something*, or *to date someone*.

  Alberto **sale con** su mochila.
  Alberto is leaving with his backpack.

  Margarita **sale con** Guillermo.
  Margarita is going out with Guillermo.

The verbs ver and oír

- The verb **ver** (*to see*) has an irregular **yo** form. The other forms of **ver** are regular.

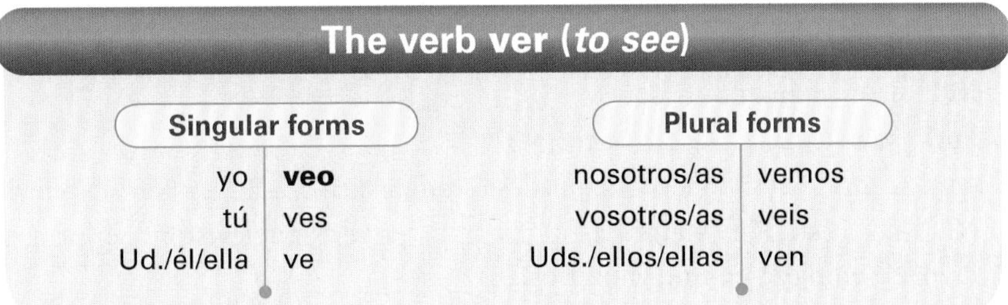

The verb ver (*to see*)

Singular forms		Plural forms	
yo	**veo**	nosotros/as	vemos
tú	ves	vosotros/as	veis
Ud./él/ella	ve	Uds./ellos/ellas	ven

- The verb **oír** (*to hear*) has an irregular **yo** form and the spelling change **i→y** in the **tú, usted, él, ella, ustedes, ellos,** and **ellas** forms. The **nosotros/as** and **vosotros/as** forms have an accent mark.

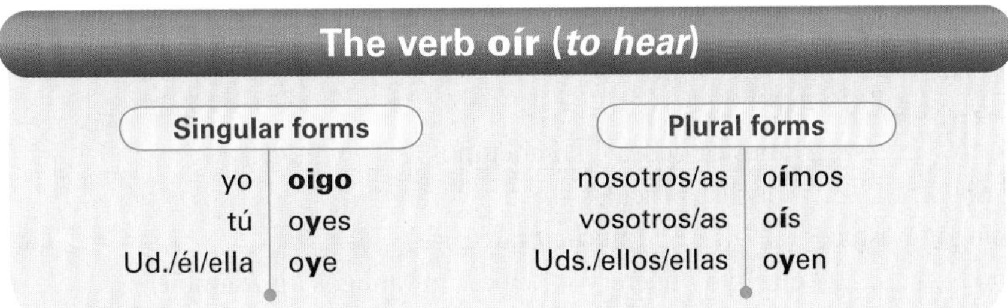

The verb oír (*to hear*)

Singular forms		Plural forms	
yo	**oigo**	nosotros/as	**oímos**
tú	**oyes**	vosotros/as	**oís**
Ud./él/ella	**oye**	Uds./ellos/ellas	**oyen**

- While most commonly translated as *to hear*, **oír** is also used in contexts where English would use *to listen*.

  Oigo a unas personas en la otra sala.
  I hear some people in the other room.

  ¿**Oyes** la radio por la mañana?
  Do you listen to the radio in the morning?

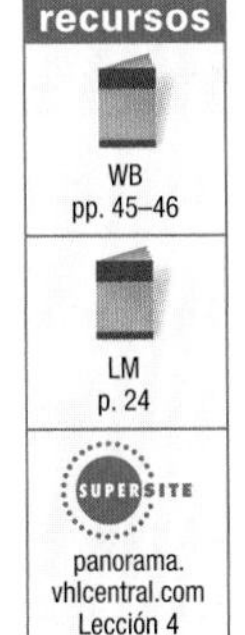

¡INTÉNTALO! Provide the appropriate forms of these verbs. The first item has been done for you.

1. salir	Isabel sale.	Nosotros ________.	Yo ________.
2. ver	Yo ________.	Uds. ________.	Tú ________.
3. poner	Rita y yo ________.	Yo ________.	Los niños ________.
4. hacer	Yo ________.	Tú ________.	Ud. ________.
5. oír	Él ________.	Nosotros ________.	Yo ________.
6. traer	Ellas ________.	Yo ________.	Tú ________.
7. suponer	Yo ________.	Mi amigo ________.	Nosotras ________.

Práctica

SUPERSITE

1

Completar Complete this conversation with the appropriate forms of the verbs. Then act it out with a partner.

ERNESTO David, ¿qué (1)__________ (hacer) hoy?

DAVID Ahora estudio biología, pero esta noche (2)__________ (salir) con Luisa. Vamos al cine. Los críticos (3)__________ (decir) que la nueva (*new*) película de Almodóvar es buena.

ERNESTO ¿Y Diana? ¿Qué (4)__________ (hacer) ella?

DAVID (5)__________ (Salir) a comer con sus padres.

ERNESTO ¿Qué (6)__________ (hacer) Andrés y Javier?

DAVID Tienen que (7)__________ (hacer) las maletas. (8)__________ (Salir) para Monterrey mañana.

ERNESTO Pues, ¿qué (9)__________ (hacer) yo?

DAVID (10)__________ (Suponer) que puedes estudiar o (11)__________ (ver) la televisión.

ERNESTO No quiero estudiar. Mejor (12)__________ (poner) la televisión. Mi programa favorito empieza en unos minutos.

2

Oraciones Form sentences using the cues provided and verbs from **Estructura 4.4**.

modelo

tú / ________ / cosas / en / su lugar / antes de (*before*) / salir

Tú pones las cosas en su lugar antes de salir.

1. mis amigos / ________ / conmigo / centro
2. tú / ________ / verdad
3. Alberto / ________ / música del café Pasatiempos
4. yo / no / ________ / muchas películas
5. domingo / nosotros / ________ / mucha / tarea
6. si / yo / ________ / que / yo / querer / ir / cine / mis amigos / ir / también

3

Describir Use a verb from **Estructura 4.4** to describe what these people are doing.

1. Fernán

2. los aficionados

3. yo

4. nosotros

5. la señora Vargas

6. el estudiante

Comunicación

4

Preguntas Get together with a classmate and ask each other these questions.

1. ¿Qué traes a clase?
2. ¿Quiénes traen un diccionario a clase? ¿Por qué traen un diccionario?
3. ¿A qué hora sales de tu residencia estudiantil o de tu casa por la mañana? ¿A qué hora sale tu compañero/a de cuarto o tu esposo/a?
4. ¿Dónde pones tus libros cuando regresas de clase? ¿Siempre (*Always*) pones tus cosas en su lugar?
5. ¿Pones fotos de tu familia en tu casa? ¿Quiénes son las personas que están en las fotos?
6. ¿Oyes la radio cuando estudias?
7. ¿En qué circunstancias dices mentiras?
8. ¿Haces mucha tarea los fines de semana?
9. ¿Sales con tus amigos los fines de semana? ¿A qué hora? ¿Qué hacen?
10. ¿Te gusta ver deportes en la televisión o prefieres ver otros programas? ¿Cuáles?

5

Charadas In groups, play a game of charades. Each person should think of two phrases using the verbs **hacer, oír, poner, salir, traer,** or **ver**. The first person to guess correctly acts out the next charade.

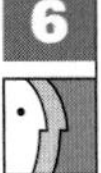

6

Entrevista You are doing a market research report on lifestyles. Interview a classmate to find out when he or she goes out with the following people and what they do for entertainment.

- los amigos
- el/la novio/a
- el/la esposo/a
- la familia

Síntesis

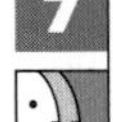

7

Situación Imagine that you are speaking with your roommate. With a partner, prepare a conversation using these cues.

Estudiante 1	Estudiante 2
Ask your partner what he or she is doing.	→ Tell your partner that you are watching TV.
Say what you suppose he or she is watching.	→ Say that you like the show _______. Ask if he or she wants to watch.
Say no, because you are going out with friends and tell where you are going.	→ Say you think it's a good idea, and ask what your partner and his or her friends are doing there.
Say what you are going to do, and ask your partner whether he or she wants to come along.	→ Say no and tell your partner what you prefer to do.

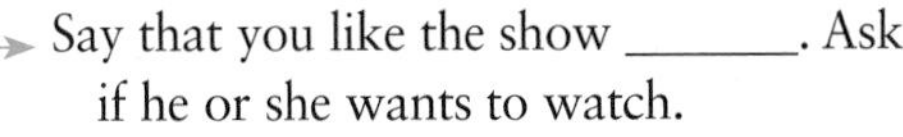

Recapitulación

For self-scoring and diagnostics, go to **panorama.vhlcentral.com.**

Review the grammar concepts you have learned in this lesson by completing these activities.

1 **Completar** Complete the chart with the correct verb forms. 15 pts.

Infinitive	yo	nosotros/as	ellos/as
	vuelvo		
comenzar		comenzamos	
		hacemos	hacen
ir			
	juego		
repetir			repiten

2 **Un día típico** Complete the paragraph with the appropriate forms of the verbs in the word list. Not all verbs will be used. Some may be used more than once. 10 pts.

almorzar	ir	salir
cerrar	jugar	seguir
empezar	mostrar	ver
hacer	querer	volver

¡Hola! Me llamo Cecilia y vivo en Puerto Vallarta, México. ¿Cómo es un día típico en mi vida (*life*)? Por la mañana bebo café con mis padres y juntos (*together*) (1)__________ las noticias (*news*) en la televisión. A las siete y media, (yo) (2)__________ de mi casa y tomo el autobús. Me gusta llegar temprano (*early*) a la universidad porque siempre (*always*) (3)__________ a mis amigos en la cafetería. Tomamos café y planeamos lo que (4)__________ hacer cada (*each*) día. A las ocho y cuarto, mi amiga Sandra y yo (5)__________ al laboratorio de lenguas. La clase de francés (6)__________ a las ocho y media. ¡Es mi clase favorita! A las doce y media (yo) (7)__________ en la cafetería con mis amigos. Después (*Afterwards*), yo (8)__________ con mis clases. Por las tardes, mis amigos (9)__________ a sus casas, pero yo (10)__________ al vóleibol con mi amigo Tomás.

RESUMEN GRAMATICAL

4.1 Present tense of ir *p. 118*

yo	voy	nos.	vamos
tú	vas	vos.	vais
él	va	ellas	van

- **ir a +** [*infinitive*] = *to be going to +* [*infinitive*]
- **a + el = al**
- **vamos a +** [*infinitive*] = *let's* (*do something*)

4.2 Stem-changing verbs e:ie, o:ue, u:ue *pp. 121–122*

	empezar	volver	jugar
yo	empiezo	vuelvo	juego
tú	empiezas	vuelves	juegas
él	empieza	vuelve	juega
nos.	empezamos	volvemos	jugamos
vos.	empezáis	volvéis	jugáis
ellas	empiezan	vuelven	juegan

- Other e:ie verbs: **cerrar, comenzar, entender, pensar, perder, preferir, querer**
- Other o:ue verbs: **almorzar, contar, dormir, encontrar, mostrar, poder, recordar**

4.3 Stem-changing verbs e:i *p. 125*

pedir			
yo	pido	nos.	pedimos
tú	pides	vos.	pedís
él	pide	ellas	piden

- Other e:i verbs: **conseguir, decir, repetir, seguir**

4.4 Verbs with irregular yo forms *pp. 128–129*

hacer	poner	salir	suponer	traer
hago	pongo	salgo	supongo	traigo

- **ver:** veo, ves, ve, vemos, veis, ven
- **oír:** oigo, oyes, oye, oímos, oís, oyen

3 **Oraciones** Arrange the cues provided in the correct order to form complete sentences. Make all necessary changes. 14 pts.

1. tarea / los / hacer / sábados / nosotros / la

   ____

2. en / pizza / Andrés / una / restaurante / el / pedir

   ____

3. a / ? / museo / ir / ¿ / el / (tú)

   ____

4. de / oír / amigos / bien / los / no / Elena

   ____

5. libros / traer / yo / clase / mis / a

   ____

6. película / ver / en / Jorge y Carlos / pensar / cine / una / el

   ____

7. unos / escribir / Mariana / electrónicos / querer / mensajes

   ____

4  **Escribir** Write a short paragraph about what you do on a typical day. Use at least six of the verbs you have learned in this lesson. You can use the paragraph on the opposite page (**Actividad 2**) as a model. 11 pts.

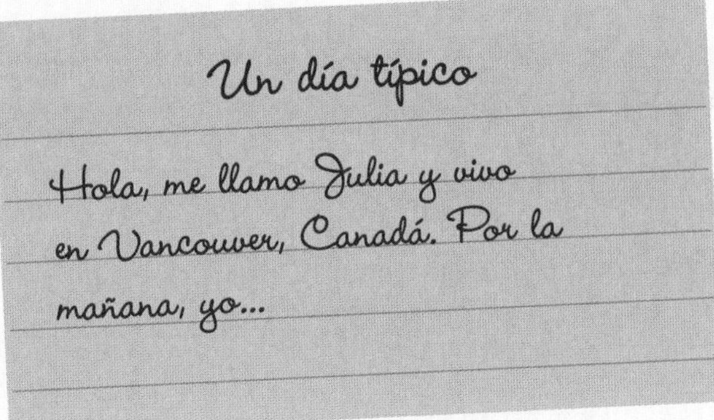

5  **Rima** Write the missing verbs to solve the rhyme. 2 EXTRA points!

“Si no __________ dormir
y el sueño deseas,
lo vas a conseguir
si __________ ovejas°.”

ovejas *sheep*

Lectura

Antes de leer

Estrategia

Predicting content from visuals

When you are reading in Spanish, be sure to look for visual clues that will orient you as to the content and purpose of what you are reading. Photos and illustrations, for example, will often give you a good idea of the main points that the reading covers. You may also encounter very helpful visuals that are used to summarize large amounts of data in a way that is easy to comprehend; these include bar graphs, pie charts, flow charts, lists of percentages, and other sorts of diagrams.

Examinar el texto

Take a quick look at the visual elements of the magazine article in order to generate a list of ideas about its content. Then compare your list with a classmate's. Are your lists the same or are they different? Discuss your lists and make any changes needed to produce a final list of ideas.

Contestar

Read the list of ideas you wrote in **Examinar el texto,** and look again at the visual elements of the magazine article. Then answer these questions:

1. Who is the woman in the photo, and what is her role?
2. What is the article about?
3. What is the subject of the pie chart?
4. What is the subject of the bar graph?

por María Úrsula Echevarría

El fútbol es el deporte más popular en el mundo° hispano, según° una encuesta° reciente realizada entre jóvenes universitarios. Mucha gente practica este deporte y tiene un equipo de fútbol favorito. Cada cuatro años se realiza la Copa Mundial°. Argentina y Uruguay han ganado° este campeonato° más de una vez°. Los aficionados siguen los partidos de fútbol en casa por tele y en muchos otros lugares como los bares, los restaurantes, los estadios y los clubes deportivos. Los jóvenes juegan al fútbol con sus amigos en parques y gimnasios.

Países hispanos en campeonatos mundiales de fútbol (1930–2002)

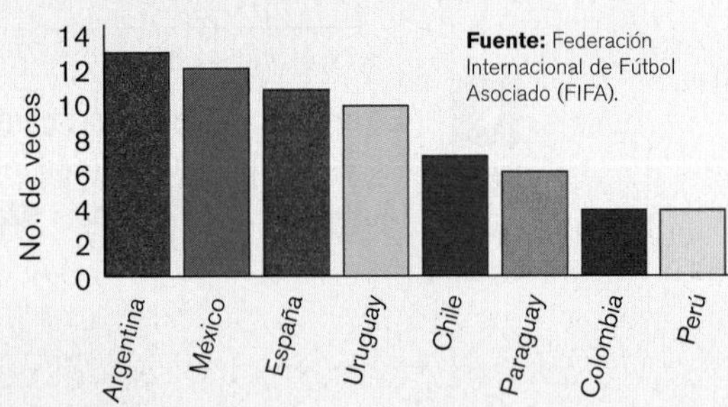

Pero, por supuesto°, en los países de habla hispana también hay otros deportes populares. ¿Qué deporte sigue al fútbol en estos países? Bueno, ¡depende del país y de otros factores!

Después de leer

Evaluación y predicción

Which of the following sports events would be most popular among the college students surveyed? Rate them from one (most popular) to five (least popular). Which would be the most popular at your college or university?

_________ 1. La Copa Mundial de Fútbol

_________ 2. Los Juegos Olímpicos

_________ 3. El torneo de tenis de Wimbledon

_________ 4. La Serie Mundial de Béisbol

_________ 5. El Tour de Francia

No sólo el fútbol

En Colombia, por ejemplo, el béisbol es muy popular después del fútbol, aunque° esto varía según la región del país. En la costa del norte de Colombia, el béisbol es una pasión. Y el ciclismo también es un deporte que los colombianos siguen con mucho interés.

Donde el béisbol es más popular

En los países del Caribe, el béisbol es el deporte predominante. Éste es el caso en Puerto Rico, Cuba y la República Dominicana. Los niños empiezan a jugar cuando son muy pequeños. En Puerto Rico y la República Dominicana, la gente también quiere participar en otros deportes, como el baloncesto, o ver los partidos en la tele. Y para los espectadores aficionados del Caribe, el boxeo es número dos.

Donde el fútbol es más popular

En México el béisbol es el segundo° deporte más popular después° del fútbol. Pero en Argentina, después del fútbol, el rugby tiene mucha importancia. En Perú a la gente le gusta mucho ver partidos de vóleibol. ¿Y en España? Mucha gente prefiere el baloncesto, el tenis y el ciclismo.

Deportes más populares

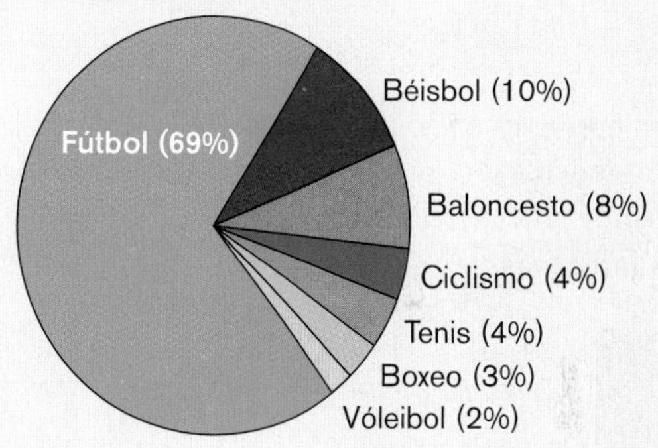

mundo *world* según *according to* encuesta *survey* se realiza la Copa Mundial *the World Cup is held* han ganado *have won* campeonato *championship* más de una vez *more than once* por supuesto *of course* segundo *second* después *after* aunque *although*

¿Cierto o falso? 

Indicate whether each sentence is **cierto** or **falso**, then correct the false statements.

	Cierto	Falso
1. El vóleibol es el segundo deporte más popular en México.	❍	❍
2. En España a la gente le gustan varios deportes como el baloncesto y el ciclismo.	❍	❍
3. En la costa del norte de Colombia, el tenis es una pasión.	❍	❍
4. En el Caribe el deporte más popular es el béisbol.	❍	❍

Preguntas

Answer these questions in Spanish.

1. ¿Dónde ven los aficionados el fútbol? Y tú, ¿cómo ves tus deportes favoritos?
2. ¿Te gusta el fútbol? ¿Por qué?
3. ¿Miras la Copa Mundial en la televisión?
4. ¿Qué deportes miras en la televisión?
5. En tu opinión, ¿cuáles son los tres deportes más populares en tu universidad? ¿En tu comunidad? ¿En los Estados Unidos?
6. ¿Qué haces en tus ratos libres?

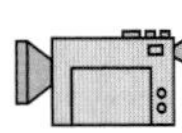

México

El país en cifras

- **Área:** 1.972.550 km^2 (761.603 millas^2), *casi° tres veces° el área de Texas*

La situación geográfica de México, al sur° de los Estados Unidos, ha influido en° la economía y la sociedad de los dos países. Una de las consecuencias es la emigración de la población mexicana al país vecino°. Hoy día, más de 20 millones de personas de ascendencia mexicana viven en los Estados Unidos.

- **Población:** 113.271.000
- **Capital:** México, D.F.—20.688.000
- **Ciudades principales:** Guadalajara—4.237.000, Monterrey—3.914.000, Ciudad Juárez—1.841.000, Puebla—1.801.000

SOURCE: Population Division, UN Secretariat

- **Moneda:** peso mexicano
- **Idiomas:** español (oficial), náhuatl, otras lenguas indígenas

Bandera de México

Mexicanos célebres

- **Benito Juárez,** héroe nacional (1806–1872)
- **Octavio Paz,** poeta (1914–1998)
- **Elena Poniatowska,** periodista y escritora (1933–)
- **Julio César Chávez,** boxeador (1962–)

Un delfín en Baja California

ESTADOS UNIDOS
Ciudad Juárez
Golfo de California
Baja California
Río Grande
Río Bravo del Norte
Sierra Madre Oriental
Sierra Madre Occidental
Monterrey
Ciudad de México
Puerto Vallarta
Guadalajara
Puebla
Océano Pacífico
Acapulco

MÉXICO
ESTADOS UNIDOS
OCÉANO ATLÁNTICO
OCÉANO PACÍFICO
AMÉRICA DEL SUR

Autorretrato con mono (*Self-portrait with monkey*), 1938, Frida Kahlo

Ruinas aztecas en México D.F.

Saltador en Acapulco

recursos

WB pp. 47–48	VM pp. 231–232	SUPERSITE panorama.vhlcentral.com Lección 4

casi *almost* veces *times* sur *south* ha influido en *has influenced* vecino *neighboring* se llenan de luz *get filled with light* flores *flowers* Muertos *Dead* se ríen *laugh* muerte *death* lo cual se refleja *which is reflected* calaveras de azúcar *sugar skulls* pan *bread* huesos *bones*

¡Increíble pero cierto!

Cada dos de noviembre los cementerios de México se llenan de luz°, música y flores°. El Día de Muertos° no es un evento triste; es una fiesta en honor a las personas muertas. En ese día, los mexicanos se ríen° de la muerte°, lo cual se refleja° en detalles como las calaveras de azúcar° y el pan° de muerto —pan en forma de huesos°.

Ciudades • México, D.F.

La Ciudad de México, fundada° en 1525, también se llama el D.F. o Distrito Federal. Muchos turistas e inmigrantes vienen a la ciudad porque es el centro cultural y económico del país. El crecimiento° de la población es de los más altos° del mundo. El D.F. tiene una población mayor que las de Nueva York, Madrid o París.

Artes • Diego Rivera y Frida Kahlo

Frida Kahlo y Diego Rivera eran° artistas mexicanos muy famosos. Casados° en 1929, los dos se interesaron° en las condiciones sociales de la gente indígena de su país. Puedes ver algunas° de sus obras° en el Museo de Arte Moderno de la Ciudad de México.

Historia • Los aztecas

Los aztecas dominaron° en México del siglo° XIV hasta el siglo XVI. Sus canales, puentes° y pirámides con templos religiosos eran muy importantes. El imperio azteca terminó° cuando llegaron° los españoles en 1519, pero la presencia azteca sigue hoy. La Ciudad de México está situada en la capital azteca de Tenochtitlán, y muchos turistas van a visitar sus ruinas.

Economía • La plata

México es el mayor productor de plata° del mundo°. Estados como Zacatecas y Durango tienen ciudades fundadas cerca de los más grandes yacimientos° de plata del país. Estas ciudades fueron° en la época colonial unas de las más ricas e importantes. Hoy en día, aún° conservan mucho de su encanto° y esplendor.

¿Qué aprendiste? Responde a cada pregunta con una oración completa.

1. ¿Qué lenguas hablan los mexicanos?
2. ¿Cómo es la población del D.F. en comparación a otras ciudades?
3. ¿En qué se interesaron Frida Kahlo y Diego Rivera?
4. Nombra algunas de las estructuras de la arquitectura azteca.
5. ¿Dónde está situada la capital de México?
6. ¿Qué estados de México tienen los mayores yacimientos de plata?

Conexión Internet Investiga estos temas en **panorama.vhlcentral.com.**

1. Busca información sobre dos lugares de México. ¿Te gustaría (*Would you like*) vivir allí? ¿Por qué?
2. Busca información sobre dos artistas mexicanos. ¿Cómo se llaman sus obras más famosas?

fundada *founded* crecimiento *growth* más altos *highest* eran *were* Casados *Married* se interesaron *were interested in* algunas *some* obras *works* dominaron *dominated* siglo *century* puentes *bridges* terminó *ended* llegaron *arrived* plata *silver* mundo *world* yacimientos *deposits* fueron *were* aún *still* encanto *charm*

Pasatiempos

andar en patineta	*to skateboard*
bucear	*to scuba dive*
escalar montañas (*f. pl.*)	*to climb mountains*
escribir una carta	*to write a letter*
escribir un mensaje electrónico	*to write an e-mail message*
esquiar	*to ski*
ganar	*to win*
ir de excursión	*to go on a hike*
leer correo electrónico	*to read e-mail*
leer un periódico	*to read a newspaper*
leer una revista	*to read a magazine*
nadar	*to swim*
pasear	*to take a walk; to stroll*
pasear en bicicleta	*to ride a bicycle*
patinar (en línea)	*to (in-line) skate*
practicar deportes (*m. pl.*)	*to play sports*
tomar el sol	*to sunbathe*
ver películas (*f. pl.*)	*to see movies*
visitar monumentos (*m. pl.*)	*to visit monuments*
la diversión	*fun activity; entertainment; recreation*
el fin de semana	*weekend*
el pasatiempo	*pastime; hobby*
los ratos libres	*spare (free) time*
el videojuego	*video game*

Deportes

el baloncesto	*basketball*
el béisbol	*baseball*
el ciclismo	*cycling*
el equipo	*team*
el esquí (acuático)	*(water) skiing*
el fútbol	*soccer*
el fútbol americano	*football*
el golf	*golf*
el hockey	*hockey*
el/la jugador(a)	*player*
la natación	*swimming*
el partido	*game; match*
la pelota	*ball*
el tenis	*tennis*
el vóleibol	*volleyball*

Adjetivos

deportivo/a	*sports-related*
favorito/a	*favorite*

Lugares

el café	*café*
el centro	*downtown*
el cine	*movie theater*
el gimnasio	*gymnasium*
la iglesia	*church*
el lugar	*place*
el museo	*museum*
el parque	*park*
la piscina	*swimming pool*
la plaza	*city or town square*
el restaurante	*restaurant*

Verbos

almorzar (o:ue)	*to have lunch*
cerrar (e:ie)	*to close*
comenzar (e:ie)	*to begin*
conseguir (e:i)	*to get; to obtain*
contar (o:ue)	*to count; to tell*
decir (e:i)	*to say; to tell*
dormir (o:ue)	*to sleep*
empezar (e:ie)	*to begin*
encontrar (o:ue)	*to find*
entender (e:ie)	*to understand*
hacer	*to do; to make*
ir	*to go*
jugar (u:ue)	*to play*
mostrar (o:ue)	*to show*
oír	*to hear*
pedir (e:i)	*to ask for; to request*
pensar (e:ie)	*to think*
pensar (+ *inf.*)	*to intend*
pensar en	*to think about*
perder (e:ie)	*to lose; to miss*
poder (o:ue)	*to be able to; can*
poner	*to put; to place*
preferir (e:ie)	*to prefer*
querer (e:ie)	*to want; to love*
recordar (o:ue)	*to remember*
repetir (e:i)	*to repeat*
salir	*to leave*
seguir (e:i)	*to follow; to continue*
suponer	*to suppose*
traer	*to bring*
ver	*to see*
volver (o:ue)	*to return*

***Decir* expressions**	*See page 128.*
Expresiones útiles	*See page 113.*

recursos

LM p. 24	panorama.vhlcentral.com Lección 4

Las vacaciones

5

Communicative Goals

You will learn how to:

- Discuss and plan a vacation
- Describe a hotel
- Talk about how you feel
- Talk about the seasons and the weather

A PRIMERA VISTA

- ¿Dónde están ellos: en una montaña o en una ciudad?
- ¿Son viejos o jóvenes?
- ¿Pasean o ven una película?

Las vacaciones

Más vocabulario

la cama	*bed*
la habitación individual, doble	*single, double room*
el piso	*floor (of a building)*
la planta baja	*ground floor*
el campo	*countryside*
el paisaje	*landscape*
el equipaje	*luggage*
la estación de autobuses, del metro, de tren	*bus, subway, train station*
la llegada	*arrival*
el pasaje (de ida y vuelta)	*(round-trip) ticket*
la salida	*departure; exit*
acampar	*to camp*
estar de vacaciones	*to be on vacation*
hacer las maletas	*to pack (one's suitcases)*
hacer un viaje	*to take a trip*
ir de compras	*to go shopping*
ir de vacaciones	*to go on vacation*
ir en autobús (m.), auto(móvil) (m.), motocicleta (f.), taxi (m.)	*to go by bus, car, motorcycle, taxi*

Variación léxica

automóvil ⟷ coche (*Esp.*), carro (*Amér. L.*)
autobús ⟷ camión (*Méx.*), guagua (*P. Rico*)
motocicleta ⟷ moto (*coloquial*)

recursos

WB	LM	SUPERSITE
pp. 49–50	p. 25	panorama.vhlcentral.com Lección 5

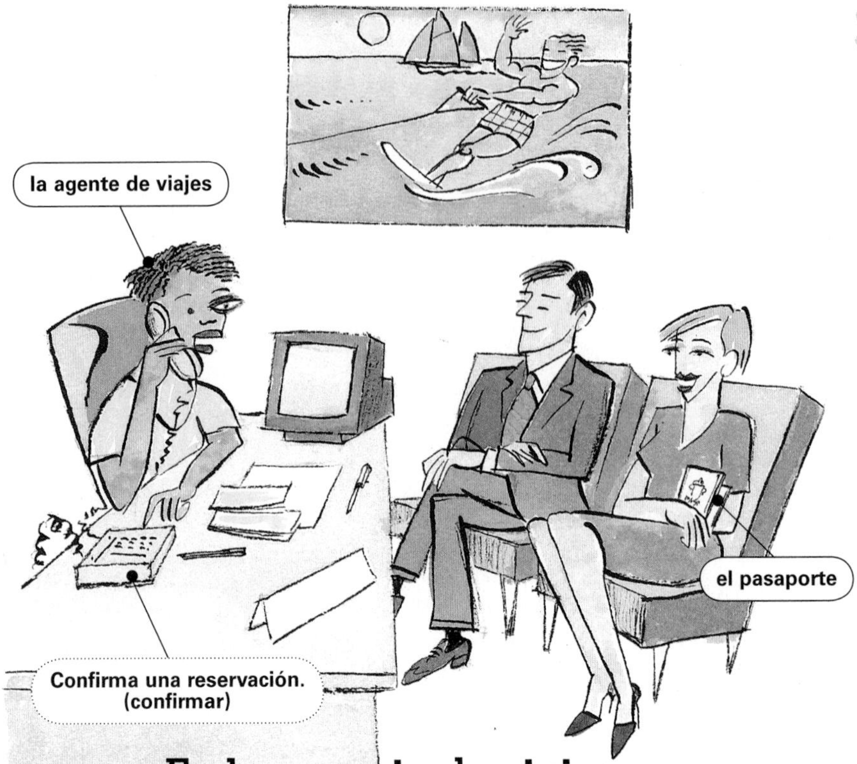

la agente de viajes
el pasaporte
Confirma una reservación. (confirmar)

En la agencia de viajes

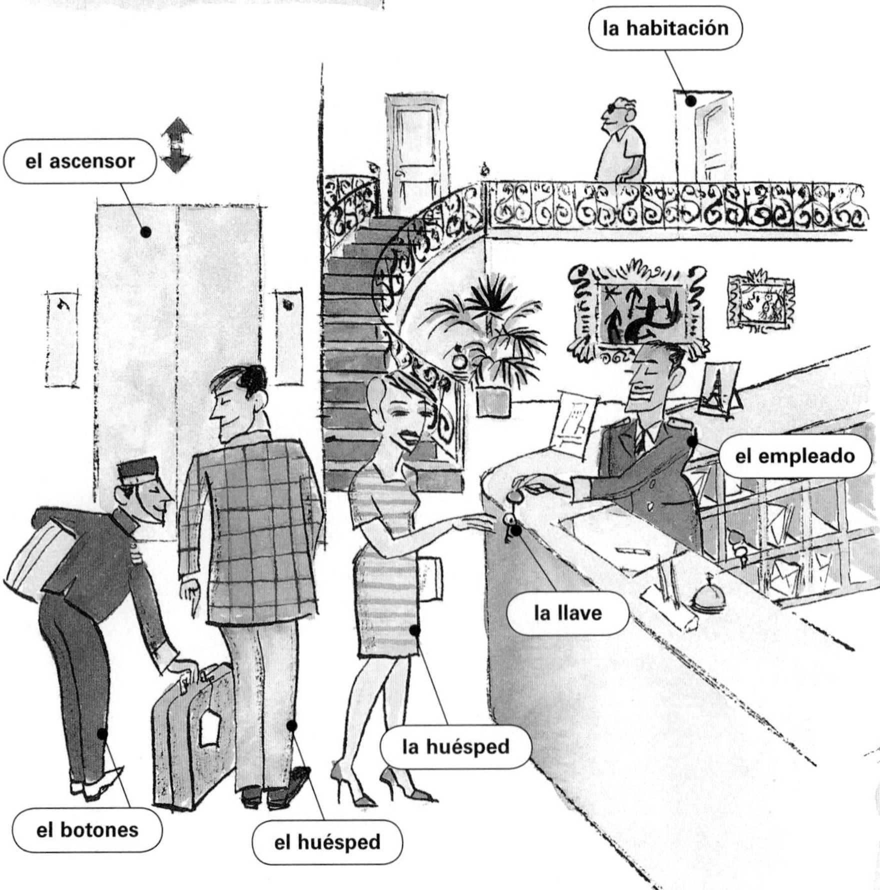

la habitación
el ascensor
el empleado
la llave
la huésped
el botones
el huésped

En el hotel

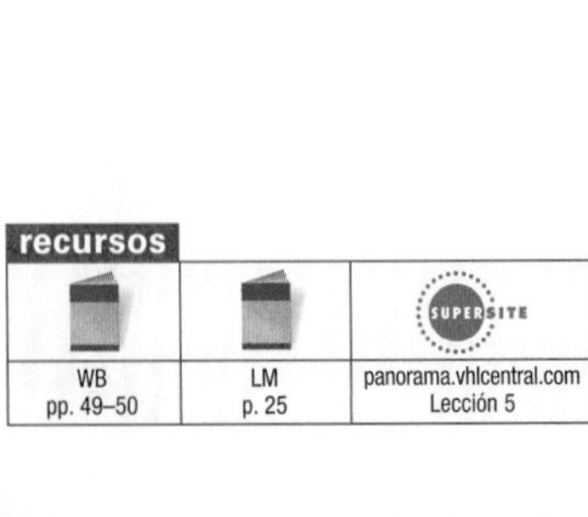

Saca/Toma fotos. (sacar, tomar)

BIENVENIDOS

el avión

el viajero

la inspectora de aduanas

En el aeropuerto

Pesca. (pescar)

Monta a caballo. (montar)

Va en barco. (ir)

Juegan a las cartas. (jugar)

el mar

la playa

En la playa

SUPERSITE

Práctica

1 **Escuchar** Indicate who would probably make each statement you hear. Each answer is used twice.

a. el agente de viajes
b. la inspectora de aduanas
c. un empleado del hotel

1. ________
2. ________
3. ________
4. ________
5. ________
6. ________

2 **¿Cierto o falso?** Mario and his wife, Natalia, are planning their next vacation with a travel agent. Indicate whether each statement is **cierto** or **falso** according to what you hear in the conversation.

	Cierto	Falso
1. Mario y Natalia están en Puerto Rico.	❍	❍
2. Mario y Natalia quieren hacer un viaje a Puerto Rico.	❍	❍
3. Natalia prefiere ir a una montaña.	❍	❍
4. Mario quiere pescar en Puerto Rico.	❍	❍
5. La agente de viajes va a confirmar la reservación.	❍	❍

3 **Escoger** Choose the best answer for each sentence.

1. Un huésped es una persona que _____.
   a. toma fotos b. está en un hotel c. pesca en el mar
2. Abrimos la puerta con _____.
   a. una llave b. un caballo c. una llegada
3. Enrique tiene _____ porque va a viajar a otro (*another*) país.
   a. un pasaporte b. una foto c. una llegada
4. Antes de (*Before*) ir de vacaciones hay que _____.
   a. pescar b. ir en tren c. hacer las maletas
5. Nosotros vamos en _____ al aeropuerto.
   a. autobús b. pasaje c. viajero
6. Me gusta mucho ir al campo. El _____ es increíble.
   a. paisaje b. pasaje c. equipaje

4 **Analogías** Complete the analogies using the words below. Two words will not be used.

auto	huésped	mar	sacar
botones	llegada	pasaporte	tren

1. acampar → campo ⊜ pescar →
2. agencia de viajes → agente ⊜ hotel →
3. llave → habitación ⊜ pasaje →
4. estudiante → libro ⊜ turista →
5. aeropuerto → viajero ⊜ hotel →
6. maleta → hacer ⊜ foto →

Las estaciones y los meses del año

el invierno: **diciembre, enero, febrero**

la primavera: **marzo, abril, mayo**

el verano: **junio, julio, agosto**

el otoño: **septiembre, octubre, noviembre**

—¿Cuál es la fecha de hoy? *What is today's date?*
—Es el primero de octubre. *It's the first of October.*
—Es el dos de marzo. *It's March 2nd.*
—Es el diez de noviembre. *It's November 10th.*

El tiempo

SUPERSITE

—¿Qué tiempo hace? *How's the weather?*
—Hace buen/mal tiempo. *The weather is good/bad.*

Hace (mucho) calor.
It's (very) hot.

Hace (mucho) frío.
It's (very) cold.

Llueve. (llover o:ue)
It's raining.

Está lloviendo.
It's raining.

Nieva. (nevar e:ie)
It's snowing.

Está nevando.
It's snowing.

Más vocabulario

Está (muy) nublado.	*It's (very) cloudy.*
Hace fresco.	*It's cool.*
Hace (mucho) sol.	*It's (very) sunny.*
Hace (mucho) viento.	*It's (very) windy.*

5 **El Hotel Regis** Label the floors of the hotel.

Números ordinales

primer *(before a masculine singular noun)*, **primero/a**	*first*
segundo/a	*second*
tercer *(before a masculine singular noun)*, **tercero/a**	*third*
cuarto/a	*fourth*
quinto/a	*fifth*
sexto/a	*sixth*
séptimo/a	*seventh*
octavo/a	*eighth*
noveno/a	*ninth*
décimo/a	*tenth*

a. ____________ piso
b. ____________ piso
c. ____________ piso
d. ____________ piso
e. ____________ piso
f. ____________ piso
g. ____________ piso
h. ____________ baja

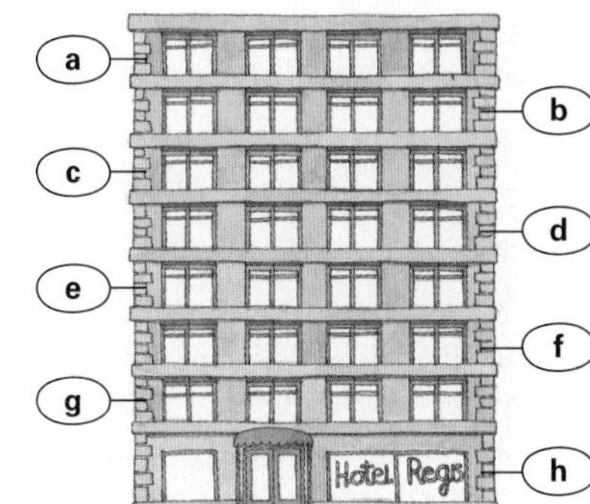

6 **Contestar** Look at the illustrations of the months and seasons on the previous page and answer these questions in pairs.

modelo

Estudiante 1: ¿Cuál es el primer mes de la primavera?
Estudiante 2: marzo

1. ¿Cuál es el primer mes del invierno?
2. ¿Cuál es el segundo mes de la primavera?
3. ¿Cuál es el tercer mes del otoño?
4. ¿Cuál es el primer mes del año?
5. ¿Cuál es el quinto mes del año?
6. ¿Cuál es el octavo mes del año?
7. ¿Cuál es el décimo mes del año?
8. ¿Cuál es el segundo mes del verano?
9. ¿Cuál es el tercer mes del invierno?
10. ¿Cuál es la cuarta estación del año?

7 **Las estaciones** Name the season that applies to the description.

1. Las clases terminan.
2. Vamos a la playa.
3. Acampamos.
4. Nieva mucho.
5. Las clases empiezan.
6. Hace mucho calor.
7. Llueve mucho.
8. Esquiamos.
9. El entrenamiento (*training*) de béisbol
10. Día de Acción de Gracias (*Thanksgiving*)

8 **¿Cuál es la fecha?** Give the dates for these holidays.

modelo

el día de San Valentín 14 de febrero

1. el día de San Patricio
2. el día de Halloween
3. el primer día de verano
4. el Año Nuevo
5. mi cumpleaños (*birthday*)
6. mi fiesta favorita

9 **Seleccionar** Paco is talking about his family and friends. Choose the word or phrase that best completes each sentence.

1. A mis padres les gusta ir a Cancún porque (hace sol, nieva).
2. Mi primo de Kansas dice que durante (*during*) un tornado, hace mucho (sol, viento).
3. Mis amigos van a esquiar si (nieva, está nublado).
4. Tomo el sol cuando (hace calor, llueve).
5. Nosotros vamos a ver una película si hace (buen, mal) tiempo.
6. Mi hermana prefiere correr cuando (hace mucho calor, hace fresco).
7. Mis tíos van de excursión si hace (buen, mal) tiempo.
8. Mi padre no quiere jugar al golf si (hace fresco, llueve).
9. Cuando hace mucho (sol, frío) no salgo de casa y tomo chocolate caliente (*hot*).
10. Hoy mi sobrino va al parque porque (está lloviendo, hace buen tiempo).

NOTA CULTURAL

Cancún, at the tip of Mexico's Yucatán Peninsula, is a popular tourist destination for foreigners and Mexicans alike. It offers beautiful beaches and excellent opportunities for snorkeling, diving, and sailing.

10 **El clima** With a partner, take turns asking and answering questions about the weather and temperatures in these cities.

modelo

Estudiante 1: ¿Qué tiempo hace hoy en Nueva York?
Estudiante 2: Hace frío y hace viento.
Estudiante 1: ¿Cuál es la temperatura máxima?
Estudiante 2: Treinta y un grados *(degrees)*.
Estudiante 1: ¿Y la temperatura mínima?
Estudiante 2: Diez grados.

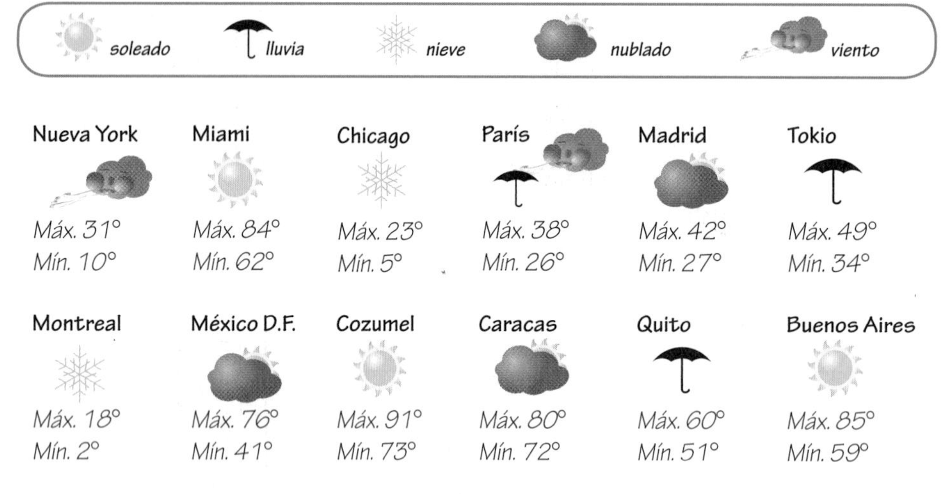

NOTA CULTURAL

In most Spanish-speaking countries, temperatures are given in degrees Celsius. Use these formulas to convert between **grados centígrados** and **grados Fahrenheit**.

degrees C. × 9 ÷ 5 + 32 = degrees F.

degrees F. - 32 × 5 ÷ 9 = degrees C.

11 **Completar** Complete these sentences with your own ideas.

1. Cuando hace sol, yo...
2. Cuando llueve, mis amigos y yo...
3. Cuando hace calor, mi familia...
4. Cuando hace viento, la gente...
5. Cuando hace frío, yo...
6. Cuando hace mal tiempo, mis amigos...
7. Cuando nieva, muchas personas...
8. Cuando está nublado, mis amigos y yo...
9. Cuando hace fresco, mis padres...
10. Cuando hace buen tiempo, mis amigos...

Comunicación

12

Preguntas personales In pairs, ask each other these questions.

1. ¿Cuál es la fecha de hoy?
2. ¿Qué estación es?
3. ¿Te gusta esta estación? ¿Por qué?
4. ¿Qué estación prefieres? ¿Por qué?
5. ¿Prefieres el mar o las montañas? ¿La playa o el campo? ¿Por qué?
6. Cuando estás de vacaciones, ¿qué haces?
7. Cuando haces un viaje, ¿qué te gusta hacer y ver?
8. ¿Piensas ir de vacaciones este verano? ¿Adónde quieres ir? ¿Por qué?
9. ¿Qué deseas ver y qué lugares quieres visitar?
10. ¿Cómo te gusta viajar? ¿En avión? ¿En motocicleta...?

13

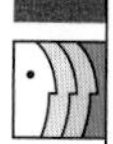

Encuesta Your instructor will give you a worksheet. How does the weather affect what you do? Walk around the class and ask your classmates what they prefer or like to do in the weather conditions given. Note their responses on your worksheet. Make sure to personalize your survey by adding a few original questions to the list. Be prepared to report your findings to the class.

CONSULTA

Calor and **frío** can apply to both weather and people. Use **hacer** to describe weather conditions or climate.
(**Hace frío en Santiago.** *It's cold in Santiago.*)
Use **tener** to refer to people.
(**El viajero tiene frío.** *The traveler is cold.*)
See **Estructura 3.4** p. 93.

Tiempo	Actividades
1. Hace mucho calor.	
2. Nieva.	
3. Hace buen tiempo.	
4. Hace fresco.	
5. Llueve.	
6. Está nublado.	
7. Hace mucho frío.	

14

Minidrama With two or three classmates, prepare a skit about people who are on vacation or are planning a vacation. The skit should take place in one of these areas.

1. una agencia de viajes
2. una casa
3. un aeropuerto, una estación de tren o una estación de autobuses
4. un hotel
5. el campo o la playa

Síntesis

15

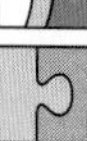

Un viaje You are planning a trip to Mexico and have many questions about your itinerary on which your partner, a travel agent, will advise you. Your instructor will give you and your partner each a sheet with different instructions for acting out the roles.

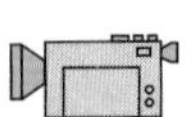

Tenemos una reservación.

Don Francisco y los estudiantes llegan al hotel.

PERSONAJES

MAITE

INÉS

DON FRANCISCO

ÁLEX

JAVIER

EMPLEADA

BOTONES

1

EMPLEADA ¿En qué puedo servirles?

DON FRANCISCO Mire, yo soy Francisco Castillo Moreno y tenemos una reservación a mi nombre.

EMPLEADA Mmm... no veo su nombre aquí. No está.

2

DON FRANCISCO ¿Está segura, señorita? Quizás la reservación está a nombre de la agencia de viajes, Ecuatur.

EMPLEADA Pues sí, aquí está... dos habitaciones dobles y una individual, de la ciento uno a la ciento tres,... todas en las primeras cabañas.

DON FRANCISCO Gracias, señorita. Muy amable.

3

BOTONES Bueno, la habitación ciento dos... Por favor.

6

INÉS Oigan, yo estoy aburrida. ¿Quieren hacer algo?

JAVIER ¿Por qué no vamos a explorar la ciudad un poco más?

INÉS ¡Excelente idea! ¡Vamos!

7

MAITE No, yo no voy. Estoy cansada y quiero descansar un poco porque a las seis voy a correr con Álex.

ÁLEX Y yo quiero escribir un mensaje electrónico antes de ir a correr.

8

JAVIER Pues nosotros estamos listos, ¿verdad, Inés?

INÉS Sí, vamos.

MAITE Adiós.

INÉS Y JAVIER ¡Chau!

recursos

ÁLEX Hola, chicas. ¿Qué están haciendo?

MAITE Estamos descansando.

JAVIER Oigan, no están nada mal las cabañas, ¿verdad?

INÉS Y todo está muy limpio y ordenado.

ÁLEX Sí, es excelente.

MAITE Y las camas son tan cómodas.

ÁLEX Bueno, nos vemos a las seis.

MAITE Sí, hasta luego.

ÁLEX Adiós.

MAITE ¿Inés y Javier? Juntos otra vez.

Expresiones útiles

Talking with hotel personnel

- **¿En qué puedo servirles?**
  How can I help you?
  Tenemos una reservación a mi nombre.
  We have a reservation in my name.
- **Mmm... no veo su nombre. No está.**
  I don't see your name. It's not here.
  ¿Está seguro/a? Quizás/Tal vez está a nombre de Ecuatur.
  Are you sure? Maybe it's under the name of Ecuatur.
- **Aquí está... dos habitaciones dobles y una individual.**
  Here it is, two double rooms and one single.
- **Aquí tienen las llaves.**
  Here are your keys.
  Gracias, señorita. Muy amable.
  Thank you, miss. You're very kind.
- **¿Dónde pongo las maletas?**
  Where do I put the suitcases?
  Allí, encima de la cama.
  There, on the bed.

Describing a hotel

- **No están nada mal las cabañas.**
  The cabins aren't bad at all.
- **Todo está muy limpio y ordenado.**
  Everything is very clean and orderly.
- **Es excelente/estupendo/fabuloso/fenomenal.**
  It's excellent/stupendous/fabulous/great.
- **Es increíble/magnífico/maravilloso/perfecto.**
  It's incredible/magnificent/marvelous/perfect.
- **Las camas son tan cómodas.**
  The beds are so comfortable.

Talking about how you feel

- **Estoy un poco aburrido/a/cansado/a.**
  I'm a little bored/tired.

¿Qué pasó? SUPERSITE

1 **Completar** Complete these sentences with the correct term from the word bank.

aburrida	cansada	habitaciones individuales
la agencia de viajes	descansar	hacer las maletas
las camas	habitaciones dobles	las maletas

1. La reservación para el hotel está a nombre de ______________.
2. Los estudiantes tienen dos ______________.
3. Maite va a ______________ porque está ______________.
4. El botones lleva ______________ a las habitaciones.
5. Las habitaciones son buenas y ______________ son cómodas.

2 **Identificar** Identify the person who would make each statement.

EMPLEADA

ÁLEX

DON FRANCISCO

JAVIER

INÉS

1. Antes de (*Before*) correr, voy a trabajar en la computadora un poco.
2. Estoy aburrido. Tengo ganas de explorar la ciudad. ¿Vienes tú también?
3. Lo siento mucho, señor, pero su nombre no está en la lista.
4. Creo que la reservación está a mi nombre, señorita.
5. Oye, el hotel es maravilloso, ¿no? Las habitaciones están muy limpias.

CONSULTA

The meanings of some adjectives, such as **aburrido,** change depending on whether they are used with **ser** or **estar.** See **Estructura 5.3**, pp. 158–159.

3 **Ordenar** Place these events in the correct order.

_____ a. Las chicas descansan en su habitación.
_____ b. Javier e Inés deciden ir a explorar la ciudad.
_____ c. Don Francisco habla con la empleada del hotel.
_____ d. Javier, Maite, Inés y Álex hablan en la habitación de las chicas.
_____ e. El botones pone las maletas en la cama.

4  **Conversar** With a partner, use these cues to create a conversation between a bellhop and a hotel guest in Spain.

Huésped		Botones
Ask the bellhop to carry your suitcases to your room.	→	Say “yes, sir/ma’am/miss.”
Comment that the hotel is excellent and that everything is very clean.	→	Agree, then point out the guest’s room, a single room on the sixth floor.
Ask if the bellhop is sure. You think you have room 86.	→	Confirm that the guest has room 68. Ask where you should put the suitcases.
Tell the bellhop to put them on the bed and thank him or her.	→	Say “you’re welcome” and “goodbye.”

NOTA CULTURAL

As in many other European countries, a large portion of the Spanish population goes on vacation for the entire month of August. Many shops and offices close, particularly in the larger cities. Life resumes its usual pace in September.

Pronunciación

Spanish b and v

bueno **vóleibol** **biblioteca** **vivir**

There is no difference in pronunciation between the Spanish letters **b** and **v**. However, each letter can be pronounced two different ways, depending on which letters appear next to them.

bonito **viajar** **también** **investigar**

B and **v** are pronounced like the English hard *b* when they appear either as the first letter of a word, at the beginning of a phrase, or after **m** or **n**.

deber **novio** **abril** **cerveza**

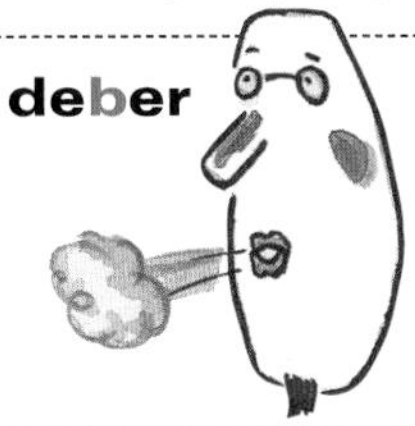

In all other positions, **b** and **v** have a softer pronunciation, which has no equivalent in English. Unlike the hard **b**, which is produced by tightly closing the lips and stopping the flow of air, the soft **b** is produced by keeping the lips slightly open.

bola **vela** **Caribe** **declive**

In both pronunciations, there is no difference in sound between **b** and **v**. The English *v* sound, produced by friction between the upper teeth and lower lip, does not exist in Spanish. Instead, the soft **b** comes from friction between the two lips.

Verónica y su esposo cantan boleros.

When **b** or **v** begins a word, its pronunciation depends on the previous word. At the beginning of a phrase or after a word that ends in **m** or **n**, it is pronounced as a hard **b**.

Benito **es de Boquerón** **pero vive** **en Victoria.**

Words that begin with **b** or **v** are pronounced with a soft **b** if they appear immediately after a word that ends in a vowel or any consonant other than **m** or **n**.

Práctica Read these words aloud to practice the **b** and the **v**.

1. hablamos
2. trabajar
3. botones
4. van
5. contabilidad
6. bien
7. doble
8. novia
9. béisbol
10. cabaña
11. llave
12. invierno

Oraciones Read these sentences aloud to practice the **b** and the **v**.

1. Vamos a Guaynabo en autobús.
2. Voy de vacaciones a la Isla Culebra.
3. Tengo una habitación individual en el octavo piso.
4. Víctor y Eva van en avión al Caribe.
5. La planta baja es bonita también.
6. ¿Qué vamos a ver en Bayamón?
7. Beatriz, la novia de Víctor, es de Arecibo, Puerto Rico.

Refranes Read these sayings aloud to practice the **b** and the **v**.

No hay mal que por bien no venga.[1]

Hombre prevenido vale por dos.[2]

1 Every cloud has a silver lining.
2 An ounce of prevention equals a pound of cure.

recursos

LM p. 26

SUPERSITE panorama.vhlcentral.com Lección 5

EN DETALLE

El Camino Inca

Early in the morning, Larry rises, packs up his campsite, fills his water bottle in a stream, eats a quick breakfast, and begins his day. By tonight, the seven miles he and his group hiked yesterday to a height of 9,700 feet will seem easy; today the hikers will cover seven miles to a height of almost 14,000 feet, all the while carrying fifty-pound backpacks.

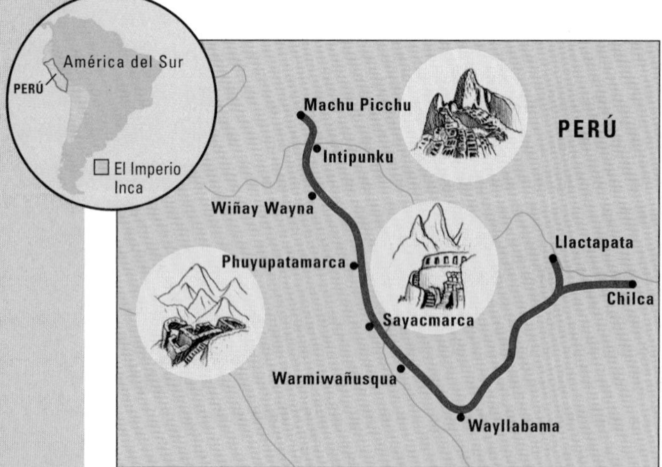

Ruta de cuatro días

While not everyone is cut out for such a rigorous trip, Larry is on the journey of a lifetime: **el Camino Inca.** Between 1438 and 1533, when the vast and powerful **Imperio Incaico** (*Incan Empire*) was at its height, the Incas built an elaborate network of **caminos** (*trails*) that traversed the Andes Mountains and converged on the empire's capital, Cuzco. Today, hundreds of thousands of tourists come to Peru annually to walk the surviving **caminos** and enjoy the spectacular landscapes. The most popular trail, **el Camino Inca,** leads from Cuzco to the ancient mountain city of Machu Picchu. Many trekkers opt for a guided four-day itinerary, starting at a suspension bridge over the Urubamba River, and ending at **Intipunku** (*Sun Gate*), the entrance to Machu Picchu. Guides organize campsites and meals for travelers, as well as one night in a hostel en route.

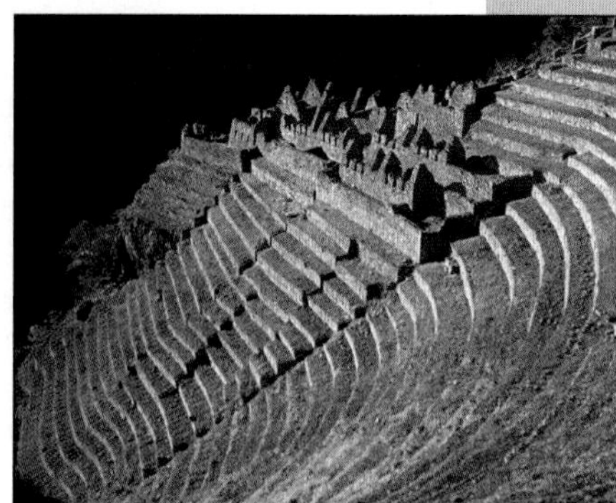

Wiñay Wayna

To preserve **el Camino Inca,** the National Cultural Institute of Peru limits the number of hikers to five hundred per day. Those that make the trip must book in advance and should be in good physical condition in order to endure altitude sickness and the terrain.

Sitios en el Camino Inca

Highlights of a four-day hike along the Inca Trail:

Warmiwañusqua (*Dead Woman's Pass*), at 13,800 feet, hiker's first taste of the Andes' extreme sun and wind

Sayacmarca (*Inaccessible Town*), fortress ruins set on a sheer cliff

Phuyupatamarca (*Town in the Clouds*), an ancient town with stone baths, probably used for water worship

Wiñay Wayna (*Forever Young*), a town named for the pink orchid native to the area, famous for its innovative agricultural terraces which transformed the mountainside into arable land

ACTIVIDADES

1 **¿Cierto o falso?** Indicate whether these statements are **cierto** or **falso**. Correct the false statements.

1. **El Imperio Incaico** reached its height between 1438 and 1533.
2. Lima was the capital of the Incan Empire.
3. Hikers on **el Camino Inca** must camp out every night.
4. The Incas invented a series of terraces to make the rough mountain landscape suitable for farming.
5. Along **el Camino Inca**, one can see village ruins, native orchids, and agricultural terraces.
6. Altitude sickness is one of the challenges faced by hikers on **el Camino Inca**.
7. At Sayacmarca, hikers can see Incan pyramids set on a sheer cliff.
8. Travelers can complete **el Camino Inca** on their own at any time.

ASÍ SE DICE

Viajes y turismo

el asiento del medio, del pasillo, de la ventanilla	*center, aisle, window seat*
el itinerario	*itinerary*
media pensión	*breakfast and one meal included*
el ómnibus (Perú)	**el autobús**
pensión completa	*all meals included*
el puente	*long weekend (lit., bridge)*

EL MUNDO HISPANO

Destinos populares

- **Las playas del Parque Nacional Manuel Antonio** (Costa Rica) ofrecen° la oportunidad de nadar y luego caminar por el bosque tropical°.
- **Teotihuacán** (México) Desde la época° de los aztecas, aquí se celebra el equinoccio de primavera en la Pirámide del Sol.
- **Puerto Chicama** (Perú), con sus olas° de cuatro kilómetros de largo°, es un destino para surfistas expertos.
- **Tikal** (Guatemala) Aquí puedes ver las maravillas de la selva° y ruinas de la civilización maya.
- **Las playas de Rincón** (Puerto Rico) Son ideales para descansar y observar a las ballenas°.

ofrecen *offer* bosque tropical *rainforest* Desde la época *Since the time* olas *waves* de largo *in length* selva *jungle* ballenas *whales*

PERFIL

Punta del Este

One of South America's largest and most fashionable beach resort towns is Uruguay's **Punta del Este**, a narrow strip of land containing twenty miles of pristine beaches. Its peninsular shape gives it two very different seascapes. **La Playa Mansa**, facing the bay and therefore the more protected side, has calm waters. Here, people practice water sports like swimming, water skiing, windsurfing, and diving. **La Playa Brava**, facing the east, receives the Atlantic Ocean's powerful, wave-producing winds, making it popular for surfing, body boarding, and kite surfing. Besides the beaches, posh shopping, and world-famous nightlife, **Punta** offers its 600,000 yearly visitors yacht and fishing clubs, golf courses, and excursions to observe sea lions at the **Isla de Lobos** nature reserve.

SUPERSITE **Conexión Internet**

¿Cuáles son los sitios más populares para el turismo en Puerto Rico?

Go to **panorama.vhlcentral.com** to find more cultural information related to this **Cultura** section.

ACTIVIDADES

2 Comprensión Complete the sentences.

1. En las playas de Rincón puedes ver ___________.
2. Cerca de 600.000 turistas visitan ___________ cada año.
3. En el avión pides un ___________ si te gusta ver el paisaje.
4. En Punta del Este, la gente prefiere nadar en la Playa ___________.
5. El ___________ es un medio de transporte en el Perú.

3 De vacaciones Spring break is coming up, and you want to go on a short vacation with some friends. Working in a small group, decide which of the locations featured on these pages best suits the group's likes and interests. Come to an agreement about how you will get there, where you prefer to stay and for how long, and what each of you will do during free time. Present your trip to the class.

recursos

panorama.vhlcentral.com Lección 5

5.1 Estar with conditions and emotions

ANTE TODO As you learned in **Lecciones 1** and **2**, the verb **estar** is used to talk about how you feel and to say where people, places, and things are located. **Estar** is also used with adjectives to talk about certain emotional and physical conditions.

CONSULTA

To review the present tense of **ser**, see **Estructura 1.3**, p. 20.

•••

To review the present tense of **estar**, see **Estructura 2.3**, p. 55.

- Use **estar** with adjectives to describe the physical condition of places and things.

La habitación **está** sucia.
The room is dirty.

La puerta **está** cerrada.
The door is closed.

- Use **estar** with adjectives to describe how people feel, both mentally and physically.

- **¡Atención!** Two important expressions with **estar** that you can use to talk about conditions and emotions are **estar de buen humor** (*to be in a good mood*) and **estar de mal humor** (*to be in a bad mood*).

Adjectives that describe emotions and conditions

abierto/a	*open*	**contento/a**	*happy; content*	**listo/a**	*ready*
aburrido/a	*bored*	**desordenado/a**	*disorderly*	**nervioso/a**	*nervous*
alegre	*happy; joyful*	**enamorado/a (de)**	*in love (with)*	**ocupado/a**	*busy*
avergonzado/a	*embarrassed*	**enojado/a**	*mad; angry*	**ordenado/a**	*orderly*
cansado/a	*tired*	**equivocado/a**	*wrong*	**preocupado/a (por)**	*worried (about)*
cerrado/a	*closed*	**feliz**	*happy*	**seguro/a**	*sure*
cómodo/a	*comfortable*	**limpio/a**	*clean*	**sucio/a**	*dirty*
confundido/a	*confused*			**triste**	*sad*

¡INTÉNTALO! Provide the present tense forms of **estar**, and choose which adjective best completes the sentence. The first item has been done for you.

1. La biblioteca *está* (cerrada / nerviosa) los domingos por la noche. *cerrada*
2. Nosotros __________ muy (ocupados / equivocados) todos los lunes.
3. Ellas __________ (alegres / confundidas) porque tienen vacaciones.
4. Javier __________ (enamorado / ordenado) de Maribel.
5. Diana __________ (enojada / limpia) con su novio.
6. Yo __________ (nerviosa / abierta) por el viaje.
7. La habitación siempre __________ (ordenada / segura) cuando vienen sus padres.
8. Ustedes no comprenden; __________ (equivocados / tristes).

recursos

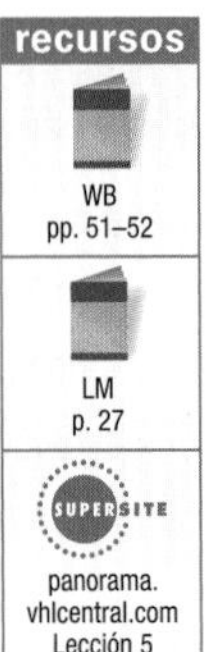

Práctica

SUPERSITE

1

AYUDA

Make sure that you have agreement between:

- Subjects and verbs in person and number
- Nouns and adjectives in gender and number

Ell**os** no est**án** enferm**os**.
They are not sick.

¿Cómo están? Complete Martín's statements about how he and other people are feeling. In the first blank, fill in the correct form of **estar**. In the second blank, fill in the adjective that best fits the context.

1. Yo __________ un poco __________ porque tengo un examen mañana.
2. Mi hermana Patricia __________ muy __________ porque mañana va a hacer una excursión al campo.
3. Mis hermanos Juan y José salen de la casa a las cinco de la mañana. Por la noche, siempre __________ muy __________.
4. Mi amigo Ramiro __________ __________; su novia se llama Adela.
5. Mi papá y sus colegas __________ muy __________ hoy. ¡Hay mucho trabajo!
6. Patricia y yo __________ un poco __________ por ellos porque trabajan mucho.
7. Mi amiga Mónica __________ un poco __________ porque su novio no puede salir esta noche.
8. Esta clase no es muy interesante. ¿Tú _______ __________ también?

2

Describir Describe these people and places.

1. Anabela

2. Juan y Luisa

3. la habitación de Teresa

4. la habitación de César

Comunicación

3

Situaciones With a partner, use **estar** to talk about how you feel in these situations.

1. Cuando hace sol...
2. Cuando tomas un examen...
3. Cuando estás de vacaciones...
4. Cuando tienes mucho trabajo...
5. Cuando viajas en avión...
6. Cuando estás con la familia...
7. Cuando estás en la clase de español...
8. Cuando ves una película con tu actor/actriz favorito/a...

5.2 The present progressive

ANTE TODO Both Spanish and English use the present progressive, which consists of the present tense of the verb *to be* and the present participle (the *-ing* form in English).

- Form the present progressive with the present tense of **estar** and a present participle.

FORM OF ESTAR	+ PRESENT PARTICIPLE		FORM OF ESTAR	+ PRESENT PARTICIPLE
Estoy	**pescando.**		**Estamos**	**comiendo.**
I am	*fishing.*		*We are*	*eating.*

- The present participle of regular **-ar**, **-er**, and **-ir** verbs is formed as follows:

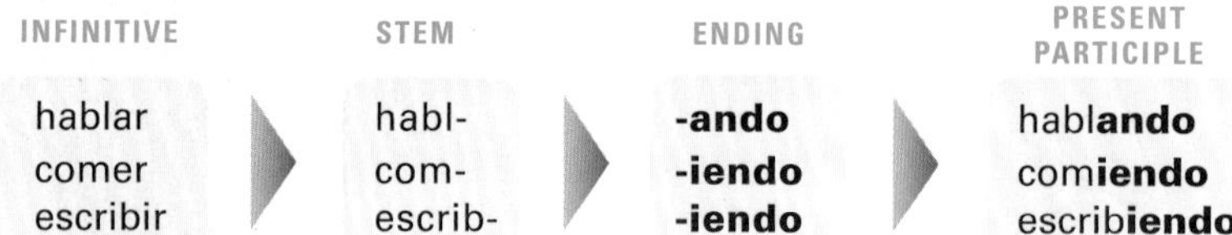

INFINITIVE	STEM	ENDING	PRESENT PARTICIPLE
hablar	habl-	**-ando**	habl**ando**
comer	com-	**-iendo**	com**iendo**
escribir	escrib-	**-iendo**	escrib**iendo**

- **¡Atención!** When the stem of an **-er** or **-ir** verb ends in a vowel, the present participle ends in **-yendo**.

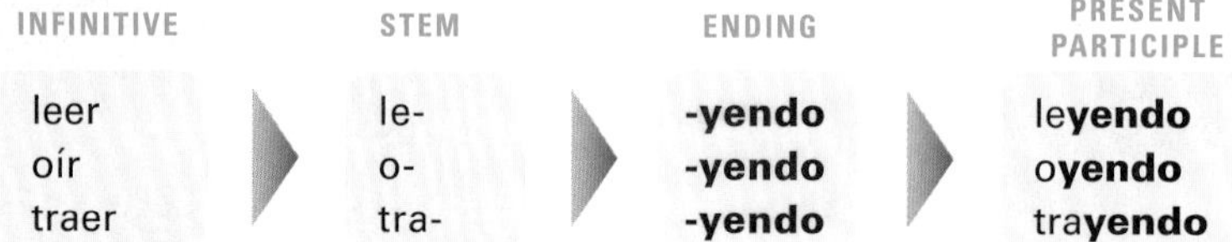

INFINITIVE	STEM	ENDING	PRESENT PARTICIPLE
leer	le-	**-yendo**	le**yendo**
oír	o-	**-yendo**	o**yendo**
traer	tra-	**-yendo**	tra**yendo**

- **Ir**, **poder**, and **venir** have irregular present participles (**yendo**, **pudiendo**, **viniendo**). Several other verbs have irregular present participles that you will need to learn.

- **-Ir** stem-changing verbs have a stem change in the present participle.

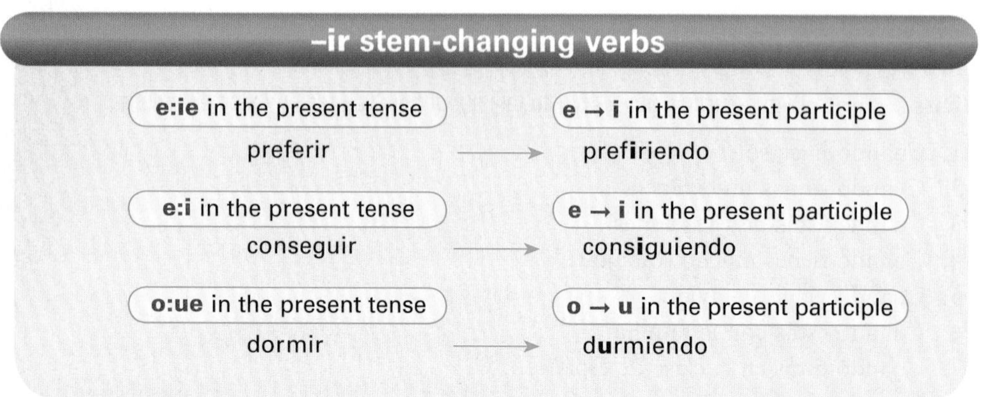

-ir stem-changing verbs

e:ie in the present tense		**e → i** in the present participle
preferir	→	pref**i**riendo
e:i in the present tense		**e → i** in the present participle
conseguir	→	cons**i**guiendo
o:ue in the present tense		**o → u** in the present participle
dormir	→	d**u**rmiendo

COMPARE & CONTRAST

The use of the present progressive is much more restricted in Spanish than in English. In Spanish, the present progressive is mainly used to emphasize that an action is in progress at the time of speaking.

Inés **está escuchando** música latina **ahora mismo**.
Inés is listening to Latin music right now.

Álex y su amigo **todavía están jugando** al fútbol.
Álex and his friend are still playing soccer.

In English, the present progressive is often used to talk about situations and actions that occur over an extended period of time or in the future. In Spanish, the simple present tense is often used instead.

Javier **estudia** computación este semestre.
Javier is studying computer science this semester.

Inés y Maite **salen** mañana para los Estados Unidos.
Inés and Maite are leaving tomorrow for the United States.

¡INTÉNTALO! Create complete sentences by putting the verbs in the present progressive. The first item has been done for you.

1. mis amigos / descansar en la playa Mis amigos están descansando en la playa.
2. nosotros / practicar deportes ____
3. Carmen / comer en casa ____
4. nuestro equipo / ganar el partido ____
5. yo / leer el periódico ____
6. él / pensar comprar una bicicleta ____
7. ustedes / jugar a las cartas ____
8. José y Francisco / dormir ____
9. Marisa / leer correo electrónico ____
10. yo / preparar sándwiches ____
11. Carlos / tomar fotos ____
12. ¿dormir / tú? ____

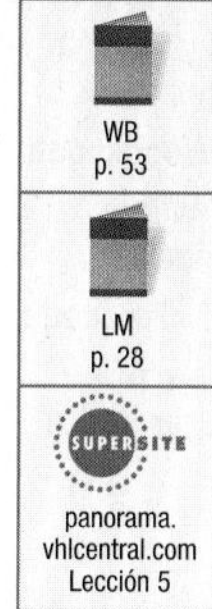

Práctica

SUPERSITE

1 **Completar** Alfredo's Spanish class is preparing to travel to Puerto Rico. Use the present progressive of the verb in parentheses to complete Alfredo's description of what everyone is doing.

1. Yo ____________ (investigar) la situación política de la isla (*island*).
2. La esposa del profesor ____________ (hacer) las maletas.
3. Marta y José Luis ____________ (buscar) información sobre San Juan en Internet.
4. Enrique y yo ____________ (leer) un correo electrónico de nuestro amigo puertorriqueño.
5. Javier ____________ (aprender) mucho sobre la cultura puertorriqueña.
6. Y tú ____________ (practicar) el español, ¿verdad?

2 **¿Qué están haciendo?** María and her friends are vacationing at a resort in San Juan, Puerto Rico. Complete her description of what everyone is doing right now.

CONSULTA

For more information about Puerto Rico, see **Panorama**, pp. 170–171.

1. Yo

2. Javier

3. Alejandro y Rebeca

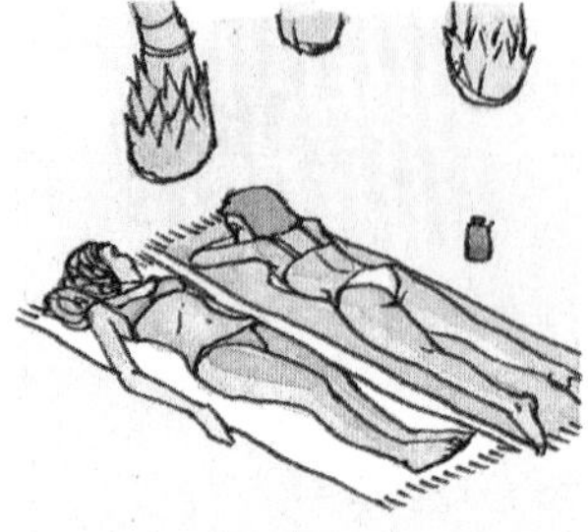

4. Celia y yo

5. Samuel

6. Lorenzo

3 **Personajes famosos** Say what these celebrities are doing right now, using the cues provided.

modelo

Celine Dion

Celine Dion está cantando una canción ahora mismo.

A		B	
John Grisham	Avril Lavigne	bailar	hablar
Martha Stewart	Bode Miller	cantar	hacer
James Cameron	Las New York Rockettes	correr	jugar
Venus y Serena Williams	¿?	escribir	¿?
Tiger Woods	¿?	esquiar	¿?

AYUDA

John Grisham: **novelas**
Martha Stewart: **televisión, negocios** (*business*)
James Cameron: **cine**
Venus y Serena Williams: **tenis**
Tiger Woods: **golf**
Avril Lavigne: **canciones**
Bode Miller: **esquí**
Las New York Rockettes: **baile**

Comunicación

4

Preguntar With a partner, take turns asking each other what you are doing at this times.

modelo

8:00 a.m.
Estudiante 1: ¡Hola, Andrés! Son las ocho de la mañana. ¿Qué estás haciendo?
Estudiante 2: Estoy desayunando.

1. 5:00 a.m.
2. 9:30 a.m.
3. 11:00 a.m.
4. 12:00 p.m.
5. 2:00 p.m.
6. 5:00 p.m.
7. 9:00 p.m.
8. 11:30 p.m.

5

Describir Work with a partner and use the present progressive to describe what is going on in this Spanish beach scene.

NOTA CULTURAL

Drawn by its warm climate and attractive coasts, more tourists flock to Spain annually than to practically any other country in the world. In the summer months, the arrival of tourists makes the country's population swell to over twice its year-round population.

6

Conversar Imagine that you and a classmate are each babysitting a group of children. With a partner, prepare a telephone conversation using these cues. Be creative and add further comments.

Estudiante 1	
Say hello and ask what the kids are doing.	→ Say hello and tell your partner that two of your kids are doing their homework. Then ask what the kids at his/her house are doing.
Tell your partner that two of your kids are running and dancing in the house.	→ Tell your partner that one of the kids is reading.
Tell your partner that you are tired and that two of your kids are watching TV and eating pizza.	→ Tell your partner that one of the kids is sleeping.
Tell your partner you have to go; the kids are playing soccer in the house.	→ Say goodbye and good luck (**¡Buena suerte!**).

Síntesis

7

¿Qué están haciendo? A group of classmates is traveling to San Juan, Puerto Rico for a week-long Spanish immersion program. The participants are running late before the flight, and you and your partner must locate them. Your instructor will give you and your partner different handouts that will help you do this.

5.3 Ser and estar

ANTE TODO You have already learned that **ser** and **estar** both mean *to be* but are used for different purposes. These charts summarize the key differences in usage between **ser** and **estar**.

Uses of ser

1. Nationality and place of origin	Martín **es** argentino. **Es** de Buenos Aires.
2. Profession or occupation	Adela **es** agente de viajes. Francisco **es** médico.
3. Characteristics of people and things	José y Clara **son** simpáticos. El clima de Puerto Rico **es** agradable.
4. Generalizations	¡**Es** fabuloso viajar! **Es** difícil estudiar a la una de la mañana.
5. Possession	**Es** la pluma de Maite. **Son** las llaves de don Francisco.
6. What something is made of	La bicicleta **es** de metal. Los pasajes **son** de papel.
7. Time and date	Hoy **es** martes. **Son** las dos. Hoy **es** el primero de julio.
8. Where or when an event takes place	El partido **es** en el estadio Santa Fe. La conferencia **es** a las siete.

¡ATENCIÓN!

Note that **de** is generally used after **ser** to express not only origin (**Es de Buenos Aires.**) and possession (**Es la pluma de Maite.**), but also what material something is made of (**La bicicleta es de metal.**).

Uses of estar

1. Location or spatial relationships	El aeropuerto **está** lejos de la ciudad. Tu habitación **está** en el tercer piso.
2. Health	¿Cómo **estás**? **Estoy** bien, gracias.
3. Physical states and conditions	El profesor **está** ocupado. Las ventanas **están** abiertas.
4. Emotional states	Marisa **está** feliz hoy. **Estoy** muy enojado con Javier.
5. Certain weather expressions	**Está** lloviendo. **Está** nublado.
6. Ongoing actions (progressive tenses)	**Estamos** estudiando para un examen. Ana **está** leyendo una novela.

Ser and estar with adjectives

- With many descriptive adjectives, **ser** and **estar** can both be used, but the meaning will change.

Juan **es** delgado. *Juan is thin.*	Ana **es** nerviosa. *Ana is a nervous person.*
Juan **está** más delgado hoy. *Juan looks thinner today.*	Ana **está** nerviosa por el examen. *Ana is nervous because of the exam.*

- In the examples above, the statements with **ser** are general observations about the inherent qualities of Juan and Ana. The statements with **estar** describe conditions that are variable.

- Here are some adjectives that change in meaning when used with **ser** and **estar**.

With ser	With estar
El chico **es listo**. *The boy is **smart**.*	El chico **está listo**. *The boy is **ready**.*
La profesora **es mala**. *The professor is **bad**.*	La profesora **está mala**. *The professor is **sick**.*
Jaime **es aburrido**. *Jaime is **boring**.*	Jaime **está aburrido**. *Jaime is **bored**.*
Las peras **son verdes**. *The pears are **green**.*	Las peras **están verdes**. *The pears are **not ripe**.*
El gato **es muy vivo**. *The cat is very **lively**.*	El gato **está vivo**. *The cat is **alive**.*
Él **es muy seguro**. *He is very **confident**.*	Él no **está seguro**. *He's not **sure**.*

¡ATENCIÓN!

When referring to objects, **ser seguro** means *to be safe.*

El puente es seguro.
The bridge is safe.

¡INTÉNTALO! Form complete sentences by using the correct form of **ser** or **estar** and making any other necessary changes. The first item has been done for you.

1. Alejandra / cansado
   Alejandra está cansada.
2. ellos / pelirrojo
   ____
3. Carmen / alto
   ____
4. yo / la clase de español
   ____
5. película / a las once
   ____
6. hoy / viernes
   ____
7. nosotras / enojado
   ____
8. Antonio / médico
   ____
9. Romeo y Julieta / enamorado
   ____
10. libros / de Ana
   ____
11. Marisa y Juan / estudiando
   ____
12. partido de baloncesto / gimnasio
   ____

recursos

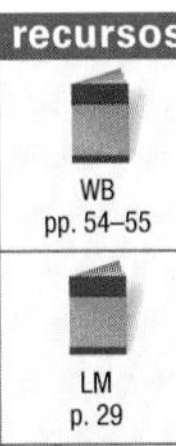
WB pp. 54–55

LM p. 29

SUPERSITE panorama.vhlcentral.com Lección 5

Práctica

SUPERSITE

1

¿Ser o estar? Indicate whether each adjective takes **ser** or **estar**. **¡Ojo!** Three of them can take both verbs.

	ser	estar		ser	estar
1. delgada	❍	❍	5. seguro	❍	❍
2. canadiense	❍	❍	6. enojada	❍	❍
3. enamorado	❍	❍	7. importante	❍	❍
4. lista	❍	❍	8. avergonzada	❍	❍

2

Completar Complete this conversation with the appropriate forms of **ser** and **estar**.

EDUARDO ¡Hola, Ceci! ¿Cómo (1)__________?

CECILIA Hola, Eduardo. Bien, gracias. ¡Qué guapo (2)__________ hoy!

EDUARDO Gracias. (3)__________ muy amable. Oye, ¿qué (4)__________ haciendo? (5)¿__________ ocupada?

CECILIA No, sólo le (6)__________ escribiendo una carta a mi prima Pilar.

EDUARDO ¿De dónde (7)__________ ella?

CECILIA Pilar (8)__________ del Ecuador. Su papá (9)__________ médico en Quito. Pero ahora Pilar y su familia (10)__________ de vacaciones en Ponce, Puerto Rico.

EDUARDO Y... ¿cómo (11)__________ Pilar?

CECILIA (12)__________ muy lista. Y también (13)__________ alta, rubia y muy bonita.

3

Describir With a partner, describe the people in the drawing. Your descriptions should answer the questions provided.

1. ¿Quiénes son las personas?
2. ¿Dónde están?
3. ¿Cómo son?
4. ¿Cómo están?
5. ¿Qué están haciendo?
6. ¿Qué estación es?
7. ¿Qué tiempo hace?
8. ¿Quiénes están de vacaciones?

Comunicación

4 **Describir** With a classmate, take turns describing these people. First mention where each person is from. Then describe what each person is like, how each person is feeling, and what he or she is doing right now.

modelo

tu compañero/a de cuarto
Mi compañera de cuarto es de San Juan, Puerto Rico. Es muy inteligente. Está cansada pero está estudiando porque tiene un examen.

1. tu mejor (*best*) amigo/a
2. tus padres
3. tu profesor(a) favorito/a
4. tu novio/a o esposo/a
5. tu primo/a favorito/a
6. tus abuelos

5 **Adivinar** Get together with a partner and describe a celebrity to him or her using these questions as a guide. Don't mention the celebrity's name. Can your partner guess who you are describing?

1. ¿Cómo es?
2. ¿Cómo está?
3. ¿De dónde es?
4. ¿Dónde está?
5. ¿Qué está haciendo?
6. ¿Cuál es su profesión?

6 **En el aeropuerto** In small groups, take turns using **ser** and **estar** to describe this scene at Luis Muñoz Marín International Airport. What do the people in the picture look like? How are they feeling? What are they doing?

NOTA CULTURAL

Luis Muñoz Marín International Airport in San Juan, Puerto Rico, is a major transportation hub of the Caribbean. It is named after Puerto Rico's first elected governor.

Síntesis

7 **Conversación** You and your partner are two of the characters in the drawing in **Actividad 6.** After boarding, you discover that you are sitting next to each other and must make conversation. Act out what you would say to your fellow passenger. Choose one of the pairs below or pick your own.

1. Señor Villa y Elena
2. Señorita Esquivel y la señora Limón
3. Señora Villa y Luz
4. Emilio y Elena

5.4 Direct object nouns and pronouns

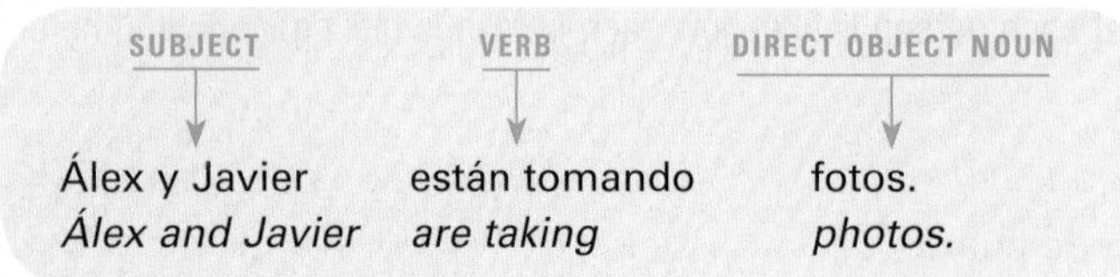

- A direct object noun receives the action of the verb directly and generally follows the verb. In the example above, the direct object noun answers the question *What are Álex and Javier taking?*

- When a direct object noun in Spanish is a person or a pet, it is preceded by the word **a**. This is called the personal **a**; there is no English equivalent for this construction.

Don Francisco visita **a** la señora Ramos.	Don Francisco visita el Hotel Prado.
Don Francisco is visiting Mrs. Ramos.	*Don Francisco is visiting the Hotel Prado.*

- In the first sentence above, the personal **a** is required because the direct object is a person. In the second sentence, the personal **a** is not required because the direct object is a place, not a person.

Direct object pronouns

SINGULAR		PLURAL	
me	*me*	**nos**	*us*
te	*you* (fam.)	**os**	*you* (fam.)
lo	*you* (m., form.)	**los**	*you* (m., form.)
	him; it (m.)		*them* (m.)
la	*you* (f., form.)	**las**	*you* (f., form.)
	her; it (f.)		*them* (f.)

- Direct object pronouns are words that replace direct object nouns. Like English, Spanish sometimes uses a direct object pronoun to avoid repeating a noun already mentioned.

	DIRECT OBJECT		DIRECT OBJECT PRONOUN	
Maribel hace	las maletas.	Maribel	las	hace.
Felipe compra	el sombrero.	Felipe	lo	compra.
Vicky tiene	la llave.	Vicky	la	tiene.

- In affirmative sentences, direct object pronouns generally appear before the conjugated verb. In negative sentences, the pronoun is placed between the word **no** and the verb.

Adela practica **el tenis**. Adela **lo** practica.	Gabriela no tiene **las llaves**. Gabriela **no las** tiene.
Carmen compra **los pasajes**. Carmen **los** compra.	Diego no hace **las maletas**. Diego **no las** hace.

- When the verb is an infinitive construction, such as **ir a** + [*infinitive*], the direct object pronoun can be placed before the conjugated form or attached to the infinitive.

Ellos van a escribir **unas postales**.	Ellos **las** van a escribir. Ellos van a escribir**las**.
Lidia quiere ver **una película**.	Lidia **la** quiere ver. Lidia quiere ver**la**.

- When the verb is in the present progressive, the direct object pronoun can be placed before the conjugated form or attached to the present participle. **¡Atención!** When a direct object pronoun is attached to the present participle, an accent mark is added to maintain the proper stress.

CONSULTA

To learn more about accents, see **Lección 4, Pronunciación**, p. 115, **Lección 10, Ortografía**, p. 315, and **Lección 11, Ortografía**, p. 349.

Gerardo está leyendo **la lección**.	Gerardo **la** está leyendo. Gerardo está leyéndo**la**.
Toni está mirando **el partido**.	Toni **lo** está mirando. Toni está mirándo**lo**.

Choose the correct direct object pronoun for each sentence. The first one has been done for you.

1. Tienes el libro de español. *c*
   a. La tienes. b. Los tienes. c. Lo tienes.
2. Voy a ver el partido de baloncesto.
   a. Voy a verlo. b. Voy a verte. c. Voy a vernos.
3. El artista quiere dibujar a Luisa con su mamá.
   a. Quiere dibujarme. b. Quiere dibujarla. c. Quiere dibujarlas.
4. Marcos busca la llave.
   a. Me busca. b. La busca. c. Las busca.
5. Rita me lleva al aeropuerto y también lleva a Tomás.
   a. Nos lleva. b. Las lleva. c. Te lleva.
6. Puedo oír a Gerardo y a Miguel.
   a. Puedo oírte. b. Puedo oírlos. c. Puedo oírlo.
7. Quieren estudiar la gramática.
   a. Quieren estudiarnos. b. Quieren estudiarlo. c. Quieren estudiarla.
8. ¿Practicas los verbos irregulares?
   a. ¿Los practicas? b. ¿Las practicas? c. ¿Lo practicas?
9. Ignacio ve la película.
   a. La ve. b. Lo ve. c. Las ve.
10. Sandra va a invitar a Mario a la excursión. También me va a invitar a mí.
   a. Los va a invitar. b. Lo va a invitar. c. Nos va a invitar.

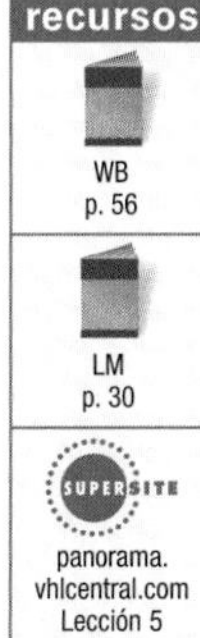

Práctica SUPERSITE

1

Sustitución Professor Vega's class is planning a trip to Costa Rica. Describe their preparations by changing the direct object nouns into direct object pronouns.

modelo

La profesora Vega tiene su pasaporte.
La profesora Vega lo tiene.

1. Gustavo y Héctor confirman las reservaciones.
2. Nosotros leemos los folletos (*brochures*).
3. Ana María estudia el mapa.
4. Yo aprendo los nombres de los monumentos de San José.
5. Alicia escucha a la profesora.
6. Miguel escribe las direcciones para ir al hotel.
7. Esteban busca el pasaje.
8. Nosotros planeamos una excursión.

¡LENGUA VIVA!

There are many Spanish words that correspond to *ticket*. **Billete** and **pasaje** usually refer to a ticket for travel, such as an airplane ticket. **Entrada** refers to a ticket to an event, such as a concert or a movie. **Boleto** can be used in either case.

2

Vacaciones Ramón is going to San Juan, Puerto Rico with his friends, Javier and Marcos. Express his thoughts more succinctly using direct object pronouns.

modelo

Quiero hacer una excursión.
Quiero hacerla./La quiero hacer.

1. Voy a hacer mi maleta.
2. Necesitamos llevar los pasaportes.
3. Marcos está pidiendo el folleto turístico.
4. Javier debe llamar a sus padres.
5. Ellos esperan visitar el Viejo San Juan.
6. Puedo llamar a Javier por la mañana.
7. Prefiero llevar mi cámara.
8. No queremos perder nuestras reservaciones de hotel.

NOTA CULTURAL

Because Puerto Rico is a U.S. territory, passengers traveling there from the U.S. mainland do not need passports or visas. Passengers traveling to Puerto Rico from a foreign country, however, must meet travel requirements identical to those required for travel to the U.S. mainland. Puerto Ricans are U.S. citizens and can therefore travel to the U.S. mainland without any travel documents.

3

¿Quién? The Garza family is preparing to go on a vacation to Puerto Rico. Based on the clues, answer the questions. Use direct object pronouns in your answers.

modelo

¿Quién hace las reservaciones para el hotel? (el Sr. Garza)
El Sr. Garza las hace.

1. ¿Quién compra los pasajes para el vuelo (*flight*)? (la Sra. Garza)
2. ¿Quién tiene que hacer las maletas de los niños? (María)
3. ¿Quiénes buscan los pasaportes? (Antonio y María)
4. ¿Quién va a confirmar las reservaciones para el hotel? (la Sra. Garza)
5. ¿Quién busca la cámara? (María)
6. ¿Quién compra un mapa de Puerto Rico? (Antonio)

Comunicación

4

Entrevista Interview a classmate using these questions. Be sure to use direct object pronouns in your responses.

1. ¿Ves mucho la televisión?
2. ¿Cuándo vas a ver tu programa favorito?
3. ¿Quién prepara la comida (*food*) en tu casa?
4. ¿Te visita mucho tu familia?
5. ¿Visitas mucho a tus abuelos?
6. ¿Nos entienden nuestros padres a nosotros?
7. ¿Cuándo ves a tus amigos/as?
8. ¿Cuándo te llaman tus amigos/as?

5

En el aeropuerto Get together with a partner and take turns asking each other questions about the drawing. Use the word bank and direct object pronouns.

modelo

Estudiante 1: *¿Quién está leyendo el libro?*
Estudiante 2: *Susana lo está leyendo./Susana está leyéndolo.*

buscar	confirmar	escribir	leer	tener	vender
comprar	encontrar	escuchar	llevar	traer	¿?

Síntesis

6

Adivinanzas Play a guessing game in which you describe a person, place, or thing and your partner guesses who or what it is. Then switch roles. Each of you should give at least five descriptions.

modelo

Estudiante 1: *Lo uso para (I use it to) escribir en mi cuaderno. No es muy grande y tiene borrador. ¿Qué es?*
Estudiante 2: *¿Es un lápiz?*
Estudiante 1: *¡Sí!*

Recapitulación

For self-scoring and diagnostics, go to **panorama.vhlcentral.com.**

Review the grammar concepts you have learned in this lesson by completing these activities.

1 Completar Complete the chart with the correct present participle of these verbs. 8 pts.

INFINITIVE	PRESENT PARTICIPLE	INFINITIVE	PRESENT PARTICIPLE
hacer		estar	
acampar		ser	
tener		vivir	
venir		estudiar	

2 Vacaciones en París Complete this paragraph about Julia's trip to Paris with the correct form of **ser** or **estar**. 12 pts.

Hoy (1) _____ (es/está) el 3 de julio y voy a París por tres semanas. (Yo) (2) _____ (Soy/Estoy) muy feliz porque voy a ver a mi mejor amiga. Ella (3) _____ (es/está) de Puerto Rico, pero ahora (4) _____ (es/está) viviendo en París. También (yo) (5) _____ (soy/estoy) un poco nerviosa porque (6) _____ (es/está) mi primer viaje a Francia. El vuelo (*flight*) (7) _____ (es/está) hoy por la tarde pero ahora (8) _____ (es/está) lloviendo. Por eso (9) _____ (somos/estamos) preocupadas, porque probablemente el avión va a salir tarde. Mi equipaje ya (10) _____ (es/está) listo. (11) _____ (Es/Está) tarde y me tengo que ir. ¡Va a (12) _____ (ser/estar) un viaje fenomenal!

3 ¿Qué hacen? Respond to these questions by indicating what people do with the items mentioned. Use direct object pronouns. 5 pts.

modelo

¿Qué hacen los viajeros con las vacaciones? (planear)
Las planean.

1. ¿Qué haces tú con el libro de viajes? (leer) __________
2. ¿Qué hacen los turistas en la ciudad? (explorar) __________
3. ¿Qué hace el botones con el equipaje? (llevar) __________
4. ¿Qué hace la agente con las reservaciones? (confirmar) __________
5. ¿Qué hacen ustedes con los pasaportes? (mostrar) __________

RESUMEN GRAMATICAL

5.1 Estar with conditions and emotions *p. 152*

- Yo **estoy** aburrido/a, feliz, nervioso/a.
- El cuarto **está** desordenado, limpio, ordenado.
- Estos libros **están** abiertos, cerrados, sucios.

5.2 The present progressive *pp. 154–155*

- The present progressive is formed with the present tense of **estar** plus the present participle.

Forming the present participle

infinitive	stem	ending	present participle
hablar	habl-	**-ando**	hablando
comer	com-	**-iendo**	comiendo
escribir	escrib-	**-iendo**	escribiendo

-ir stem-changing verbs

	infinitive	present participle
e:ie	preferir	**prefiriendo**
e:i	conseguir	**consiguiendo**
o:ue	dormir	**durmiendo**

- Irregular present participles: **yendo (ir), pudiendo (poder), viniendo (venir)**

5.3 Ser and estar *pp. 158–159*

- Uses of **ser**: nationality, origin, profession or occupation, characteristics, generalizations, possession, what something is made of, time and date, time and place of events
- Uses of **estar**: location, health, physical states and conditions, emotional states, weather expressions, ongoing actions
- **Ser** and **estar** can both be used with many adjectives, but the meaning will change.

Juan **es** delgado.	Juan **está** más delgado hoy.
Juan is thin.	*Juan looks thinner today.*

5.4 Direct object nouns and pronouns *pp. 162–163*

Direct object pronouns

Singular		Plural	
me	lo	nos	los
te	la	os	las

In affirmative sentences:
Adela practica el tenis. → Adela lo practica.

In negative sentences: Adela **no** lo practica.

With an infinitive:
Adela lo va a practicar./Adela va a practicarlo.

With the present progressive:
Adela lo está practicando./Adela está practicándolo.

4 **Opuestos** Complete these sentences with the appropriate form of the verb **estar** and an adjective with the opposite meaning of the underlined adjective. 5 pts.

modelo

Mis respuestas están bien, pero las de Susana *están mal*.

1. Las tiendas están abiertas, pero la agencia de viajes ______ ______.
2. No me gustan las habitaciones desordenadas. Incluso (*Even*) mi habitación de hotel ______ ______.
3. Nosotras estamos tristes cuando trabajamos. Hoy comienzan las vacaciones y ______ ______.
4. En esta ciudad los autobuses están sucios, pero los taxis ______ ______.
5. —El avión sale a las 5:30, ¿verdad? —No, estás confundida. Yo ______ ______ de que el avión sale a las 5:00.

5 **En la playa** Describe what these people are doing. Complete the sentences using the present progressive tense. 8 pts.

1. El Sr. Camacho ______________________.

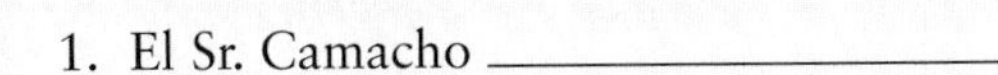

2. Felicia ______________________.
3. Leo ______________________.
4. Nosotros ______________________.

6 **Antes del viaje** Write a paragraph of at least six sentences describing the time right before you go on a trip. Say how you feel and what you are doing. You can use **Actividad 2** as a model. 12 pts.

modelo

Hoy es viernes, 27 de octubre. Estoy en mi habitación...

7 **Refrán** Complete this Spanish saying. Refer to the translation and the drawing. 2 EXTRA points!

" Se consigue más ____________ que ____________. "

(You can accomplish more by doing than by saying.)

recursos
panorama.vhlcentral.com
Lección 5

Lectura

Antes de leer

Estrategia

Scanning

Scanning involves glancing over a document in search of specific information. For example, you can scan a document to identify its format, to find cognates, to locate visual clues about the document's content, or to find specific facts. Scanning allows you to learn a great deal about a text without having to read it word for word.

Examinar el texto

Scan the reading selection for cognates and write a few of them down.

1. ______________ 4. ______________
2. ______________ 5. ______________
3. ______________ 6. ______________

Based on the cognates you found, what do you think this document is about?

____

Preguntas

Read these questions. Then scan the document again to look for answers.

1. What is the format of the reading selection?
 ____
2. Which place is the document about?
 ____
3. What are some of the visual cues this document provides? What do they tell you about the content of the document?
 ____
4. Who produced the document, and what do you think it is for?
 ____

recursos

panorama.vhlcentral.com
Lección 5

Turismo ecológico en Puerto Rico

Hotel La Cabaña

~ Lajas, Puerto Rico ~

Habitaciones

- 40 individuales
- 15 dobles
- Teléfono / TV / Cable
- Aire acondicionado
- Restaurante (Bar)
- Piscina
- Área de juegos
- Cajero automático°

El hotel está situado en Playa Grande, un pequeño pueblo de pescadores del mar Caribe. Es el lugar perfecto para el viajero que viene de vacaciones. Las playas son seguras y limpias, ideales para tomar el sol, descansar, tomar fotografías y nadar. Está abierto los 365 días del año. Hay una rebaja° especial para estudiantes universitarios.

DIRECCIÓN: Playa Grande 406, Lajas, PR 00667, cerca del Parque Nacional Foresta.

Cajero automático *ATM* rebaja *discount*

Atracciones cercanas

Playa Grande ¿Busca la playa perfecta? Playa Grande es la playa que está buscando. Usted puede pescar, sacar fotos, nadar y pasear en bicicleta. Playa Grande es un paraíso para el turista que quiere practicar deportes acuáticos. El lugar es bonito e interesante y usted tiene muchas oportunidades para descansar y disfrutar en familia.

Valle Niebla Ir de excursión, tomar café, montar a caballo, caminar, acampar, hacer picnic. Más de 100 lugares para acampar.

Bahía Fosforescente Sacar fotos, salidas de noche, excursión en barco. Una maravillosa experiencia con peces° fosforescentes.

Arrecifes de Coral Sacar fotos, bucear, explorar. Es un lugar único en el Caribe.

Playa Vieja Tomar el sol, pasear en bicicleta, jugar a las cartas, escuchar música. Ideal para la familia.

Parque Nacional Foresta Sacar fotos, visitar el Museo de Arte Nativo. Reserva Mundial de la Biosfera.

Santuario de las Aves Sacar fotos, observar aves°, seguir rutas de excursión.

peces *fish* aves *birds*

Después de leer

Listas 

Which of the amenities of the Hotel La Cabaña would most interest these potential guests? Explain your choices.

1. dos padres con un hijo de seis años y una hija de ocho años

 ____

2. un hombre y una mujer en su luna de miel (*honeymoon*)

 ____

3. una persona en un viaje de negocios (*business trip*)

 ____

Conversaciones 

With a partner, take turns asking each other these questions.

1. ¿Quieres visitar el Hotel La Cabaña? ¿Por qué?
2. Tienes tiempo de visitar sólo tres de las atracciones turísticas que están cerca del hotel. ¿Cuáles vas a visitar? ¿Por qué?
3. ¿Qué prefieres hacer en Valle Niebla? ¿En Playa Vieja? ¿En el Parque Nacional Foresta?

Situaciones

You have just arrived at the Hotel La Cabaña. Your classmate is the concierge. Use the phrases below to express your interests and ask for suggestions about where to go.

1. montar a caballo
2. bucear
3. pasear en bicicleta
4. pescar
5. observar aves

Contestar

Answer these questions.

1. ¿Quieres visitar Puerto Rico? Explica tu respuesta.

 ____

2. ¿Adónde quieres ir de vacaciones el verano que viene? Explica tu respuesta.

 ____

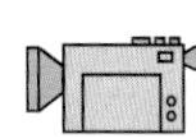

Puerto Rico

El país en cifras

- **Área:** 8.959 km^2 (3.459 millas^2) *menor° que el área de Connecticut*
- **Población:** 4.060.000

Puerto Rico es una de las islas más densamente pobladas° del mundo. Más de la tercera parte de la población vive en San Juan, la capital.

- **Capital:** San Juan—2.758.000

SOURCE: Population Division, UN Secretariat

- **Ciudades principales:** Arecibo, Bayamón, Fajardo, Mayagüez, Ponce
- **Moneda:** dólar estadounidense
- **Idiomas:** español (oficial); inglés (oficial)

Aproximadamente la cuarta parte de la población puertorriqueña habla inglés. Pero, en las zonas turísticas este porcentaje es mucho más alto. El uso del inglés es obligatorio para documentos federales.

Bandera de Puerto Rico

Puertorriqueños célebres

- **Raúl Juliá,** actor (1940–1994)
- **Roberto Clemente,** beisbolista (1934–1972)
- **Julia de Burgos,** escritora (1914–1953)
- **Ricky Martin,** cantante° y actor (1971–)
- **Rita Moreno,** actriz, cantante, bailarina (1931–)

Plaza de Arecibo

Hoteles en El Condado, San Juan

Mar Caribe

Pescadores en Mayagüez

Parque de Bombas, Ponce

menor *less* pobladas *populated* cantante *singer* río subterráneo *underground river* más largo *longest* cuevas *caves* bóveda *vault* fortaleza *fort* caber *fit*

¡Increíble pero cierto!

El río Camuy es el tercer río subterráneo° más largo° del mundo y tiene el sistema de cuevas° más grande en el hemisferio occidental. La Cueva de los Tres Pueblos es una gigantesca bóveda°, tan grande que toda la fortaleza° del Morro puede caber° en su interior.

Lugares • El Morro

El Morro es una fortaleza que se construyó para proteger° la bahía° de San Juan desde principios del siglo° XVI hasta principios del siglo XX. Hoy día muchos turistas visitan este lugar, convertido en un museo. Es el sitio más fotografiado de Puerto Rico. La arquitectura de la fortaleza es impresionante. Tiene misteriosos túneles, oscuras mazmorras° y vistas fabulosas de la bahía.

Artes • Salsa

La salsa, este estilo musical de origen puertorriqueño y cubano, nació° en el barrio latino de la ciudad de Nueva York. Dos de los músicos de salsa más famosos son Tito Puente y Willie Colón, los dos de Nueva York. Las estrellas° de la salsa en Puerto Rico son Felipe Rodríguez y Héctor Lavoe. Hoy en día, Puerto Rico es el centro internacional de la salsa. El Gran Combo de Puerto Rico es una de las orquestas de salsa más famosas del mundo°.

Ciencias • El Observatorio de Arecibo

El Observatorio de Arecibo tiene uno de los radiotelescopios más grandes del mundo. Gracias a este telescopio, los científicos° pueden estudiar las propiedades de la Tierra°, la Luna° y otros cuerpos celestes. También pueden analizar fenómenos celestiales como los quasares y pulsares, y detectar emisiones de radio de otras galaxias, en busca de inteligencia extraterrestre.

Historia • Relación con los Estados Unidos

Puerto Rico pasó a ser° parte de los Estados Unidos después de° la guerra° de 1898 y se hizo° un estado libre asociado en 1952. Los puertorriqueños, ciudadanos° estadounidenses desde° 1917, tienen representación política en el Congreso pero no votan en las elecciones presidenciales y no pagan impuestos° federales. Hay un debate entre los puertorriqueños: ¿debe la isla seguir como estado libre asociado, hacerse un estado como los otros° o volverse° independiente?

¿Qué aprendiste? Responde a las preguntas con una oración completa.

1. ¿Cuál es la moneda de Puerto Rico?
2. ¿Qué idiomas se hablan (*are spoken*) en Puerto Rico?
3. ¿Cuál es el sitio más fotografiado de Puerto Rico?
4. ¿Qué es el Gran Combo?
5. ¿Qué hacen los científicos en el Observatorio de Arecibo?

Conexión Internet Investiga estos temas en **panorama.vhlcentral.com.**

1. Describe a dos puertorriqueños famosos. ¿Cómo son? ¿Qué hacen? ¿Dónde viven? ¿Por qué son célebres?
2. Busca información sobre lugares buenos para el ecoturismo en Puerto Rico. Luego presenta un informe a la clase.

proteger *protect* bahía *bay* siglo *century* mazmorras *dungeons* nació *was born* estrellas *stars* mundo *world* científicos *scientists* Tierra *Earth* Luna *Moon* pasó a ser *became* después de *after* guerra *war* se hizo *became* ciudadanos *citizens* desde *since* pagan impuestos *pay taxes* debería *should* otros *others* volverse *to become*

Los viajes y las vacaciones

acampar	*to camp*
confirmar una reservación	*to confirm a reservation*
estar de vacaciones (*f. pl.*)	*to be on vacation*
hacer las maletas	*to pack (one's suitcases)*
hacer un viaje	*to take a trip*
ir de compras (*f. pl.*)	*to go shopping*
ir de vacaciones	*to go on vacation*
ir en autobús (*m.*), auto(móvil) (*m.*), avión (*m.*), barco (*m.*), moto(cicleta) (*f.*), taxi (*m.*)	*to go by bus, car, plane, boat, motorcycle, taxi*
jugar a las cartas	*to play cards*
montar a caballo (*m.*)	*to ride a horse*
pescar	*to fish*
sacar/tomar fotos (*f. pl.*)	*to take photos*
el/la agente de viajes	*travel agent*
el/la inspector(a) de aduanas	*customs inspector*
el/la viajero/a	*traveler*
el aeropuerto	*airport*
la agencia de viajes	*travel agency*
la cabaña	*cabin*
el campo	*countryside*
el equipaje	*luggage*
la estación de autobuses, del metro, de tren	*bus, subway, train station*
la llegada	*arrival*
el mar	*sea*
el paisaje	*landscape*
el pasaje (de ida y vuelta)	*(round-trip) ticket*
el pasaporte	*passport*
la playa	*beach*
la salida	*departure; exit*

El hotel

el ascensor	*elevator*
el/la botones	*bellhop*
la cama	*bed*
el/la empleado/a	*employee*
la habitación individual, doble	*single, double room*
el hotel	*hotel*
el/la huésped	*guest*
la llave	*key*
el piso	*floor (of a building)*
la planta baja	*ground floor*

Adjetivos

abierto/a	*open*
aburrido/a	*bored; boring*
alegre	*happy; joyful*
amable	*nice; friendly*
avergonzado/a	*embarrassed*
cansado/a	*tired*
cerrado/a	*closed*
cómodo/a	*comfortable*
confundido/a	*confused*
contento/a	*happy; content*
desordenado/a	*disorderly*
enamorado/a (de)	*in love (with)*
enojado/a	*mad; angry*
equivocado/a	*wrong*
feliz	*happy*
limpio/a	*clean*
listo/a	*ready; smart*
nervioso/a	*nervous*
ocupado/a	*busy*
ordenado/a	*orderly*
preocupado/a (por)	*worried (about)*
seguro/a	*sure; safe*
sucio/a	*dirty*
triste	*sad*

Los números ordinales

primer, primero/a	*first*
segundo/a	*second*
tercer, tercero/a	*third*
cuarto/a	*fourth*
quinto/a	*fifth*
sexto/a	*sixth*
séptimo/a	*seventh*
octavo/a	*eighth*
noveno/a	*ninth*
décimo/a	*tenth*

Palabras adicionales

ahora mismo	*right now*
el año	*year*
¿Cuál es la fecha (de hoy)?	*What is the date (today)?*
de buen/mal humor	*in a good/bad mood*
la estación	*season*
el mes	*month*
todavía	*yet; still*

Seasons, months, and dates	*See page 142.*
Weather expressions	*See page 142.*
Direct object pronouns	*See page 162.*
Expresiones útiles	*See page 147.*

¡De compras!

6

Communicative Goals

You will learn how to:

- Talk about and describe clothing
- Express preferences in a store
- Negotiate and pay for items you buy

A PRIMERA VISTA

- ¿Está comprando algo la mujer?
- ¿Está buscando una maleta?
- ¿Está contenta o enojada?
- ¿Cómo es la mujer?

¡De compras!

Más vocabulario

el abrigo	*coat*
los calcetines (el calcetín)	*sock(s)*
el cinturón	*belt*
las gafas (de sol)	*(sun)glasses*
los guantes	*gloves*
el impermeable	*raincoat*
la ropa	*clothing; clothes*
la ropa interior	*underwear*
las sandalias	*sandals*
el traje	*suit*
el vestido	*dress*
los zapatos de tenis	*tennis shoes; sneakers*
el regalo	*gift*
el almacén	*department store*
el centro comercial	*shopping mall*
el mercado (al aire libre)	*(open-air) market*
el precio (fijo)	*(fixed; set) price*
la rebaja	*sale*
la tienda	*shop; store*
costar (o:ue)	*to cost*
gastar	*to spend (money)*
pagar	*to pay*
regatear	*to bargain*
vender	*to sell*
hacer juego (con)	*to match (with)*
llevar	*to wear; to take*
usar	*to wear; to use*

Variación léxica

calcetines ⟷ medias (*Amér. L.*)
cinturón ⟷ correa (*Col., Venez.*)
gafas/lentes ⟷ espejuelos (*Cuba, P.R.*), anteojos (*Arg., Chile*)
zapatos de tenis ⟷ zapatillas de deporte (*Esp.*), zapatillas (*Arg., Perú*)

recursos

WB	LM	SUPERSITE
WB pp. 59–60	LM p. 31	panorama.vhlcentral.com Lección 6

Caballeros
el sombrero
un par de zapatos
los zapatos
la chaqueta
la caja
la cartera
la dependienta/la vendedora
la corbata
la tarjeta de crédito
los bluejeans
la bota

Práctica

1 **Escuchar** Listen to Juanita and Vicente talk about what they're packing for their vacations. Indicate who is packing each item. If both are packing an item, write both names. If neither is packing an item, write an X.

1. abrigo ________
2. zapatos de tenis ________
3. impermeable ________
4. chaqueta ________
5. sandalias ________
6. bluejeans ________
7. gafas de sol ________
8. camisetas ________
9. traje de baño ________
10. botas ________
11. pantalones cortos ________
12. suéter ________

2 **Lógico o ilógico** Listen to Guillermo and Ana talk about vacation destinations. Indicate whether each statement is **lógico** or **ilógico**.

1. ________
2. ________
3. ________
4. ________

3 **Completar** Anita is talking about going shopping. Complete each sentence with the correct word(s), adding definite or indefinite articles when necessary.

caja	medias	tarjeta de crédito
centro comercial	par	traje de baño
dependientas	ropa	vendedores

1. Hoy voy a ir de compras al ______________.
2. Voy a ir a la tienda de ropa para mujeres. Siempre hay muchas rebajas y las ______________ son muy simpáticas.
3. Necesito comprar ______________ de zapatos.
4. Y tengo que comprar ______________ porque el sábado voy a la playa con mis amigos.
5. También voy a comprar unas ______________ para mi mamá.
6. Voy a pagar todo (*everything*) en ______________.
7. Pero hoy no tengo dinero. Voy a tener que usar mi ______________.
8. Mañana voy al mercado al aire libre. Me gusta regatear con los ______________.

4 **Escoger** Choose the item in each group that does not belong.

1. almacén • centro comercial • mercado • sombrero
2. camisa • camiseta • blusa • botas
3. bluejeans • bolsa • falda • pantalones
4. abrigo • suéter • corbata • chaqueta
5. mercado • tienda • almacén • cartera
6. pagar • llevar • hacer juego (con) • usar
7. botas • sandalias • zapatos • traje
8. vender • regatear • ropa interior • gastar

SUPERSITE

Los colores

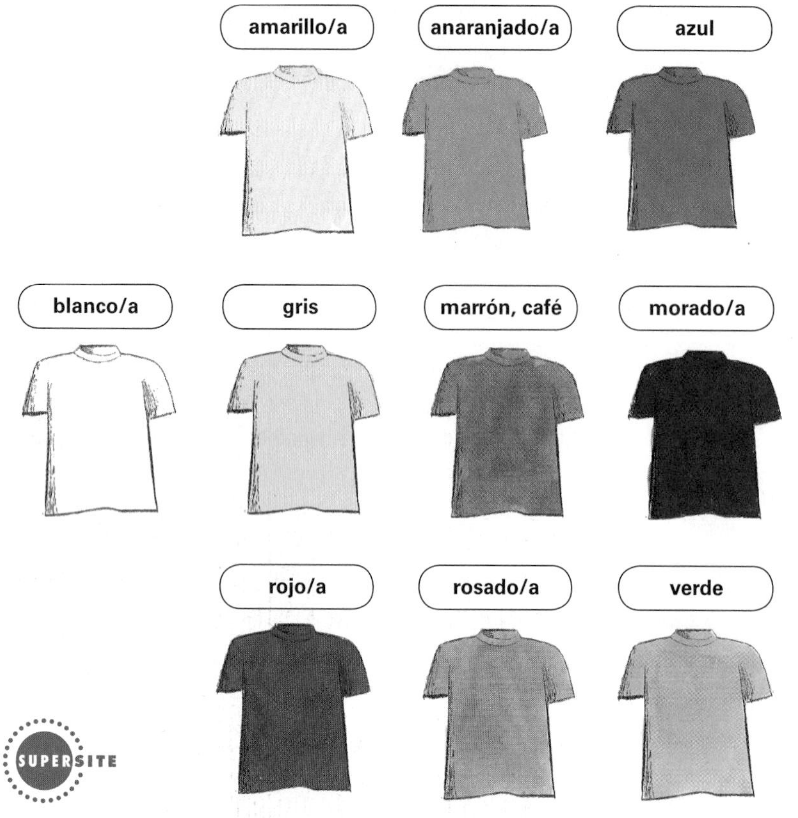

¡LENGUA VIVA!

The names of colors vary throughout the Spanish-speaking world. For example, in some countries, **anaranjado/a** may be referred to as **naranja**, **morado/a** as **púrpura**, and **rojo/a** as **colorado/a**.

Other terms that will prove helpful include **claro** (*light*) and **oscuro** (*dark*): **azul claro, azul oscuro.**

Adjetivos

barato/a	*cheap*
bueno/a	*good*
cada	*each*
caro/a	*expensive*
corto/a	*short (in length)*
elegante	*elegant*
hermoso/a	*beautiful*
largo/a	*long*
loco/a	*crazy*
nuevo/a	*new*
otro/a	*other; another*
pobre	*poor*
rico/a	*rich*

5 **Contrastes** Complete each phrase with the opposite of the underlined word.

1. una corbata barata • unas camisas...
2. unas vendedoras malas • unos dependientes...
3. un vestido corto • una falda...
4. un hombre muy pobre • una mujer muy...
5. una cartera nueva • un cinturón...
6. unos trajes hermosos • unos bluejeans...
7. un impermeable caro • unos suéteres...
8. unos calcetines blancos • unas medias...

CONSULTA

Like other adjectives you have seen, colors must agree in gender and number with the nouns they modify. Ex: **las camisas verdes, el vestido amarillo.** For a review of descriptive adjectives, see **Estructura 3.1,** pp. 80–81.

6 **Preguntas** Answer these questions with a classmate.

1. ¿De qué color es la rosa de Texas?
2. ¿De qué color es la bandera (*flag*) de Canadá?
3. ¿De qué color es la casa donde vive el presidente de los EE.UU.?
4. ¿De qué color es el océano Atlántico?
5. ¿De qué color es la nieve?
6. ¿De qué color es el café?
7. ¿De qué color es el dólar de los EE.UU.?
8. ¿De qué color es la cebra (*zebra*)?

Comunicación

7 

Las maletas With a classmate, answer these questions about the drawings.

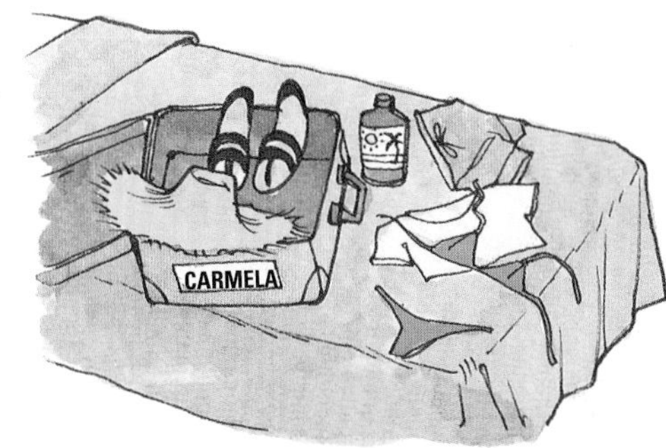

1. ¿Qué ropa hay al lado de la maleta de Carmela?
2. ¿Qué hay en la maleta?
3. ¿De qué color son las sandalias?
4. ¿Adónde va Carmela?
5. ¿Qué tiempo va a hacer?
6. ¿Qué hay al lado de la maleta de Pepe?
7. ¿Qué hay en la maleta?
8. ¿De qué color es el suéter?
9. ¿Qué va a hacer Pepe en Bariloche?
10. ¿Qué tiempo va a hacer?

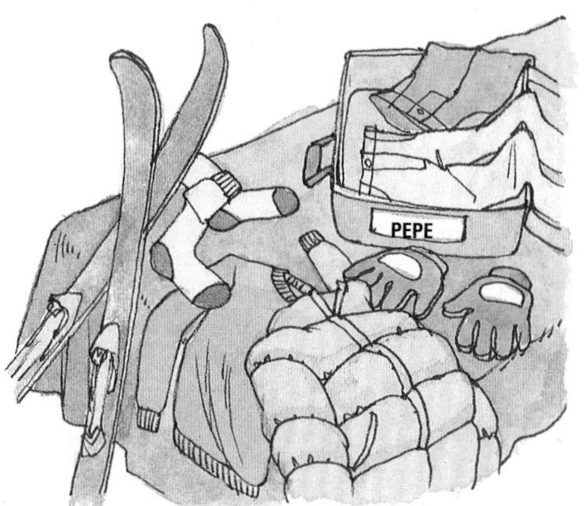

CONSULTA

To review weather, see **Lección 5, Contextos,** p. 142.

NOTA CULTURAL

Bariloche is a popular resort for skiing in South America. Located in Argentina's Patagonia region, the town is also known for its chocolate factories and its beautiful lakes, mountains, and forests.

8  

¿Adónde van? Imagine that you are going on a vacation with two classmates. Get together with your classmates and decide where you are going. Then draw three suitcases and write in each one what clothing each person is taking. Present your drawings to the rest of the class, answering these questions.

- ¿Adónde van?
- ¿Qué tiempo va a hacer allí?
- ¿Qué van a hacer allí?
- ¿Qué hay en sus maletas?
- ¿De qué color es la ropa que llevan?

9   

Preferencias Use these questions to interview a classmate. Then switch roles.

1. ¿Adónde vas a comprar ropa? ¿Por qué?
2. ¿Qué tipo de ropa prefieres? ¿Por qué?
3. ¿Cuáles son tus colores favoritos?
4. En tu opinión, ¿es importante comprar ropa nueva frecuentemente? ¿Por qué?
5. ¿Gastas mucho dinero en ropa cada mes? ¿Buscas rebajas?
6. ¿Regateas cuando compras ropa? ¿Usas una tarjeta de crédito?

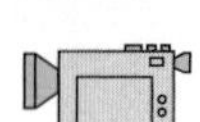

¡Qué ropa más bonita!

Javier e Inés van de compras al mercado.

PERSONAJES

INÉS

JAVIER

EL VENDEDOR

1

INÉS Javier, ¡qué ropa más bonita! A mí me gusta esa camisa blanca y azul. Debe ser de algodón. ¿Te gusta?

JAVIER Yo prefiero la camisa de la izquierda... la gris con rayas rojas. Hace juego con mis botas marrones.

INÉS Está bien, Javier. Mira, necesito comprarle un regalo a mi hermana Graciela. Acaba de empezar un nuevo trabajo...

JAVIER ¿Tal vez una bolsa?

VENDEDOR Esas bolsas son típicas de las montañas. ¿Le gusta?

INÉS Sí. Quiero comprarle una a mi hermana.

VENDEDOR Buenas tardes, joven. ¿Le puedo servir en algo?

JAVIER Sí. Voy a ir de excursión a las montañas y necesito un buen suéter.

VENDEDOR ¿Qué talla usa usted?

JAVIER Uso talla grande.

7

VENDEDOR Éstos son de talla grande.

JAVIER ¿Qué precio tiene ése?

VENDEDOR ¿Le gusta este suéter? Le cuesta ciento cincuenta mil sucres.

JAVIER Quiero comprarlo, pero, señor, no soy rico. ¿Ciento veinte mil sucres?

VENDEDOR Bueno, para usted... sólo ciento treinta mil sucres.

JAVIER Está bien, señor.

recursos

VM pp. 205–206	panorama.vhlcentral.com Lección 6

INÉS Me gusta aquélla. ¿Cuánto cuesta?

VENDEDOR Ésa cuesta ciento sesenta mil sucres. ¡Es de muy buena calidad!

INÉS Uy, demasiado cara. Quizás otro día.

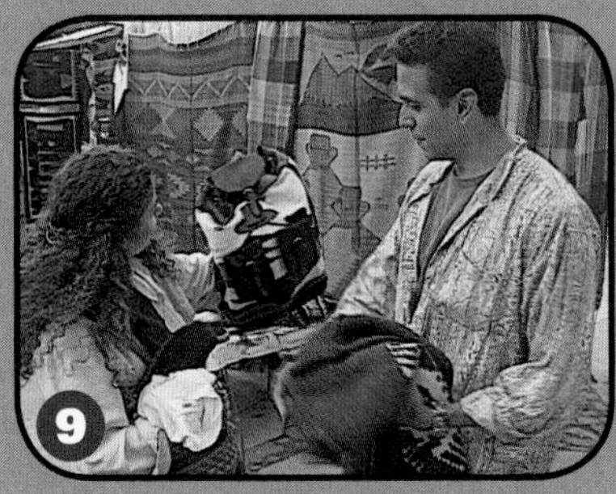

JAVIER Acabo de comprarme un suéter. Y tú, ¿qué compraste?

INÉS Compré esta bolsa para mi hermana.

INÉS También compré una camisa y un sombrero. ¿Qué tal me veo?

JAVIER ¡Guapa, muy guapa!

Expresiones útiles

Talking about clothing

- **¡Qué ropa más bonita!**
  What nice clothing!
- **Me gusta esta/esa camisa blanca de rayas negras.**
  I like this/that white shirt with black stripes.
- **Está de moda.**
  It's in fashion.
- **Debe ser de algodón/lana/seda.**
  It must be cotton/wool/silk.
- **Es de cuadros/lunares/rayas.**
  It's plaid/polka-dotted/striped.
- **Me gusta este/ese suéter.**
  I like this/that sweater.
- **Es de muy buena calidad.**
  It's very good quality.
- **¿Qué talla lleva/usa usted?**
  What size do you (form.) wear?
  Llevo/Uso talla grande.
  I wear a large.
- **¿Qué número calza usted?**
  What (shoe) size do you (form.) wear?
  Calzo el treinta y seis.
  I wear a size thirty-six.

Talking about how much things cost

- **¿Cuánto cuesta?**
  How much does it cost?
  Sólo cuesta noventa mil sucres.
  It only costs ninety thousand sucres.
  Demasiado caro/a.
  Too expensive.
  Es una ganga.
  It's a bargain.

Saying what you bought

- **¿Qué compró Ud./él/ella?**
  What did you (form.)/he/she buy?
  Compré esta bolsa para mi hermana.
  I bought this purse for my sister.
- **¿Qué compraste?**
  What did you (fam.) buy?
  Acabo de comprarme un sombrero.
  I have just bought myself a hat.

¿Qué pasó? SUPERSITE

1

¿Cierto o falso? Indicate whether each sentence is **cierto** or **falso**. Correct the false statements.

	Cierto	Falso
1. A Inés le gusta la camisa verde y amarilla.	❍	❍
2. Javier necesita comprarle un regalo a su hermana.	❍	❍
3. Las bolsas en el mercado son típicas de las montañas.	❍	❍
4. Javier busca un traje de baño.	❍	❍

2

Identificar Provide the first initial of the person who would make each statement.

___ 1. ¿Te gusta el sombrero que compré?
___ 2. Estos suéteres son de talla grande. ¿Qué talla usa usted?
___ 3. ¿Por qué no compras una bolsa para Graciela?
___ 4. Creo que mis botas hacen juego con la camisa.
___ 5. Estas bolsas son excelentes, de muy buena calidad.
___ 6. Creo que las blusas aquí son de algodón.

INÉS

JAVIER

EL VENDEDOR

3

Completar Answer the questions using the information in the **Fotonovela**.

1. Inés quiere comprarle un regalo a su hermana. ¿Por qué?
2. ¿Cuánto cuesta la bolsa de las montañas?
3. ¿Por qué necesita Javier un buen suéter?
4. ¿Cuál es el precio final del suéter?
5. ¿Qué compra Inés en el mercado?

AYUDA

When discussing prices, it's important to keep in mind singular and plural forms of verbs.

La **camisa cuesta** diez dólares.

Las **botas cuestan** sesenta dólares.

El **precio** de las botas **es** sesenta dólares.

Los **precios** de la ropa **son** altos.

4

Conversar With a partner, role-play a conversation between a customer and a salesperson in an open-air market. Use these expressions and also look at **Expresiones útiles** on the previous page.

¿Qué desea?	Estoy buscando...	Prefiero el/la rojo/a.
What would you like?	*I'm looking for...*	*I prefer the red one.*

Cliente/a		Vendedor(a)
Say good afternoon.	→	Greet the customer and ask what he/she would like.
Explain that you are looking for a particular item of clothing.	→	Show him/her some items and ask what he/she prefers.
Discuss colors and sizes.	→	Discuss colors and sizes.
Ask for the price and begin bargaining.	→	Tell him/her a price. Negotiate a price.
Settle on a price and purchase the item.	→	Accept a price and say thank you.

Pronunciación  

The consonants d and t

¿Dónde? **vender** **nadar** **verdad**

Like **b** and **v**, the Spanish **d** can also have a hard sound or a soft sound, depending on which letters appear next to it.

Don **dinero** **tienda** **falda**

At the beginning of a phrase and after **n** or **l**, the letter **d** is pronounced with a hard sound. This sound is similar to the English *d* in *dog*, but a little softer and duller. The tongue should touch the back of the upper teeth, not the roof of the mouth.

medias **verde** **vestido** **huésped**

In all other positions, **d** has a soft sound. It is similar to the English *th* in *there*, but a little softer.

Don Diego no tiene el diccionario.

When **d** begins a word, its pronunciation depends on the previous word. At the beginning of a phrase or after a word that ends in **n** or **l**, it is pronounced as a hard **d**.

Doña Dolores es de la capital.

Words that begin with **d** are pronounced with a soft **d** if they appear immediately after a word that ends in a vowel or any consonant other than **n** or **l**.

traje **pantalones** **tarjeta** **tienda**

When pronouncing the Spanish **t**, the tongue should touch the back of the upper teeth, not the roof of the mouth. Unlike the English *t,* no air is expelled from the mouth.

Práctica Read these phrases aloud to practice the **d** and the **t**.

1. Hasta pronto.
2. De nada.
3. Mucho gusto.
4. Lo siento.
5. No hay de qué.
6. ¿De dónde es usted?
7. ¡Todos a bordo!
8. No puedo.
9. Es estupendo.
10. No tengo computadora.
11. ¿Cuándo vienen?
12. Son las tres y media.

Oraciones Read these sentences aloud to practice the **d** and the **t**.

1. Don Teodoro tiene una tienda en un almacén en La Habana.
2. Don Teodoro vende muchos trajes, vestidos y zapatos todos los días.
3. Un día un turista, Federico Machado, entra en la tienda para comprar un par de botas.
4. Federico regatea con don Teodoro y compra las botas y también un par de sandalias.

Refranes Read these sayings aloud to practice the **d** and the **t**.

En la variedad está el gusto.[1]

1 Variety is the spice of life.
2 You can't make a silk purse out of a sow's ear.

EN DETALLE

Los mercados al aire libre

El Rastro

Daily or weekly mercados al aire libre in the Spanish-speaking world are an important part of commerce and culture, where locals, tourists, and vendors interact. People come to the marketplace to shop, socialize, taste local foods, and watch street performers. One can simply wander from one **puesto** (*stand*) to the next, browsing through fresh fruits and vegetables, clothing, CDs and DVDs, jewelry, tapestries, pottery, and crafts (**artesanías**). Used merchandise—such as antiques, clothing, and books—can also be found at markets.

When shoppers see an item they like, they can bargain with the vendor. Friendly bargaining is an expected ritual and usually results in lowering the price by about twenty-five percent. Occasionally vendors may give the customer a little extra quantity of the item they purchase; this free addition is known as **la ñapa**.

Many open-air markets are also tourist attractions. The market in Otavalo, Ecuador, is world-famous and has taken place every Saturday since pre-Incan times. This market is well-known for the colorful textiles woven by the **otavaleños**, the indigenous people of the area. One can also find leather goods and wood carvings from nearby towns. Another popular market is **El Rastro**, held every Sunday in Madrid, Spain. Sellers set up **puestos** along the streets to display their wares, which range from local artwork and antiques to inexpensive clothing and electronics.

Mercado de Otavalo

Otros mercados famosos

Mercado	Lugar	Productos
Feria Artesanal de Recoleta	Buenos Aires, Argentina	artesanías
Mercado Central	Santiago, Chile	mariscos°, pescado°, frutas, verduras°
Tianguis Cultural del Chopo	Ciudad de México, México	ropa, música, revistas, libros, arte, artesanías
El mercado de Chichicastenango	Chichicastenango, Guatemala	frutas y verduras, flores°, cerámica, textiles

mariscos *seafood* pescado *fish* verduras *vegetables* flores *flowers*

ACTIVIDADES

1 **¿Cierto o falso?** Indicate whether these statements are **cierto** or **falso**. Correct the false statements.

1. Generally, open-air markets specialize in one type of goods.
2. Bargaining is commonplace at outdoor markets.
3. Only new goods can be found at open-air markets.
4. A Spaniard in search of antiques could search at **El Rastro**.
5. If you are in Guatemala and want to buy ceramics, you can go to Chichicastenango.
6. A **ñapa** is a tax on open-air market goods.
7. The **otavaleños** weave colorful textiles to sell on Saturdays.
8. Santiago's **Mercado Central** is known for books and music.

ASÍ SE DICE

La ropa

la chamarra (Méx.)	la chaqueta
de manga corta/larga	*short/long-sleeved*
los mahones (P. Rico); el pantalón de mezclilla (Méx.); los tejanos (Esp.); los vaqueros (Arg., Cuba, Esp., Uru.)	los bluejeans
la marca	*brand*
la playera (Méx.); la remera (Arg.)	la camiseta

EL MUNDO HISPANO

Diseñadores de moda

- **Adolfo Domínguez** (España) Su ropa tiene un estilo minimalista y práctico. Usa telas° naturales y cómodas en sus diseños.
- **Silvia Tcherassi** (Colombia) Los colores vivos y líneas asimétricas de sus vestidos y trajes muestran influencias tropicales.

- **Óscar de la Renta** (República Dominicana) Diseña ropa opulenta para la mujer clásica.
- **Narciso Rodríguez** (EE.UU.) En sus diseños delicados y finos predominan los colores blanco y negro. Hizo° el vestido de boda° de Carolyn Bessette Kennedy.

telas *fabrics* Hizo *He made* boda *wedding*

PERFIL

Carolina Herrera

In 1980, at the urging of some friends, **Carolina Herrera** created a fashion collection as a "test." The Venezuelan designer received such a favorable response that within one year she moved her family from Caracas to New York City and created her own label, Carolina Herrera, Ltd.

"I love elegance and intricacy, but whether it is in a piece of clothing or a fragrance, the intricacy must appear as simplicity," Herrera once stated. She quickly found that many sophisticated women agreed; from the start, her sleek and glamorous designs have been in constant demand. Over the years, Herrera has grown her brand into a veritable fashion empire that encompasses her fashion and bridal collections, cosmetics, perfume, and accessories that are sold around the globe.

SUPERSITE **Conexión Internet**

¿Qué marcas de ropa son populares en el mundo hispano?

Go to **panorama.vhlcentral.com** to find more cultural information related to this **Cultura** section.

ACTIVIDADES

2  **Comprensión** Complete these sentences.

1. Adolfo Domínguez usa telas ______________ y ______________ en su ropa.
2. Si hace fresco en el D.F., puedes llevar una ______________.
3. La diseñadora ______________ hace ropa, perfumes y más.
4. La ropa de ______________ muestra influencias tropicales.
5. Los ______________ son una ropa casual en Puerto Rico.

3  **Mi ropa favorita** Write a brief description of your favorite article of clothing. Mention what store it is from, the brand, colors, fabric, style, and any other information. Then get together with a small group, collect the descriptions, and take turns reading them aloud at random. Can the rest of the group guess whose favorite piece of clothing is being described?

recursos

panorama.vhlcentral.com Lección 6

6.1 Saber and conocer

ANTE TODO Spanish has two verbs that mean *to know*: **saber** and **conocer**. They cannot be used interchangeably. Note the irregular **yo** forms.

The verbs saber and conocer

		saber *(to know)*	**conocer** *(to know)*
SINGULAR FORMS	yo	**sé**	**conozco**
	tú	**sabes**	**conoces**
	Ud./él/ella	**sabe**	**conoce**
PLURAL FORMS	nosotros/as	**sabemos**	**conocemos**
	vosotros/as	**sabéis**	**conocéis**
	Uds./ellos/ellas	**saben**	**conocen**

- **Saber** means *to know a fact or piece(s) of information* or *to know how to do something.*

  No **sé** tu número de teléfono.
  I don't know your telephone number.

  Mi hermana **sabe** hablar francés.
  My sister knows how to speak French.

- **Conocer** means *to know* or *be familiar/acquainted* with a person, place, or thing.

  ¿**Conoces** la ciudad de Nueva York?
  Do you know New York City?

  No **conozco** a tu amigo Esteban.
  I don't know your friend Esteban.

- When the direct object of **conocer** is a person or pet, the personal **a** is used.

  ¿Conoces La Habana? *but* ¿Conoces **a** Celia Cruz?
  Do you know Havana? *Do you know Celia Cruz?*

- **¡Atención!** These verbs are also conjugated like **conocer**.

conducir	**parecer**	**ofrecer**	**traducir**
to drive	*to seem*	*to offer*	*to translate*

¡INTÉNTALO! Provide the appropriate forms of these verbs. The first item in each column has been done for you.

saber

1. José no ___sabe___ la hora.
2. Sara y yo ________ jugar al tenis.
3. ¿Por qué no ________ tú estos verbos?
4. Mis padres ________ hablar japonés.
5. Yo ________ a qué hora es la clase.
6. Usted no ________ dónde vivo.
7. Mi hermano no ________ nadar.
8. Nosotros ________ muchas cosas.

conocer

1. Usted y yo ___conocemos___ bien Miami.
2. ¿Tú ________ a mi amigo Manuel?
3. Sergio y Taydé ________ mi pueblo.
4. Emiliano ________ a mis padres.
5. Yo ________ muy bien el centro.
6. ¿Ustedes ________ la tienda Gigante?
7. Nosotras ________ una playa hermosa.
8. ¿Usted ________ a mi profesora?

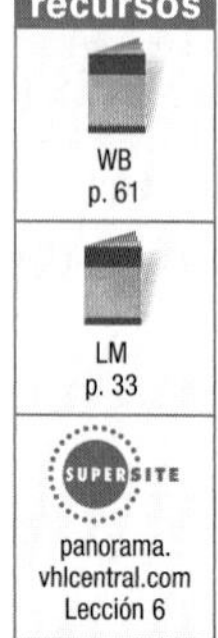

Práctica y Comunicación

1

Completar Indicate the correct verb for each sentence.

1. Mis hermanos (conocen/saben) conducir, pero yo no (sé/conozco).
2. —¿(Conocen/Saben) ustedes dónde está el estadio? —No, no (conocemos/sabemos).
3. —¿(Conoces/Sabes) a Cher? —Bueno, (sé/conozco) quién es, pero no la (conozco/sé).
4. Mi profesora (sabe/conoce) Cuba y también (conoce/sabe) bailar salsa.

2

Combinar Combine elements from each column to create sentences.

 A	 B	 C
Shakira	(no) conocer	Jessica Simpson
los Yankees	(no) saber	cantar y bailar
el primer ministro de Canadá		La Habana Vieja
mis amigos y yo		muchas personas importantes
tú		hablar dos lenguas extranjeras
		jugar al béisbol

3

Preguntas In pairs, ask each other these questions. Answer with complete sentences.

1. ¿Conoces a un(a) cantante famoso/a? ¿Te gusta cómo canta?
2. En tu familia, ¿quién sabe cantar? ¿Tu opinión es objetiva?
3. Y tú, ¿conduces bien o mal? ¿Y tus amigos?
4. Si un(a) amigo/a no conduce muy bien, ¿le ofreces crítica constructiva?
5. ¿Cómo parece estar el/la profesor(a) hoy? ¿Y tus compañeros de clase?

4

Entrevista Jot down three things you know how to do, three people you know, and three places you are familiar with. Then, in a small group, find out what you have in common.

modelo

Estudiante 1: *¿Conocen ustedes a David Lomas?*
Estudiante 2: *Sí, conozco a David. Vivimos en la misma residencia estudiantil.*
Estudiante 3: *No, no lo conozco. ¿Cómo es?*

5

Anuncio In groups, read the ad and answer the questions.

1. Busquen ejemplos de los verbos **saber** y **conocer**.
2. ¿Qué saben del Centro Comercial Oviedo?
3. ¿Qué pueden hacer en el Centro Comercial Oviedo?
4. ¿Conocen otros centros comerciales similares? ¿Cómo se llaman? ¿Dónde están?
5. ¿Conocen un centro comercial en otro país? ¿Cómo es?

6.2 Indirect object pronouns

SUPERSITE

ANTE TODO In **Lección 5**, you learned that a direct object receives the action of the verb directly. In contrast, an indirect object receives the action of the verb indirectly.

SUBJECT	I.O. PRONOUN	VERB	DIRECT OBJECT	INDIRECT OBJECT
Roberto	**le**	presta	cien pesos	**a Luisa**.
Roberto		*lends*	*100 pesos*	*to Luisa.*

An indirect object is a noun or pronoun that answers the question *to whom* or *for whom* an action is done. In the preceding example, the indirect object answers this question: **¿A quién le presta Roberto cien pesos?** *To whom does Roberto lend 100 pesos?*

Indirect object pronouns

Singular forms		Plural forms	
me	(to, for) *me*	**nos**	(to, for) *us*
te	(to, for) *you* (fam.)	**os**	(to, for) *you* (fam.)
le	(to, for) *you* (form.) (to, for) *him; her*	**les**	(to, for) *you* (form.) (to, for) *them*

- **¡Atención!** The forms of indirect object pronouns for the first and second persons (**me**, **te**, **nos**, **os**) are the same as the direct object pronouns. Indirect object pronouns agree in number with the corresponding nouns, but not in gender.

Using indirect object pronouns

- Spanish speakers commonly use both an indirect object pronoun and the noun to which it refers in the same sentence. This is done to emphasize and clarify to whom the pronoun refers.

Ella **le** (I.O. PRONOUN) vende la ropa **a Elena** (INDIRECT OBJECT).

Les (I.O. PRONOUN) prestamos el dinero **a Inés y a Álex** (INDIRECT OBJECT).

- Indirect object pronouns are also used without the indirect object noun when the person for whom the action is being done is known.

Ana **le** presta la falda **a Elena**.
Ana lends her skirt to Elena.

También **le** presta unos bluejeans.
She also lends her a pair of blue jeans.

- Indirect object pronouns are usually placed before the conjugated form of the verb. In negative sentences the pronoun is placed between **no** and the conjugated verb.

Martín **me** compra un regalo. *Martín buys me a gift.*	Eva **no me** escribe cartas. *Eva doesn't write me letters.*

CONSULTA

For more information on accents, see **Lección 4, Pronunciación**, p. 115, **Lección 10, Ortografía**, p. 315, and **Lección 11, Ortografía**, p. 349.

- When a conjugated verb is followed by an infinitive or the present progressive, the indirect object pronoun may be placed before the conjugated verb or attached to the infinitive or present participle. **¡Atención!** When an indirect object pronoun is attached to a present participle, an accent mark is added to maintain the proper stress.

Él no quiere **pagarte**./ Él no **te** quiere pagar. *He does not want to pay you.*	Él está **escribiéndole** una postal a ella./ Él **le** está escribiendo una postal a ella. *He is writing a postcard to her.*

- Because the indirect object pronouns **le** and **les** have multiple meanings, Spanish speakers often clarify to whom the pronouns refer with the preposition **a** + [*pronoun*] or **a** + [*noun*].

UNCLARIFIED STATEMENTS	CLARIFIED STATEMENTS
Yo **le** compro un abrigo.	Yo **le** compro un abrigo **a usted/él/ella.**
Ella **le** describe un libro.	Ella **le** describe un libro **a Juan.**

UNCLARIFIED STATEMENTS	CLARIFIED STATEMENTS
Él **les** vende unos sombreros.	Él **les** vende unos sombreros **a ustedes/ellos/ellas.**
Ellos **les** hablan muy claro.	Ellos **les** hablan muy claro **a los clientes.**

- The irregular verbs **dar** (*to give*) and **decir** are often used with direct and indirect object pronouns.

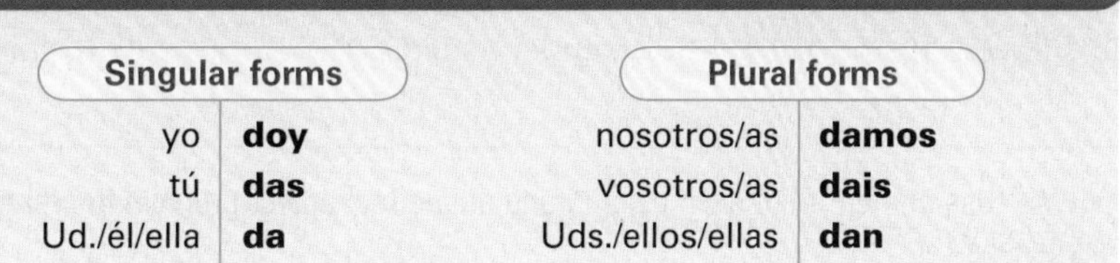

The verb dar (*to give*)

Singular forms		Plural forms	
yo	**doy**	nosotros/as	**damos**
tú	**das**	vosotros/as	**dais**
Ud./él/ella	**da**	Uds./ellos/ellas	**dan**

CONSULTA

Remember that **decir** is a stem-changing verb **(e:i)** with an irregular **yo** form: **digo**. To review the present tense of **decir**, see **Estructura 4.3**, p. 125.

Me dan una fiesta cada año. *They give (throw) me a party every year.*	**Te digo** la verdad. *I'm telling you the truth.*
Voy a **darle** consejos. *I'm going to give her advice.*	No **les digo** mentiras a mis padres. *I don't tell lies to my parents.*

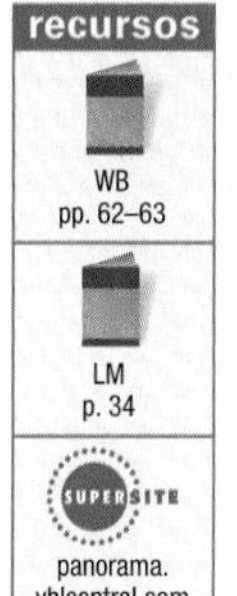

¡INTÉNTALO! Use the cues in parentheses to provide the indirect object pronoun for the sentence. The first item has been done for you.

1. Juan ___le___ quiere dar un regalo. (*to Elena*)
2. María __________ prepara un café. (*for us*)
3. Beatriz y Felipe __________ escriben desde (*from*) Cuba. (*to me*)
4. Marta y yo __________ compramos unos guantes. (*for them*)
5. Los vendedores __________ venden ropa. (*to you, fam. sing.*)
6. La dependienta __________ muestra los guantes. (*to us*)

Práctica

SUPERSITE

1

Completar Fill in the correct pronouns to complete Mónica's description of her family's holiday shopping.

1. Juan y yo ________ damos una blusa a nuestra hermana Gisela.
2. Mi tía ________ da a nosotros una mesa para la casa.
3. Gisela ________ da dos corbatas a su novio.
4. A mi mamá yo ________ doy un par de guantes negros.
5. A mi profesora ________ doy dos libros de José Martí.
6. Juan ________ da un regalo a mis padres.
7. Mis padres ________ dan a mí un traje nuevo.
8. Y a ti, yo ________ doy un regalo también. ¿Quieres verlo?

NOTA CULTURAL

Cuban writer and patriot **José Martí** (1853–1895) was born in **La Habana Vieja**, the old colonial center of Havana. Founded by Spanish explorers in the early 1500s, Havana, along with San Juan, Puerto Rico, served as a major stopping point for Spaniards traveling to Mexico and South America.

2

Describir Describe what is happening in these photos based on the cues provided.

1. escribir / mensaje electrónico

2. mostrar / fotos

3. dar / documentos

4. pedir / llaves

5. vender / suéter

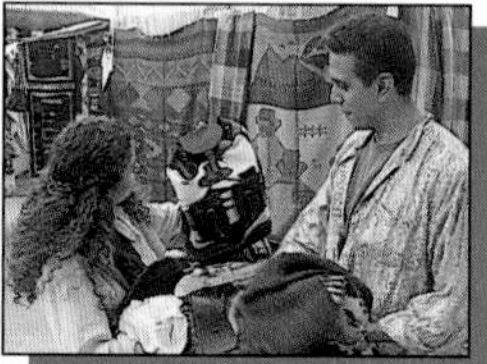

6. comprar / bolsa

NOTA CULTURAL

Javier and Inés are shopping in the open-air market in Otavalo, Ecuador. **La Habana Vieja**, Cuba, is the site of another well-known outdoor market. Located in the **Plaza de la Catedral**, it is a place where Cuban painters, artists, and sculptors sell their work, and other vendors offer handmade crafts and clothing.

3

Combinar Use an item from each column and an indirect object pronoun to create logical sentences.

modelo

Mis padres les dan regalos a mis primos.

A	B	C	D
yo	comprar	correo electrónico	mí
el dependiente	dar	corbata	ustedes
el profesor Arce	decir	dinero en efectivo	clienta
la vendedora	escribir	ejercicio	novia
mis padres	explicar	problemas	primos
tú	pagar	regalos	ti
nosotros/as	prestar	ropa	nosotros
¿?	vender	¿?	¿?

Comunicación

4

Entrevista Take turns with a classmate asking and answering questions using the word bank.

modelo

escribir mensajes electrónicos
Estudiante 1: *¿A quién le escribes mensajes electrónicos?*
Estudiante 2: *Le escribo mensajes electrónicos a mi hermano.*

cantar canciones de amor (*love songs*)
comprar ropa
dar una fiesta
decir mentiras
escribir mensajes electrónicos
mostrar fotos de un viaje
pedir dinero
preparar comida (*food*) mexicana

5

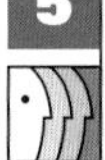

¡Somos ricos! You and your classmates chipped in on a lottery ticket and you won! Now you want to spend money on your loved ones. In groups of three, discuss what each person is buying for family and friends.

modelo

Estudiante 1: *Quiero comprarle un vestido de Carolina Herrera a mi madre.*
Estudiante 2: *Y yo voy a darles un automóvil nuevo a mis padres.*
Estudiante 3: *Voy a comprarles una casa a mis padres, pero a mis amigos no les voy a dar nada.*

6

Entrevista Use these questions to interview a classmate.

1. ¿Qué tiendas, almacenes o centros comerciales prefieres?
2. ¿A quién le compras regalos cuando hay rebajas?
3. ¿A quién le prestas dinero cuando lo necesita?
4. Quiero ir de compras. ¿Cuánto dinero me puedes prestar?
5. ¿Te dan tus padres su tarjeta de crédito cuando vas de compras?

Síntesis

7

Minidrama With two classmates, take turns playing the roles of two shoppers and a clerk in a clothing store. The shoppers should take turns talking about the articles of clothing they are looking for and for whom they are buying the clothes. The clerk should recommend several items based on the shoppers' descriptions. Use these expressions and also look at **Expresiones útiles** on page 179.

Me queda grande/pequeño.
It's big/small on me.
¿Tiene otro color?
Do you have another color?
¿Está en rebaja?
Is it on sale?

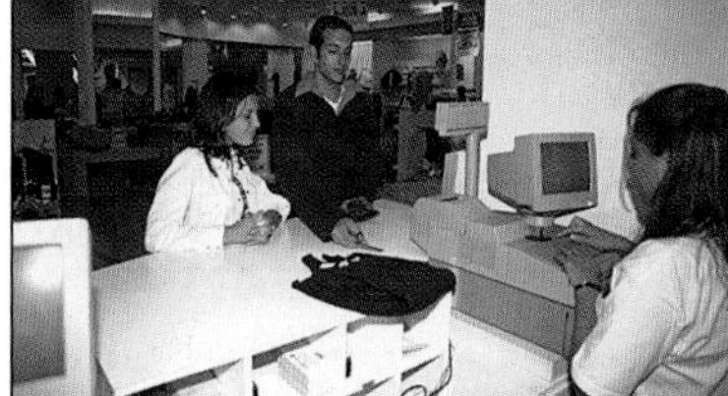

6.3 Preterite tense of regular verbs 

ANTE TODO In order to talk about events in the past, Spanish uses two simple tenses: the preterite and the imperfect. In this lesson, you will learn how to form the preterite tense, which is used to express actions or states completed in the past.

Preterite of regular -ar, -er, and -ir verbs

		-ar verbs **comprar**	-er verbs **vender**	-ir verbs **escribir**
SINGULAR FORMS	yo	compr**é** *I bought*	vend**í** *I sold*	escrib**í** *I wrote*
	tú	compr**aste**	vend**iste**	escrib**iste**
	Ud./él/ella	compr**ó**	vend**ió**	escrib**ió**
PLURAL FORMS	nosotros/as	compr**amos**	vend**imos**	escrib**imos**
	vosotros/as	compr**asteis**	vend**isteis**	escrib**isteis**
	Uds./ellos/ellas	compr**aron**	vend**ieron**	escrib**ieron**

- **¡Atención!** The **yo** and **Ud./él/ella** forms of all three conjugations have written accents on the last syllable to show that it is stressed.
- As the chart shows, the endings for regular **-er** and **-ir** verbs are identical in the preterite.

- Note that the **nosotros/as** forms of regular **-ar** and **-ir** verbs in the preterite are identical to the present tense forms. Context will help you determine which tense is being used.

  En invierno **compramos** ropa.
  In the winter, we buy clothing.

  Anoche **compramos** unos zapatos.
  Last night we bought some shoes.

- **-Ar** and **-er** verbs that have a stem change in the present tense are regular in the preterite. They do *not* have a stem change.

	PRESENT	PRETERITE
cerrar (e:ie)	La tienda **cierra** a las seis.	La tienda **cerró** a las seis.
volver (o:ue)	Carlitos **vuelve** tarde.	Carlitos **volvió** tarde.
jugar (u:ue)	Él **juega** al fútbol.	Él **jugó** al fútbol.

- **¡Atención! -Ir** verbs that have a stem change in the present tense also have a stem change in the preterite.

CONSULTA

You will learn about stem-changing verbs in **Estructura 8.1**, p. 254.

- Verbs that end in **-car**, **-gar**, and **-zar** have a spelling change in the first person singular (**yo** form) in the preterite.

- Except for the **yo** form, all other forms of **-car**, **-gar**, and **-zar** verbs are regular in the preterite.
- Three other verbs—**creer**, **leer**, and **oír**—have spelling changes in the preterite. The **i** of the verb endings of **creer**, **leer**, and **oír** carries an accent in the **yo, tú, nosotros/as,** and **vosotros/as** forms, and changes to **y** in the **Ud./él/ella** and **Uds./ellos/ellas** forms.

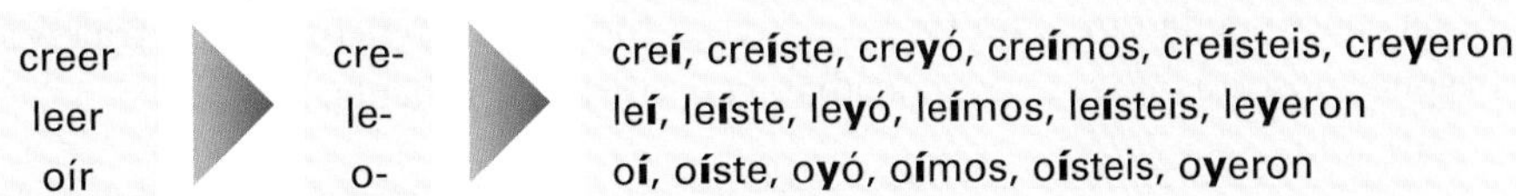

- **Ver** is regular in the preterite, but none of its forms has an accent.

ver → vi, viste, vio, vimos, visteis, vieron

Words commonly used with the preterite

anoche	*last night*	**pasado/a (*adj.*)**	*last; past*
anteayer	*the day before yesterday*	**el año pasado**	*last year*
		la semana pasada	*last week*
ayer	*yesterday*	**una vez**	*once; one time*
de repente	*suddenly*	**dos veces**	*twice; two times*
desde... hasta...	*from... until...*	**ya**	*already*

Ayer llegué a Santiago de Cuba.
Yesterday I arrived in Santiago de Cuba.

Anoche oí un ruido extraño.
Last night I heard a strange noise.

- **Acabar de** + [*infinitive*] is used to say that something has just occurred. Note that **acabar** is in the present tense in this construction.

Acabo de comprar una falda.
I just bought a skirt.

Acabas de ir de compras.
You just went shopping.

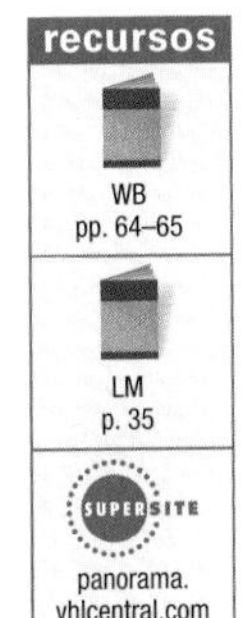

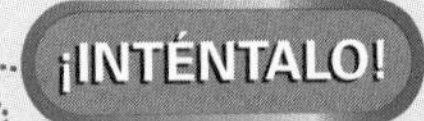

Provide the appropriate preterite forms of the verbs. The first item in each column has been done for you.

	comer	salir	comenzar	leer
1. ellas	comieron	salieron	comenzaron	leyeron
2. tú	______	______	______	______
3. usted	______	______	______	______
4. nosotros	______	______	______	______
5. yo	______	______	______	______

Práctica

1

Completar Andrea is talking about what happened last weekend. Complete each sentence by choosing the correct verb and putting it in the preterite.

1. El sábado a las diez de la mañana, la profesora Mora ________ (asistir, costar, usar) a una reunión (*meeting*) de profesores.
2. A la una, yo ________ (llegar, bucear, llevar) a la tienda con mis amigos.
3. Mis amigos y yo ________ (comprar, regatear, gastar) dos o tres cosas.
4. Yo ________ (costar, comprar, escribir) unos pantalones negros y mi amigo Mateo ________ (gastar, pasear, comprar) una camisa azul.
5. Después, nosotros ________ (llevar, vivir, comer) cerca de un mercado.
6. A las tres, Pepe ________ (hablar, pasear, nadar) con su novia por teléfono.
7. El sábado por la tarde, mi mamá ________ (escribir, beber, vivir) una carta.
8. El domingo mi tía ________ (decidir, salir, escribir) comprarme un traje.
9. A las cuatro de la tarde, mi tía ________ (beber, salir, encontrar) el traje y después nosotras ________ (acabar, ver, salir) una película.

2

Preguntas Imagine that you have a pesky friend who keeps asking you questions. Respond that you already did or have just done what he/she asks.

modelo

leer la lección
Estudiante 1: ¿Leíste la lección?
Estudiante 2: Sí, ya la leí./Sí, acabo de leerla.

1. escribir el correo electrónico
2. lavar (*to wash*) la ropa
3. oír las noticias (*news*)
4. comprar pantalones cortos
5. practicar los verbos
6. pagar la cuenta (*bill*)
7. empezar la composición
8. ver la película *Diarios de motocicleta*

NOTA CULTURAL

Based on Ernesto "Che" Guevara's diaries, ***Diarios de motocicleta*** (2004) traces the road trip of Che (played by Gael García Bernal) with his friend Alberto Granado (played by Rodrigo de la Serna) through Argentina, Chile, Peru, Colombia, and Venezuela.

3

¿Cuándo? Use the time expressions from the word bank to talk about when you and others did the activities listed.

anoche	anteayer	el mes pasado	una vez
ayer	la semana pasada	el año pasado	dos veces

1. mi compañero/a de cuarto: llegar tarde a clase
2. mi mejor (*best*) amigo/a: salir con un(a) chico/a guapo/a
3. mis padres: ver una película
4. yo: llevar un traje/vestido
5. el presidente de los EE.UU.: asistir a una conferencia internacional
6. mis amigos y yo: comer en un restaurante
7. ¿?: comprar algo (*something*) bueno, bonito y barato

Comunicación

4 **Las vacaciones** Imagine that you took these photos on a vacation with friends. Get together with a partner and use the pictures to tell him or her about your trip.

5 **El fin de semana** Your instructor will give you and your partner different incomplete charts about what four employees at **Almacén Gigante** did last weekend. After you fill out the chart based on each other's information, you will fill out the final column about your partner.

Síntesis

6 **Conversación** Get together with a partner and have a conversation about what you did last week using verbs from the word bank. Don't forget to include school activities, shopping, and pastimes.

acampar	comer	gastar	tomar
asistir	comprar	hablar	trabajar
bailar	correr	jugar	vender
beber	escribir	leer	ver
buscar	estudiar	oír	viajar

6.4 Demonstrative adjectives and pronouns

Demonstrative adjectives

ANTE TODO In Spanish, as in English, demonstrative adjectives are words that "demonstrate" or "point out" nouns. Demonstrative adjectives precede the nouns they modify and, like other Spanish adjectives you have studied, agree with them in gender and number. Observe these, then study the following chart.

esta camisa *this shirt* | **ese** vendedor *that salesman* | **aquellos** zapatos *those shoes (over there)*

Demonstrative adjectives

Singular		Plural		
MASCULINE	FEMININE	MASCULINE	FEMININE	
este	**esta**	**estos**	**estas**	*this; these*
ese	**esa**	**esos**	**esas**	*that; those*
aquel	**aquella**	**aquellos**	**aquellas**	*that; those (over there)*

- There are three sets of demonstrative adjectives. To determine which one to use, you must establish the relationship between the speaker and the noun(s) being pointed out.
- The demonstrative adjectives **este, esta, estos,** and **estas** are used to point out nouns that are close to the speaker and the listener.

- The demonstrative adjectives **ese, esa, esos,** and **esas** are used to point out nouns that are not close in space and time to the speaker. They may, however, be close to the listener.

- The demonstrative adjectives **aquel, aquella, aquellos,** and **aquellas** are used to point out nouns that are far away from the speaker and the listener.

Demonstrative pronouns

- Demonstrative pronouns are identical to their corresponding demonstrative adjectives, with the exception that traditionally they carry an accent mark on the stressed vowel.

—¿Quieres comprar **este suéter**?
Do you want to buy this sweater?

—No, no quiero **éste**. Quiero **ése**.
No, I don't want this one. I want that one.

—¿Vas a leer **estas revistas**?
Are you going to read these magazines?

—Sí, voy a leer **éstas**. También voy a leer **aquéllas**.
Yes, I'm going to read these. I'll also read those (over there).

Demonstrative pronouns

Singular		Plural	
MASCULINE	FEMININE	MASCULINE	FEMININE
éste	**ésta**	**éstos**	**éstas**
ése	**ésa**	**ésos**	**ésas**
aquél	**aquélla**	**aquéllos**	**aquéllas**

- **¡Atención!** Like demonstrative adjectives, demonstrative pronouns agree in gender and number with the corresponding noun.

Este libro es de Pablito.

Éstos son de Juana.

- There are three neuter demonstrative pronouns: **esto**, **eso**, and **aquello**. These forms refer to unidentified or unspecified nouns, situations, ideas, and concepts. They do not change in gender or number and never carry an accent mark.

¿Qué es **esto**?
What's this?

Eso es interesante.
That's interesting.

Aquello es bonito.
That's pretty.

recursos

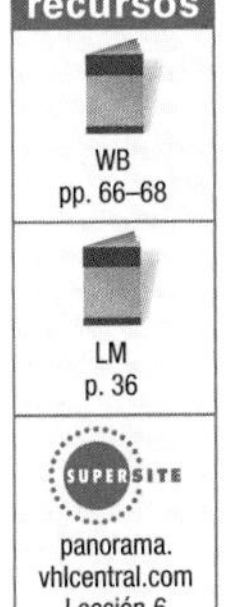

WB pp. 66–68

LM p. 36

panorama.vhlcentral.com Lección 6

¡INTÉNTALO! Provide the correct form of the demonstrative adjective for these nouns. The first item has been done for you.

1. la falda / este esta falda
2. los estudiantes / este ______
3. los países / aquel ______
4. la ventana / ese ______
5. los periodistas / ese ______
6. el chico / aquel ______
7. las sandalias / este ______
8. las chicas / aquel ______

Práctica

SUPERSITE

1

Cambiar Make the singular sentences plural and the plural sentences singular.

modelo

Estas camisas son blancas.
Esta camisa es blanca.

1. Aquellos sombreros son muy elegantes.
2. Ese abrigo es muy caro.
3. Estos cinturones son hermosos.
4. Esos precios son muy buenos.
5. Estas faldas son muy cortas.
6. ¿Quieres ir a aquel almacén?
7. Esas blusas son baratas.
8. Esta corbata hace juego con mi traje.

2

Completar Here are some things people might say while shopping. Complete the sentences with the correct demonstrative pronouns.

1. No me gustan esos zapatos. Voy a comprar ________. (*these*)
2. ¿Vas a comprar ese traje o ________? (*this one*)
3. Esta guayabera es bonita, pero prefiero ________. (*that one*)
4. Estas corbatas rojas son muy bonitas, pero ________ son fabulosas. (*those*)
5. Estos cinturones cuestan demasiado. Prefiero ________. (*those over there*)
6. ¿Te gustan esas botas o ________? (*these*)
7. Esa bolsa roja es bonita, pero prefiero ________. (*that one over there*)
8. No voy a comprar estas botas; voy a comprar ________. (*those over there*)
9. Se que gasté demasiado dinero en zapatos, pero no quiero hablar de ________
10. Me gusta este vestido, pero voy a comprar ________. (*that one*)
11. Me gusta ese almacén, pero ________ es mejor (*better*). (*that one over there*)
12. Esa blusa es bonita pero cuesta demasiado. Voy a comprar ________. (*this one*)

NOTA CULTURAL

The **guayabera** is a men's shirt typically worn in some parts of the Caribbean. Never tucked in, it is casual wear, but variations exist for more formal occasions, such as weddings, parties, or the office.

3

Describir With your partner, look for two items in the classroom that are one of these colors: **amarillo, azul, blanco, marrón, negro, verde, rojo.** Take turns pointing them out to each other, first using demonstrative adjectives, and then demonstrative pronouns.

modelo

azul
Estudiante 1: *Esta silla es azul. Aquella mochila es azul.*
Estudiante 2: *Ésta es azul. Aquélla es azul.*

Now use demonstrative adjectives and pronouns to discuss the colors of your classmates' clothing. One of you can ask a question about an article of clothing, using the wrong color. Your partner will correct you and point out that color somewhere else in the room.

modelo

Estudiante 1: *¿Esa camisa es negra?*
Estudiante 2: *No, ésa es azul. Aquélla es negra.*

Comunicación

4 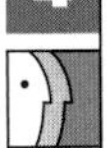

Conversación With a classmate, use demonstrative adjectives and pronouns to ask each other questions about the people around you. Use expressions from the word bank and/or your own ideas.

¿Cómo se llama...?	¿Cuántos años tiene(n)...?
¿Cómo es/son...?	¿A qué hora...?
¿De quién es/son...?	¿Cuándo...?
¿De dónde es/son...?	¿Qué clases toma(n)...?

modelo

Estudiante 1: *¿Cómo se llama esa chica?*
Estudiante 2: *Se llama Rebeca.*
Estudiante 1: *¿A qué hora llegó aquel chico a la clase?*
Estudiante 2: *A las nueve.*

5

En una tienda Imagine that you and a classmate are in Madrid shopping at Zara. Study the floor plan, then have a conversation about your surroundings. Use demonstrative adjectives and pronouns.

NOTA CULTURAL

Zara is an international company based in Spain. It manufactures clothing and accessories for men, women, and children and also markets a popular fragrance line. While Zara makes both casual and sophisticated clothing, it is better known for its trendy, classy style that appeals to young professional women.

modelo

Estudiante 1: *Me gusta este suéter azul.*
Estudiante 2: *Yo prefiero aquella chaqueta.*

chaquetas
suéteres
blusas
chaquetas
camisas
trajes de baño
pantalones cortos
pantalones cortos
trajes de baño
botas
pantalones
faldas
Estudiante 1
Estudiante 2
zapatos

Síntesis

6 

Diferencias Your instructor will give you and a partner each a drawing of a store. They are almost identical, but not quite. Use demonstrative adjectives and pronouns to find seven differences.

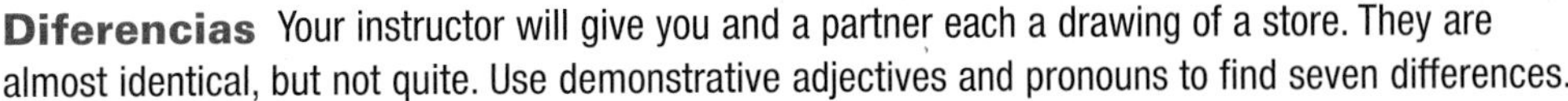

modelo

Estudiante 1: *Aquellas gafas de sol son feas, ¿verdad?*
Estudiante 2: *No. Aquellas gafas de sol son hermosas.*

Recapitulación

For self-scoring and diagnostics, go to **panorama.vhlcentral.com.**

Review the grammar concepts you have learned in this lesson by completing these activities.

1 **Completar** Complete the chart with the correct preterite or infinitive form of the verbs. 15 pts.

Infinitive	yo	ella	ellos
			tomaron
		abrió	
comprender			
	leí		
pagar			

2 **En la tienda** Look at the drawing and complete the conversation with demonstrative adjectives and pronouns. 7 pts.

CLIENTE Buenos días, señorita. Deseo comprar (1) __________ corbata.

VENDEDORA Muy bien, señor. ¿No le interesa mirar (2) __________ trajes que están allá? Hay unos que hacen juego con la corbata.

CLIENTE (3) __________ de allá son de lana, ¿no? Prefiero ver (4) __________ traje marrón que está detrás de usted.

VENDEDORA Estupendo. Como puede ver, es de seda. Cuesta ciento ochenta dólares.

CLIENTE Ah... eh... no, creo que sólo voy a comprar la corbata, gracias.

VENDEDORA Bueno... si busca algo más económico, hay rebaja en (5) __________ sombreros. Cuestan sólo treinta dólares.

CLIENTE ¡Magnífico! Me gusta (6) __________, el blanco que está arriba. Y quiero pagar todo con (7) __________ tarjeta.

VENDEDORA Sí, señor. Ahora mismo le traigo el sombrero.

RESUMEN GRAMATICAL

6.1 Saber and conocer *p. 184*

saber	conocer
sé	conozco
sabes	conoces
sabe	conoce
sabemos	conocemos
sabéis	conocéis
saben	conocen

- **saber** = to know facts/how to do something
- **conocer** = to know a person, place, or thing

6.2 Indirect object pronouns *pp. 186–187*

Indirect object pronouns

Singular	Plural
me	nos
te	os
le	les

- **dar** = doy, das, da, damos, dais, dan

6.3 Preterite tense of regular verbs *pp. 190–191*

comprar	vender	escribir
compré	vendí	escribí
compraste	vendiste	escribiste
compró	vendió	escribió
compramos	vendimos	escribimos
comprasteis	vendisteis	escribisteis
compraron	vendieron	escribieron

Verbs with spelling changes in the preterite

- **-car:** buscar → yo busqué
- **-gar:** llegar → yo llegué
- **-zar:** empezar → yo empecé
- **creer:** creí, creíste, creyó, creímos, creísteis, creyeron
- **leer:** leí, leíste, leyó, leímos, leísteis, leyeron
- **oír:** oí, oíste, oyó, oímos, oísteis, oyeron
- **ver:** vi, viste, vio, vimos, visteis, vieron

6.4 Demonstrative adjectives and pronouns *pp. 194–195*

Demonstrative adjectives

Singular		Plural	
Masc.	Fem.	Masc.	Fem.
este	esta	estos	estas
ese	esa	esos	esas
aquel	aquella	aquellos	aquellas

Demonstrative pronouns

Singular		Plural	
Masc.	Fem.	Masc.	Fem.
éste	ésta	éstos	éstas
ése	ésa	ésos	ésas
aquél	aquélla	aquéllos	aquéllas

3 **¿Saber o conocer?** Complete each dialogue with the correct form of **saber** or **conocer**. 10 pts.

1. —¿Qué ________ hacer tú?
   —(Yo) ________ jugar al fútbol.
2. —¿________ tú esta tienda de ropa?
   —No, (yo) no la ________. ¿Es buena?
3. —¿Tus padres no ________ a tu novio?
   —No, ¡ellos no ________ que tengo novio!
4. —Mi compañero de cuarto todavía no me ________ bien.
   —Y tú, ¿lo quieres ________ a él?
5. —¿________ ustedes dónde está el mercado?
   —No, nosotros no ________ bien esta ciudad.

4 **Oraciones** Form complete sentences using the information provided. Use indirect object pronouns and the present tense of the verbs. 10 pts.

1. Javier / prestar / el abrigo / a Maripili
   ____
2. nosotros / vender / ropa / a los clientes
   ____
3. el vendedor / traer / las camisetas / a mis amigos y a mí
   ____
4. yo / querer dar / consejos / a ti
   ____
5. ¿tú / ir a comprar / un regalo / a mí?
   ____

5 **Mi última compra** Write a short paragraph describing the last time you went shopping. Use at least four verbs in the preterite tense. 8 pts.

modelo

El viernes pasado, busqué unos zapatos en el centro comercial...

6 **Poema** Write the missing words to complete the excerpt from the poem *Romance sonámbulo* by Federico García Lorca. 2 EXTRA points!

"Verde que _____ quiero verde.
Verde viento. Verdes ramas°.
El barco sobre la mar
y el caballo en la montaña, [...]
Verde que te quiero _____ (*green*)."

ramas *branches*

Lectura

Antes de leer

Estrategia

Skimming

Skimming involves quickly reading through a document to absorb its general meaning. This allows you to understand the main ideas without having to read word for word. When you skim a text, you might want to look at its title and subtitles. You might also want to read the first sentence of each paragraph.

Examinar el texto

Look at the format of the reading selection. How is it organized? What does the organization of the document tell you about its content?

Buscar cognados

Scan the reading selection to locate at least five cognates. Based on the cognates, what do you think the reading selection is about?

1. ____________
2. ____________
3. ____________
4. ____________
5. ____________

The reading selection is about ____________.

Impresiones generales

Now skim the reading selection to understand its general meaning. Jot down your impressions. What new information did you learn about the document by skimming it? Based on all the information you now have, answer these questions in Spanish.

1. Who produced this document?
2. What is its purpose?
3. Who is its intended audience?

¡Real° Liquidación° en Corona!

¡Grandes rebajas!

¡La rebaja está de moda en Corona!

SEÑORAS	CABALLEROS°
Falda larga **ROPA BONITA** Algodón. De cuadros y rayas Talla mediana **Precio especial: $8.000**	**Pantalones** **OCÉANO** Colores blanco, azul y café Ahora: $11.550 **30% de rebaja**
Blusas de seda **BAMBÚ** Seda. De cuadros y de lunares Ahora: $21.000 **40% de rebaja**	**Zapatos** **COLOR** Italianos y franceses Números del 40 al 45 **Sólo $20.000 el par**
Sandalias de playa **GINO** Números del 35 al 38 Ahora: $12.000 el par **50% de rebaja**	**Chaqueta** **CASINO** Microfibra. Colores negro, blanco y gris Tallas P-M-G-XG **Ahora: $22.500**
Carteras **ELEGANCIA** Colores anaranjado, blanco, rosado y amarillo Ahora: $15.000 **50% de rebaja**	**Traje inglés** **GALES** Modelos originales Ahora: $105.000 **30% de rebaja**
Vestido de algodón **PANAMÁ** Colores blanco, azul y verde Ahora: $18.000 **30% de rebaja**	**Ropa interior** **ATLÁNTICO** Talla mediana Colores blanco, negro, gris **40% de rebaja**

Lunes a sábado de 9 a 21 horas.
Domingo de 10 a 14 horas.

¡Corona tiene las ofertas más locas del verano!

30% 40% 50%

La tienda más elegante de la ciudad con precios increíbles y con la tarjeta de crédito más conveniente del mercado.

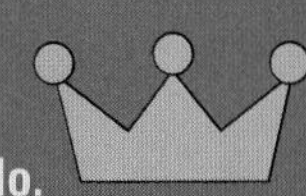

JÓVENES	NIÑOS
Bluejeans chicos y chicas **PACOS** Americanos. Tradicional Ahora: $9.000 el par 30% de rebaja	Vestido de niña **GIRASOL** Tallas de la 2 a la 12. De cuadros y rayas Ahora: $8.625 30% de rebaja
Suéteres **CARAMELO** Algodón y lana. Colores blanco, gris y negro Antes°: $10.500 Ahora: $6.825	Pantalón deportivo de niño **MILÁN** Tallas de la 4 a la 16 Ahora: $13.500 30% de rebaja
Bolsas **LA MODERNA** Americanas. Estilos variados Antes: $15.000 Ahora $10.000	Zapatos de tenis **ACUARIO** Números del 20 al 25 Ahora: $15.000 el par 30% de rebaja
Trajes de baño chicos y chicas **SUBMARINO** Microfibra. Todas las tallas Ahora: $12.500 50% de rebaja	Pantalones cortos **MACARENA** Talla mediana Ahora: $15.000 30% de rebaja
Gafas de sol **VISIÓN** Origen canadiense Antes: $23.000 Ahora: $14.950	Camisetas de algodón **POLO** Antes: $15.000 Ahora: $7.500 50% de rebaja

Por la compra de $40.000, puede llevar un regalo gratis.
- Un hermoso cinturón de señora
- Un par de calcetines
- Una corbata de seda
- Una bolsa para la playa
- Una mochila
- Unas medias

Real *Royal* Liquidación *Clearance sale* caballeros *gentlemen* Antes *Before*

Después de leer

Completar

Complete this paragraph about the reading selection with the correct forms of the words from the word bank.

almacén	hacer juego	tarjeta de crédito
caro	increíble	tienda
dinero	pantalones	verano
falda	rebaja	zapato

En este anuncio de periódico el ______________ Corona anuncia la liquidación de ______________ con grandes ______________ en todos los departamentos. Con muy poco ______________ usted puede equipar a toda su familia. Si no tiene dinero en efectivo, puede utilizar su ______________ y pagar luego. Para el caballero con gustos refinados, hay ______________ importados de París y Roma. La señora elegante puede encontrar blusas de seda que ______________ con todo tipo de ______________ o ______________. Los precios de esta liquidación son realmente ______________.

¿Cierto o falso?

Indicate whether each statement is **cierto** or **falso.** Correct the false statements.

1. Hay ropa de algodón para jóvenes.
2. La ropa interior tiene una rebaja del 30%.
3. El almacén Corona tiene un departamento de zapatos.
4. Normalmente las sandalias cuestan $22.000 el par.
5. Cuando gastas $3.000 en la tienda, llevas un regalo gratis.
6. Tienen carteras amarillas.

Preguntas

Answer these questions in Spanish.

1. Imagina que vas a ir a la tienda Corona. ¿Qué departamentos vas a visitar? ¿El departamento de ropa para señoras, el departamento de ropa para caballeros...?
2. ¿Qué vas a buscar en Corona?
3. ¿Hay tiendas similares a la tienda Corona en tu pueblo o ciudad? ¿Cómo se llaman? ¿Tienen muchas gangas?

Escritura

Estrategia

How to report an interview

There are several ways to prepare a written report about an interview. For example, you can transcribe the interview verbatim, you can simply summarize it, or you can summarize it but quote the speakers occasionally. In any event, the report should begin with an interesting title and a brief introduction, which may include the five Ws (*who, what, where, when, why*) and the H (*how*) of the interview. The report should end with an interesting conclusion. Note that when you transcribe dialogue in Spanish, you should pay careful attention to format and punctuation.

Writing dialogue in Spanish

- If you need to transcribe an interview verbatim, you can use speakers' names to indicate a change of speaker.

CARMELA	¿Qué compraste? ¿Encontraste muchas gangas?
ROBERTO	Sí, muchas. Compré un suéter, una camisa y dos corbatas. Y tú, ¿qué compraste?
CARMELA	Una blusa y una falda muy bonitas. ¿Cuánto costó tu camisa?
ROBERTO	Sólo diez dólares. ¿Cuánto costó tu blusa?
CARMELA	Veinte dólares.

- You can also use a dash (*raya*) to mark the beginning of each speaker's words.

—¿Qué compraste?
—Un suéter y una camisa muy bonitos. Y tú, ¿encontraste muchas gangas?
—Sí... compré dos blusas, tres camisetas y un par de zapatos.
—¡A ver!

recursos

panorama.vhlcentral.com
Lección 6

Tema

Escribe un informe

Write a report for the school newspaper about an interview you conducted with a student about his or her shopping habits and clothing preferences. First, brainstorm a list of interview questions. Then conduct the interview using the questions below as a guide, but feel free to ask other questions as they occur to you.

Examples of questions:

- ¿Cuándo vas de compras?
- ¿Adónde vas de compras?
- ¿Con quién vas de compras?
- ¿Qué tiendas, almacenes o centros comerciales prefieres?
- ¿Compras ropa de catálogos o por Internet?
- ¿Prefieres comprar ropa cara o barata? ¿Por qué? ¿Te gusta buscar gangas?
- ¿Qué ropa llevas cuando vas a clase?
- ¿Qué ropa llevas cuando sales a bailar?
- ¿Qué ropa llevas cuando practicas un deporte?
- ¿Cuáles son tus colores favoritos? ¿Compras mucha ropa de esos colores?
- ¿Les das ropa a tu familia o a tus amigos/as?

Escuchar 

Estrategia

Listening for linguistic cues

You can enhance your listening comprehension by listening for specific linguistic cues. For example, if you listen for the endings of conjugated verbs, or for familiar constructions, such as **acabar de** + [*infinitive*] or **ir a** + [*infinitive*], you can find out whether an event already took place, is taking place now, or will take place in the future. Verb endings also give clues about who is participating in the action.

 To practice listening for linguistic cues, you will now listen to four sentences. As you listen, note whether each sentence refers to a past, present, or future action. Also jot down the subject of each sentence.

Preparación

Based on the photograph, what do you think Marisol has recently done? What do you think Marisol and Alicia are talking about? What else can you guess about their conversation from the visual clues in the photograph?

Ahora escucha 

Now you are going to hear Marisol and Alicia's conversation. Make a list of the clothing items that each person mentions. Then put a check mark after the item if the person actually purchased it.

Marisol	Alicia
1. ____________	1. ____________
2. ____________	2. ____________
3. ____________	3. ____________
4. ____________	4. ____________

Comprensión

¿Cierto o falso?

Indicate whether each statement is **cierto** or **falso**. Then correct the false statements.

1. Marisol y Alicia acaban de ir de compras juntas (*together*).
2. Marisol va a comprar unos pantalones y una blusa mañana.
3. Marisol compró una blusa de cuadros.
4. Alicia compró unos zapatos nuevos hoy.
5. Alicia y Marisol van a ir al café.
6. Marisol gastó todo el dinero de la semana en ropa nueva.

Preguntas

Discuss the following questions with a classmate. Be sure to explain your answers.

1. ¿Crees que Alicia y Marisol son buenas amigas? ¿Por qué?
2. ¿Cuál de las dos estudiantes es más ahorradora (*frugal*)? ¿Por qué?
3. ¿Crees que a Alicia le gusta la ropa que Marisol compró?
4. ¿Crees que la moda es importante para Alicia? ¿Para Marisol? ¿Por qué?
5. ¿Es importante para ti estar a la moda? ¿Por qué?

En pantalla

In Spain, during Francisco Franco's dictatorship (1939–1975), students in public schools were required to wear uniforms. After the fall of Franco's regime and the establishment of democracy, educational authorities rejected this former policy and decided it should no longer be obligatory to wear uniforms in public schools. Today, only some private schools in Spain enforce the use of uniforms; even Catholic schools do not have anything more than a basic dress code.

Vocabulario útil	
anoraks	*anoraks (Spain)*
anchas	*loose-fitting*
vaqueros	*jeans (Spain)*
trencas	*duffel coats (Spain)*
lavables	*washable*
carteras	*book bags (Spain)*
chándals	*tracksuits (Spain)*
resiste	*withstands*
tanto como	*as much as*

Identificar

Check off each word that you hear in the ad.

_____ 1. camisetas
_____ 2. hijos
_____ 3. zapatos
_____ 4. algodón
_____ 5. chaquetas
_____ 6. clientas
_____ 7. lana
_____ 8. precio

Conversar

Work with a classmate to ask each other these questions. Use as much Spanish as you can.

1. ¿Qué ropa llevas normalmente cuando vienes a la universidad?
2. ¿Y los fines de semana?
3. ¿Tienes una prenda (*garment*) favorita? ¿Cómo es?
4. ¿Qué tipo de ropa no te gusta usar? ¿Por qué?

próximo *next* Tejidos *Fabrics* resistentes *strong, tough*

Anuncio de tiendas Galerías

Presentamos la moda para el próximo° curso.

Formas geométricas y colores vivos.

Tejidos° resistentes°.

SUPERSITE Conexión Internet

Go to **panorama.vhlcentral.com** to watch the TV clip featured in this **En pantalla** section.

Oye cómo va

Celia Cruz

Known as the Queen of Salsa, **Úrsula Hilaria Celia Caridad Cruz Alfonso (Celia Cruz)** was born in Havana, Cuba, on October 21, 1924. She began singing at an early age and studied music at Havana's **Conservatorio Musical.** For many years Celia sang with the Sonora Matancera ensemble, recording over 150 songs. Then, on July 15, 1960, she left Cuba, never to return. After a stay in Mexico, Celia settled in New York City, where she recorded over fifty solo albums. Celia formed an engaging stage presence, with eccentric outfits, colorful wigs, and her popular catchword, **¡Azúcar!** (*Sugar!*) Throughout her long and prolific career, Celia received numerous awards and recognitions, such as the National Endowment for the Arts, in 1994. After her cancer-related death on July 16, 2003, Celia Cruz's life was celebrated with public funerals in Miami and New York.

Your instructor will play the song. Listen and then complete these activities.

¿Cierto o falso?

Indicate whether each statement is **cierto** or **falso**.

	Cierto	Falso
1. Celia Cruz es cubana.	❍	❍
2. Ella comenzó a cantar a los 35 años.	❍	❍
3. Cantó con la Sonora Matancera.	❍	❍
4. Usó ropa tradicional.	❍	❍

Preguntas

Work with a partner to answer these questions.

1. ¿Creen que estos versos de la canción son ciertos? ¿Por qué?
   "Yo sólo sé que en esta vida
   el amor todo es mentira".
2. ¿Es posible estar enamorado/a de una persona y a la vez odiarla (*hate them*)? ¿Conocen a una persona en una situación como ésa?

Usted abusó

Usted abusó°.
Sacó provecho° de mí, abusó.
Sacó partido° de mí, abusó.
De mi cariño° usted abusó.

abusó *took advantage* **Sacó provecho** *You took advantage* **Sacó partido** *You took advantage* **cariño** *love*

Celia y la moda

Celia Cruz created a unique personal style to match her lively spirit. On stage, she favored large wigs in bright colors, over-the-top dresses, and glittery platform shoes.

SUPERSITE Conexión Internet

Go to panorama.vhlcentral.com to learn more about the artist featured in this Oye cómo va section.

SUPERSITE

Cuba

El país en cifras

- **Área:** 110.860 km^2 (42.803 $millas^2$), *aproximadamente el área de Pensilvania*
- **Población:** 11.379.000
- **Capital:** La Habana—2.159.000

La Habana Vieja fue declarada° Patrimonio° Cultural de la Humanidad por la UNESCO en 1982. Este distrito es uno de los lugares más fascinantes de Cuba. En La Plaza de Armas, se puede visitar el majestuoso Palacio de Capitanes Generales, que ahora es un museo. En la calle° Obispo, frecuentada por el autor Ernest Hemingway, hay hermosos cafés, clubes nocturnos y tiendas elegantes.

- **Ciudades principales:** Santiago de Cuba; Camagüey; Holguín; Guantánamo

SOURCE: Population Division, UN Secretariat

- **Moneda:** peso cubano
- **Idiomas:** español (oficial)

Bandera de Cuba

Cubanos célebres

- **Carlos Finlay,** doctor y científico (1833–1915)
- **José Martí,** político y poeta (1853–1895)
- **Fidel Castro,** ex primer ministro, ex comandante en jefe° de las fuerzas armadas (1926–)
- **Zoé Valdés,** escritora (1959–)
- **Ibrahim Ferrer,** músico (1927–2005)

Golfo de México

ESTADOS UNIDOS

Océano Atlántico

La Habana

Cordillera de los Órganos

Isla de la Juventud

Mar Caribe

Camagüey

ESTADOS UNIDOS

CUBA

OCÉANO ATLÁNTICO

OCÉANO PACÍFICO

AMÉRICA DEL SUR

Fortaleza El Morro

Playa en Santiago de Cuba

Cabaret Tropicana, famoso club de La Habana

Vista aérea de campos de caña de azúcar

recursos

WB pp. 69–70	VM pp. 235–236	SUPERSITE panorama.vhlcentral.com Lección 6

fue declarada *was declared* Patrimonio *Heritage* calle *street* comandante en jefe *commander in chief* liviano *light* colibrí abeja *hummingbird bee* ave *bird* mundo *world* miden *measure* pesan *weigh*

¡Increíble pero cierto!

Pequeño y liviano°, el colibrí abeja° de Cuba es una de las 320 especies de colibrí, y es también el ave° más pequeña del mundo°. Menores que muchos insectos, estas aves minúsculas miden° 5 centímetros y pesan° sólo 1,95 gramos.

Baile • **Ballet Nacional de Cuba**

La bailarina Alicia Alonso fundó el Ballet Nacional de Cuba en 1948, después de° convertirse en una estrella° internacional en el Ballet de Nueva York y en Broadway. El Ballet Nacional de Cuba es famoso en todo el mundo por su creatividad y perfección técnica.

Economía • **La caña de azúcar y el tabaco**

La caña de azúcar° es el producto agrícola° que más se cultiva en la isla y su exportación es muy importante para la economía del país. El tabaco, que se usa para fabricar los famosos puros° cubanos, es otro cultivo de mucha importancia.

Historia • **Los taínos**

Los taínos eran° una de las tres tribus indígenas que vivían° en Cuba cuando llegaron los españoles en el siglo XV. Los taínos también vivían en Puerto Rico, la República Dominicana, Haití, Trinidad, Jamaica y en partes de las Bahamas y la Florida.

Música • **Buena Vista Social Club**

En 1997 nace° el fenómeno musical conocido como *Buena Vista Social Club*. Este proyecto reúne° a un grupo de importantes músicos de Cuba, la mayoría ya mayores, con una larga trayectoria interpretando canciones clásicas del son° cubano. Ese mismo año ganaron un *Grammy*. Hoy en día estos músicos son conocidos en todo el mundo, y personas de todas las edades bailan al ritmo° de su música.

Holguín
Santiago de Cuba
Guantánamo
Sierra Maestra

¿Qué aprendiste? Responde a las preguntas con una oración completa.

1. ¿En qué año nació la escritora cubana Zoé Valdés?
2. ¿Qué autor está asociado con la Habana Vieja?
3. ¿Por qué es famoso el Ballet Nacional de Cuba?
4. ¿Cuáles son los dos cultivos más importantes para la economía cubana?
5. ¿Qué fabrican los cubanos con la planta del tabaco?
6. ¿Quiénes son los taínos?
7. ¿En qué año ganó un *Grammy* el disco *Buena Vista Social Club*?

Conexión Internet Investiga estos temas en **panorama.vhlcentral.com**.

1. Busca información sobre un(a) cubano/a célebre. ¿Por qué es célebre? ¿Qué hace? ¿Todavía vive en Cuba?
2. Busca información sobre una de las ciudades principales de Cuba. ¿Qué atracciones hay en esta ciudad?

después de *after* estrella *star* caña de azúcar *sugar cane* agrícola *farming* puros *cigars* eran *were* vivían *lived* nace *is born* reúne *gets together* son *Cuban musical genre* ritmo *rhythm*

La ropa

el abrigo	*coat*
los bluejeans	*jeans*
la blusa	*blouse*
la bolsa	*purse; bag*
la bota	*boot*
los calcetines (el calcetín)	*sock(s)*
la camisa	*shirt*
la camiseta	*t-shirt*
la cartera	*wallet*
la chaqueta	*jacket*
el cinturón	*belt*
la corbata	*tie*
la falda	*skirt*
las gafas (de sol)	*(sun)glasses*
los guantes	*gloves*
el impermeable	*raincoat*
las medias	*pantyhose; stockings*
los pantalones	*pants*
los pantalones cortos	*shorts*
la ropa	*clothing; clothes*
la ropa interior	*underwear*
las sandalias	*sandals*
el sombrero	*hat*
el suéter	*sweater*
el traje	*suit*
el traje de baño	*bathing suit*
el vestido	*dress*
los zapatos de tenis	*tennis shoes, sneakers*

Verbos

conducir	*to drive*
conocer	*to know; to be acquainted with*
ofrecer	*to offer*
parecer	*to seem*
saber	*to know; to know how*
traducir	*to translate*

Ir de compras

el almacén	*department store*
la caja	*cash register*
el centro comercial	*shopping mall*
el/la cliente/a	*customer*
el/la dependiente/a	*clerk*
el dinero	*money*
(en) efectivo	*cash*
el mercado (al aire libre)	*(open-air) market*
un par (de zapatos)	*a pair (of shoes)*
el precio (fijo)	*(fixed; set) price*
la rebaja	*sale*
el regalo	*gift*
la tarjeta de crédito	*credit card*
la tienda	*shop; store*
el/la vendedor(a)	*salesperson*

costar (o:ue)	*to cost*
gastar	*to spend (money)*
hacer juego (con)	*to match (with)*
llevar	*to wear; to take*
pagar	*to pay*
regatear	*to bargain*
usar	*to wear; to use*
vender	*to sell*

Adjetivos

barato/a	*cheap*
bueno/a	*good*
cada	*each*
caro/a	*expensive*
corto/a	*short (in length)*
elegante	*elegant*
hermoso/a	*beautiful*
largo/a	*long*
loco/a	*crazy*
nuevo/a	*new*
otro/a	*other; another*
pobre	*poor*
rico/a	*rich*

Los colores

el color	*color*
amarillo/a	*yellow*
anaranjado/a	*orange*
azul	*blue*
blanco/a	*white*
gris	*gray*
marrón, café	*brown*
morado/a	*purple*
negro/a	*black*
rojo/a	*red*
rosado/a	*pink*
verde	*green*

Palabras adicionales

acabar de (+ *inf.*)	*to have just done something*
anoche	*last night*
anteayer	*the day before yesterday*
ayer	*yesterday*
de repente	*suddenly*
desde	*from*
dos veces	*twice; two times*
hasta	*until*
pasado/a (*adj.*)	*last; past*
el año pasado	*last year*
la semana pasada	*last week*
prestar	*to lend; to loan*
una vez	*once; one time*
ya	*already*

Indirect object pronouns	*See page 186.*
Demonstrative adjectives and pronouns	*See page 194.*
Expresiones útiles	*See page 179.*

recursos

LM p. 36 | panorama.vhlcentral.com Lección 6

La rutina diaria

7

Communicative Goals

You will learn how to:

- Describe your daily routine
- Talk about personal hygiene
- Reassure someone

A PRIMERA VISTA

- ¿Está él en casa o en una tienda?
- ¿Está contento o enojado?
- ¿Cómo es él?
- ¿Qué colores hay en la foto?

La rutina diaria

Más vocabulario

el baño, el cuarto de baño	*bathroom*
el inodoro	*toilet*
el jabón	*soap*
el despertador	*alarm clock*
el maquillaje	*makeup*
la rutina diaria	*daily routine*
bañarse	*to bathe; to take a bath*
cepillarse el pelo	*to brush one's hair*
dormirse (o:ue)	*to go to sleep; to fall asleep*
lavarse la cara	*to wash one's face*
levantarse	*to get up*
maquillarse	*to put on makeup*
antes (de)	*before*
después	*afterwards; then*
después (de)	*after*
durante	*during*
entonces	*then*
luego	*then*
más tarde	*later*
por la mañana	*in the morning*
por la noche	*at night*
por la tarde	*in the afternoon; in the evening*
por último	*finally*

Variación léxica

afeitarse ←→ rasurarse *(Méx., Amér. C.)*
ducha ←→ regadera *(Col., Méx., Venez.)*
ducharse ←→ bañarse *(Amér. L.)*
pantuflas ←→ chancletas *(Méx., Col.);* zapatillas *(Esp.)*

Se viste. (vestirse)

Se despierta. (despertarse)

En la habitación por la mañana

Por la mañana

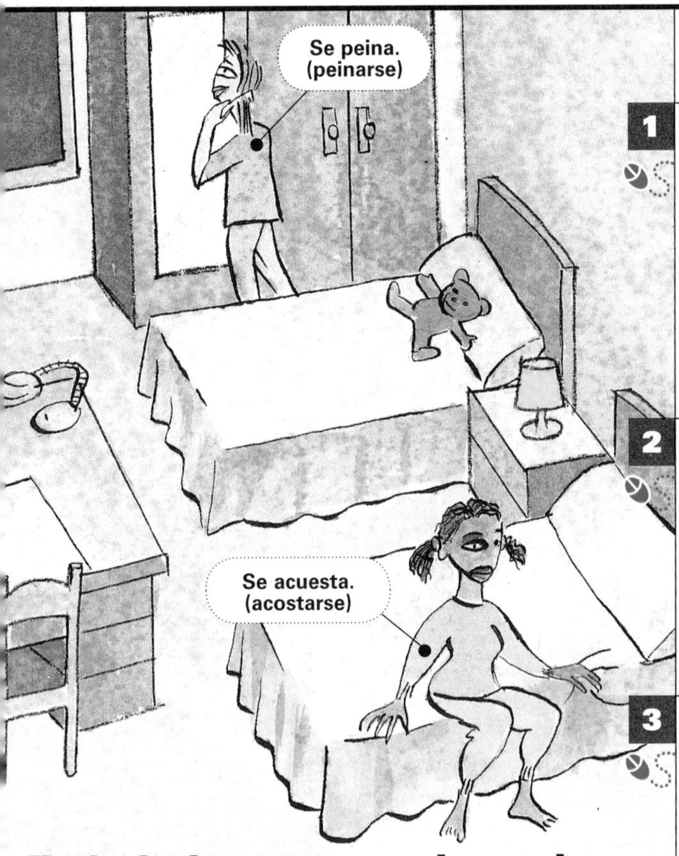

Se peina. (peinarse)

Se acuesta. (acostarse)

En la habitación por la noche

Se lava las manos. (lavarse las manos)

Se cepilla los dientes. (cepillarse los dientes)

la toalla

la pasta de dientes

las pantuflas

Por la noche

SUPERSITE

Práctica

1 Escuchar Escucha las oraciones e indica si cada oración es **cierta** o **falsa**, según el dibujo.

1. ________	6. ________
2. ________	7. ________
3. ________	8. ________
4. ________	9. ________
5. ________	10. ________

2 Ordenar Escucha la rutina diaria de Marta. Después ordena los verbos según lo que escuchaste.

___ a. almorzar	___ e. desayunar
___ b. ducharse	___ f. dormirse
___ c. peinarse	___ g. despertarse
___ d. ver la televisión	___ h. estudiar en la biblioteca

3 Seleccionar Selecciona la palabra que no está relacionada con cada grupo.

1. lavabo • toalla • despertador • jabón __________
2. manos • antes de • después de • por último __________
3. acostarse • jabón • despertarse • dormirse __________
4. espejo • lavabo • despertador • entonces __________
5. dormirse • toalla • vestirse • levantarse __________
6. pelo • cara • manos • inodoro __________
7. espejo • champú • jabón • pasta de dientes __________
8. maquillarse • vestirse • peinarse • dientes __________
9. baño • dormirse • despertador • acostarse __________
10. ducharse • luego • bañarse • lavarse __________

4 Identificar Con un(a) compañero/a, identifica las cosas que cada persona necesita. Sigue el modelo.

modelo

Jorge / lavarse la cara
Estudiante 1: *¿Qué necesita Jorge para lavarse la cara?*
Estudiante 2: *Necesita jabón y una toalla.*

1. Mariana / maquillarse
2. Gerardo / despertarse
3. Celia / bañarse
4. Gabriel / ducharse
5. Roberto / afeitarse
6. Sonia / lavarse el pelo
7. Vanesa / lavarse las manos
8. Manuel / vestirse
9. Simón / acostarse
10. Daniela / cepillarse los dientes

5

La rutina de Andrés Ordena esta rutina de una manera lógica.

a. Se afeita después de cepillarse los dientes. ______
b. Se acuesta a las once y media de la noche. ______
c. Por último, se duerme. ______
d. Después de afeitarse, sale para las clases. ______
e. Asiste a todas sus clases y vuelve a su casa. ______
f. Andrés se despierta a las seis y media de la mañana. ______
g. Después de volver a casa, come un poco. Luego estudia en su habitación. ______
h. Se viste y entonces se cepilla los dientes. ______
i. Se cepilla los dientes antes de acostarse. ______
j. Se ducha antes de vestirse. ______

6

La rutina diaria Con un(a) compañero/a, mira los dibujos y describe lo que hacen Ángel y Lupe.

1. 

2. 

3. 

4. 

5. 

6. 

7. 

8. 

Comunicación

7 **La farmacia** Lee el anuncio y responde a las preguntas con un(a) compañero/a.

LA FARMACIA NUEVO SOL tiene todo lo que necesitas para la vida diaria.

Esta semana tenemos grandes rebajas.

Por poco dinero puedes comprar lo que necesitas para el cuarto de baño ideal.

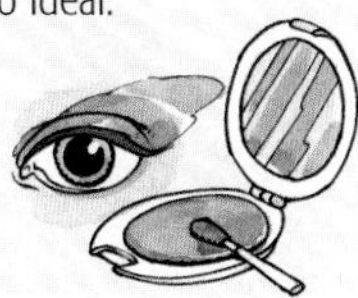

Para los hombres ofrecemos...
Buenas cremas de afeitar de Guapo y Máximo

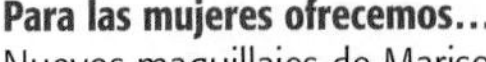

Para las mujeres ofrecemos...
Nuevos maquillajes de Marisol y jabones de baño Ilusiones y Belleza

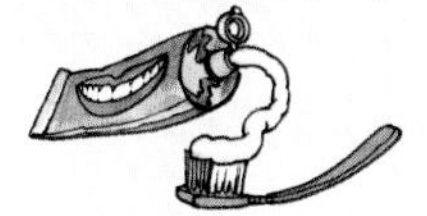

Y para todos tenemos los mejores jabones, pastas de dientes y cepillos de dientes.

¡Visita **LA FARMACIA NUEVO SOL**!
Te ofrecemos los mejores precios. Tenemos una tienda cerca de tu casa.

1. ¿Qué tipo de tienda es?
2. ¿Qué productos ofrecen para las mujeres?
3. ¿Qué productos ofrecen para los hombres?
4. Haz (*Make*) una lista de los verbos que asocias con los productos del anuncio.
5. ¿Dónde compras tus productos de higiene?
6. ¿Tienes una tienda favorita? ¿Cuál es?

8 **Rutinas diarias** Trabajen en parejas para describir la rutina diaria de dos o tres de estas personas. Pueden usar palabras de la lista.

antes (de)	entonces	primero
después (de)	luego	tarde
durante el día	por último	temprano

- un(a) profesor(a) de la universidad
- un(a) turista
- un hombre o una mujer de negocios (*businessman/woman*)
- un vigilante (*night watchman*)
- un(a) jubilado/a (*retired person*)
- el presidente de los Estados Unidos
- un niño de cuatro años
- Daniel Espinosa

NOTA CULTURAL

Daniel Espinosa (México, 1961) es un famoso diseñador de joyería (*jewelry*). Su trabajo es vanguardista (*avant-garde*), arriesgado (*risky*) e innovador. Su material favorito es la plata (*silver*). Entre sus clientes están Nelly Furtado, Eva Longoria, Salma Hayek, Lindsay Lohan y Daisy Fuentes.

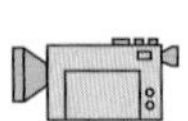

¡Jamás me levanto temprano!

Álex y Javier hablan de sus rutinas diarias.

PERSONAJES

DON FRANCISCO

ÁLEX

JAVIER

1

JAVIER Hola, Álex. ¿Qué estás haciendo?

ÁLEX Nada... sólo estoy leyendo mi correo electrónico. ¿Adónde fueron?

2

JAVIER Inés y yo fuimos a un mercado. Fue muy divertido. Mira, compré este suéter. Me encanta. No fue barato pero es chévere, ¿no?

ÁLEX Sí, es ideal para las montañas.

3

JAVIER ¡Qué interesantes son los mercados al aire libre! Me gustaría volver pero ya es tarde. Oye, Álex, sabes que mañana tenemos que levantarnos temprano.

ÁLEX Ningún problema.

6

JAVIER ¡Increíble! ¡Álex, el superhombre!

ÁLEX Oye, Javier, ¿por qué no puedes levantarte temprano?

JAVIER Es que por la noche no quiero dormir, sino dibujar y escuchar música. Por eso es difícil despertarme por la mañana.

7

JAVIER El autobús no sale hasta las ocho y media. ¿Vas a levantarte mañana a las seis también?

ÁLEX No, pero tengo que levantarme a las siete menos cuarto porque voy a correr.

8

JAVIER Ah, ya... ¿Puedes despertarme después de correr?

ÁLEX Éste es el plan para mañana. Me levanto a las siete menos cuarto y corro por treinta minutos. Vuelvo, me ducho, me visto y a las siete y media te despierto. ¿De acuerdo?

JAVIER ¡Absolutamente ninguna objeción!

recursos

VM pp. 207–208	panorama.vhlcentral.com Lección 7

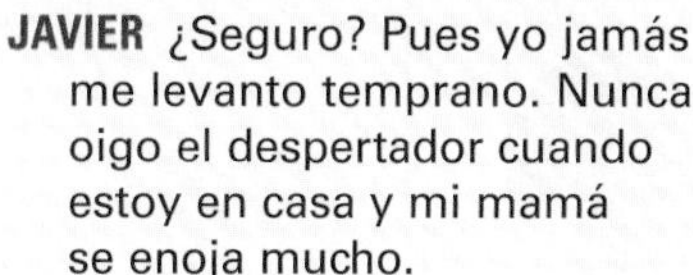

JAVIER ¿Seguro? Pues yo jamás me levanto temprano. Nunca oigo el despertador cuando estoy en casa y mi mamá se enoja mucho.

ÁLEX Tranquilo, Javier. Yo tengo una solución.

ÁLEX Cuando estoy en casa en la Ciudad de México, siempre me despierto a las seis en punto. Me ducho en cinco minutos y luego me cepillo los dientes. Después me afeito, me visto y ¡listo! ¡Me voy!

DON FRANCISCO Hola, chicos. Mañana salimos temprano, a las ocho y media... ni un minuto antes ni un minuto después.

ÁLEX No se preocupe, don Francisco. Todo está bajo control.

DON FRANCISCO Bueno, pues, hasta mañana.

DON FRANCISCO ¡Ay, los estudiantes! Siempre se acuestan tarde. ¡Qué vida!

Expresiones útiles

Telling where you went

- **¿Adónde fuiste/fue usted?**
  Where did you go?
  Fui a un mercado.
  I went to a market.
- **¿Adónde fueron ustedes?**
  Where did you go?
  Fuimos a un mercado. Fue divertido.
  We went to a market. It was fun.

Talking about morning routines

- **(Jamás) me levanto temprano/tarde.**
  I (never) get up early/late.
- **Nunca oigo el despertador.**
  I never hear the alarm clock.
- **Es difícil/fácil despertarme.**
  It's hard/easy to wake up.
- **Cuando estoy en casa, siempre me despierto a las seis en punto.**
  When I'm home, I always wake up at six on the dot.
- **Me ducho y luego me cepillo los dientes.**
  I take a shower and then I brush my teeth.
- **Después me afeito y me visto.**
  Afterwards, I shave and get dressed.

Reassuring someone

- **No hay problema.**
  No problem.
- **No te/se preocupes/preocupe.**
  Don't worry. (fam.)/(form.)
- **Tranquilo.**
  Don't worry.; Be cool.

Additional vocabulary

- **sino**
  but (rather)
- **Me encanta este suéter.**
  I love this sweater.
- **Me fascinó la película.**
  I liked the movie a lot.

¿Qué pasó? 

1 **¿Cierto o falso?** Indica si lo que dicen estas oraciones es **cierto** o **falso.** Corrige las oraciones falsas.

1. Álex está mirando la televisión.
2. El suéter que Javier acaba de comprar es caro pero es muy bonito.
3. Javier cree que el mercado es aburrido y no quiere volver.
4. El autobús va a salir mañana a las siete y media en punto.
5. A Javier le gusta mucho dibujar y escuchar música por la noche.

¡LENGUA VIVA!

Remember that **en punto** means *on the dot.* If the group were instead leaving at *around seven thirty,* you would say **a eso de las siete y media.**

2 **Identificar** Identifica quién puede decir estas oraciones. Puedes usar cada nombre más de una vez.

1. ¡Ay, los estudiantes nunca se acuestan temprano! ________________
2. ¿El despertador? ¡Jamás lo oigo por la mañana! ________________
3. Es fácil despertarme temprano. Y sólo necesito cinco minutos para ducharme. ________________
4. Mañana vamos a salir a las ocho y media. ________________
5. Acabo de ir a un mercado fabuloso. ________________
6. No se preocupe. Tenemos todo bajo control para mañana. ________________

DON FRANCISCO

JAVIER

ÁLEX

3 **Ordenar** Ordena correctamente los planes que tiene Álex.

____ a. Me visto.
____ b. Corro por media hora.
____ c. Despierto a Javier a las siete y media.
____ d. Vuelvo a la habitación.
____ e. Me levanto a las siete menos cuarto.
____ f. Me ducho.

4 **Mi rutina** En parejas, hablen de sus rutinas de la mañana y de la noche. Indiquen a qué horas hacen las actividades más importantes.

modelo

Estudiante 1: ¿Prefieres levantarte temprano o tarde?
Estudiante 2: Prefiero levantarme tarde... muy tarde.

Estudiante 1: ¿A qué hora te levantas durante la semana?
Estudiante 2: A las once. ¿Y tú?

CONSULTA

To review telling time in Spanish, see **Estructura 1.4**, pp. 24–25.

Pronunciación  

The consonant r

ropa **rutina** **rico** **Ramón**

In Spanish, **r** has a strong trilled sound at the beginning of a word. No English words have a trill, but English speakers often produce a trill when they imitate the sound of a motor.

gustar **durante** **primero** **crema**

In any other position, **r** has a weak sound similar to the English *tt* in *better* or the English *dd* in *ladder.* In contrast to English, the tongue touches the roof of the mouth behind the teeth.

pizarra **corro** **marrón** **aburrido**

The letter combination **rr,** which only appears between vowels, always has a strong trilled sound.

caro **carro** **pero** **perro**

Between vowels, the difference between the strong trilled **rr** and the weak **r** is very important, as a mispronunciation could lead to confusion between two different words.

Práctica Lee las palabras en voz alta, prestando (*paying*) atención a la pronunciación de la **r** y la **rr.**

1. Perú
2. Rosa
3. borrador
4. madre
5. comprar
6. favor
7. rubio
8. reloj
9. Arequipa
10. tarde
11. cerrar
12. despertador

Oraciones Lee las oraciones en voz alta, prestando atención a la pronunciación de la **r** y la **rr.**

1. Ramón Robles Ruiz es programador. Su esposa Rosaura es artista.
2. A Rosaura Robles le encanta regatear en el mercado.
3. Ramón nunca regatea... le aburre regatear.
4. Rosaura siempre compra cosas baratas.
5. Ramón no es rico pero prefiere comprar cosas muy caras.
6. ¡El martes Ramón compró un carro nuevo!

Refranes Lee en voz alta los refranes, prestando atención a la **r** y a la **rr.**

1 A dog's bark is worse than its bite.
2 Rome wasn't built in a day.

EN DETALLE

La siesta

¿Sientes cansancio° después de comer? ¿Te cuesta° volver al trabajo° o a clase después del almuerzo? Estas sensaciones son normales. A muchas personas les gusta relajarse° después de almorzar. Este momento de descanso es **la siesta**. La siesta es popular en los países hispanos y viene de una antigua costumbre° del área del Mediterráneo. La palabra *siesta* viene del latín; es una forma corta de decir "sexta hora". La sexta hora del día es después del mediodía, el momento de más calor. Debido al° calor y al cansancio, los habitantes de España, Italia, Grecia e incluso Portugal, tienen la costumbre de dormir la siesta desde hace° más de° dos mil años. Los españoles y los portugueses llevaron la costumbre a los países americanos.

La siesta es muy importante en la cultura hispana. Muchas oficinas° y tiendas cierran dos o tres horas después del mediodía. Los empleados van a su casa, almuerzan, duermen la siesta y regresan al trabajo entre las 2:30 y las 4:30 de la tarde. Esto ocurre especialmente en Suramérica, México y España.

Los estudios científicos explican que una siesta corta después de almorzar ayuda° a trabajar más y mejor° durante la tarde. Pero, ¡cuidado! Esta siesta debe durar° sólo entre veinte y cuarenta minutos. Si dormimos más, entramos en la fase de sueño profundo y es difícil despertarse.

Hoy día, algunas empresas° de los Estados Unidos, Canadá, Japón, Inglaterra y Alemania tienen salas° especiales en las que los empleados pueden dormir la siesta.

¿Dónde duermen la siesta?

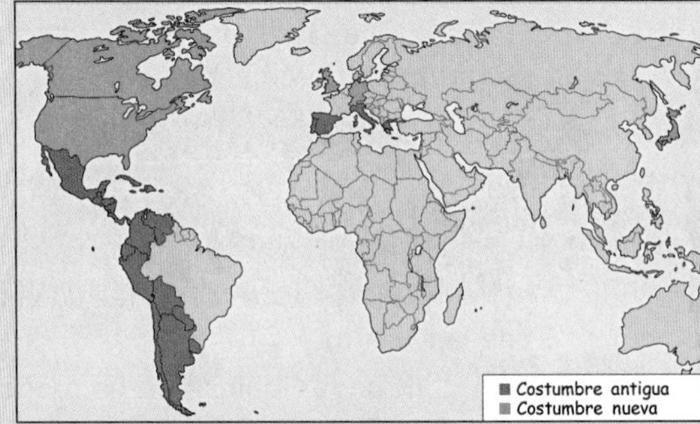

En los lugares donde la siesta es una costumbre antigua, las personas la duermen en su casa. En los países donde la siesta es una costumbre nueva, la gente duerme en sus lugares de trabajo o en centros de siesta.

Sientes cansancio *Do you feel tired* Te cuesta *Is it hard for you* trabajo *work* relajarse *to relax* antigua costumbre *old custom* Debido al *Because (of)* desde hace *for* más de *more than* oficinas *offices* ayuda *helps* mejor *better* durar *last* algunas empresas *some businesses* salas *rooms*

ACTIVIDADES

1  **¿Cierto o falso?** Indica si lo que dicen las oraciones es **cierto** o **falso**. Corrige la información falsa.

1. La costumbre de la siesta empezó en Asia.
2. La palabra *siesta* está relacionada con la sexta hora del día.
3. Los españoles y los portugueses llevaron la costumbre de la siesta a Latinoamérica.
4. La siesta ayuda a trabajar más y mejor durante la tarde.
5. Los horarios de trabajo de los países hispanos son los mismos que los de los Estados Unidos.
6. Una siesta larga siempre es mejor que una siesta corta.
7. En los Estados Unidos, los empleados de algunas empresas pueden dormir la siesta en el trabajo.
8. Es fácil despertar de un sueño profundo.

ASÍ SE DICE

El cuidado personal

el aseo; el excusado; el servicio; el váter (Esp.)	el baño
el cortaúñas	*nail clippers*
el desodorante	*deodorant*
el enjuague bucal	*mouthwash*
el hilo dental/la seda dental	*dental floss*
la máquina de afeitar/ de rasurar (Méx.)	*electric razor*

EL MUNDO HISPANO

Costumbres especiales

- **México y El Salvador** Los vendedores pasan por las calles gritando° su mercancía°: tanques de gas y flores° en México; pan y tortillas en El Salvador.
- **Costa Rica** Para encontrar las direcciones° los costarricenses usan referencias a anécdotas, lugares o características geográficas. Por ejemplo: *200 metros norte de la Iglesia Católica, frente al° Supermercado Mi Mega.*
- **Argentina** En El Tigre, una ciudad en una isla del Río° de la Plata, la gente usa barcos particulares°, colectivos° y barcos-taxi para ir de un lugar a otro. Todas las mañanas, un barco colectivo recoge° a los niños y los lleva a la escuela.

gritando *shouting* mercancía *merchandise* flores *flowers* direcciones *addresses* frente al *opposite* río *river* particulares *private* colectivos *collective* recoge *picks up*

PERFIL

Ir de tapas

En España, **las tapas** son pequeños platos°. **Ir de tapas** es una costumbre que consiste en comer estos platillos en bares, cafés y restaurantes. Dos tapas muy populares son la tortilla de patatas° y los calamares°. La historia de las tapas empezó cuando los dueños° de las tabernas tuvieron° la idea de servir el vaso de vino° tapado° con una rodaja° de pan°. La comida era° la "tapa"° del vaso; de ahí viene el nombre. Con la tapa, los insectos no podían° entrar en el vaso. Más tarde los dueños de las tabernas pusieron° la tapa al lado del vaso. Luego, empezaron a servir también pequeñas porciones de platos tradicionales.

Para muchos españoles, ir de tapas con los amigos después del trabajo es una rutina diaria.

platos *dishes* tortilla de patatas *potato omelet* calamares *squid* dueños *owners* tuvieron *had* vaso de vino *glass of wine* tapado *covered* rodaja *slice* pan *bread* era *was* tapa *lid* no podían *couldn't* pusieron *put*

SUPERSITE **Conexión Internet**

¿Qué costumbres son populares en los países hispanos?

Go to **panorama.vhlcentral.com** to find more cultural information related to this **Cultura** section.

ACTIVIDADES

2 **Comprensión** Completa las oraciones.

1. Uso ______________ para limpiar (*to clean*) entre los dientes.
2. En ________ las personas compran pan y tortillas a los vendedores que pasan por la calle.
3. Muchos españoles __________ después del trabajo.
4. En Costa Rica usan anécdotas y lugares para dar ________.

3 **¿Qué costumbres tienes?** Escribe cuatro oraciones sobre una costumbre que compartes con tus amigos o con tu familia (por ejemplo: ir al cine, ir a eventos deportivos, leer, comer juntos, etc.). Explica qué haces, cuándo lo haces y con quién.

recursos

7.1 Reflexive verbs 

ANTE TODO A reflexive verb is used to indicate that the subject does something to or for himself or herself. In other words, it "reflects" the action of the verb back to the subject. Reflexive verbs always use reflexive pronouns.

SUBJECT	REFLEXIVE VERB
Joaquín	**se ducha** por la mañana.

The verb lavarse (*to wash oneself*)

SINGULAR FORMS	yo	**me lavo**	*I wash (myself)*
	tú	**te lavas**	*you wash (yourself)*
	Ud.	**se lava**	*you wash (yourself)*
	él/ella	**se lava**	*he/she washes (himself/herself)*
PLURAL FORMS	nosotros/as	**nos lavamos**	*we wash (ourselves)*
	vosotros/as	**os laváis**	*you wash (yourselves)*
	Uds.	**se lavan**	*you wash (yourselves)*
	ellos/ellas	**se lavan**	*they wash (themselves)*

AYUDA

Except for **se**, reflexive pronouns have the same forms as direct and indirect object pronouns.

...

Se is used for both singular and plural subjects—there is no individual plural form:

Pablo **se** lava.
Ellos **se** lavan.

- The pronoun **se** attached to an infinitive identifies the verb as reflexive: **lavarse.**
- When a reflexive verb is conjugated, the reflexive pronoun agrees with the subject.

Me afeito. **Te despiertas** a las siete.

- Like object pronouns, reflexive pronouns generally appear before a conjugated verb. With infinitives and present participles, they may be placed before the conjugated verb or attached to the infinitive or present participle.

Ellos **se** van a vestir.
Ellos van a vestir**se**.
They are going to get dressed.

Nos estamos lavando las manos.
Estamos lavándo**nos** las manos.
We are washing our hands.

- **¡Atención!** When a reflexive pronoun is attached to a present participle, an accent mark is added to maintain the original stress.

bañando ⟶ bañ**á**ndo**se** durmiendo ⟶ durmi**é**ndo**se**

AYUDA

You have already learned several adjectives that can be used with **ponerse** when it means *to become*:
alegre, cómodo/a, contento/a, elegante, guapo/a, nervioso/a, rojo/a, and **triste**.

Common reflexive verbs

acordarse (de) (o:ue)	*to remember*
acostarse (o:ue)	*to go to bed*
afeitarse	*to shave*
bañarse	*to bathe; to take a bath*
cepillarse	*to brush*
despedirse (de) (e:i)	*to say goodbye (to)*
despertarse (e:ie)	*to wake up*
dormirse (o:ue)	*to go to sleep; to fall asleep*
ducharse	*to shower; to take a shower*
enojarse (con)	*to get angry (with)*
irse	*to go away; to leave*
lavarse	*to wash (oneself)*
levantarse	*to get up*
llamarse	*to be called; to be named*
maquillarse	*to put on makeup*
peinarse	*to comb one's hair*
ponerse	*to put on*
ponerse (+ ***adj.***)	*to become (+ adj.)*
preocuparse (por)	*to worry (about)*
probarse (o:ue)	*to try on*
quedarse	*to stay; to remain*
quitarse	*to take off*
secarse	*to dry (oneself)*
sentarse (e:ie)	*to sit down*
sentirse (e:ie)	*to feel*
vestirse (e:i)	*to get dressed*

COMPARE & CONTRAST

Unlike English, a number of verbs in Spanish can be reflexive or non-reflexive. If the verb acts upon the subject, the reflexive form is used. If the verb acts upon something other than the subject, the non-reflexive form is used. Compare these sentences.

Lola **lava** los platos.

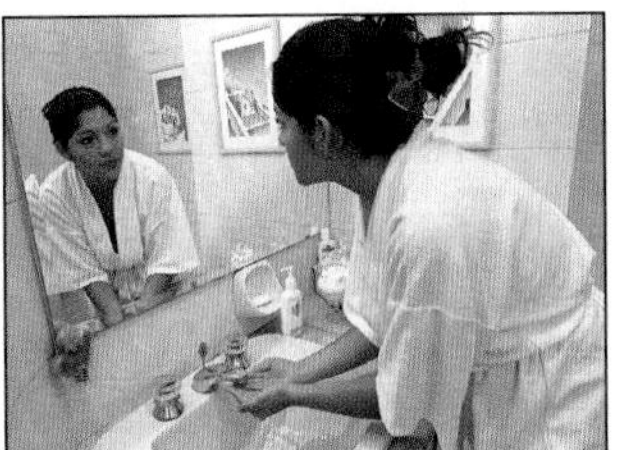
Lola **se lava** la cara.

As the preceding sentences show, reflexive verbs sometimes have different meanings than their non-reflexive counterparts. For example, **lavar** means *to wash,* while **lavarse** means *to wash oneself, to wash up.*

▶ **¡Atención!** Parts of the body or clothing are generally not referred to with possessives, but with the definite article.

La niña se quitó **los** zapatos.

Necesito cepillarme **los** dientes.

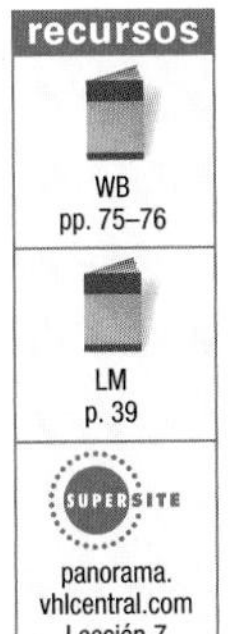
recursos
WB pp. 75–76
LM p. 39
SUPERSITE panorama.vhlcentral.com Lección 7

¡INTÉNTALO!

Indica el presente de estos verbos reflexivos. El primero de cada columna ya está conjugado.

despertarse

1. Mis hermanos *se despiertan* tarde.
2. Tú ________ tarde.
3. Nosotros ________ tarde.
4. Benito ________ tarde.
5. Yo ________ tarde.

ponerse

1. Él *se pone* una chaqueta.
2. Yo ________ una chaqueta.
3. Usted ________ una chaqueta.
4. Nosotras ________ una chaqueta.
5. Las niñas ________ una chaqueta.

Práctica

SUPERSITE

1 **Nuestra rutina** La familia de Blanca sigue la misma rutina todos los días. Según Blanca, ¿qué hacen ellos?

modelo

mamá / despertarse a las 5:00

Mamá se despierta a las cinco.

1. Roberto y yo / levantarse a las 7:00
2. papá / ducharse primero y / luego afeitarse
3. yo / lavarse la cara y / vestirse antes de tomar café
4. mamá / peinarse y / luego maquillarse
5. todos (nosotros) / sentarse a la mesa para comer
6. Roberto / cepillarse los dientes después de comer
7. yo / ponerse el abrigo antes de salir
8. nosotros / despedirse de mamá

NOTA CULTURAL

Como en los EE.UU., **tomar café** en el desayuno es muy común en los países hispanos.

En muchas familias, los niños toman café con leche (*milk*) en el desayuno antes de ir a la escuela.

El café en los países hispanos generalmente es más fuerte que en los EE.UU., y el descafeinado no es muy popular.

2 **La fiesta elegante** Selecciona el verbo apropiado y completa las oraciones con la forma correcta.

1. Tú __________ (lavar / lavarse) el auto antes de ir a la fiesta.
2. Nosotros no __________ (acordar / acordarse) de comprar regalos.
3. Para llegar a tiempo, Raúl y Marta __________ (acostar / acostarse) a los niños antes de irse.
4. Yo __________ (sentir / sentirse) bien hoy.
5. Mis amigos siempre __________ (vestir / vestirse) con ropa muy cara.
6. ¿__________ (Probar / Probarse) ustedes la ropa antes de comprarla?
7. Usted __________ (preocupar / preocuparse) mucho por sus amigos, ¿no?
8. En general, __________ (afeitar / afeitarse) yo mismo, pero hoy el barbero (*barber*) me __________ (afeitar / afeitarse).

¡LENGUA VIVA!

In Spain a car is called a **coche**, while in many parts of Latin America it is known as a **carro**. Although you'll be understood using any of these terms, using **auto (automóvil)** will surely get you where you want to go.

3 **Describir** Mira los dibujos y describe lo que estas personas hacen.

1. el joven

2. Carmen

3. Juan

4. ellos

5. Estrella

6. Toni

Comunicación

4 

Preguntas personales En parejas, túrnense para hacerse estas preguntas.

1. ¿A qué hora te levantas durante la semana?
2. ¿A qué hora te levantas los fines de semana?
3. ¿Prefieres levantarte tarde o temprano? ¿Por qué?
4. ¿Te enojas frecuentemente con tus amigos?
5. ¿Te preocupas fácilmente? ¿Qué te preocupa?
6. ¿Qué te pone contento/a?
7. ¿Qué haces cuando te sientes triste?
8. ¿Y cuando te sientes alegre?
9. ¿Te acuestas tarde o temprano durante la semana?
10. ¿A qué hora te acuestas los fines de semana?

5 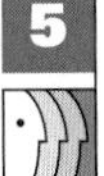

Charadas En grupos, jueguen a las charadas. Cada persona debe pensar en dos frases con verbos reflexivos. La primera persona que adivina la charada dramatiza la siguiente.

6 

Debate En grupos, discutan este tema: ¿Quiénes necesitan más tiempo para arreglarse (*to get ready*) antes de salir, los hombres o las mujeres? Hagan una lista de las razones (*reasons*) que tienen para defender sus ideas e informen a la clase.

Síntesis

7  

La familia ocupada Tú y tu compañero/a asisten a un programa de verano en Lima, Perú. Viven con la familia Ramos. Tu profesor(a) te va a dar la rutina incompleta que la familia sigue en las mañanas. Trabaja con tu compañero/a para completarla.

Estudiante 1: ¿Qué hace el señor Ramos a las seis y cuarto?
Estudiante 2: El señor Ramos se levanta.

7.2 Indefinite and negative words

ANTE TODO Indefinite words refer to people and things that are not specific, for example, *someone* or *something*. Negative words deny the existence of people and things or contradict statements, for instance, *no one* or *nothing*. Spanish indefinite words have corresponding negative words, which are opposite in meaning.

Indefinite and negative words

Indefinite words		Negative words	
algo	*something; anything*	**nada**	*nothing; not anything*
alguien	*someone; somebody; anyone*	**nadie**	*no one; nobody; not anyone*
alguno/a(s), algún	*some; any*	**ninguno/a, ningún**	*no; none; not any*
o... o	*either... or*	**ni... ni**	*neither... nor*
siempre	*always*	**nunca, jamás**	*never, not ever*
también	*also; too*	**tampoco**	*neither; not either*

▶ There are two ways to form negative sentences in Spanish. You can place the negative word before the verb, or you can place **no** before the verb and the negative word after.

Nadie se levanta temprano.
No one gets up early.

Ellos **nunca gritan**.
They never shout.

No se levanta nadie temprano.
No one gets up early.

Ellos **no gritan nunca**.
They never shout.

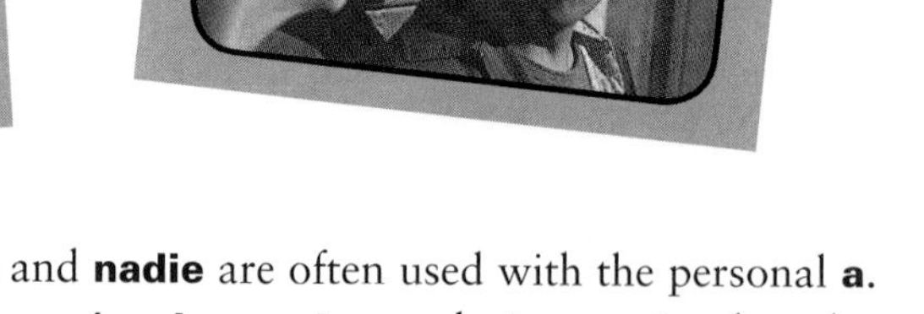

▶ Because they refer to people, **alguien** and **nadie** are often used with the personal **a**. The personal **a** is also used before **alguno/a, algunos/as,** and **ninguno/a** when these words refer to people and they are the direct object of the verb.

—Perdón, señor, ¿busca usted **a alguien**?
—No, gracias, señorita, no busco **a nadie**.

—Tomás, ¿buscas **a alguno** de tus hermanos?
—No, mamá, no busco **a ninguno**.

▶ **¡Atención!** Before a masculine, singular noun, **alguno** and **ninguno** are shortened to **algún** and **ningún**.

—¿Tienen ustedes **algún** amigo peruano?

—No, no tenemos **ningún** amigo peruano.

AYUDA

Alguno/a, algunos/as are not always used in the same way English uses *some* or *any*. Often, **algún** is used where *a* would be used in English.

¿Tienes algún libro que hable de los incas?
*Do you have **a** book that talks about the Incas?*

Note that **ninguno/a** is rarely used in the plural.

—¿Visitaste algunos museos?
—No, no visité ninguno.

COMPARE & CONTRAST

In English, it is incorrect to use more than one negative word in a sentence. In Spanish, however, sentences frequently contain two or more negative words. Compare these Spanish and English sentences.

Nunca le escribo a **nadie**.
I never write to anyone.

No me preocupo por **nada nunca**.
I do not ever worry about anything.

As the preceding sentences show, once an English sentence contains one negative word (for example, *not* or *never*), no other negative word may be used. Instead, indefinite (or affirmative) words are used. In Spanish, however, once a sentence is negative, no other affirmative (that is, indefinite) word may be used. Instead, all indefinite ideas must be expressed in the negative.

▶ Although in Spanish **pero** and **sino** both mean *but*, they are not interchangeable. **Sino** is used when the first part of a sentence is negative and the second part contradicts it. In this context, **sino** means *but rather* or *on the contrary*. In all other cases, **pero** is used to mean *but*.

Los estudiantes no se acuestan temprano **sino** tarde.
The students don't go to bed early, but rather late.

María no habla francés **sino** español.
María doesn't speak French, but rather Spanish.

Las toallas son caras, **pero** bonitas.
The towels are expensive, but beautiful.

José es inteligente, **pero** no saca buenas notas.
José is intelligent but doesn't get good grades.

¡INTÉNTALO! Cambia las oraciones para que sean negativas. La primera se da como ejemplo.

1. Siempre se viste bien.
   ___Nunca___ se viste bien.
   ___No___ se viste bien ___nunca___.
2. Alguien se ducha.
   ________ se ducha.
   ________ se ducha ________.
3. Ellas van también.
   Ellas ________ van.
   Ellas ________ van ________.
4. Alguien se pone nervioso.
   ________ se pone nervioso.
   ________ se pone nervioso ________.
5. Tú siempre te lavas las manos.
   Tú ________ te lavas las manos.
   Tú ____ te lavas las manos ________.
6. Voy a traer algo.
   ______ voy a traer ________.
7. Juan se afeita también.
   Juan ________ se afeita.
   Juan ________ se afeita ________.
8. Mis amigos viven en una residencia o en casa.
   Mis amigos ______ viven ______ en una residencia ______ en casa.
9. La profesora hace algo en su escritorio.
   La profesora ______ hace ______ en su escritorio.
10. Tú y yo vamos al mercado.
    ______ tú ______ yo vamos al mercado.
11. Tienen un espejo en su casa.
    ______ tienen ________ espejo en su casa.
12. Algunos niños se ponen el abrigo.
    ________ niño se pone el abrigo.

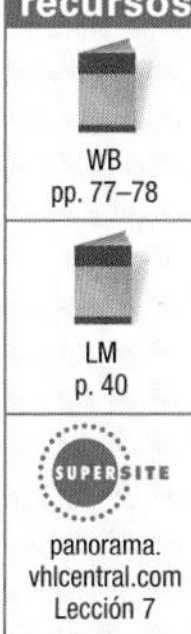

Práctica

1 

¿Pero o sino? Forma oraciones sobre estas personas usando **pero** o **sino**.

modelo

muchos estudiantes viven en residencias estudiantiles / muchos de ellos quieren vivir fuera del *(off)* campus

Muchos estudiantes viven en residencias estudiantiles, pero muchos de ellos quieren vivir fuera del campus.

1. Marcos nunca se despierta temprano / siempre llega puntual a clase
2. Lisa y Katarina no se acuestan temprano / muy tarde
3. Alfonso es inteligente / algunas veces es antipático
4. los directores de la residencia no son ecuatorianos / peruanos
5. no nos acordamos de comprar champú / compramos jabón
6. Emilia no es estudiante / profesora
7. no quiero levantarme / tengo que ir a clase
8. Miguel no se afeita por la mañana / por la noche

2

Completar Completa esta conversación. Usa expresiones negativas en tus respuestas. Luego, dramatiza la conversación con un(a) compañero/a.

AURELIO Ana María, ¿encontraste algún regalo para Eliana?
ANA MARÍA (1)____________________
AURELIO ¿Viste a alguna amiga en el centro comercial?
ANA MARÍA (2)____________________
AURELIO ¿Me llamó alguien?
ANA MARÍA (3)____________________
AURELIO ¿Quieres ir al teatro o al cine esta noche?
ANA MARÍA (4)____________________
AURELIO ¿No quieres salir a comer?
ANA MARÍA (5)____________________
AURELIO ¿Hay algo interesante en la televisión esta noche?
ANA MARÍA (6)____________________
AURELIO ¿Tienes algún problema?
ANA MARÍA (7)____________________

Comunicación

3

Opiniones Completa estas oraciones de una manera lógica. Luego, compara tus respuestas con las de un(a) compañero/a.

1. Mi habitación es ________ pero ________.
2. Por la noche me gusta ________ pero ________.
3. Un(a) profesor(a) ideal no es ________ sino ________.
4. Mis amigos son ________ pero ________.

4

En el campus En parejas, háganse preguntas para ver qué hay en su universidad: residencias bonitas, departamento de ingeniería, cines, librerías baratas, estudiantes guapos, equipo de fútbol, playa, clases fáciles, museo, profesores estrictos. Sigan el modelo.

modelo

Estudiante 1: ¿Hay algunas residencias bonitas?
Estudiante 2: Sí, hay una/algunas. Está(n) detrás del estadio.

Estudiante 1: ¿Hay algún museo?
Estudiante 2: No, no hay ninguno.

5

Quejas (*Complaints*) En parejas, hagan una lista de cinco quejas comunes que tienen los estudiantes. Usen expresiones negativas.

modelo

Nadie me entiende.

Ahora hagan una lista de cinco quejas que los padres tienen de sus hijos.

modelo

Nunca limpian sus habitaciones.

6

Anuncios En parejas, lean el anuncio y contesten las preguntas.

1. ¿Es el anuncio positivo o negativo? ¿Por qué?
2. ¿Qué palabras indefinidas hay?
3. Escriban el texto del anuncio cambiando todo por expresiones negativas.
4. Ahora preparen su propio (*own*) anuncio usando expresiones afirmativas y negativas.

Síntesis

7

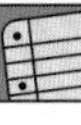

Encuesta Tu profesor(a) te va a dar una hoja de actividades para hacer una encuesta. Circula por la clase y pídeles a tus compañeros que comparen las actividades que hacen durante la semana con las que hacen durante los fines de semana. Escribe las respuestas.

7.3 Preterite of ser and ir

SUPERSITE

ANTE TODO In **Lección 6**, you learned how to form the preterite tense of regular **-ar**, **-er**, and **-ir** verbs. The following chart contains the preterite forms of **ser** (*to be*) and **ir** (*to go*). Since these forms are irregular, you will need to memorize them.

Preterite of ser and ir

		ser (*to be*)	ir (*to go*)
SINGULAR FORMS	yo	**fui**	**fui**
	tú	**fuiste**	**fuiste**
	Ud./él/ella	**fue**	**fue**
PLURAL FORMS	nosotros/as	**fuimos**	**fuimos**
	vosotros/as	**fuisteis**	**fuisteis**
	Uds./ellos/ellas	**fueron**	**fueron**

AYUDA

Note that, whereas regular **-er** and **-ir** verbs have accent marks in the **yo** and **Ud./él/ella** forms of the preterite, **ser** and **ir** do not.

▶ Since the preterite forms of **ser** and **ir** are identical, context clarifies which of the two verbs is being used.

Él **fue** a comprar champú y jabón.
He went to buy shampoo and soap.

¿Cómo **fue** la película anoche?
How was the movie last night?

¡INTÉNTALO! Completa las oraciones usando el pretérito de **ser** e **ir**. La primera oración de cada columna se da como ejemplo.

ir

1. Los viajeros ___fueron___ a Perú.
2. Patricia __________ a Cuzco.
3. Tú __________ a Iquitos.
4. Gregorio y yo __________ a Lima.
5. Yo __________ a Trujillo.
6. Ustedes __________ a Arequipa.
7. Mi padre __________ a Lima.
8. Nosotras __________ a Cuzco.
9. Él __________ a Machu Picchu.
10. Usted __________ a Nazca.

ser

1. Usted ___fue___ muy amable.
2. Yo __________ muy cordial.
3. Ellos __________ simpáticos.
4. Nosotros __________ muy tontos.
5. Ella __________ antipática.
6. Tú __________ muy generoso.
7. Ustedes __________ cordiales.
8. La gente __________ amable.
9. Tomás y yo __________ muy felices.
10. Los profesores __________ buenos.

recursos

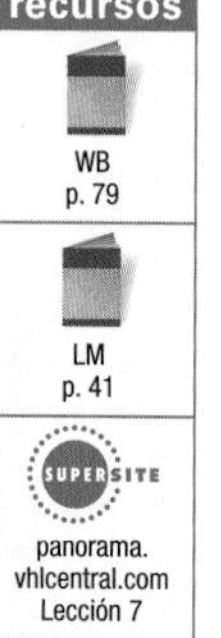

Práctica

1

Completar Completa estas conversaciones con la forma correcta del pretérito de **ser** o **ir**. Indica el infinitivo de cada forma verbal.

Conversación 1

RAÚL ¿Adónde (1)________ ustedes de vacaciones? ________
PILAR (2)________ al Perú. ________
RAÚL ¿Cómo (3)________ el viaje? ________
▶ **PILAR** ¡(4)________ estupendo! Machu Picchu y El Callao son increíbles. ________
RAÚL ¿(5)________ caro el viaje? ________
PILAR No, el precio (6)________ muy bajo. Sólo costó tres mil dólares. ________

Conversación 2

ISABEL Tina y Vicente (7)________ novios, ¿no? ________
LUCÍA Sí, pero ahora no. Anoche Tina (8)________ a comer con Gregorio y la semana pasada ellos (9)________ al partido de fútbol. ________ ________
ISABEL ¿Ah sí? Javier y yo (10)________ al partido y no los vimos. ________

NOTA CULTURAL

La ciudad peruana de **El Callao**, fundada en 1537, fue por muchos años el puerto (*port*) más activo de la costa del Pacífico en Suramérica. En el siglo XVIII, se construyó (*was built*) una fortaleza allí para proteger (*protect*) la ciudad de los ataques de piratas y bucaneros.

2

Descripciones Forma oraciones con estos elementos. Usa el pretérito.

A	B	C	D
yo	(no) ir	a un restaurante	ayer
tú	(no) ser	en autobús	anoche
mi compañero/a		estudiante	anteayer
nosotros		muy simpático/a	la semana pasada
mis amigos		a la playa	el año pasado
ustedes		dependiente/a en una tienda	

Comunicación

3

Preguntas En parejas, túrnense para hacerse estas preguntas.

1. ¿Adónde fuiste de vacaciones el año pasado? ¿Con quién fuiste?
2. ¿Cómo fueron tus vacaciones?
3. ¿Fuiste de compras la semana pasada? ¿Adónde? ¿Qué compraste?
4. ¿Fuiste al cine la semana pasada? ¿Qué película viste? ¿Cómo fue?
5. ¿Fuiste a la cafetería hoy? ¿A qué hora?
6. ¿Adónde fuiste durante el fin de semana? ¿Por qué?
7. ¿Quién fue tu profesor(a) favorito/a el semestre pasado? ¿Por qué?

4

El viaje En parejas, escriban un diálogo de un(a) viajero/a hablando con el/la agente de viajes sobre un viaje que tomó recientemente. Usen el pretérito de **ser** e **ir**.

modelo

Agente: *¿Cómo fue el viaje?*
Viajero: *El viaje fue maravilloso/horrible…*

7.4 Verbs like gustar

SUPERSITE

ANTE TODO In **Lección 2**, you learned how to express preferences with **gustar**. You will now learn more about the verb **gustar** and other similar verbs. Observe these examples.

Me gusta ese champú. 

ENGLISH EQUIVALENT
I like that shampoo.
LITERAL MEANING
That shampoo is pleasing to me.

¿**Te gustaron** las clases? 

ENGLISH EQUIVALENT
Did you like the classes?
LITERAL MEANING
Were the classes pleasing to you?

- As the examples show, constructions with **gustar** do not have a direct equivalent in English. The literal meaning of this construction is *to be pleasing to* (*someone*), and it requires the use of an indirect object pronoun.

INDIRECT OBJECT PRONOUN		SUBJECT	SUBJECT		DIRECT OBJECT
Me	**gusta**	ese champú.	*I*	*like*	*that shampoo.*

- In the diagram above, observe how in the Spanish sentence the object being liked **(ese champú)** is really the subject of the sentence. The person who likes the object, in turn, is an indirect object because it answers the question: *To whom is the shampoo pleasing?*

- Other verbs in Spanish are used in the same way as **gustar**. Here is a list of the most common ones.

Verbs like gustar

aburrir	*to bore*	**importar**	*to be important to; to matter*
encantar	*to like very much; to love* (inanimate objects)	**interesar**	*to be interesting to; to interest*
faltar	*to lack; to need*	**molestar**	*to bother; to annoy*
fascinar	*to fascinate; to like very much*	**quedar**	*to be left over; to fit* (clothing)

¡ATENCIÓN!

Faltar expresses what is lacking or missing.
Me falta una página. *I'm missing one page.*

Quedar expresses how much of something is left.
Nos quedan tres pesos. *We have three pesos left.*

• • •

Quedar means *to fit*. It's also used to tell how something looks (on someone).
Estos zapatos me quedan bien. *These shoes fit me well.*
Esa camisa te queda muy bien. *That shirt looks good on you.*

▶ The forms most commonly used with **gustar** and similar verbs are the third person (singular and plural). When the object or person being liked is singular, the singular form (**gusta/molesta**, etc.) is used. When two or more objects or persons are being liked, the plural form (**gustan/molestan**, etc.) is used. Observe the following diagram:

SINGULAR	me, te, le	encanta interesó	la película el concierto
PLURAL	nos, os, les	importan fascinaron	las vacaciones los museos de Lima

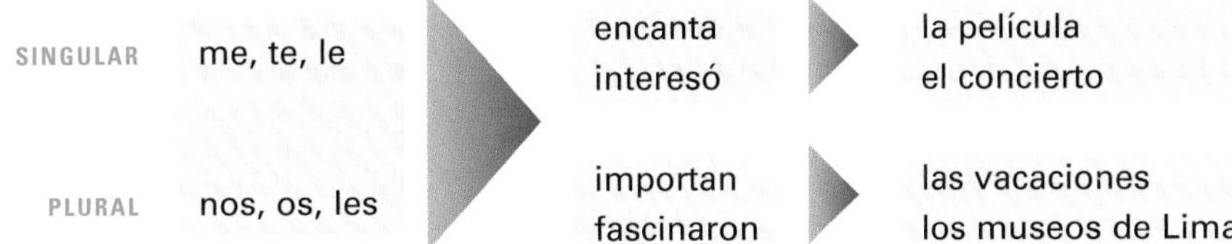

▶ To express what someone likes or does not like to do, use an appropriate verb followed by an infinitive. The singular form is used even if there is more than one infinitive.

Nos molesta comer a las nueve.
It bothers us to eat at nine o'clock.

Les encanta cantar y **bailar** en las fiestas.
They love to sing and dance at parties.

AYUDA

Note that the **a** must be repeated if there is more than one person.
A Armando y **a Cinta** les molesta levantarse temprano.

▶ As you learned in **Lección 2**, the construction **a** + [*pronoun*] (**a mí, a ti, a usted, a él,** etc.) is used to clarify or to emphasize who is pleased, bored, etc. The construction **a** + [*noun*] can also be used before the indirect object pronoun to clarify or to emphasize who is pleased.

A los turistas les gustó mucho Machu Picchu.
The tourists liked Machu Picchu a lot.

A ti te gusta cenar en casa, pero **a mí** me aburre.
You like to eat dinner at home, but I get bored.

▶ **¡Atención! Mí** (*me*) has an accent mark to distinguish it from the possessive adjective **mi** (*my*).

¡INTÉNTALO! Indica el pronombre del objeto indirecto y la forma del tiempo presente adecuados en cada oración. La primera oración de cada columna se da como ejemplo.

fascinar

1. A él __le fascina__ viajar.
2. A mí ________ bailar.
3. A nosotras ________ cantar.
4. A ustedes ________ leer.
5. A ti ________ correr.
6. A Pedro ________ gritar.
7. A mis padres ________ caminar.
8. A usted ________ jugar al tenis.
9. A mi esposo y a mí ________ dormir.
10. A Alberto ________ dibujar.
11. A todos ________ opinar.
12. A Pili ________ ir de compras.

aburrir

1. A ellos __les aburren__ los deportes.
2. A ti ________ las películas.
3. A usted ________ los viajes.
4. A mí ________ las revistas.
5. A Jorge y a Luis ________ los perros.
6. A nosotros ________ las vacaciones.
7. A ustedes ________ las fiestas.
8. A Marcela ________ los libros.
9. A mis amigos ________ los museos.
10. A ella ________ el ciclismo.
11. A Omar ________ el Internet.
12. A ti y a mí ________ el baile.

recursos

WB pp. 80–82

LM p. 42

SUPERSITE panorama.vhlcentral.com Lección 7

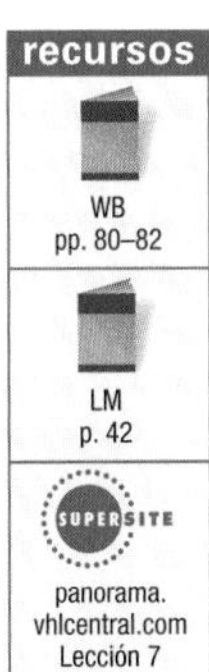

Práctica

SUPERSITE

1 Completar Completa las oraciones con todos los elementos necesarios.

1. __________ Adela __________ (encantar) la música de Enrique Iglesias.
2. A __________ me __________ (interesar) la música de otros países.
3. A mis amigos __________ (encantar) las canciones (*songs*) de Maná.
4. A Juan y __________ Rafael no les __________ (molestar) la música alta (*loud*).
5. __________ nosotros __________ (fascinar) los grupos de pop latino.
6. __________ señor Ruiz __________ (interesar) más la música clásica.
7. A __________ me __________ (aburrir) la música clásica.
8. ¿A __________ te __________ (faltar) dinero para el concierto de Carlos Santana?
9. Sí. Sólo __________ (quedar) cinco dólares.
10. ¿Cuánto dinero te __________ (quedar) a __________?

NOTA CULTURAL

Hoy día, la música latina es popular en los EE.UU. gracias a artistas como **Shakira**, de nacionalidad colombiana, y **Enrique Iglesias**, español. Otros artistas, como **Carlos Santana** y **Gloria Estefan**, difundieron (*spread*) la música latina en los años 60, 70, 80 y 90.

2 Describir Mira los dibujos y describe lo que está pasando. Usa los verbos de la lista.

aburrir	faltar	molestar
encantar	interesar	quedar

1. a Ramón

2. a nosotros

3. a ti

4. a Sara

3 Gustos Forma oraciones con los elementos de las tres columnas.

modelo

A ti te interesan las ruinas de Machu Picchu.

A	B	C
yo	aburrir	despertarse temprano
tú	encantar	mirarse en el espejo
mi mejor amigo/a	faltar	la música rock
mis amigos y yo	fascinar	las pantuflas rosadas
Bart y Homero Simpson	interesar	la pasta de dientes con menta (*mint*)
Shakira	molestar	las ruinas de Machu Picchu
Antonio Banderas		los zapatos caros

Comunicación

4

Preguntas En parejas, túrnense para hacer y contestar estas preguntas.

1. ¿Te gusta levantarte temprano o tarde? ¿Por qué? ¿Y a tu compañero/a de cuarto?
2. ¿Te gusta acostarte temprano o tarde? ¿Y a tu compañero/a de cuarto?
3. ¿Te gusta dormir la siesta?
4. ¿Te encanta acampar o prefieres quedarte en un hotel cuando estás de vacaciones?
5. ¿Qué te gusta hacer en el verano?
6. ¿Qué te fascina de esta universidad? ¿Qué te molesta?
7. ¿Te interesan más las ciencias o las humanidades? ¿Por qué?
8. ¿Qué cosas te molestan?

5

Completar Completa estas frases de una manera lógica.

1. A mi novio/a le fascina(n)...
2. A mi mejor (*best*) amigo/a no le interesa(n)...
3. A mis padres les importa(n)...
4. A nosotros nos molesta(n)...
5. A mis hermanos les aburre(n)...
6. A mi compañero/a de cuarto le aburre(n)...
7. A los turistas les interesa(n)...
8. A los jugadores profesionales les encanta(n)...
9. A nuestro/a profesor(a) le molesta(n)...
10. A mí me importa(n)...

6

La residencia Tú y tu compañero/a de clase son los directores de una residencia estudiantil en Perú. Su profesor(a) les va a dar a cada uno de ustedes las descripciones de cinco estudiantes. Con la información tienen que escoger quiénes van a ser compañeros de cuarto. Después, completen la lista.

Síntesis

7

Situación Trabajen en parejas para representar los papeles de un(a) cliente/a y un(a) dependiente/a en una tienda de ropa. Usen las instrucciones como guía.

Dependiente/a	Cliente/a
Saluda al/a la cliente/a y pregúntale en qué le puedes servir.	Saluda al/a la dependiente/a y dile (*tell him/her*) qué quieres comprar y qué colores prefieres.
Pregúntale si le interesan los estilos modernos y empieza a mostrarle la ropa.	Explícale que los estilos modernos te interesan. Escoge las cosas que te interesan.
Habla de los gustos del/de la cliente/a.	Habla de la ropa (me queda(n) bien/mal, me encanta(n)...).
Da opiniones favorables al/a la cliente/a (las botas te quedan fantásticas...).	Decide cuáles son las cosas que te gustan y qué vas a comprar.

Recapitulación

For self-scoring and diagnostics, go to **panorama.vhlcentral.com.**

Completa estas actividades para repasar los conceptos de gramática que aprendiste en esta lección.

1 **Completar** Completa la tabla con la forma correcta de los verbos. 6 pts.

yo	tú	nosotros	ellas
me levanto			
	te afeitas		
		nos vestimos	
			se secan

2 **Hoy y ayer** Cambia los verbos del presente al pretérito. 5 pts.

1. Vamos de compras hoy. ________ de compras hoy.
2. Por último, voy a poner el despertador. Por último, ________ a poner el despertador.
3. Lalo es el primero en levantarse. Lalo ________ el primero en levantarse.
4. ¿Vas a tu habitación? ¿________ a tu habitación?
5. Ustedes son profesores. Ustedes ________ profesores.

3 **Reflexivos** Completa cada conversación con la forma correcta del presente del verbo reflexivo. 11 pts.

TOMÁS Yo siempre (1) ________ (bañarse) antes de (2) ________ (acostarse). Esto me relaja porque no (3) ________ (dormirse) fácilmente. Y así puedo (4) ________ (levantarse) más tarde. Y tú, ¿cuándo (5) ________ (ducharse)?

LETI Pues por la mañana, para poder (6) ________ (despertarse).

DAVID ¿Cómo (7) ________ (sentirse) Pepa hoy?

MARÍA Todavía está enojada.

DAVID ¿De verdad? Ella nunca (8) ________ (enojarse) con nadie.

BETO ¿(Nosotros) (9) ________ (Irse) de esta tienda? Estoy cansado.

SARA Pero antes vamos a (10) ________ (probarse) estos sombreros. Si quieres, después (nosotros) (11) ________ (sentarse) un rato.

RESUMEN GRAMATICAL

7.1 Reflexive verbs *pp. 220–221*

lavarse	
me lavo	nos lavamos
te lavas	os laváis
se lava	se lavan

7.2 Indefinite and negative words *pp. 224–225*

Indefinite words	Negative words
algo	nada
alguien	nadie
alguno/a(s), algún	ninguno/a, ningún
o... o	ni... ni
siempre	nunca, jamás
también	tampoco

7.3 Preterite of ser and ir *p. 228*

- The preterite of **ser** and **ir** are identical. Context will determine the meaning.

ser and ir	
fui	fuimos
fuiste	fuisteis
fue	fueron

7.4 Verbs like gustar *pp. 230–231*

aburrir	importar
encantar	interesar
faltar	molestar
fascinar	quedar

SINGULAR me, te, le
PLURAL nos, os, les

encanta / interesó → la película / el concierto
importan / fascinaron → las vacaciones / los museos

- Use the construction a + [*noun/pronoun*] to clarify the person in question.

A mí me encanta ver películas, ¿y a ti?

4 **Conversaciones** Completa cada conversación de manera lógica con palabras de la lista. No tienes que usar todas las palabras. 8 pts.

algo	nada	ningún	siempre
alguien	nadie	nunca	también
algún	ni... ni	o... o	tampoco

1. —¿Tienes ______ plan para esta noche?

   —No, prefiero quedarme en casa. Hoy no quiero ver a ______.

   —Yo ______ me quedo. Estoy muy cansado.

2. —¿Puedo entrar? ¿Hay ______ en el cuarto de baño?

   —Sí. Ahora mismo salgo.

3. —¿Puedes prestarme ______ para peinarme? No encuentro ______ mi cepillo ______ mi peine.

   —Lo siento, yo ______ encuentro los míos (*mine*).

4. —¿Me prestas tu maquillaje?

   —Lo siento, no tengo. ______ me maquillo.

5 **Oraciones** Forma oraciones completas con los elementos dados (*given*). Usa el presente de los verbos. 8 pts.

1. David y Juan / molestar / levantarse temprano
2. Lucía / encantar / las películas de terror
3. todos (nosotros) / importar / la educación
4. tú / aburrir / ver / la televisión

6  **Rutinas** Escribe seis oraciones describiendo las rutinas de dos personas que conoces. 12 pts.

modelo

Mi tía se despierta temprano, pero mi primo...

7  **Adivinanza** Completa la adivinanza con las palabras que faltan y adivina la respuesta. ¡2 puntos EXTRA!

"Cuanto más° ______ (*it dries you*), más se moja°."

¿Qué es? ______

Cuanto más *The more* se moja *it gets wet*

Lectura

Antes de leer

Estrategia

Predicting content from the title

Prediction is an invaluable strategy in reading for comprehension. For example, we can usually predict the content of a newspaper article from its headline. We often decide whether to read the article based on its headline. Predicting content from the title will help you increase your reading comprehension in Spanish.

Examinar el texto

Lee el título de la lectura y haz tres predicciones sobre el contenido. Escribe tus predicciones en una hoja de papel.

Compartir

Comparte tus ideas con un(a) compañero/a de clase.

Cognados

Haz una lista de seis cognados que encuentres en la lectura.

1. ____________________
2. ____________________
3. ____________________
4. ____________________
5. ____________________
6. ____________________

¿Qué te dicen los cognados sobre el tema de la lectura?

recursos

panorama.vhlcentral.com
Lección 7

¡Qué día!

Anterior ▾ Siguiente ▾ Responder Responder a todos

Fecha: Lunes, 10 de mayo
De: Guillermo Zamora
Asunto: ¡Qué día!
Para: Lupe; Marcos; Sandra; Jorge

Hola, chicos:

La semana pasada me di cuenta° de que necesito organizar mejor° mi rutina... pero especialmente necesito prepararme mejor para los exámenes. Me falta mucha disciplina, me molesta no tener control de mi tiempo y nunca deseo repetir los eventos de la semana pasada.

El miércoles pasé todo el día y toda la noche estudiando para el examen de biología del jueves por la mañana. Me aburre la biología y no empecé a estudiar hasta el día antes del examen. El jueves a las 8, después de no dormir en toda la noche, fui exhausto al examen. Fue difícil, pero afortunadamente° me acordé de todo el material. Esa noche me acosté temprano y dormí mucho.

Me desperté a las 7, y fue extraño° ver a mi compañero de cuarto, Andrés, preparándose para ir a dormir. Como° siempre se enferma° y nunca

hablamos mucho, no le comenté nada. Fui al baño a cepillarme los dientes para ir a clase. ¿Y Andrés? Él se acostó. "Debe estar enfermo°, ¡otra vez!", pensé.

Mi clase es a las 8, y fue necesario hacer las cosas rápido. Todo empezó a ir mal... eso pasa siempre cuando uno tiene prisa. Cuando busqué mis cosas para el baño, no las encontré. Entonces me duché sin jabón, me cepillé los dientes sin cepillo de dientes y me peiné con las manos. Tampoco encontré ropa limpia, y usé la sucia. Rápido, tomé mis libros. ¿Y Andrés? Roncando°... ¡a las 7:50!

Cuando salí corriendo para la clase, la prisa no me permitió ver el campus desierto. Cuando llegué a la clase, no vi a nadie. No vi al profesor ni a los estudiantes. Por último miré mi reloj, y vi la hora. Las 8 en punto... ¡de la noche!

¡Dormí 24 horas!

Guillermo

me di cuenta *I realized* **mejor** *better* **afortunadamente** *fortunately* **extraño** *strange* **Como** *Since* **se enferma** *he gets sick* **enfermo** *sick* **Roncando** *Snoring*

Después de leer

Seleccionar 

Selecciona la respuesta correcta.

1. ¿Quién es el/la narrador(a)?
   a. Andrés
   b. una profesora
   c. Guillermo
2. ¿Qué le molesta al narrador?
   a. Le molestan los exámenes de biología.
   b. Le molesta no tener control de su tiempo.
   c. Le molesta mucho organizar su rutina.
3. ¿Por qué está exhausto?
   a. Porque fue a una fiesta la noche anterior.
   b. Porque no le gusta la biología.
   c. Porque pasó la noche anterior estudiando.
4. ¿Por qué no hay nadie en clase?
   a. Porque es de noche.
   b. Porque todos están de vacaciones.
   c. Porque el profesor canceló la clase.
5. ¿Cómo es la relación de Guillermo y Andrés?
   a. Son buenos amigos.
   b. No hablan mucho.
   c. Tienen una buena relación.

Ordenar

Ordena los sucesos de la narración. Utiliza los números del 1 al 9.

a. Toma el examen de biología. ____
b. No encuentra sus cosas para el baño. ____
c. Andrés se duerme. ____
d. Pasa todo el día y toda la noche estudiando para un examen. ____
e. Se ducha sin jabón. ____
f. Se acuesta temprano. ____
g. Vuelve a su cuarto a las 8 de la noche. ____
h. Se despierta a las 7 y su compañero de cuarto se prepara para dormir. ____
i. Va a clase y no hay nadie. ____

Contestar

Contesta estas preguntas.

1. ¿Cómo es tu rutina diaria? ¿Muy organizada?
2. ¿Cuándo empiezas a estudiar para los exámenes?
3. ¿Tienes compañero/a de cuarto? ¿Son amigos/as?
4. Para comunicarte con tus amigos/as, ¿prefieres el teléfono o el correo electrónico? ¿Por qué?

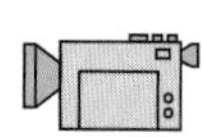

Perú

El país en cifras

- **Área:** 1.285.220 km^2 (496.224 millas^2), *un poco menos que el área de Alaska*
- **Población:** 30.063.000
- **Capital:** Lima —7.590.000
- **Ciudades principales:** Arequipa —915.000, Trujillo, Chiclayo, Callao, Iquitos

SOURCE: Population Division, UN Secretariat

Iquitos es un puerto muy importante en el río Amazonas. Desde Iquitos se envían° muchos productos a otros lugares, incluyendo goma°, nueces°, madera°, arroz°, café y tabaco. Iquitos es también un destino popular para los ecoturistas que visitan la selva°.

- **Moneda:** nuevo sol
- **Idiomas:** español (oficial), quechua (oficial), aimará

Bandera del Perú

Peruanos célebres

- **Clorinda Matto de Turner,** escritora (1854–1901)
- **César Vallejo,** poeta (1892–1938)
- **Javier Pérez de Cuéllar,** diplomático (1920–)
- **Mario Vargas Llosa,** escritor (1936–)

Mario Vargas Llosa

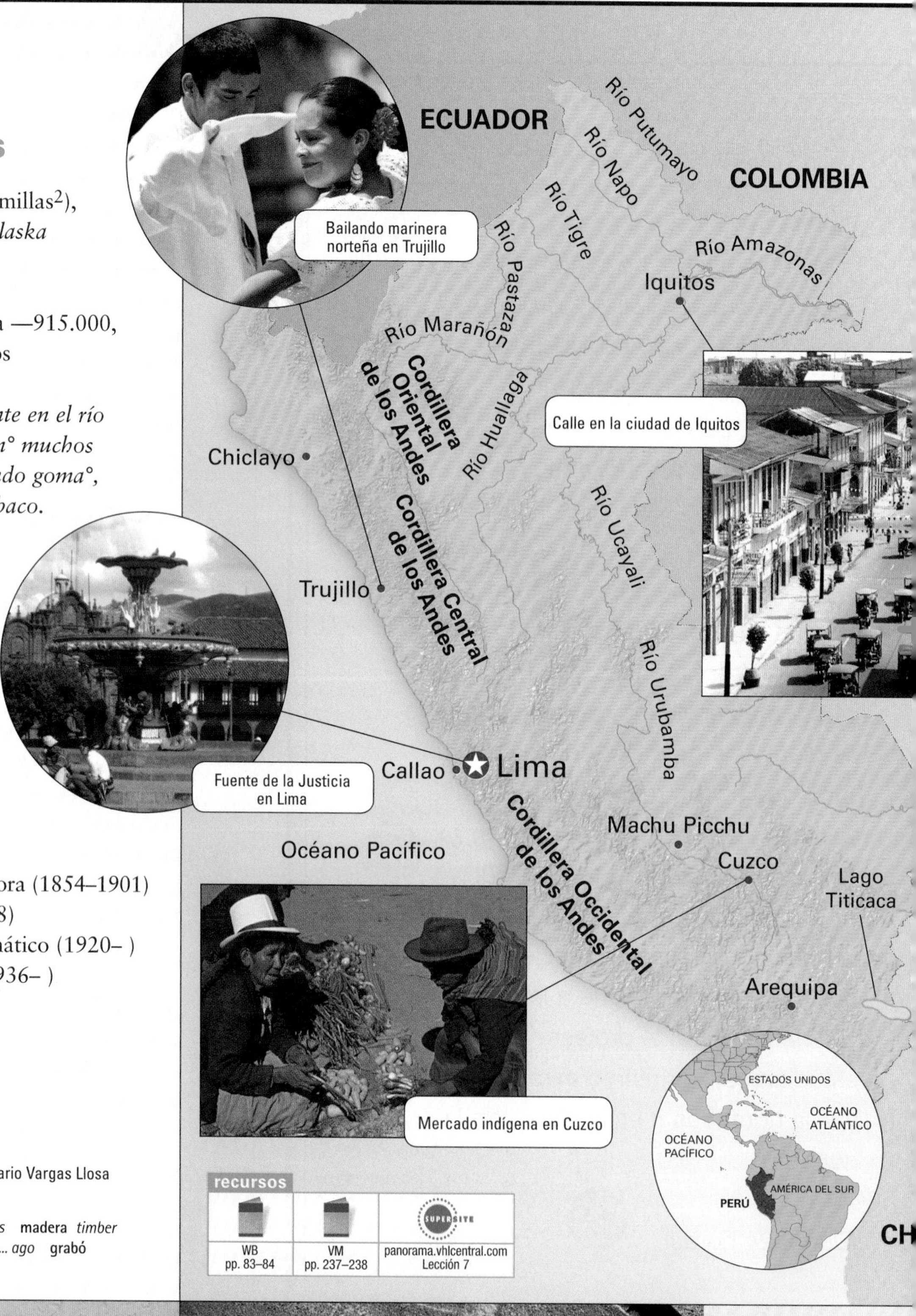

Bailando marinera norteña en Trujillo

Calle en la ciudad de Iquitos

Fuente de la Justicia en Lima

Mercado indígena en Cuzco

recursos

WB	VM	SUPERSITE
pp. 83–84	pp. 237–238	panorama.vhlcentral.com Lección 7

se envían *are shipped* **goma** *rubber* **nueces** *nuts* **madera** *timber* **arroz** *rice* **selva** *jungle* **Hace más de** *More than... ago* **grabó** *engraved* **tamaño** *size*

¡Increíble pero cierto!

Hace más de° dos mil años la civilización nazca de Perú grabó° más de 2.000 kilómetros de líneas en el desierto. Los dibujos sólo son descifrables desde el aire. Uno de ellos es un cóndor del tamaño° de un estadio. Las Líneas de Nazca son uno de los grandes misterios de la humanidad.

Lugares • Lima

Lima es una ciudad moderna y antigua° a la vez°. La Iglesia de San Francisco es notable por la influencia de la arquitectura barroca colonial. También son fascinantes las exhibiciones sobre los incas en el Museo Oro del Perú y en el Museo Nacional de Antropología y Arqueología. Barranco, el barrio° bohemio de la ciudad, es famoso por su ambiente cultural y sus bares y restaurantes.

BRASIL

Historia • Machu Picchu

A 80 kilómetros al noroeste de Cuzco está Machu Picchu, una ciudad antigua del imperio inca. Está a una altitud de 2.350 metros (7.710 pies), entre dos cimas° de los Andes. Cuando los españoles llegaron al Perú, nunca encontraron Machu Picchu. En 1911, el arqueólogo norteamericano Hiram Bingham la descubrió. Todavía no se sabe ni cómo se construyó° una ciudad a esa altura, ni por qué los incas la abandonaron. Sin embargo°, esta ciudad situada en desniveles° naturales es el ejemplo más conocido de la arquitectura inca.

Artes • La música andina

Machu Picchu aún no existía° cuando se originó la música cautivadora° de las antiguas culturas indígenas de los Andes. La influencia española y la música africana contribuyeron a la creación de los ritmos actuales de la música andina. Dos tipos de flauta°, la quena y la antara, producen esta música tan particular. En las décadas de los sesenta y los setenta se popularizó un movimiento para preservar la música andina, y hasta° Simon y Garfunkel la incorporaron en su repertorio con la canción *El cóndor pasa*.

Economía • Llamas y alpacas

El Perú se conoce por sus llamas, alpacas, guanacos y vicuñas, todos ellos animales mamíferos° parientes del camello. Estos animales todavía tienen una enorme importancia en la economía del país. Dan lana para hacer ropa, mantas°, bolsas y artículos para turistas. La llama se usa también para la carga y el transporte.

BOLIVIA

¿Qué aprendiste? Responde a cada pregunta con una oración completa.

1. ¿Qué productos envía Iquitos a otros lugares?
2. ¿Cuáles son las lenguas oficiales del Perú?
3. ¿Por qué es notable la Iglesia de San Francisco en Lima?
4. ¿Qué información sobre Machu Picchu no se sabe todavía?
5. ¿Qué son la quena y la antara?
6. ¿Qué hacen los peruanos con la lana de sus llamas y alpacas?

Conexión Internet Investiga estos temas en **panorama.vhlcentral.com.**

1. Investiga la cultura incaica. ¿Cuáles son algunos de los aspectos interesantes de su cultura?
2. Busca información sobre dos artistas, escritores o músicos peruanos y presenta un breve informe a tu clase.

antigua *old* a la vez *at the same time* barrio *neighborhood* cimas *summits* se construyó *was built* Sin embargo *However* desniveles *uneven pieces of land* aún no existía *didn't exist yet* cautivadora *captivating* flauta *flute* hasta *even* mamíferos *mammalian* mantas *blankets*

Los verbos reflexivos

acordarse (de) (o:ue)	*to remember*
acostarse (o:ue)	*to go to bed*
afeitarse	*to shave*
bañarse	*to bathe; to take a bath*
cepillarse el pelo	*to brush one's hair*
cepillarse los dientes	*to brush one's teeth*
despedirse (de) (e:i)	*to say goodbye (to)*
despertarse (e:ie)	*to wake up*
dormirse (o:ue)	*to go to sleep; to fall asleep*
ducharse	*to shower; to take a shower*
enojarse (con)	*to get angry (with)*
irse	*to go away; to leave*
lavarse la cara	*to wash one's face*
lavarse las manos	*to wash one's hands*
levantarse	*to get up*
llamarse	*to be called; to be named*
maquillarse	*to put on makeup*
peinarse	*to comb one's hair*
ponerse	*to put on*
ponerse (+ *adj.*)	*to become (+ adj.)*
preocuparse (por)	*to worry (about)*
probarse (o:ue)	*to try on*
quedarse	*to stay; to remain*
quitarse	*to take off*
secarse	*to dry oneself*
sentarse (e:ie)	*to sit down*
sentirse (e:ie)	*to feel*
vestirse (e:i)	*to get dressed*

Palabras de secuencia

antes (de)	*before*
después	*afterwards; then*
después (de)	*after*
durante	*during*
entonces	*then*
luego	*then*
más tarde	*later (on)*
por último	*finally*

Palabras afirmativas y negativas

algo	*something; anything*
alguien	*someone; somebody; anyone*
alguno/a(s), algún	*some; any*
jamás	*never; not ever*
nada	*nothing; not anything*
nadie	*no one; nobody; not anyone*
ni… ni	*neither… nor*
ninguno/a, ningún	*no; none; not any*
nunca	*never; not ever*
o… o	*either… or*
siempre	*always*
también	*also; too*
tampoco	*neither; not either*

En el baño

el baño, el cuarto de baño	*bathroom*
el champú	*shampoo*
la crema de afeitar	*shaving cream*
la ducha	*shower*
el espejo	*mirror*
el inodoro	*toilet*
el jabón	*soap*
el lavabo	*sink*
el maquillaje	*makeup*
la pasta de dientes	*toothpaste*
la toalla	*towel*

Verbos similares a gustar

aburrir	*to bore*
encantar	*to like very much; to love (inanimate objects)*
faltar	*to lack; to need*
fascinar	*to fascinate; to like very much*
importar	*to be important to; to matter*
interesar	*to be interesting to; to interest*
molestar	*to bother; to annoy*
quedar	*to be left over; to fit (clothing)*

Palabras adicionales

el despertador	*alarm clock*
las pantuflas	*slippers*
la rutina diaria	*daily routine*
por la mañana	*in the morning*
por la noche	*at night*
por la tarde	*in the afternoon; in the evening*

Expresiones útiles	*See page 215.*

recursos

La comida

Communicative Goals

You will learn how to:

- Order food in a restaurant
- Talk about and describe food

contextos

pages 242–247
- Food
- Food descriptions
- Meals

fotonovela

pages 248–251

The students and Don Francisco stop for a lunch break in the town of Cotacachi. They decide to eat at El Cráter, a restaurant owned by Don Francisco's friend, Doña Rita.

cultura

pages 252–253
- Fruits and vegetables from the Americas
- Ferran Adrià

estructura

pages 254–269
- Preterite of stem-changing verbs
- Double object pronouns
- Comparisons
- Superlatives
- **Recapitulación**

adelante

pages 270–273

Lectura: A menu and restaurant review

Panorama: Guatemala

A PRIMERA VISTA

- ¿Dónde está ella?
- ¿Qué hace?
- ¿Es parte de su rutina diaria?
- ¿Qué colores hay en la foto?

La comida

Más vocabulario

el/la camarero/a	*waiter/waitress*
la comida	*food; meal*
el/la dueño/a	*owner; landlord*
los entremeses	*hors d'oeuvres; appetizers*
el menú	*menu*
el plato (principal)	*(main) dish*
la sección de (no) fumar	*(non) smoking section*
el agua (mineral)	*(mineral) water*
la bebida	*drink*
la cerveza	*beer*
la leche	*milk*
el refresco	*soft drink*
el ajo	*garlic*
las arvejas	*peas*
los cereales	*cereal; grain*
los frijoles	*beans*
el melocotón	*peach*
el pollo (asado)	*(roast) chicken*
el queso	*cheese*
el sándwich	*sandwich*
el yogur	*yogurt*
el aceite	*oil*
la margarina	*margarine*
la mayonesa	*mayonnaise*
el vinagre	*vinegar*
delicioso/a	*delicious*
sabroso/a	*tasty; delicious*
saber	*to taste; to know*
saber a	*to taste like*

Variación léxica

camarones ⟷ gambas (*Esp.*)
camarero ⟷ mesero (*Amér. L.*), mesonero (*Ven.*), mozo (*Arg., Chile, Urug., Perú*)
refresco ⟷ gaseosa (*Amér. C., Amér. S.*)

recursos

WB	LM	SUPERSITE
pp. 85–86	p. 43	panorama.vhlcentral.com Lección 8

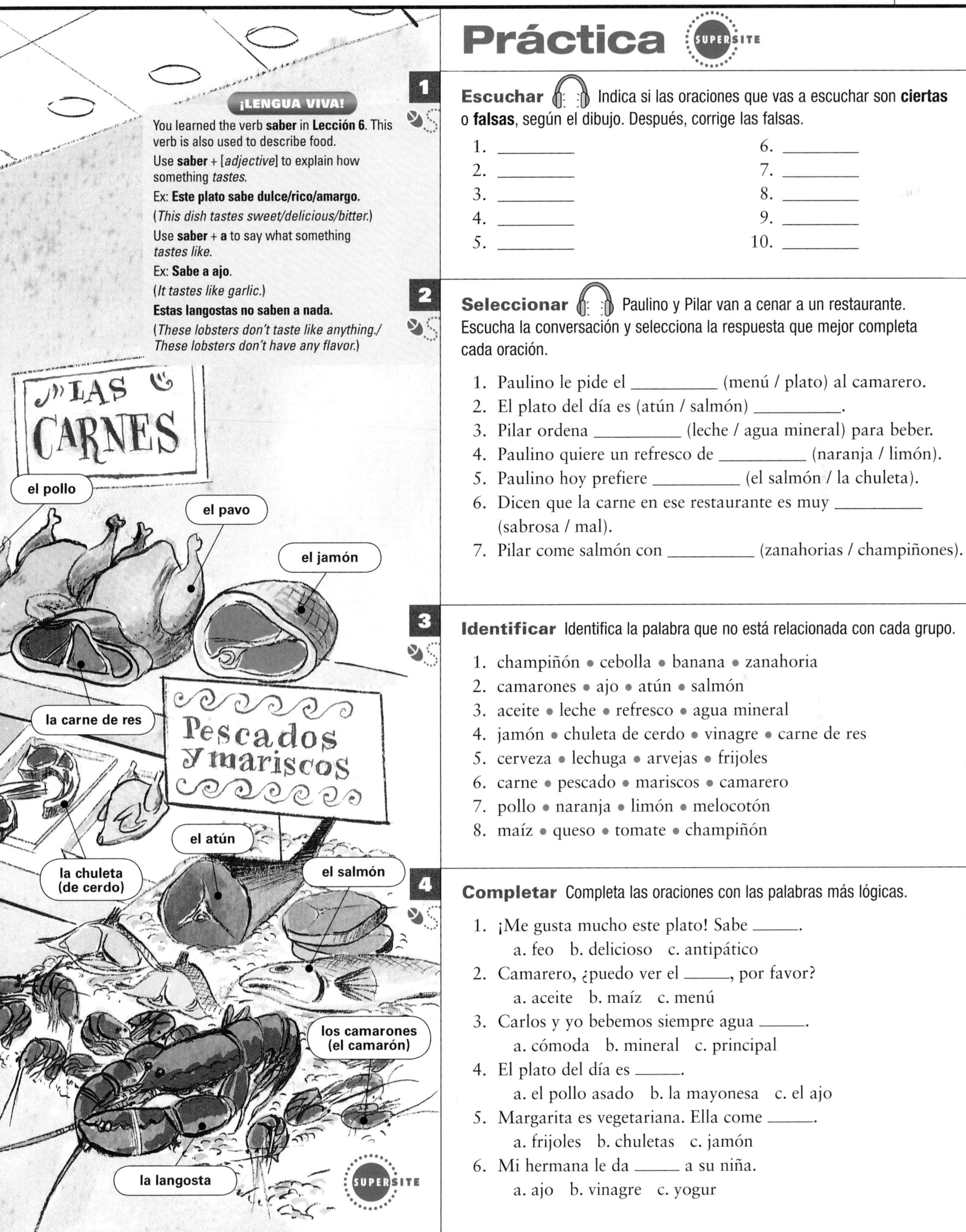

¡LENGUA VIVA!

You learned the verb **saber** in **Lección 6**. This verb is also used to describe food.

Use **saber** + [*adjective*] to explain how something *tastes*.

Ex: **Este plato sabe dulce/rico/amargo.**
(*This dish tastes sweet/delicious/bitter.*)

Use **saber** + **a** to say what something *tastes like*.

Ex: **Sabe a ajo.**
(*It tastes like garlic.*)

Estas langostas no saben a nada.
(*These lobsters don't taste like anything./ These lobsters don't have any flavor.*)

Práctica

SUPERSITE

1 **Escuchar** Indica si las oraciones que vas a escuchar son **ciertas** o **falsas**, según el dibujo. Después, corrige las falsas.

1. ________
2. ________
3. ________
4. ________
5. ________
6. ________
7. ________
8. ________
9. ________
10. ________

2 **Seleccionar** Paulino y Pilar van a cenar a un restaurante. Escucha la conversación y selecciona la respuesta que mejor completa cada oración.

1. Paulino le pide el ________ (menú / plato) al camarero.
2. El plato del día es (atún / salmón) ________.
3. Pilar ordena ________ (leche / agua mineral) para beber.
4. Paulino quiere un refresco de ________ (naranja / limón).
5. Paulino hoy prefiere ________ (el salmón / la chuleta).
6. Dicen que la carne en ese restaurante es muy ________ (sabrosa / mal).
7. Pilar come salmón con ________ (zanahorias / champiñones).

3 **Identificar** Identifica la palabra que no está relacionada con cada grupo.

1. champiñón • cebolla • banana • zanahoria
2. camarones • ajo • atún • salmón
3. aceite • leche • refresco • agua mineral
4. jamón • chuleta de cerdo • vinagre • carne de res
5. cerveza • lechuga • arvejas • frijoles
6. carne • pescado • mariscos • camarero
7. pollo • naranja • limón • melocotón
8. maíz • queso • tomate • champiñón

4 **Completar** Completa las oraciones con las palabras más lógicas.

1. ¡Me gusta mucho este plato! Sabe _____.
   a. feo b. delicioso c. antipático
2. Camarero, ¿puedo ver el _____, por favor?
   a. aceite b. maíz c. menú
3. Carlos y yo bebemos siempre agua _____.
   a. cómoda b. mineral c. principal
4. El plato del día es _____.
   a. el pollo asado b. la mayonesa c. el ajo
5. Margarita es vegetariana. Ella come _____.
   a. frijoles b. chuletas c. jamón
6. Mi hermana le da _____ a su niña.
   a. ajo b. vinagre c. yogur

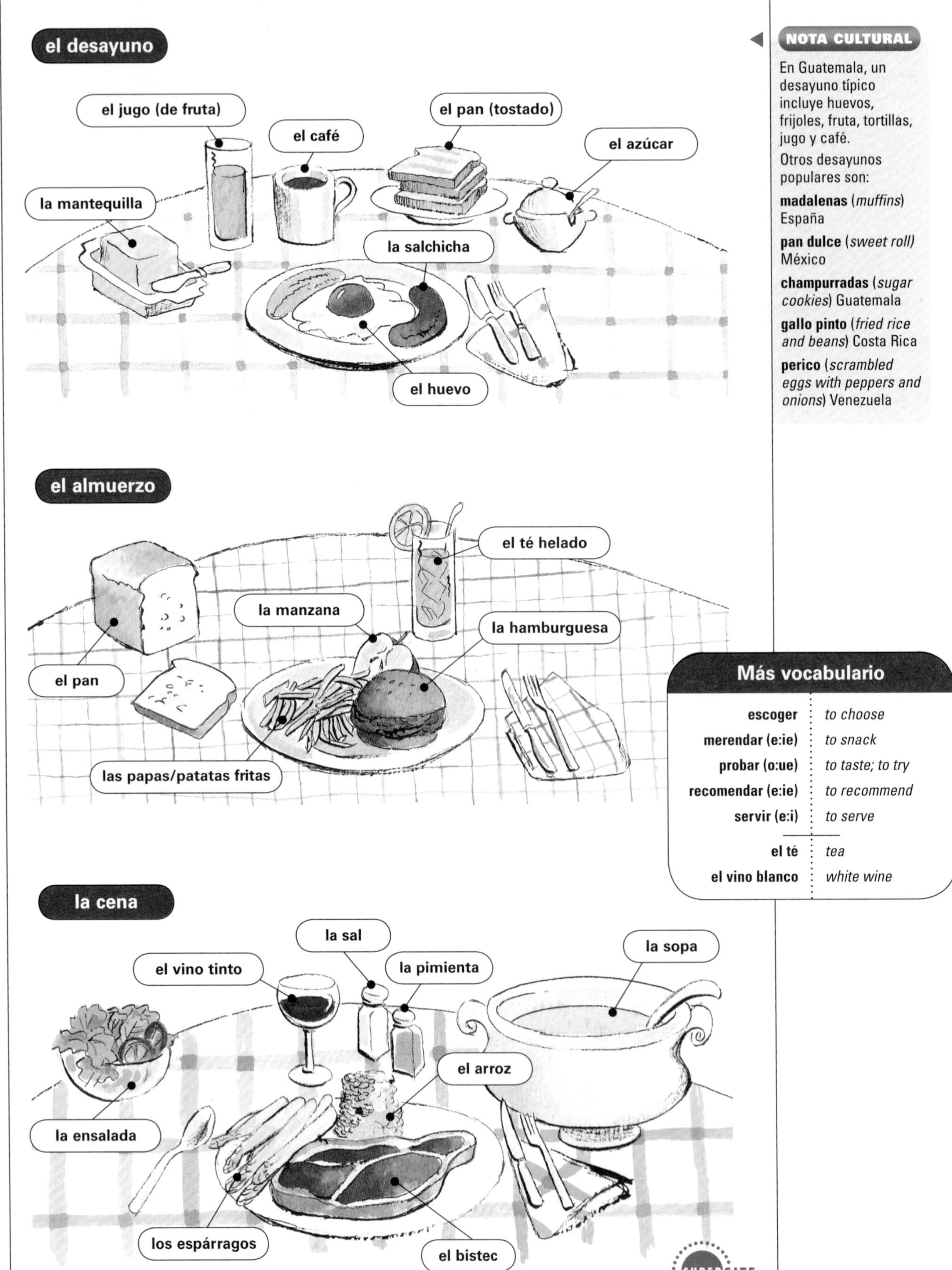

NOTA CULTURAL

En Guatemala, un desayuno típico incluye huevos, frijoles, fruta, tortillas, jugo y café.

Otros desayunos populares son:

madalenas (*muffins*) España

pan dulce (*sweet roll*) México

champurradas (*sugar cookies*) Guatemala

gallo pinto (*fried rice and beans*) Costa Rica

perico (*scrambled eggs with peppers and onions*) Venezuela

Más vocabulario

escoger	*to choose*
merendar (e:ie)	*to snack*
probar (o:ue)	*to taste; to try*
recomendar (e:ie)	*to recommend*
servir (e:i)	*to serve*
el té	*tea*
el vino blanco	*white wine*

5

Completar Trabaja con un(a) compañero/a de clase para relacionar cada producto con el grupo alimenticio (*food group*) correcto.

modelo

La carne es del grupo uno.

el aceite	las bananas	los cereales	la leche
el arroz	el café	los espárragos	el pescado
el azúcar	la carne	los frijoles	el vino

1. __________ y el queso son del grupo cuatro.
2. __________ son del grupo ocho.
3. __________ y el pollo son del grupo tres.
4. __________ es del grupo cinco.
5. __________ es del grupo dos.
6. Las manzanas y __________ son del grupo siete.
7. __________ es del grupo seis.
8. __________ son del grupo diez.
9. __________ y los tomates son del grupo nueve.
10. El pan y __________ son del grupo diez.

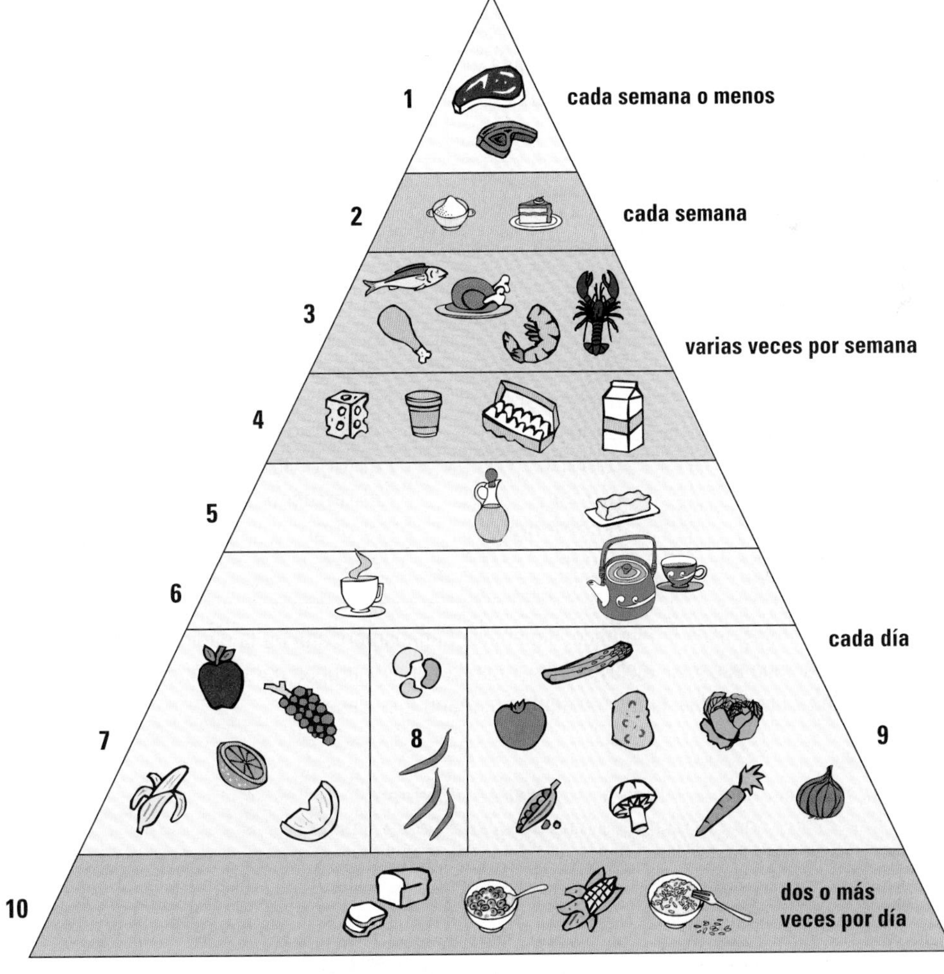

La Pirámide Alimenticia Latinoamericana

6 **¿Cierto o falso?** Consulta la Pirámide Alimenticia Latinoamericana de la página 245 e indica si las oraciones son **ciertas** o **falsas**. Si la oración es falsa, escribe las comidas que sí están en el grupo indicado.

modelo

El queso está en el grupo diez.
Falso. En ese grupo están el maíz, el pan, los cereales y el arroz.

1. La manzana, la banana, el limón y las arvejas están en el grupo siete.
2. En el grupo cuatro están los huevos, la leche y el aceite.
3. El azúcar está en el grupo dos.
4. En el grupo diez están el pan, el arroz y el maíz.
5. El pollo está en el grupo uno.
6. En el grupo nueve están la lechuga, el tomate, las arvejas, la naranja, la papa, los espárragos y la cebolla.
7. El café y el té están en el mismo grupo.
8. En el grupo cinco está el arroz.
9. El pescado, el yogur y el bistec están en el grupo tres.

7 **Combinar** Combina palabras de cada columna, en cualquier (*any*) orden, para formar diez oraciones lógicas sobre las comidas. Añade otras palabras si es necesario.

modelo

La camarera nos sirve la ensalada.

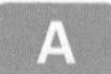

A	B	C
el/la camarero/a	almorzar	la sección de no fumar
el/la dueño/a	escoger	el desayuno
mi familia	gustar	la ensalada
mi novio/a	merendar	las uvas
mis amigos y yo	pedir	el restaurante
mis padres	preferir	el jugo de naranja
mi hermano/a	probar	el refresco
el/la médico/a	recomendar	el plato
yo	servir	el arroz

NOTA CULTURAL

El arroz es un alimento básico en el Caribe, Centroamérica y México, entre otros países. Aparece frecuentemente como acompañamiento del plato principal y muchas veces se sirve con frijoles. Un plato muy popular en varios países es el **arroz con pollo** *(chicken and rice casserole)*.

8 **Un menú** En parejas, usen la Pirámide Alimenticia Latinoamericana de la página 245 para crear un menú para una cena especial. Incluyan alimentos de los diez grupos para los entremeses, los platos principales y las bebidas. Luego presenten el menú a la clase.

modelo

La cena especial que vamos a preparar es deliciosa. Primero, hay dos entremeses: una ensalada César y una sopa de langosta. El plato principal es salmón con una salsa de ajo y espárragos. También vamos a servir arroz…

Comunicación

9

Conversación En grupos, contesten estas preguntas.

1. ¿Meriendas mucho durante el día? ¿Qué comes? ¿A qué hora?
2. ¿Qué comidas te gustan más para la cena?
3. ¿A qué hora, dónde y con quién almuerzas?
4. ¿Cuáles son las comidas más (*most*) típicas de tu almuerzo?
5. ¿Desayunas? ¿Qué comes y bebes por la mañana?
6. ¿Qué comida deseas probar?
7. ¿Comes cada día comidas de los diferentes grupos de la pirámide alimenticia? ¿Cuáles son las comidas y bebidas más frecuentes en tu dieta?
8. ¿Qué comida recomiendas a tus amigos? ¿Por qué?
9. ¿Eres vegetariano/a? ¿Crees que ser vegetariano/a es una buena idea? ¿Por qué?
10. ¿Te gusta cocinar (*to cook*)? ¿Qué comidas preparas para tus amigos? ¿Para tu familia?

10

Describir Con dos compañeros/as de clase, describe las dos fotos, contestando estas preguntas.

- ¿Quiénes están en las fotos?

- ¿Dónde están?
- ¿Qué hora es?
- ¿Qué comen y qué beben?

11

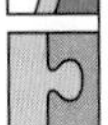

Crucigrama (*Crossword puzzle*) Tu profesor(a) les va a dar a ti y a tu compañero/a un crucigrama incompleto. Tú tienes las palabras que necesita tu compañero/a y él/ella tiene las palabras que tú necesitas. Tienen que darse pistas (*clues*) para completarlo. No pueden decir la palabra necesaria; deben utilizar definiciones, ejemplos y frases.

modelo

6 vertical: Es un condimento que normalmente viene con la sal.
2 horizontal: Es una fruta amarilla.

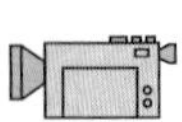

¿Qué tal la comida?

Don Francisco y los estudiantes van al restaurante El Cráter.

PERSONAJES

MAITE

INÉS

DON FRANCISCO

ÁLEX

JAVIER

DOÑA RITA

CAMARERO

1

JAVIER ¿Sabes dónde estamos?

INÉS Mmm, no sé. Oiga, don Francisco, ¿sabe usted dónde estamos?

DON FRANCISCO Estamos cerca de Cotacachi.

2

ÁLEX ¿Dónde vamos a almorzar, don Francisco? ¿Conoce un buen restaurante en Cotacachi?

DON FRANCISCO Pues, conozco a doña Rita Perales, la dueña del mejor restaurante de la ciudad, el restaurante El Cráter.

3

DOÑA RITA Hombre, don Paco, ¿usted por aquí?

DON FRANCISCO Sí, doña Rita... y hoy le traigo clientes. Le presento a Maite, Inés, Álex y Javier. Los llevo a las montañas para ir de excursión.

6

MAITE Voy a tomar un caldo de patas y un lomo a la plancha.

JAVIER Para mí las tortillas de maíz y el ceviche de camarón.

ÁLEX Yo también quisiera las tortillas de maíz y el ceviche.

INÉS Voy a pedir caldo de patas y lomo a la plancha.

7

DON FRANCISCO Yo quiero tortillas de maíz y una fuente de fritada, por favor.

DOÑA RITA Y de tomar, les recomiendo el jugo de piña, frutilla y mora. ¿Se lo traigo a todos?

TODOS Sí, perfecto.

8

CAMARERO ¿Qué plato pidió usted?

MAITE Un caldo de patas y lomo a la plancha.

recursos

VM pp. 209–210	SUPERSITE panorama.vhlcentral.com Lección 8

DOÑA RITA ¡Bienvenidos al restaurante El Cráter! Están en muy buenas manos... don Francisco es el mejor conductor del país. Y no hay nada más bonito que nuestras montañas. Pero si van a ir de excursión deben comer bien. Vengan chicos, por aquí.

JAVIER ¿Qué nos recomienda usted?

DOÑA RITA Bueno, las tortillas de maíz son riquísimas. La especialidad de la casa es el caldo de patas... ¡tienen que probarlo! El lomo a la plancha es un poquito más caro que el caldo pero es sabrosísimo. También les recomiendo el ceviche y la fuente de fritada.

DOÑA RITA ¿Qué tal la comida? ¿Rica?

JAVIER Rica, no. ¡Riquísima!

ÁLEX Sí. ¡Y nos la sirvieron tan rápidamente!

MAITE Una comida deliciosa, gracias.

DON FRANCISCO Hoy es el cumpleaños de Maite...

DOÑA RITA ¡Ah! Tenemos unos pasteles que están como para chuparse los dedos...

Expresiones útiles

Finding out where you are

- **¿Sabe usted/Sabes dónde estamos?**
  Do you know where we are?
  Estamos cerca de Cotacachi.
  We're near Cotacachi.

Talking about people and places you're familiar with

- **¿Conoce usted/Conoces un buen restaurante en Cotacachi?**
  Do you know a good restaurant in Cotacachi?
  Sí, conozco varios.
  Yes, I know several.
- **¿Conoce/Conoces a doña Rita?**
  Do you know Doña Rita?

Ordering food

- **¿Qué le puedo traer?**
  What can I bring you?
  Voy a tomar/pedir un caldo de patas y un lomo a la plancha.
  I am going to have/to order the beef soup and grilled flank steak.
  Para mí, las tortillas de maíz y el ceviche de camarón, por favor.
  Corn tortillas and lemon-marinated shrimp for me, please.
  Yo también quisiera...
  I also would like...
  Y de tomar, el jugo de piña, frutilla y mora.
  And pineapple/strawberry/ blackberry juice to drink.
- **¿Qué plato pidió usted?**
  What did you order?
  Yo pedí un caldo de patas.
  I ordered the beef soup.

Talking about the food at a restaurant

- **¿Qué tal la comida?**
  How is the food?
  Muy rica, gracias.
  Very tasty, thanks.
  ¡Riquísima!
  Extremely delicious!

¿Qué pasó? 

1

Escoger Escoge la respuesta que completa mejor cada oración.

1. Don Francisco lleva a los estudiantes a _____ al restaurante de una amiga.
   a. cenar b. desayunar c. almorzar
2. Doña Rita es _____.
   a. la hermana de don Francisco b. la dueña del restaurante
   c. una camarera que trabaja en El Cráter
3. Doña Rita les recomienda a los viajeros _____.
   a. el caldo de patas y el lomo a la plancha
   b. el bistec, las verduras frescas y el vino tinto c. unos pasteles (*cakes*)
4. Inés va a pedir _____.
   a. las tortillas de maíz y una fuente de fritada (*mixed grill*)
   b. el ceviche de camarón y el caldo de patas
   c. el caldo de patas y el lomo a la plancha

2

Identificar Indica quién puede decir estas oraciones.

1. No me gusta esperar en los restaurantes. ¡Qué bueno que nos sirvieron rápidamente!
2. Les recomiendo la especialidad de la casa.
3. ¡Maite y yo pedimos los mismos platos!
4. Disculpe, señora... ¿qué platos recomienda usted?
5. Yo conozco a una señora que tiene un restaurante excelente. Les va a gustar mucho.
6. Hoy es mi cumpleaños (*birthday*).

INÉS

ÁLEX

DOÑA RITA

DON FRANCISCO

MAITE

JAVIER

3

Preguntas Contesta estas preguntas sobre la **Fotonovela**.

1. ¿Dónde comieron don Francisco y los estudiantes?
2. ¿Cuál es la especialidad de El Cráter?
3. ¿Qué pidió Javier? ¿Y Álex? ¿Qué tomaron todos?
4. ¿Cómo son los pasteles en El Cráter?

4 

En el restaurante

1. Prepara con un(a) compañero/a una conversación en la que le preguntas si conoce algún buen restaurante en tu comunidad. Tu compañero/a responde que él/ella sí conoce un restaurante que sirve una comida deliciosa. Lo/La invitas a cenar y tu compañero/a acepta. Determinan la hora para verse en el restaurante y se despiden.
2. Trabaja con un(a) compañero/a para representar los papeles de un(a) cliente/a y un(a) camarero/a en un restaurante. El/La camarero/a te pregunta qué te puede servir y tú preguntas cuál es la especialidad de la casa. El/La camarero/a te dice cuál es la especialidad y te recomienda algunos platos del menú. Tú pides entremeses, un plato principal y escoges una bebida. El/La camarero/a te sirve la comida y tú le das las gracias.

CONSULTA

To review indefinite words like **algún**, see **Estructura 7.2**, p. 224.

Pronunciación  

ll, ñ, c, and z

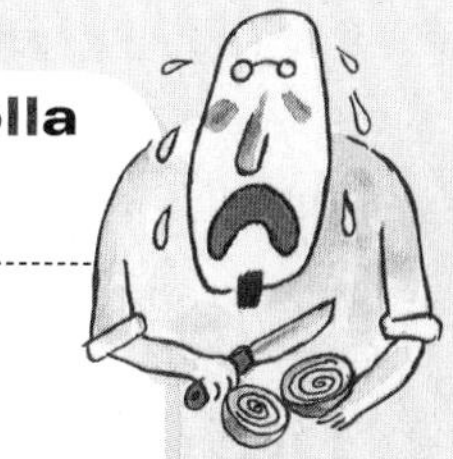

pollo	**llave**	**ella**	**cebolla**

Most Spanish speakers pronounce the letter **ll** like the *y* in *yes.*

mañana	**señor**	**baño**	**niña**

The letter **ñ** is pronounced much like the *ny* in *canyon.*

café	**colombiano**	**cuando**	**rico**

Before **a**, **o**, or **u**, the Spanish **c** is pronounced like the *c* in *car.*

cereales	**delicioso**	**conducir**	**conocer**

Before **e** or **i**, the Spanish **c** is pronounced like the *s* in *sit.* (In parts of Spain, **c** before **e** or **i** is pronounced like the *th* in *think.*)

zeta	**zanahoria**	**almuerzo**	**cerveza**

The Spanish **z** is pronounced like the *s* in *sit.* (In parts of Spain, **z** is pronounced like the *th* in *think.*)

Práctica Lee las palabras en voz alta.

1. mantequilla
2. cuñada
3. aceite
4. manzana
5. español
6. cepillo
7. zapato
8. azúcar
9. quince
10. compañera
11. almorzar
12. calle

Oraciones Lee las oraciones en voz alta.

1. Mi compañero de cuarto se llama Toño Núñez. Su familia es de la ciudad de Guatemala y de Quetzaltenango.
2. Dice que la comida de su mamá es deliciosa, especialmente su pollo al champiñón y sus tortillas de maíz.
3. Creo que Toño tiene razón porque hoy cené en su casa y quiero volver mañana para cenar allí otra vez.

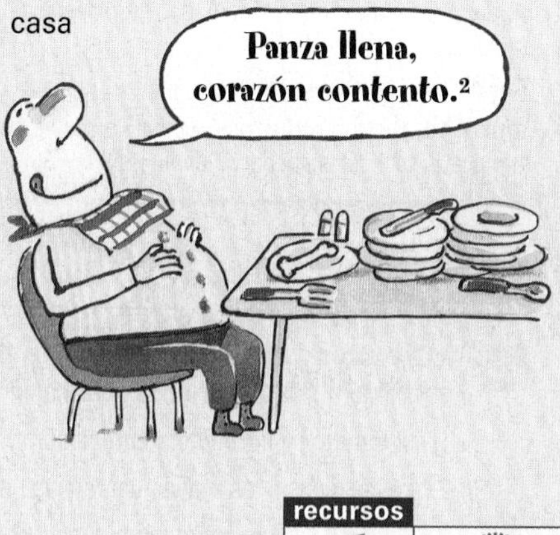

Refranes Lee los refranes en voz alta.

Panza llena, corazón contento.[2]

1 Looks can be deceiving.
2 A full belly makes a happy heart.

EN DETALLE

Frutas y verduras de las Américas

Imagínate una pizza sin salsa° de tomate o una hamburguesa sin papas fritas. Ahora piensa que quieres ver una película, pero las palomitas de maíz° y el chocolate no existen. ¡Qué mundo° tan insípido°! Muchas de las comidas más populares del mundo tienen ingredientes esenciales que son originarios de las Américas. Estas frutas y verduras no fueron introducidas en Europa sino hasta° el siglo° XVI.

El tomate, por ejemplo, era° usado como planta ornamental cuando llegó por primera vez a Europa porque pensaron que era venenoso°. El maíz, por su parte, era ya la base de la comida de muchos países latinoamericanos muchos siglos antes de la llegada de los españoles.

La papa fue un alimento° básico para los incas. Incluso consiguieron deshidratarlas para almacenarlas° durante mucho tiempo. El cacao (planta con la que se hace el chocolate) fue muy importante para los aztecas y los mayas. Ellos usaron sus semillas° como moneda° y como ingrediente de diversas salsas. También las molían° para preparar una bebida, mezclándolas° con agua ¡y con chile!

El aguacate°, la guayaba°, la papaya, la piña y el maracuyá (o fruta de la pasión) son sólo algunos ejemplos de frutas originarias de las Américas que son hoy día conocidas en todo el mundo.

Mole

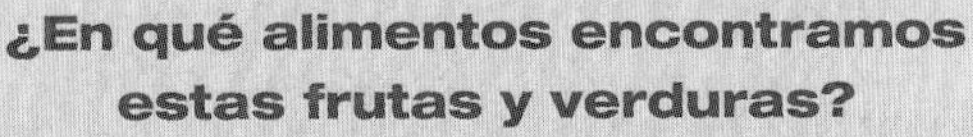

¿En qué alimentos encontramos estas frutas y verduras?

Tomate: pizza, ketchup, salsa de tomate, sopa de tomate

Maíz: palomitas de maíz, tamales, tortillas, arepas (Colombia y Venezuela), pan

Papa: papas fritas, frituras de papa°, puré de papas°, sopa de papas, tortilla de patatas (España)

Cacao: salsa mole (México), chocolatinas°, cereales, helados°, tartas°

Aguacate: guacamole (México), cóctel de camarones, sopa de aguacate, nachos, enchiladas hondureñas

salsa *sauce* palomitas de maíz *popcorn* mundo *world* insípido *flavorless* hasta *until* siglo *century* era *was* venenoso *poisonous* alimento *food* almacenarlas *to store them* semillas *seeds* moneda *currency* las molían *they used to grind them* mezclándolas *mixing them* aguacate *avocado* guayaba *guava* frituras de papa *chips* puré de papas *mashed potatoes* chocolatinas *chocolate bars* helados *ice cream* tartas *cakes*

ACTIVIDADES

1 **¿Cierto o falso?** Indica si lo que dicen estas oraciones es **cierto** o **falso**. Corrige la información falsa.

1. El tomate se introdujo a Europa como planta ornamental.
2. Los aztecas y los mayas usaron las papas como moneda.
3. Los incas sólo consiguieron almacenar las papas por poco tiempo.
4. En México se hace una salsa con chocolate.
5. El aguacate, la guayaba, la papaya, la piña y el maracuyá son originarios de las Américas.
6. Las arepas se hacen con cacao.
7. El aguacate es un ingrediente del cóctel de camarones.
8. En España hacen una tortilla con papas.

ASÍ SE DICE

La comida

el banano (Col.), el cambur (Ven.), el guineo (Nic.), el plátano (Amér. L., Esp.)	la banana
el choclo (Amér. S.), el elote (Méx.), el jojoto (Ven.), la mazorca (Esp.)	*corncob*
las caraotas (Ven.), los porotos (Amér. S.), las habichuelas	los frijoles
el durazno	el melocotón
el jitomate (Méx.)	el tomate

EL MUNDO HISPANO

Algunos platos típicos

- **Ceviche peruano:** Es un plato de pescado crudo° que se marina° en jugo de limón, con sal, pimienta, cebolla y ají°. Se sirve con lechuga, maíz, camote° y papa amarilla.
- **Gazpacho andaluz:** Es una sopa fría típica del sur de España. Se hace con verduras crudas y molidas°: tomate, ají, pepino° y ajo. También lleva pan, sal, aceite y vinagre.
- **Sancocho colombiano:** Es una sopa de pollo o de carne con plátano, maíz, zanahoria, yuca, papas, cebolla y ajo. Se sirve con arroz blanco.

crudo *raw* se marina *gets marinated* ají *pepper* camote *sweet potato* molidas *mashed* pepino *cucumber*

PERFIL

Ferran Adrià: arte en la cocina°

¿Qué haces si un amigo te invita a comer croquetas líquidas o paella de Kellogg's? ¿Piensas que es una broma°? ¡Cuidado! Puedes estar perdiendo la oportunidad de cenar en el restaurante más innovador de España: **El Bulli**.

Aire de zanahorias

Ferran Adrià, el dueño de El Bulli, está entre los mejores° chefs del mundo. Su éxito° se basa en su creatividad. Adrià modifica combinaciones de ingredientes y juega con contrastes de gustos y sensaciones: frío-caliente, crudo-cocido°, dulce°-salado°... Sus platos son sorprendentes° y divertidos: cócteles en forma de espuma°, salsas servidas en tubos y sorbetes salados.

Adrià también creó **Fast Good** (un restaurante de comida rápida de calidad), escribe libros de cocina y participa en programas de televisión.

cocina *kitchen* broma *joke* mejores *best* éxito *success* cocido *cooked* dulce *sweet* salado *savory* sorprendentes *surprising* espuma *foam*

SUPERSITE **Conexión Internet**

¿Qué platos comen los hispanos en los Estados Unidos?

Go to **panorama.vhlcentral.com** to find more cultural information related to this **Cultura** section.

ACTIVIDADES

2 Comprensión Empareja cada palabra con su definición.

1. fruta amarilla
2. sopa típica de Colombia
3. ingrediente del ceviche
4. restaurante español

a. gazpacho
b. El Bulli
c. sancocho
d. guineo
e. pescado

3 ¿Qué plato especial hay en tu región? Escribe cuatro oraciones sobre un plato típico de tu región. Explica los ingredientes que contiene y cómo se sirve.

recursos

panorama.vhlcentral.com Lección 8

8.1 Preterite of stem-changing verbs

ANTE TODO As you learned in **Lección 6**, **–ar** and **–er** stem-changing verbs have no stem change in the preterite. **–Ir** stem-changing verbs, however, do have a stem change. Study the following chart and observe where the stem changes occur.

CONSULTA

There are a few high frequency irregular verbs in the preterite. You will learn more about them in **Estructura 9.1**, p. 286.

Preterite of –ir stem-changing verbs

		servir *(to serve)*	**dormir** *(to sleep)*
SINGULAR FORMS	yo	serví	dormí
	tú	serviste	dormiste
	Ud./él/ella	s**i**rvió	d**u**rmió
PLURAL FORMS	nosotros/as	servimos	dormimos
	vosotros/as	servisteis	dormisteis
	Uds./ellos/ellas	s**i**rvieron	d**u**rmieron

- Stem-changing **–ir** verbs, in the preterite only, have a stem change in the third-person singular and plural forms. The stem change consists of either **e** to **i** or **o** to **u**.

  (e → i) pedir: p**i**dió, p**i**dieron (o → u) morir (*to die*): m**u**rió, m**u**rieron

¡INTÉNTALO! Cambia cada infinitivo al pretérito.

1. Yo serví. (servir, dormir, pedir, preferir, repetir, seguir)
2. Usted ________. (morir, conseguir, pedir, sentirse, despedirse, vestirse)
3. Tú ________. (conseguir, servir, morir, pedir, dormir, repetir)
4. Ellas ________. (repetir, dormir, seguir, preferir, morir, servir)
5. Nosotros ________. (seguir, preferir, servir, vestirse, despedirse, dormirse)
6. Ustedes ________. (sentirse, vestirse, conseguir, pedir, despedirse, dormirse)
7. Él ________. (dormir, morir, preferir, repetir, seguir, pedir)

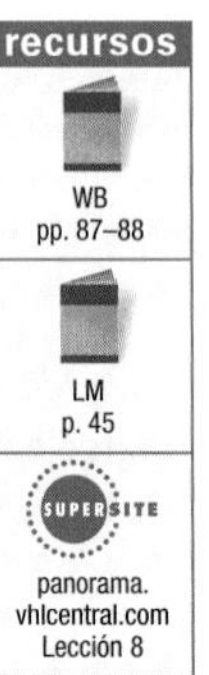

Práctica

SUPERSITE

1

Completar Completa estas oraciones para describir lo que pasó anoche en el restaurante El Famoso.

NOTA CULTURAL

El horario de las comidas en España es distinto al de los EE.UU. El desayuno es ligero (*light*). La hora del almuerzo es entre las 2 y las 3 de la tarde. Es la comida más importante del día. Mucha gente come una merienda o tapas por la tarde. La cena, normalmente ligera, suele (*tends*) ser entre las 9 y las 11 de la noche.

1. Paula y Humberto Suárez llegaron al restaurante El Famoso a las ocho y __________ (seguir) al camarero a una mesa en la sección de no fumar.
2. El señor Suárez __________ (pedir) una chuleta de cerdo.
3. La señora Suárez __________ (preferir) probar los camarones.
4. De tomar, los dos __________ (pedir) vino tinto.
5. El camarero __________ (repetir) el pedido (*the order*) para confirmarlo.
6. La comida tardó mucho (*took a long time*) en llegar y los señores Suárez __________ (dormirse) esperando la comida.
7. A las nueve y media el camarero les __________ (servir) la comida.
8. Después de comer la chuleta, el señor Suárez __________ (sentirse) muy mal.
9. Pobre señor Suárez... ¿por qué no __________ (pedir) los camarones?

2

El camarero loco En el restaurante La Hermosa trabaja un camarero muy loco que siempre comete muchos errores. Indica lo que los clientes pidieron y lo que el camarero les sirvió.

modelo

Armando / papas fritas

Armando pidió papas fritas, pero el camarero le sirvió maíz.

1. nosotros / jugo de naranja

2. Beatriz / queso

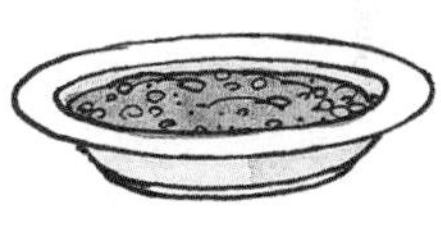

3. tú / arroz

4. Elena y Alejandro / atún

5. usted / agua mineral

6. yo / hamburguesa

Comunicación

3

El almuerzo Trabajen en parejas. Túrnense para completar las oraciones de César de una manera lógica.

modelo

Mi compañero de cuarto se despertó temprano, pero yo...
Mi compañero de cuarto se despertó temprano, pero yo me desperté tarde.

1. Yo llegué al restaurante a tiempo, pero mis amigos...
2. Beatriz pidió la ensalada de frutas, pero yo...
3. Yolanda les recomendó el bistec, pero Eva y Paco...
4. Nosotros preferimos las papas fritas, pero Yolanda...
5. El camarero sirvió la carne, pero yo...
6. Beatriz y yo pedimos café, pero Yolanda y Paco...
7. Eva se sintió enferma, pero Paco y yo...
8. Nosotros repetimos el postre (*dessert*), pero Eva...
9. Ellos salieron tarde, pero yo...
10. Yo me dormí temprano, pero mi compañero de cuarto...

¡LENGUA VIVA!

In Spanish, the verb **repetir** is used to express *to have a second helping* (*of something*).

Cuando mi mamá prepara sopa de champiñones, yo siempre repito.
When my mom makes mushroom soup, I always have a second helping.

4

Entrevista Trabajen en parejas y túrnense para entrevistar a su compañero/a.

1. ¿Te acostaste tarde o temprano anoche? ¿A qué hora te dormiste? ¿Dormiste bien?
2. ¿A qué hora te despertaste esta mañana? Y ¿a qué hora te levantaste?
3. ¿A qué hora vas a acostarte esta noche?
4. ¿Qué almorzaste ayer? ¿Quién te sirvió el almuerzo?
5. ¿Qué cenaste ayer?
6. ¿Cenaste en un restaurante recientemente? ¿Con quién?
7. ¿Qué pediste en el restaurante? ¿Qué pidieron los demás?
8. ¿Se durmió alguien en alguna de tus clases la semana pasada? ¿En qué clase?

Síntesis

5

Describir En grupos, estudien la foto y las preguntas. Luego, describan la cena romántica de Eduardo y Rosa.

- ¿Adónde salieron a cenar?
- ¿Qué pidieron?
- ¿Les sirvieron la comida rápidamente?
- ¿Les gustó la comida?
- ¿Cuánto costó?
- ¿Van a volver a este restaurante en el futuro?
- ¿Recomiendas el restaurante?

CONSULTA

To review words commonly associated with the preterite, such as **anoche**, see **Estructura 6.3**, p. 191.

8.2 Double object pronouns

SUPERSITE

ANTE TODO In **Lecciones 5** and **6**, you learned that direct and indirect object pronouns replace nouns and that they often refer to nouns that have already been referenced. You will now learn how to use direct and indirect object pronouns together. Observe the following diagram.

Indirect Object Pronouns			Direct Object Pronouns	
me	nos	+	lo	los
te	os		la	las
le (se)	les (se)			

▶ When direct and indirect object pronouns are used together, the indirect object pronoun always precedes the direct object pronoun.

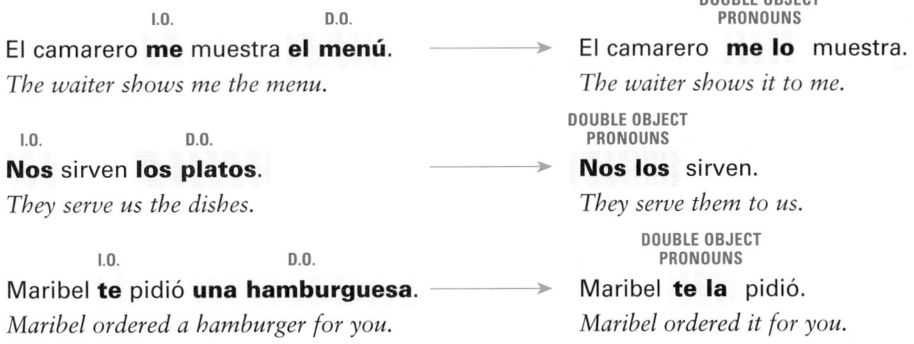

		DOUBLE OBJECT PRONOUNS
El camarero **me** (I.O.) muestra **el menú** (D.O.). *The waiter shows me the menu.*	→	El camarero **me lo** muestra. *The waiter shows it to me.*
Nos (I.O.) sirven **los platos** (D.O.). *They serve us the dishes.*	→	**Nos los** sirven. *They serve them to us.*
Maribel **te** (I.O.) pidió **una hamburguesa** (D.O.). *Maribel ordered a hamburger for you.*	→	Maribel **te la** pidió. *Maribel ordered it for you.*

▶ In Spanish, two pronouns that begin with the letter **l** cannot be used together. Therefore, the indirect object pronouns **le** and **les** always change to **se** when they are used with **lo, los, la,** and **las.**

		DOUBLE OBJECT PRONOUNS
Le (I.O.) escribí **la carta** (D.O.). *I wrote him the letter.*	→	**Se la** escribí. *I wrote it to him.*
Les (I.O.) sirvió **los sándwiches** (D.O.). *He served them the sandwiches.*	→	**Se los** sirvió. *He served them to them.*

- Because **se** has multiple meanings, Spanish speakers often clarify to whom the pronoun refers by adding **a usted, a él, a ella, a ustedes, a ellos,** or **a ellas.**

¿El sombrero? Carlos **se** lo vendió **a ella.**	¿Las verduras? Ellos **se** las compran **a usted.**
The hat? Carlos sold it to her.	*The vegetables? They buy them for you.*

- Double object pronouns are placed before a conjugated verb. With infinitives and present participles, they may be placed before the conjugated verb or attached to the end of the infinitive or present participle.

DOUBLE OBJECT PRONOUNS	DOUBLE OBJECT PRONOUNS
Te lo voy a mostrar.	Voy a mostrár**telo**.
Nos las están sirviendo.	Están sirviéndo**noslas**.

- As you can see above, when double object pronouns are attached to an infinitive or a present participle, an accent mark is added to maintain the original stress.

¡INTÉNTALO! Escribe el pronombre de objeto directo o indirecto que falta en cada oración.

Objeto directo

1. ¿La ensalada? El camarero nos __la__ sirvió.
2. ¿El salmón? La dueña me _______ recomienda.
3. ¿La comida? Voy a preparárte_______.
4. ¿Las bebidas? Estamos pidiéndose_______.
5. ¿Los refrescos? Te _______ puedo traer ahora.
6. ¿Los platos de arroz? Van a servírnos_______ después.

Objeto indirecto

1. ¿Puedes traerme tu plato? No, no __te__ lo puedo traer.
2. ¿Quieres mostrarle la carta? Sí, voy a mostrár_______la ahora.
3. ¿Les serviste la carne? No, no _______ la serví.
4. ¿Vas a leerle el menú? No, no _______ lo voy a leer.
5. ¿Me recomiendas la langosta? Sí, _______ la recomiendo.
6. ¿Cuándo vas a prepararnos la cena? _______ la voy a preparar en una hora.

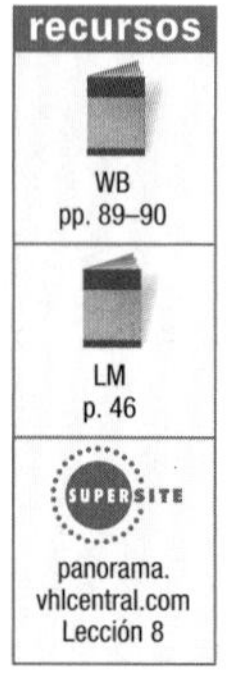

Práctica

1

Responder Imagínate que trabajas de camarero/a en un restaurante. Responde a las órdenes de estos clientes usando pronombres.

modelo

Sra. Gómez: Una ensalada, por favor.
Sí, señora. Enseguida (Right away) se la traigo.

1. Sres. López: La mantequilla, por favor.
2. Srta. Rivas: Los camarones, por favor.
3. Sra. Lugones: El pollo asado, por favor.
4. Tus compañeros/as de cuarto: Café, por favor.
5. Tu profesor(a) de español: Papas fritas, por favor.
6. Dra. González: La chuleta de cerdo, por favor.
7. Tu padre: Los champiñones, por favor.
8. Dr. Torres: La cuenta (*check*), por favor.

AYUDA

Here are some other useful expressions:

ahora mismo
right now

inmediatamente
immediately

¡A la orden!
At your service!

¡Ya voy!
I'm on my way!

2

¿Quién? La señora Cevallos está planeando una cena. Se pregunta cómo va a resolver ciertas situaciones. En parejas, túrnense para decir lo que ella está pensando. Cambien los sustantivos subrayados por pronombres de objeto directo y hagan los otros cambios necesarios.

modelo

¡No tengo carne! ¿Quién va a traerme la carne del supermercado? (mi esposo)
Mi esposo va a traérmela./Mi esposo me la va a traer.

1. ¡Las invitaciones! ¿Quién les manda las invitaciones a los invitados (*guests*)? (mi hija)
2. No tengo tiempo de ir a la bodega. ¿Quién me puede comprar el vino? (mi hijo)
3. ¡Ay! No tengo suficientes platos (*plates*). ¿Quién puede prestarme los platos que necesito? (mi mamá)
4. Nos falta mantequilla. ¿Quién nos trae la mantequilla? (mi cuñada)
5. ¡Los entremeses! ¿Quién está preparándonos los entremeses? (Silvia y Renata)
6. No hay suficientes sillas. ¿Quién nos trae las sillas que faltan? (Héctor y Lorena)
7. No tengo tiempo de pedirle el aceite a Mónica. ¿Quién puede pedirle el aceite? (mi hijo)
8. ¿Quién va a servirles la cena a los invitados? (mis hijos)
9. Quiero poner buena música de fondo (*background*). ¿Quién me va a recomendar la música? (mi esposo)
10. ¡Los postres! ¿Quién va a preparar los postres para los invitados? (Sra. Villalba)

NOTA CULTURAL

Los vinos de Chile son conocidos internacionalmente. **Concha y Toro** es el productor y exportador más grande de vinos de Chile. Las zonas más productivas de vino están al norte de Santiago, en el Valle Central.

Comunicación

3

Contestar Trabajen en parejas. Túrnense para hacer preguntas y para responderlas usando las palabras interrogativas **¿Quién?** o **¿Cuándo?** Sigan el modelo.

modelo

nos enseña español
Estudiante 1: *¿Quién nos enseña español?*
Estudiante 2: *La profesora Camacho nos lo enseña.*

1. te puede explicar (*explain*) la tarea cuando no la entiendes
2. les vende el almuerzo a los estudiantes
3. vas a comprarme boletos (*tickets*) para un concierto
4. te escribe mensajes electrónicos
5. nos prepara los entremeses
6. me vas a prestar tu computadora
7. te compró esa bebida
8. nos va a recomendar el menú de la cafetería
9. le enseñó español al/a la profesor(a)
10. me vas a mostrar tu casa o apartamento

4

Preguntas Hazle estas preguntas a un(a) compañero/a.

modelo

Estudiante 1: *¿Les prestas tu casa a tus amigos? ¿Por qué?*
Estudiante 2: *No, no se la presto a mis amigos porque no son muy responsables.*

1. ¿Me prestas tu auto? ¿Ya le prestaste tu auto a otro/a amigo/a?
2. ¿Quién te presta dinero cuando lo necesitas?
3. ¿Les prestas dinero a tus amigos? ¿Por qué?
4. ¿Nos compras el almuerzo a mí y a los otros compañeros de clase?
5. ¿Les mandas correo electrónico a tus amigos? ¿Y a tu familia?
6. ¿Les das regalos a tus amigos? ¿Cuándo?
7. ¿Quién te va a preparar la cena esta noche?
8. ¿Quién te va a preparar el desayuno mañana?

Síntesis

5

Regalos de Navidad (*Christmas gifts*) Tu profesor(a) te va a dar a ti y a un(a) compañero/a una parte de la lista de los regalos de Navidad que Berta pidió y los regalos que sus parientes le compraron. Conversen para completar sus listas.

modelo

Estudiante 1: *¿Qué le pidió Berta a su mamá?*
Estudiante 2: *Le pidió una computadora. ¿Se la compró?*
Estudiante 1: *Sí, se la compró.*

NOTA CULTURAL

Las fiestas navideñas (*Christmas season*) en los países hispanos duran hasta enero. En muchos lugares celebran **la Navidad** (*Christmas*), pero no se dan los regalos hasta el seis de enero, **el Día de los Reyes Magos** (*Three Kings' Day/The Feast of the Epiphany*).

8.3 Comparisons

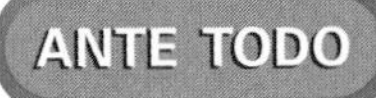

ANTE TODO Spanish and English use comparisons to indicate which of two people or things has a lesser, equal, or greater degree of a quality.

Comparisons

menos interesante	**más grande**	**tan sabroso como**
less interesting	*bigger*	*as delicious as*

Comparisons of inequality

- Comparisons of inequality are formed by placing **más** (*more*) or **menos** (*less*) before adjectives, adverbs, and nouns and **que** (*than*) after them.

más/menos + [*adjective* / *adverb* / *noun*] + **que**

- **¡Atención!** Note that while English has a comparative form for short adjectives (*tall***er**), such forms do not exist in Spanish (**más** alto).

adjectives

Los bistecs son **más caros que** el pollo.
Steaks are more expensive than chicken.

Estas uvas son **menos ricas que** esa pera.
These grapes are less tasty than that pear.

adverbs

Me acuesto **más tarde que** tú.
I go to bed later than you (do).

Luis se despierta **menos temprano que** yo.
Luis wakes up less early than I (do).

nouns

Juan prepara **más platos que** José.
Juan prepares more dishes than José (does).

Susana come **menos carne que** Enrique.
Susana eats less meat than Enrique (does).

- When the comparison involves a numerical expression, **de** is used before the number instead of **que**.

Hay más **de** cincuenta naranjas.
There are more than fifty oranges.

Llego en menos **de** diez minutos.
I'll be there in less than ten minutes.

- With verbs, this construction is used to make comparisons of inequality.

[*verb*] + **más/menos que**

Mis hermanos **comen más que** yo.
My brothers eat more than I (do).

Arturo **duerme menos que** su padre.
Arturo sleeps less than his father (does).

Comparisons of equality

- This construction is used to make comparisons of equality.

tan + [*adjective* / *adverb*] + **como** **tanto/a(s)** + [*singular noun* / *plural noun*] + **como**

- **¡Atención!** Note that **tanto** acts as an adjective and therefore agrees in number and gender with the noun it modifies.

Este plato es **tan rico como** aquél.
This dish is as tasty as that one (is).

Yo probé **tantos platos como** él.
I tried as many dishes as he did.

- **Tan** and **tanto** can also be used for emphasis, rather than to compare, with these meanings: **tan** *so*, **tanto** *so much*, **tantos/as** *so many*.

¡Tu almuerzo es **tan** grande!
Your lunch is so big!

¡Comes **tanto**!
You eat so much!

¡Comes **tantas** manzanas!
You eat so many apples!

¡Preparan **tantos** platos!
They prepare so many dishes!

- Comparisons of equality with verbs are formed by placing **tanto como** after the verb. Note that in this construction **tanto** does not change in number or gender.

[*verb*] + **tanto como**

Tú viajas **tanto como** mi tía.
You travel as much as my aunt (does).

Ellos hablan **tanto como** mis hermanas.
They talk as much as my sisters.

Estudiamos tanto como ustedes.
We study as much as you (do).

No **descanso tanto como** Felipe.
I don't rest as much as Felipe (does).

Irregular comparisons

- Some adjectives have irregular comparative forms.

Irregular comparative forms

Adjective		Comparative form	
bueno/a	*good*	**mejor**	*better*
malo/a	*bad*	**peor**	*worse*
grande	*big*	**mayor**	*bigger*
pequeño/a	*small*	**menor**	*smaller*
joven	*young*	**menor**	*younger*
viejo/a	*old*	**mayor**	*older*

CONSULTA

To review how descriptive adjectives like **bueno**, **malo**, and **grande** shorten before nouns, see **Estructura 3.1**, p. 82.

- When **grande** and **pequeño/a** refer to age, the irregular comparative forms, **mayor** and **menor**, are used. However, when these adjectives refer to size, the regular forms, **más grande** and **más pequeño/a**, are used.

Yo soy **menor** que tú.
I'm younger than you.

Pedí un plato **más pequeño**.
I ordered a smaller dish.

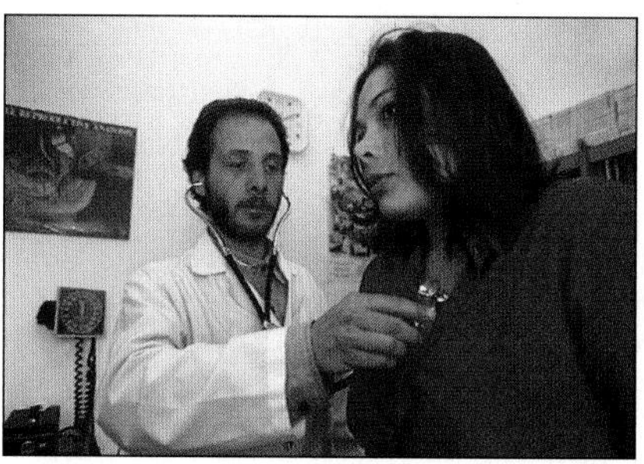

El médico es **mayor** que Isabel.
The doctor is older than Isabel.

La ensalada de Inés es **más grande** que ésa.
Inés's salad is bigger than that one.

- The adverbs **bien** and **mal** have the same irregular comparative forms as the adjectives **bueno/a** and **malo/a**.

Julio nada **mejor** que los otros chicos.
Julio swims better than the other boys.

Ellas cantan **peor** que las otras chicas.
They sing worse than the other girls.

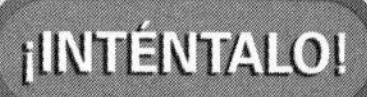

Escribe el equivalente de las palabras en inglés.

1. Ernesto mira más televisión ___que___ (*than*) Alberto.
2. Tú eres ________ (*less*) simpático que Federico.
3. La camarera sirve ________ (*as much*) carne como pescado.
4. Conozco ________ (*more*) restaurantes que tú.
5. No estudio ________ (*as much as*) tú.
6. ¿Sabes jugar al tenis tan bien ________ (*as*) tu hermana?
7. ¿Puedes beber ________ (*as many*) refrescos como yo?
8. Mis amigos parecen ________ (*as*) simpáticos como ustedes.

recursos

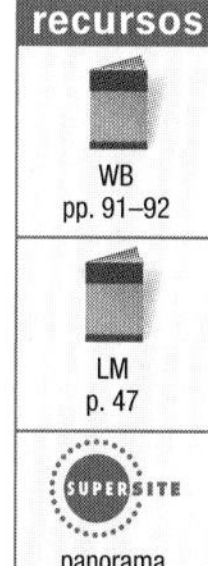

Práctica

SUPERSITE

1

Escoger Escoge la palabra correcta para comparar a dos hermanas muy diferentes. Haz los cambios necesarios.

1. Lucila es más alta y más bonita __________ Tita. (de, más, menos, que)
2. Tita es más delgada porque come __________ verduras que su hermana. (de, más, menos, que)
3. Lucila es más __________ que Tita porque es alegre. (listo, simpático, bajo)
4. A Tita le gusta comer en casa. Va a __________ restaurantes que su hermana. (más, menos, que) Es tímida, pero activa. Hace __________ ejercicio (*exercise*) que su hermana. (más, tanto, menos) Todos los días toma más __________ cinco vasos (*glasses*) de agua mineral. (que, tan, de)
5. Lucila come muchas papas fritas y se preocupa __________ que Tita por comer frutas. (de, más, menos) Son __________ diferentes, pero se llevan (*they get along*) bien. (como, tan, tanto)

2

Emparejar Completa las oraciones de la columna A con información de la columna B para comparar a Mario y a Luis, los novios de Lucila y Tita.

A

1. Mario es __________ como Luis.
2. Mario viaja tanto __________ Luis.
3. Luis toma __________ clases de cocina (*cooking*) como Mario.
4. Luis habla __________ tan bien como Mario.
5. Mario tiene tantos __________ como Luis.
6. ¡Qué casualidad (*coincidence*)! Mario y Luis también son hermanos, pero no hay tanta __________ entre ellos como entre Lucila y Tita.

B

tantas
diferencia
tan interesante
amigos extranjeros
como
francés

3

Oraciones Combina elementos de las columnas A, B y C para hacer comparaciones. Usa oraciones completas.

modelo

Arnold Schwarzenegger tiene tantos autos como Jennifer Aniston.
Jennifer Aniston es menos musculosa que Arnold Schwarzenegger.

A	B	C
la comida japonesa	costar	la gente de Los Ángeles
el fútbol	saber	la música *country*
Arnold Schwarzenegger	ser	el brócoli
el pollo	tener	el presidente de los EE.UU.
la gente de Nueva York	¿?	la comida italiana
la primera dama (*lady*) de los EE.UU.		el hockey
las universidades privadas		Jennifer Aniston
las espinacas		las universidades públicas
la música rap		la carne de res

Comunicación

4

Intercambiar En parejas, hagan comparaciones sobre diferentes cosas. Pueden usar las sugerencias de la lista u otras ideas.

AYUDA

You can use these adjectives in your comparisons:
bonito/a
caro/a
elegante
interesante
inteligente

modelo

Estudiante 1: Los pollos de *Pollitos del Corral* son muy ricos.
Estudiante 2: Pues yo creo que los pollos de *Rostipollos* son tan buenos como los pollos de *Pollitos del Corral*.
Estudiante 1: Mmm... no tienen tanta mantequilla como los pollos de *Pollitos del Corral*. Tienes razón. Son muy sabrosos.

restaurantes en tu ciudad/pueblo
cafés en tu comunidad
tiendas en tu ciudad/pueblo

periódicos en tu ciudad/pueblo
revistas favoritas
libros favoritos

comidas favoritas
los profesores
los cursos que toman

5

Conversar En grupos, túrnense para hacer comparaciones entre ustedes mismos (*yourselves*) y una persona de cada categoría de la lista.

- una persona de tu familia
- un(a) amigo/a especial
- una persona famosa

Síntesis

6

La familia López En grupos, túrnense para hablar de Sara, Sabrina, Cristina, Ricardo y David y hacer comparaciones entre ellos.

modelo

Estudiante 1: Sara es tan alta como Sabrina.
Estudiante 2: Sí, pero David es más alto que ellas.
Estudiante 3: En mi opinión, él es guapo también.

8.4 Superlatives

ANTE TODO Both English and Spanish use superlatives to express the highest or lowest degree of a quality.

el/la mejor	**el/la peor**	**la más alta**
the best	*the worst*	*the tallest*

- This construction is used to form superlatives. Note that the noun is always preceded by a definite article and that **de** is equivalent to the English *in* or *of*.

el/la/los/las + [noun] + **más/menos** + [adjective] + **de**

- The noun can be omitted if the person, place, or thing referred to is clear.

¿El restaurante El Cráter?
Es **el más elegante** de la ciudad.
The El Cráter restaurant?
It's the most elegant (one) in the city.

Recomiendo el pollo asado.
Es **el más sabroso** del menú.
I recommend the roast chicken.
It's the most delicious on the menu.

- Here are some irregular superlative forms.

Irregular superlatives

Adjective		Superlative form	
bueno/a	*good*	**el/la mejor**	*(the) best*
malo/a	*bad*	**el/la peor**	*(the) worst*
grande	*big*	**el/la mayor**	*(the) biggest*
pequeño/a	*small*	**el/la menor**	*(the) smallest*
joven	*young*	**el/la menor**	*(the) youngest*
viejo/a	*old*	**el/la mayor**	*(the) eldest*

- The absolute superlative is equivalent to *extremely, super,* or *very*. To form the absolute superlative of most adjectives and adverbs, drop the final vowel, if there is one, and add **-ísimo/a(s).**

malo → **mal-** → **malísimo**

¡El bistec está **malísimo**!

mucho → **much-** → **muchísimo**

Comes **muchísimo**.

- Note these spelling changes.

rico → **riquísimo** **largo** → **larguísimo** **feliz** → **felicísimo**

fácil → **facilísimo** **joven** → **jovencísimo** **trabajador** → **trabajadorcísimo**

¡ATENCIÓN!

While **más** alone means *more*, after **el**, **la**, **los** or **las**, it means *most*. Likewise, **menor** can mean *less* or *least*.

Es **el café más rico del** país.
It's the most delicious coffee in the country.

Es **el menú menos caro de** todos éstos.
It is the least expensive menu of all of these.

CONSULTA

The rule you learned in **Estructura 8.3** (p. 263) regarding the use of **mayor/menor** with age, but not with size, is also true with superlative forms.

¡INTÉNTALO! Escribe el equivalente de las palabras en inglés.

1. Marisa es la más inteligente (*the most intelligent*) de todas.
2. Ricardo y Tomás son ________ (*the least boring*) de la fiesta.
3. Miguel y Antonio son ________ (*the worst*) estudiantes de la clase.
4. Mi profesor de biología es ________ (*the oldest*) de la universidad.

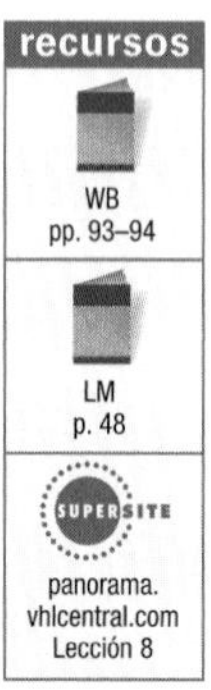

Práctica y Comunicación

1

El más... Responde a las preguntas afirmativamente. Usa las palabras en paréntesis.

modelo

El cuarto está sucísimo, ¿no? (residencia)
Sí, es el más sucio de la residencia.

1. El almacén Velasco es buenísimo, ¿no? (centro comercial)
2. La silla de tu madre es comodísima, ¿no? (casa)
3. Ángela y Julia están nerviosísimas por el examen, ¿no? (clase)
4. Jorge es jovencísimo, ¿no? (mis amigos)

2

Completar Tu profesor(a) te va a dar una hoja de actividades con descripciones de José Valenzuela Carranza y Ana Orozco Hoffman. Completa las oraciones con las palabras de la lista.

altísima	del	mejor	peor
atlética	la	menor	periodista
bajo	más	guapísimo	trabajadorcísimo
de	mayor	Orozco	Valenzuela

1. José tiene 22 años; es el ______ y el más ______ de su familia. Es ______ y ______. Es el mejor ______ de la ciudad y el ______ jugador de baloncesto.
2. Ana es la más ______ y ______ mejor jugadora de baloncesto del estado. Es la ______ de sus hermanos (tiene 28 años) y es ______. Estudió la profesión ______ difícil ______ todas: medicina.
3. Jorge es el ______ jugador de videojuegos de su familia.
4. Mauricio es el menor de la familia ______.
5. El abuelo es el ______ de todos los miembros de la familia Valenzuela.
6. Fifí es la perra más antipática ______ mundo.

3

Superlativos Trabajen en parejas para hacer comparaciones. Usen superlativos.

Angelina Jolie, Bill Gates, Jimmy Carter
Estudiante 1: *Bill Gates es el más rico de los tres.*
Estudiante 2: *Sí, ¡es riquísimo! Y Jimmy Carter es el mayor de los tres.*

1. Guatemala, Argentina, España
2. Jaguar, Hummer, Mini Cooper
3. la comida mexicana, la comida francesa, la comida árabe
4. Paris Hilton, Meryl Streep, Katie Holmes
5. Ciudad de México, Buenos Aires, Nueva York
6. *Don Quijote de la Mancha, Cien años de soledad, Como agua para chocolate*
7. el fútbol americano, el golf, el béisbol
8. las películas románticas, las películas de acción, las películas cómicas

Recapitulación

For self-scoring and diagnostics, go to **panorama.vhlcentral.com.**

Completa estas actividades para repasar los conceptos de gramática que aprendiste en esta lección.

1 **Completar** Completa la tabla con la forma correcta del pretérito. 9 pts.

Infinitive	yo	usted	ellos
dormir			
servir			
vestirse			

2 **La cena** Completa la conversación con el pretérito de los verbos. 7 pts.

PAULA ¡Hola, Daniel! ¿Qué tal el fin de semana?

DANIEL Muy bien. Marta y yo (1) ________ (conseguir) hacer muchas cosas, pero lo mejor fue la cena del sábado.

PAULA Ah, ¿sí? ¿Adónde fueron?

DANIEL Al restaurante Vistahermosa. Es elegante, así que (nosotros) (2) ________ (vestirse) bien.

PAULA Y, ¿qué platos (3) ________ (pedir, ustedes)?

DANIEL Yo (4) ________ (pedir) camarones y Marta (5) ________ (preferir) el pollo. Y al final, el camarero nos (6) ________ (servir) flan.

PAULA ¡Qué rico!

DANIEL Sí. Pero después de la cena Marta no (7) ________ (sentirse) bien.

3 **Camareros** Genaro y Úrsula son camareros en un restaurante. Completa la conversación que tienen con su jefe usando pronombres. 8 pts.

JEFE Úrsula, ¿le ofreciste agua fría al cliente de la mesa 22?

ÚRSULA Sí, (1) ________ de inmediato.

JEFE Genaro, ¿los clientes de la mesa 5 te pidieron ensaladas?

GENARO Sí, (2) ________.

ÚRSULA Genaro, ¿recuerdas si ya me mostraste los vinos nuevos?

GENARO Sí, ya (3) ________.

JEFE Genaro, ¿van a pagarte la cuenta (*bill*) los clientes de la mesa 5?

GENARO Sí, (4) ________ ahora mismo.

RESUMEN GRAMATICAL

8.1 Preterite of stem-changing verbs *p. 254*

servir	dormir
serví	dormí
serviste	dormiste
sirvió	durmió
servimos	dormimos
servisteis	dormisteis
sirvieron	durmieron

8.2 Double object pronouns *pp. 257–258*

Indirect Object Pronouns: **me, te, le (se), nos, os, les (se)**

Direct Object Pronouns: **lo, la, los, las**

Le escribí la carta. → **Se la escribí.**

Nos van a servir **los platos.** → **Nos los van a servir./ Van a servírnoslos.**

8.3 Comparisons *pp. 261–263*

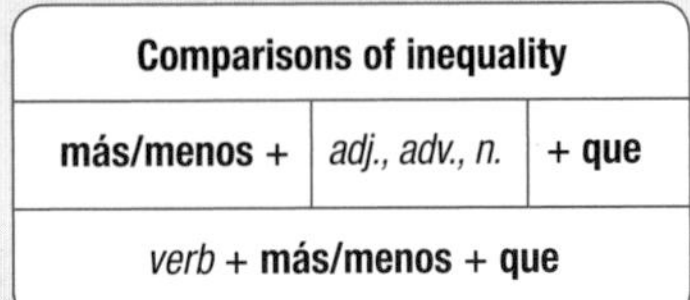

Comparisons of inequality		
más/menos +	*adj., adv., n.*	**+ que**
verb + **más/menos + que**		

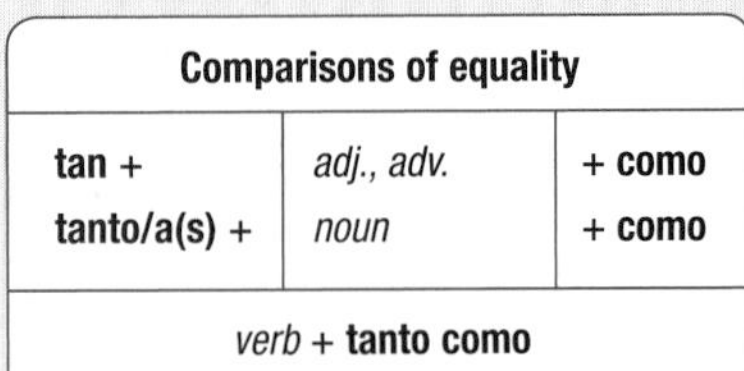

Comparisons of equality		
tan +	*adj., adv.*	**+ como**
tanto/a(s) +	*noun*	**+ como**
verb + **tanto como**		

Irregular comparative forms	
bueno/a	mejor
malo/a	peor
grande	mayor
pequeño/a	menor
joven	menor
viejo/a	mayor

8.4 Superlatives *p. 266*

el/la/ los/las +	*noun*	+ más/ menos +	*adjective*	+ de

► Irregular superlatives follow the same pattern as irregular comparatives.

4 **El menú** Observa el menú y sus características. Completa las oraciones basándote en los elementos dados. Usa comparativos y superlativos. 14 pts.

Ensaladas	*Precio*	*Calorías*
Ensalada de tomates	$9.00	170
Ensalada de mariscos	$12.99	325
Ensalada de zanahorias	$9.00	200
Platos principales		
Pollo con champiñones	$13.00	495
Cerdo con papas	$10.50	725
Atún con espárragos	$18.95	495

1. ensalada de mariscos / otras ensaladas / costar
   La ensalada de mariscos ________________ las otras ensaladas.
2. pollo con champiñones / cerdo con papas / calorías
   El pollo con champiñones tiene ________________ el cerdo con papas.
3. atún con espárragos / pollo con champiñones / calorías
   El atún con espárragos tiene ________________ el pollo con champiñones.
4. ensalada de tomates / ensalada de zanahorias / caro
   La ensalada de tomates es ________________ la ensalada de zanahorias.
5. cerdo con papas / platos principales / caro
   El cerdo con papas es ________________ los platos principales.
6. ensalada de zanahorias / ensalada de tomates / costar
   La ensalada de zanahorias ________________ la ensalada de tomates.
7. ensalada de mariscos / ensaladas / caro
   La ensalada de mariscos es ________________ las ensaladas.

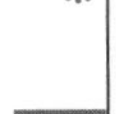

5 **Dos restaurantes** ¿Cuál es el mejor restaurante que conoces? ¿Y el peor? Escribe un párrafo de por lo menos (*at least*) seis oraciones donde expliques por qué piensas así. Puedes hablar de la calidad de la comida, el ambiente, los precios, el servicio, etc. 12 pts.

6 **Adivinanza** Completa la adivinanza y adivina la respuesta. ¡2 puntos EXTRA!

"En el campo yo nací°,
mis hermanos son
los ________ (*garlic, pl.*),
y aquél que llora° por mí
me está partiendo°
en pedazos°."
¿Quién soy? ________

nací *was born* **llora** *cries* **partiendo** *cutting* **pedazos** *pieces*

Lectura

Antes de leer

Estrategia

Reading for the main idea

As you know, you can learn a great deal about a reading selection by looking at the format and looking for cognates, titles, and subtitles. You can skim to get the gist of the reading selection and scan it for specific information. Reading for the main idea is another useful strategy; it involves locating the topic sentences of each paragraph to determine the author's purpose for writing a particular piece. Topic sentences can provide clues about the content of each paragraph, as well as the general organization of the reading. Your choice of which reading strategies to use will depend on the style and format of each reading selection.

Examinar el texto

En esta sección tenemos dos textos diferentes. ¿Qué estrategias puedes usar para leer la crítica culinaria (*restaurant review*)? ¿Cuáles son las apropiadas para familiarizarte con el menú? Utiliza las estrategias más eficaces (*efficient*) para cada texto. ¿Qué tienen en común? ¿Qué tipo de comida sirven en el restaurante?

Identificar la idea principal

Lee la primera frase de cada párrafo de la crítica culinaria del restaurante **La feria del maíz.** Apunta (*Jot down*) el tema principal de cada párrafo. Luego lee todo el primer párrafo. ¿Crees que el restaurante le gustó al autor de la crítica culinaria? ¿Por qué? Ahora lee la crítica entera. En tu opinión, ¿cuál es la idea principal de la crítica? ¿Por qué la escribió el autor? Compara tus opiniones con las de un(a) compañero/a.

recursos

panorama.vhlcentral.com
Lección 8

MENÚ

Entremeses

Tortilla servida con
• Ajiaceite (chile, aceite) • Ajicomino (chile, comino)

Pan tostado servido con
• Queso frito a la pimienta • Salsa de ajo y mayonesa

Sopas

• Tomate • Cebolla • Verduras • Pollo y huevo
• Carne de res • Mariscos

Entradas

Tomaticán
(tomate, papas, maíz, chile, arvejas y zanahorias)

Tamales
(maíz, azúcar, ajo, cebolla)

Frijoles enchilados
(frijoles negros, carne de cerdo o de res, arroz, chile)

Chilaquil
(tortilla de maíz, queso, hierbas y chile)

Tacos
(tortillas, pollo, verduras y salsa)

Cóctel de mariscos
(camarones, langosta, vinagre, sal, pimienta, aceite)

Postres°

• Plátanos caribeños • Cóctel de frutas al ron°
• Uvate (uvas, azúcar de caña y ron) • Flan napolitano
• Helado° de piña y naranja • Pastel° de yogur

Después de leer

Preguntas

En parejas, contesten estas preguntas sobre la crítica culinaria de **La feria del maíz.**

1. ¿Quién es el dueño y chef de **La feria del maíz**?
2. ¿Qué tipo de comida se sirve en el restaurante?
3. ¿Cuál es el problema con el servicio?
4. ¿Cómo es el ambiente del restaurante?
5. ¿Qué comidas probó el autor?
6. ¿Quieren ir ustedes al restaurante **La feria del maíz**? ¿Por qué?

23F

Gastronomía

Por Eduardo Fernández

La feria del maíz

La feria del maíz
13 calle 4-41 Zona 1
La Antigua, Guatemala
2329912

lunes a sábado
10:30am-11:30pm
domingo 10:00am-10:00pm

Comida 🍴🍴🍴🍴🍴

Servicio 🍴🍴🍴

Ambiente 🍴🍴🍴🍴

Precio 🍴🍴🍴

Sobresaliente°. En el nuevo restaurante **La feria del maíz** va a encontrar la perfecta combinación entre la comida tradicional y el encanto° de la vieja ciudad de Antigua. Ernesto Sandoval, antiguo jefe de cocina° del famoso restaurante **El fogón**, está teniendo mucho éxito° en su nueva aventura culinaria.

El gerente°, el experimentado José Sierra, controla a la perfección la calidad del servicio. El camarero que me atendió esa noche fue muy amable en todo momento. Sólo hay que comentar que, debido al éxito inmediato de **La feria del maíz**, se necesitan más camareros para atender a los clientes de una forma más eficaz. En esta ocasión, el mesero se tomó unos veinte minutos en traerme la bebida.

Afortunadamente, no me importó mucho la espera entre plato y plato, pues el ambiente es tan agradable que me sentí como en casa. El restaurante mantiene el estilo colonial de Antigua. Por dentro°, el estilo es elegante y rústico a la vez. Cuando el tiempo lo permite, se puede comer también en el patio, donde hay muchas flores.

El servicio de camareros y el ambiente agradable del local pasan a un segundo plano cuando llega la comida, de una calidad extraordinaria. Las tortillas de casa se sirven con un ajiaceite delicioso. La sopa de mariscos es excelente, y los tamales, pues, tengo que confesar que son mejores que los de mi abuelita. También recomiendo los tacos de pollo, servidos con un mole buenísimo. De postre, don Ernesto me preparó su especialidad, unos plátanos caribeños sabrosísimos.

Los precios pueden parecer altos° para una comida tradicional, pero la calidad de los productos con que se cocinan los platos y el exquisito ambiente de **La feria del maíz** le garantizan° una experiencia inolvidable°.

Bebidas

- Cerveza negra
- Chilate (bebida de maíz, chile y cacao)
- Jugos de fruta
- Agua mineral
- Té helado
- Vino tinto/blanco
- Ron

Postres *Desserts* ron *rum* Helado *Ice cream* Pastel *Cake* Sobresaliente *Outstanding* encanto *charm* jefe de cocina *head chef* éxito *success* gerente *manager* Por dentro *Inside* altos *high* garantizan *guarantee* inolvidable *unforgettable*

Un(a) guía turístico/a

Tú eres un(a) guía turístico/a en Guatemala. Estás en el restaurante **La feria del maíz** con un grupo de turistas norteamericanos. Ellos no hablan español y quieren pedir de comer, pero necesitan tu ayuda. Lee nuevamente el menú e indica qué error comete cada turista.

1. La señora Johnson es diabética y no puede comer azúcar. Pide sopa de verdura y tamales. No pide nada de postre.
2. Los señores Petit son vegeterianos y piden sopa de tomate, frijoles enchilados y plátanos caribeños.
3. El señor Smith, que es alérgico al chocolate, pide tortilla servida con ajiaceite, chilaquil y chilate para beber.
4. La adorable hija del señor Smith tiene sólo cuatro años y le gustan mucho las verduras y las frutas naturales. Su papá le pide tomaticán y un cóctel de frutas.
5. La señorita Jackson está a dieta y pide uvate, flan napolitano y helado.

Guatemala

El país en cifras

- **Área:** 108.890 km² (42.042 millas²), *un poco más pequeño que Tennessee*
- **Población:** 14.213.000
- **Capital:** Ciudad de Guatemala—1.103.000
- **Ciudades principales:** Quetzaltenango, Escuintla, Mazatenango, Puerto Barrios

SOURCE: Population Division, UN Secretariat

- **Moneda:** quetzal
- **Idiomas:** español (oficial), lenguas mayas

El español es la lengua de un 60 por ciento° de la población; el otro 40 por ciento tiene una de las lenguas mayas (cakchiquel, quiché y kekchícomo, entre otras) como lengua materna. Una palabra que las lenguas mayas tienen en común es ixim, *que significa maíz, un cultivo° de mucha importancia en estas culturas.*

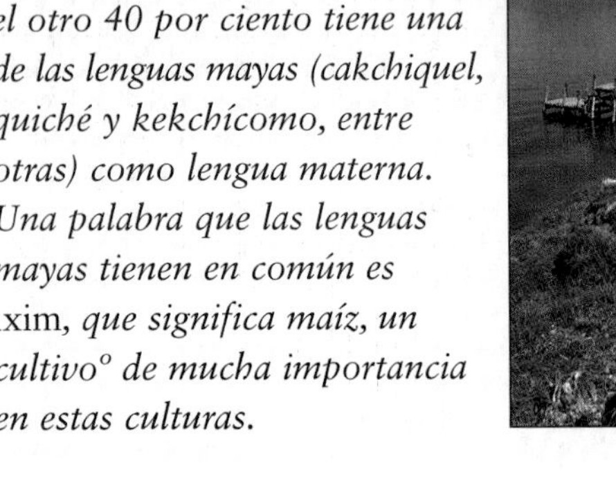

Mujeres indígenas limpiando cebollas

ESTADOS UNIDOS
OCÉANO ATLÁNTICO
GUATEMALA
OCÉANO PACÍFICO
AMÉRICA DEL SUR

Vista de una calle céntrica en la Ciudad de Guatemala

MÉXICO
Sierra de Lacandón
Río Usumacinta
Lago Petén Itzá
Río de la Pasión
BELICE
Lago de Izabal
Quetzaltenango
Sierra Madre
Lago de Atitlán
Sierra de las Minas
Río Motagua
Guatemala
Antigua Guatemala
Mazatenango
Escuintla
EL SALVADOR
Océano Pacífico

Bandera de Guatemala

Guatemaltecos célebres

- **Carlos Mérida,** pintor (1891–1984)
- **Miguel Ángel Asturias,** escritor (1899–1974)
- **Margarita Carrera,** poeta y ensayista (1929–)
- **Rigoberta Menchú Tum,** activista (1959–), premio Nobel de la Paz° en 1992

Iglesia de la Merced en Antigua Guatemala

recursos

WB pp. 95–96	VM pp. 239–240	panorama.vhlcentral.com Lección 8

por ciento *percent* cultivo *crop* Paz *Peace* telas *fabrics* tinte *dye* aplastados *crushed* hace... destiñan *keeps the colors from running*

¡Increíble pero cierto!

¿Qué "ingrediente" secreto se encuentra en las telas° tradicionales de Guatemala? ¡El mosquito! El excepcional tinte° de estas telas es producto de una combinación de flores y de mosquitos aplastados°. El insecto hace que los colores no se destiñan°. Quizás es por esto que los artesanos representan la figura del mosquito en muchas de sus telas.

Ciudades • Antigua Guatemala

Antigua Guatemala fue fundada en 1543. Fue una capital de gran importancia hasta 1773, cuando un terremoto° la destruyó. Sin embargo, conserva el carácter original de su arquitectura y hoy es uno de los centros turísticos del país. Su celebración de la Semana Santa° es, para muchas personas, la más importante del hemisferio.

Naturaleza • El quetzal

El quetzal simbolizó la libertad para los antiguos° mayas porque creían° que este pájaro° no podía° vivir en cautividad°. Hoy el quetzal es el símbolo nacional. El pájaro da su nombre a la moneda nacional y aparece también en los billetes° del país. Desafortunadamente, está en peligro° de extinción. Para su protección, el gobierno mantiene una reserva biológica especial.

Historia • Los mayas

Desde 1500 a.C. hasta 900 d.C., los mayas habitaron gran parte de lo que ahora es Guatemala. Su civilización fue muy avanzada. Los mayas fueron arquitectos y constructores de pirámides, templos y observatorios. También descubrieron° y usaron el cero antes que los europeos, e inventaron un calendario complejo° y preciso.

Artesanía • La ropa tradicional

La ropa tradicional de los guatemaltecos se llama *huipil* y muestra el amor° de la cultura maya por la naturaleza. Ellos se inspiran en las flores°, plantas y animales para crear sus diseños° de colores vivos° y formas geométricas. El diseño y los colores de cada *huipil* indican el pueblo de origen y a veces también el sexo y la edad° de la persona que lo lleva.

¿Qué aprendiste? Responde a cada pregunta con una oración completa.

1. ¿Qué significa la palabra *ixim*?
2. ¿Quién es Rigoberta Menchú?
3. ¿Qué pájaro representa a Guatemala?
4. ¿Qué simbolizó el quetzal para los mayas?
5. ¿Cuál es la moneda nacional de Guatemala?
6. ¿De qué fueron arquitectos los mayas?
7. ¿Qué celebración de la Antigua Guatemala es la más importante del hemisferio para muchas personas?
8. ¿Qué descubrieron los mayas antes que los europeos?
9. ¿Qué muestra la ropa tradicional de los guatemaltecos?
10. ¿Qué indica un *huipil* con su diseño y sus colores?

Conexión Internet Investiga estos temas en **panorama.vhlcentral.com.**

1. Busca información sobre Rigoberta Menchú. ¿De dónde es? ¿Qué libros publicó? ¿Por qué es famosa?
2. Estudia un sitio arqueológico en Guatemala para aprender más sobre los mayas, y prepara un breve informe para tu clase.

terremoto *earthquake* Semana Santa *Holy Week* antiguos *ancient* creían *they believed* pájaro *bird* no podía *couldn't* cautividad *captivity* los billetes *bills* peligro *danger* descubrieron *they discovered* complejo *complex* amor *love* flores *flowers* diseños *designs* vivos *bright* edad *age*

Las comidas

el/la camarero/a	waiter/waitress
la comida	food; meal
el/la dueño/a	owner; landlord
el menú	menu
la sección de (no) fumar	(non) smoking section
el almuerzo	lunch
la cena	dinner
el desayuno	breakfast
los entremeses	hors d'oeuvres; appetizers
el plato (principal)	(main) dish
delicioso/a	delicious
rico/a	tasty; delicious
sabroso/a	tasty; delicious

Las frutas

la banana	banana
las frutas	fruits
el limón	lemon
la manzana	apple
el melocotón	peach
la naranja	orange
la pera	pear
la uva	grape

Las verduras

las arvejas	peas
la cebolla	onion
el champiñón	mushroom
la ensalada	salad
los espárragos	asparagus
los frijoles	beans
la lechuga	lettuce
el maíz	corn
las papas/patatas (fritas)	(fried) potatoes; French fries
el tomate	tomato
las verduras	vegetables
la zanahoria	carrot

La carne y el pescado

el atún	tuna
el bistec	steak
los camarones	shrimp
la carne	meat
la carne de res	beef
la chuleta (de cerdo)	(pork) chop
la hamburguesa	hamburger
el jamón	ham
la langosta	lobster
los mariscos	shellfish
el pavo	turkey
el pescado	fish
el pollo (asado)	(roast) chicken
la salchicha	sausage
el salmón	salmon

Otras comidas

el aceite	oil
el ajo	garlic
el arroz	rice
el azúcar	sugar
los cereales	cereal; grains
el huevo	egg
la mantequilla	butter
la margarina	margarine
la mayonesa	mayonnaise
el pan (tostado)	(toasted) bread
la pimienta	black pepper
el queso	cheese
la sal	salt
el sándwich	sandwich
la sopa	soup
el vinagre	vinegar
el yogur	yogurt

Las bebidas

el agua (mineral)	(mineral) water
la bebida	drink
el café	coffee
la cerveza	beer
el jugo (de fruta)	(fruit) juice
la leche	milk
el refresco	soft drink
el té (helado)	(iced) tea
el vino (blanco/tinto)	(white/red) wine

Verbos

escoger	to choose
merendar (e:ie)	to snack
morir (o:ue)	to die
pedir (e:i)	to order (food)
probar (o:ue)	to taste; to try
recomendar (e:ie)	to recommend
saber	to taste; to know
saber a	to taste like
servir (e:i)	to serve

Las comparaciones

como	like; as
más de *(+ number)*	more than
más... que	more ... than
menos de *(+ number)*	fewer than
menos... que	less ... than
tan... como	as ... as
tantos/as... como	as many... as
tanto... como	as much... as
el/la mayor	the eldest
el/la mejor	the best
el/la menor	the youngest
el/la peor	the worst
mejor	better
peor	worse

Expresiones útiles	See page 249.

recursos

Consulta

Plan de escritura

1 **Ideas y organización**

Begin by organizing your writing materials. If you prefer to write by hand, you may want to have a few spare pens and pencils on hand, as well as an eraser or correction fluid. If you prefer to use a word-processing program, make sure you know how to type Spanish accent marks, the **tilde,** and Spanish punctuation marks. Then make a list of the resources you can consult while writing. Finally, make a list of the basic ideas you want to cover. Beside each idea, jot down a few Spanish words and phrases you may want to use while writing.

2 **Primer borrador**

Write your first draft, using the resources and ideas you gathered in **Ideas y organización.**

3 **Comentario**

Exchange papers with a classmate and comment on each other's work, using these questions as a guide. Begin by mentioning what you like about your classmate's writing.

a. How can your classmate make his or her writing clearer, more logical, or more organized?
b. What suggestions do you have for making the writing more interesting or complete?
c. Do you see any spelling or grammatical errors?

4 **Redacción**

Revise your first draft, keeping in mind your classmate's comments. Also, incorporate any new information you may have. Before handing in the final version, review your work using these guidelines:

a. Make sure each verb agrees with its subject. Then check the gender and number of each article, noun, and adjective.
b. Check your spelling and punctuation.
c. Consult your **Anotaciones para mejorar la escritura** (see description below) to avoid repetition of previous errors.

5 **Evaluación y progreso**

You may want to share what you've written with a classmate, a small group, or the entire class. After your instructor has returned your paper, review the comments and corrections. On a separate sheet of paper, write the heading **Anotaciones para mejorar** (*Notes for improving*) **la escritura** and list your most common errors. Place this list and your corrected document in your writing portfolio (**Carpeta de trabajos**) and consult it from time to time to gauge your progress.

Spanish Terms for Direction Lines and Classroom Use

Below is a list of useful terms that you might hear your instructor say in class. It also includes Spanish terms that appear in the direction lines of your textbook.

En las instrucciones *In direction lines*

Cambia/Cambien...	*Change...*
Camina/Caminen por la clase.	*Walk around the classroom.*
Ciertas o falsas	*True or false*
Cierto o falso	*True or false*
Circula/Circulen por la clase.	*Walk around the classroom.*
Completa las oraciones de una manera lógica.	*Complete the sentences logically.*
Con un(a) compañero/a...	*With a classmate...*
Contesta las preguntas.	*Answer the questions.*
Corrige las oraciones falsas.	*Correct the false statements.*
Cuenta/Cuenten...	*Tell...*
Di/Digan...	*Say...*
Discute/Discutan...	*Discuss...*
En grupos...	*In groups...*
En parejas...	*In pairs...*
Entrevista...	*Interview...*
Escúchala	*Listen to it*
Forma oraciones completas.	*Create/Make complete sentences.*
Háganse preguntas.	*Ask each other questions.*
Haz el papel de...	*Play the role of...*
Haz los cambios necesarios.	*Make the necessary changes.*
Indica/Indiquen si las oraciones...	*Indicate if the sentences...*
Intercambia/Intercambien...	*Exchange...*
Lee/Lean en voz alta.	*Read aloud.*
Pon/Pongan...	*Put...*
...que mejor completa...	*...that best completes...*
Reúnete...	*Get together...*
...se da/dan como ejemplo.	*...is/are given as a model.*
Toma nota...	*Take note...*
Tomen apuntes.	*Take notes.*
Túrnense...	*Take turns...*

Palabras útiles *Useful words*

la adivinanza	*riddle*
el anuncio	*advertisement/ad*
los apuntes	*notes*
el borrador	*draft*
la canción	*song*
la concordancia	*agreement*
el contenido	*contents*
eficaz	*efficient*
la encuesta	*survey*
el equipo	*team*
el esquema	*outline*
el folleto	*brochure*
las frases	*statements*
la hoja de actividades	*activity sheet/handout*
la hoja de papel	*piece of paper*
la información errónea	*incorrect information*
el/la lector(a)	*reader*
la lectura	*reading*
las oraciones	*sentences*
la ortografía	*spelling*
las palabras útiles	*useful words*
el papel	*role*
el párrafo	*paragraph*
el paso	*step*
la(s) persona(s) descrita(s)	*the person (people) described*
la pista	*clue*
por ejemplo	*for example*
el próposito	*purpose*
los recursos	*resources*
el reportaje	*report*
los resultados	*results*
según	*according to*
siguiente	*following*
la sugerencia	*suggestion*
el sustantivo	*noun*
el tema	*topic*
último	*last*
el último recurso	*last resort*

Verbos útiles *Useful verbs*

adivinar	*to guess*
anotar	*to jot down*
añadir	*to add*
apoyar	*to support*
averiguar	*to find out*
cambiar	*to change*
combinar	*to combine*
compartir	*to share*
comprobar (o:ue)	*to check*
corregir (e:i)	*to correct*
crear	*to create*
devolver (o:ue)	*to return*
doblar	*to fold*
dramatizar	*to act out*
elegir (e:i)	*to choose/select*
emparejar	*to match*
entrevistar	*to interview*
escoger	*to choose*
identificar	*to identify*
incluir	*to include*
informar	*to report*
intentar	*to try*
intercambiar	*to exchange*
investigar	*to research*
marcar	*to mark*
preguntar	*to ask*
recordar (o:ue)	*to remember*
responder	*to answer*
revisar	*to revise*
seguir (e:i)	*to follow*
seleccionar	*to select*
subrayar	*to underline*
traducir	*to translate*
tratar de	*to be about*

Expresiones útiles *Useful expressions*

Ahora mismo.	*Right away.*
¿Cómo no?	*But of course.*
¿Cómo se dice ________ en español?	*How do you say ________ in Spanish?*
¿Cómo se escribe ________?	*How do you spell ________?*
¿Comprende(n)?	*Do you understand?*
Con gusto.	*With pleasure.*
Con permiso.	*Excuse me.*
De acuerdo.	*Okay.*
De nada.	*You're welcome.*
¿De veras?	*Really?*
¿En qué página estamos?	*What page are we on?*
¿En serio?	*Seriously?*
Enseguida.	*Right away.*
hoy día	*nowadays*
Más despacio, por favor.	*Slower, please.*
Muchas gracias.	*Thanks a lot.*
No entiendo.	*I don't understand.*
No hay de qué.	*Don't mention it.*
No importa.	*No problem./It doesn't matter.*
¡No me digas!	*You don't say!*
No sé.	*I don't know.*
¡Ojalá!	*Hopefully!*
Perdone.	*Pardon me.*
Por favor.	*Please.*
Por supuesto.	*Of course.*
¡Qué bien!	*Great!*
¡Qué gracioso!	*How funny!*
¡Qué pena!	*What a shame/pity!*
¿Qué significa ________?	*What does ________ mean?*
Repite, por favor.	*Please repeat.*
Tengo una pregunta.	*I have a question.*
¿Tiene(n) alguna pregunta?	*Do you have any questions?*
Vaya(n) a la página dos.	*Go to page 2.*

Glossary of Grammatical Terms

ADJECTIVE A word that modifies, or describes, a noun or pronoun.

muchos libros
many books

un hombre **rico**
a rich man

las mujeres **altas**
the tall women

Demonstrative adjective An adjective that specifies which noun a speaker is referring to.

esta fiesta
this party

ese chico
that boy

aquellas flores
those flowers

Possessive adjective An adjective that indicates ownership or possession.

mi mejor vestido
my best dress

Éste es **mi** hermano.
This is my brother.

Stressed possessive adjective A possessive adjective that emphasizes the owner or possessor.

Es un libro **mío**.
It's my book./It's a book of mine.

Es amiga **tuya**; yo no la conozco.
She's a friend of yours; I don't know her.

ADVERB A word that modifies, or describes, a verb, adjective, or other adverb.

Pancho escribe **rápidamente**.
Pancho writes quickly.

Este cuadro es **muy** bonito.
This picture is very pretty.

ARTICLE A word that points out a noun in either a specific or a non-specific way.

Definite article An article that points out a noun in a specific way.

el libro
the book

la maleta
the suitcase

los diccionarios
the dictionaries

las palabras
the words

Indefinite article An article that points out a noun in a general, non-specific way.

un lápiz
a pencil

una computadora
a computer

unos pájaros
some birds

unas escuelas
some schools

CLAUSE A group of words that contains both a conjugated verb and a subject, either expressed or implied.

Main (or Independent) clause A clause that can stand alone as a complete sentence.

Pienso ir a cenar pronto.
I plan to go to dinner soon.

Subordinate (or Dependent) clause A clause that does not express a complete thought and therefore cannot stand alone as a sentence.

Trabajo en la cafetería **porque necesito dinero para la escuela.**
*I work in the cafeteria **because I need money for school.***

COMPARATIVE A construction used with an adjective or adverb to express a comparison between two people, places, or things.

Este programa es **más interesante que** el otro.
*This program is **more interesting than** the other one.*

Tomás no es **tan alto como** Alberto.
*Tomás is not **as tall as** Alberto.*

CONJUGATION A set of the forms of a verb for a specific tense or mood or the process by which these verb forms are presented.

Preterite conjugation of **cantar:**

cant**é**	cant**amos**
cant**aste**	cant**asteis**
cant**ó**	cant**aron**

CONJUNCTION A word used to connect words, clauses, or phrases.

Susana es de Cuba **y** Pedro es de España.
*Susana is from Cuba **and** Pedro is from Spain.*

No quiero estudiar **pero** tengo que hacerlo.
*I don't want to study, **but** I have to.*

CONTRACTION The joining of two words into one. The only contractions in Spanish are **al** and **del**.

Mi hermano fue **al** concierto ayer.
*My brother went **to the** concert yesterday.*

Saqué dinero **del** banco.
*I took money **from the** bank.*

DIRECT OBJECT A noun or pronoun that directly receives the action of the verb.

Tomás lee **el libro.**	**La** pagó ayer.
*Tomás reads **the book.***	*She paid **it** yesterday.*

GENDER The grammatical categorizing of certain kinds of words, such as nouns and pronouns, as masculine, feminine, or neuter.

Masculine
articles **el, un**
pronouns **él, lo, mío, éste, ése, aquél**
adjective **simpático**

Feminine
articles **la, una**
pronouns **ella, la, mía, ésta, ésa, aquélla**
adjective **simpática**

IMPERSONAL EXPRESSION A third-person expression with no expressed or specific subject.

Es muy importante.	**Llueve** mucho.
It's very important.	***It's raining** hard.*

Aquí **se habla** español.
*Spanish **is spoken** here.*

INDIRECT OBJECT A noun or pronoun that receives the action of the verb indirectly; the object, often a living being, to or for whom an action is performed.

Eduardo **le** dio un libro **a Linda.**
*Eduardo gave a book **to Linda.***

La profesora **me** dio una C en el examen.
*The professor gave **me** a C on the test.*

INFINITIVE The basic form of a verb. Infinitives in Spanish end in **-ar, -er,** or **-ir.**

hablar	**correr**	**abrir**
to speak	*to run*	*to open*

INTERROGATIVE An adjective or pronoun used to ask a question.

¿**Quién** habla?	¿**Cuántos** compraste?
***Who** is speaking?*	***How many** did you buy?*

¿**Qué** piensas hacer hoy?
***What** do you plan to do today?*

INVERSION Changing the word order of a sentence, often to form a question.

Statement: Elena pagó la cuenta del restaurante.

Inversion: ¿Pagó Elena la cuenta del restaurante?

MOOD A grammatical distinction of verbs that indicates whether the verb is intended to make a statement or command or to express a doubt, emotion, or condition contrary to fact.

Imperative mood Verb forms used to make commands.

Di la verdad.	**Caminen** ustedes conmigo.
***Tell** the truth.*	***Walk** with me.*

¡**Comamos** ahora!
***Let's eat** now!*

Indicative mood Verb forms used to state facts, actions, and states considered to be real.

Sé que **tienes** el dinero.
*I know that **you have** the money.*

Subjunctive mood Verb forms used principally in subordinate (dependent) clauses to express wishes, desires, emotions, doubts, and certain conditions, such as contrary-to-fact situations.

Prefieren que **hables** en español.
*They prefer that **you speak** in Spanish.*

Dudo que Luis **tenga** el dinero necesario.
*I doubt that Luis **has** the necessary money.*

NOUN A word that identifies people, animals, places, things, and ideas.

hombre	**gato**
man	*cat*
México	**casa**
Mexico	*house*
libertad	**libro**
freedom	*book*

NUMBER A grammatical term that refers to singular or plural. Nouns in Spanish and English have number. Other parts of a sentence, such as adjectives, articles, and verbs, can also have number.

Singular	Plural
una cosa *a thing*	**unas** cosas *some things*
el profesor ***the** professor*	**los** profesores ***the** professors*

NUMBERS Words that represent amounts.

Cardinal numbers Words that show specific amounts.

cinco minutos
***five** minutes*

el año **dos mil siete**
*the year **2007***

Ordinal numbers Words that indicate the order of a noun in a series.

el **cuarto** jugador — *the **fourth** player*
la **décima** hora — *the **tenth** hour*

PAST PARTICIPLE A past form of the verb used in compound tenses. The past participle may also be used as an adjective, but it must then agree in number and gender with the word it modifies.

Han **buscado** por todas partes.
*They have **searched** everywhere.*

Yo no había **estudiado** para el examen.
*I hadn't **studied** for the exam.*

Hay una **ventana abierta** en la sala.
*There is an **open window** in the living room.*

PERSON The form of the verb or pronoun that indicates the speaker, the one spoken to, or the one spoken about. In Spanish, as in English, there are three persons: first, second, and third.

Person	Singular	Plural
1st	**yo** *I*	**nosotros/as** *we*
2nd	**tú, Ud.** *you*	**vosotros/as, Uds.** *you*
3rd	**él, ella** *he, she*	**ellos, ellas** *they*

PREPOSITION A word or words that describe(s) the relationship, most often in time or space, between two other words.

Anita es **de** California.
*Anita is **from** California.*

La chaqueta está **en** el carro.
*The jacket is **in** the car.*

Marta se peinó **antes de** salir.
*Marta combed her hair **before** going out.*

PRESENT PARTICIPLE In English, a verb form that ends in *-ing*. In Spanish, the present participle ends in **-ndo**, and is often used with **estar** to form a progressive tense.

Mi hermana está **hablando** por teléfono ahora mismo.
*My sister is **talking** on the phone right now.*

PRONOUN A word that takes the place of a noun or nouns.

Demonstrative pronoun A pronoun that takes the place of a specific noun.

Quiero **ésta**.
*I want **this one**.*

¿Vas a comprar **ése**?
*Are you going to buy **that one**?*

Juan prefirió **aquéllos**.
*Juan preferred **those** (over there).*

Object pronoun A pronoun that functions as a direct or indirect object of the verb.

Te digo la verdad.
*I'm telling **you** the truth.*

Me lo trajo Juan.
*Juan brought **it** to **me**.*

Reflexive pronoun A pronoun that indicates that the action of a verb is performed by the subject on itself. These pronouns are often expressed in English with *-self: myself, yourself*, etc.

Yo **me bañé** antes de salir.
***I bathed (myself)** before going out.*

Elena **se acostó** a las once y media.
*Elena **went to bed** at eleven-thirty.*

Relative pronoun A pronoun that connects a subordinate clause to a main clause.

El chico **que** nos escribió viene de visita mañana.
*The boy **who** wrote us is coming to visit tomorrow.*

Ya sé **lo que** tenemos que hacer.
*I already know **what** we have to do.*

Subject pronoun A pronoun that replaces the name or title of a person or thing, and acts as the subject of a verb.

Tú debes estudiar más.
***You** should study more.*

Él llegó primero.
***He** arrived first.*

SUBJECT A noun or pronoun that performs the action of a verb and is often implied by the verb.

María va al supermercado.
***María** goes to the supermarket.*

(**Ellos**) Trabajan mucho.
***They** work hard.*

Esos **libros** son muy caros.
*Those **books** are very expensive.*

SUPERLATIVE A word or construction used with an adjective or adverb to express the highest or lowest degree of a specific quality among three or more people, places, or things.

De todas mis clases, ésta es la **más interesante**.
*Of all my classes, this is the **most interesting**.*

Raúl es el **menos simpático** de los chicos.
*Raúl is the **least pleasant** of the boys.*

TENSE A set of verb forms that indicates the time of an action or state: past, present, or future.

Compound tense A two-word tense made up of an auxiliary verb and a present or past participle. In Spanish, there are two auxiliary verbs: **estar** and **haber**.

En este momento, **estoy estudiando**.
*At this time, **I am studying**.*

El paquete no **ha llegado** todavía.
*The package **has** not **arrived** yet.*

Simple tense A tense expressed by a single verb form.

María **estaba** mal anoche.
*María **was** ill last night.*

Juana **hablará** con su mamá mañana.
*Juana **will speak** with her mom tomorrow.*

VERB A word that expresses actions or states-of-being.

Auxiliary verb A verb used with a present or past participle to form a compound tense. **Haber** is the most commonly used auxiliary verb in Spanish.

Los chicos **han** visto los elefantes.
*The children **have** seen the elephants.*

Espero que **hayas** comido.
*I hope you **have** eaten.*

Reflexive verb A verb that describes an action performed by the subject on itself and is always used with a reflexive pronoun.

Me compré un carro nuevo.
*I **bought myself** a new car.*

Pedro y Adela **se levantan** muy temprano.
*Pedro and Adela **get (themselves) up** very early.*

Spelling change verb A verb that undergoes a predictable change in spelling, in order to reflect its actual pronunciation in the various conjugations.

practicar	c→qu	practico	practi**qu**é
dirigir	g→j	dirigí	diri**j**o
almorzar	z→c	almorzó	almor**c**é

Stem-changing verb A verb whose stem vowel undergoes one or more predictable changes in the various conjugations.

entender (e:ie)	ent**ie**ndo
pedir (e:i)	p**i**den
dormir (o:ue, u)	d**ue**rmo, d**u**rmieron

Verb Conjugation Tables

The verb lists

The list of verbs below, and the model-verb tables that start on page A-11 show you how to conjugate every verb taught in **PANORAMA**. Each verb in the list is followed by a model verb conjugated according to the same pattern. The number in parentheses indicates where in the verb tables you can find the conjugated forms of the model verb. If you want to find out how to conjugate **divertirse**, for example, look up number 33, **sentir**, the model for verbs that follow the **e:ie** stem-change pattern.

How to use the verb tables

In the tables you will find the infinitive, present and past participles, and all the simple forms of each model verb. The formation of the compound tenses of any verb can be inferred from the table of compound tenses, pages A-11–12, either by combining the past participle of the verb with a conjugated form of **haber** or by combining the present participle with a conjugated form of **estar**.

abrazar (z:c) like cruzar (37)
abrir like vivir (3) *except* past participle is **abierto**
aburrir(se) like vivir (3)
acabar de like hablar (1)
acampar like hablar (1)
acompañar like hablar (1)
aconsejar like hablar (1)
acordarse (o:ue) like contar (24)
acostarse (o:ue) like contar (24)
adelgazar (z:c) like cruzar (37)
afeitarse like hablar (1)
ahorrar like hablar (1)
alegrarse like hablar (1)
aliviar like hablar (1)
almorzar (o:ue) like contar (24) *except* (z:c)
alquilar like hablar (1)
andar like hablar (1) *except* preterite stem is **anduv-**
anunciar like hablar (1)
apagar (g:gu) like llegar (41)
aplaudir like vivir (3)
apreciar like hablar (1)
aprender like comer (2)
apurarse like hablar (1)
arrancar (c:qu) like tocar (43)
arreglar like hablar (1)
asistir like vivir (3)
aumentar like hablar (1)
ayudar(se) like hablar (1)
bailar like hablar (1)
bajar(se) like hablar (1)
bañarse like hablar (1)
barrer like comer (2)
beber like comer (2)
besar(se) like hablar (1)
borrar like hablar (1)
brindar like hablar (1)
bucear like hablar (1)
buscar (c:qu) like tocar (43)
caber (4)
caer(se) (5)
calentarse (e:ie) like pensar (30)
calzar (z:c) like cruzar (37)
cambiar like hablar (1)
caminar like hablar (1)
cantar like hablar (1)
casarse like hablar (1)
cazar (z:c) like cruzar (37)
celebrar like hablar (1)
cenar like hablar (1)
cepillarse like hablar (1)
cerrar (e:ie) like pensar (30)
cobrar like hablar (1)
cocinar like hablar (1)
comenzar (e:ie) (z:c) like empezar (26)
comer (2)
compartir like vivir (3)
comprar like hablar (1)
comprender like comer (2)
comprometerse like comer (2)
comunicarse (c:qu) like tocar (43)
conducir (c:zc) (6)
confirmar like hablar (1)
conocer (c:zc) (35)
conseguir (e:i) (g:gu) like seguir (32)
conservar like hablar (1)
consumir like vivir (3)
contaminar like hablar (1)
contar (o:ue) (24)
controlar like hablar (1)
correr like comer (2)
costar (o:ue) like contar (24)
creer (y) (36)
cruzar (z:c) (37)
cubrir like vivir (3) *except* past participle is **cubierto**
cuidar like hablar (1)
cumplir like vivir (3)
dañar like hablar (1)
dar (7)
deber like comer (2)
decidir like vivir (3)
decir (e:i) (8)
declarar like hablar (1)
dejar like hablar (1)
depositar like hablar (1)
desarrollar like hablar (1)
desayunar like hablar (1)
descansar like hablar (1)
descargar like llegar (41)
describir like vivir (3) *except* past participle is **descrito**
descubrir like vivir (3) *except* past participle is **descubierto**
desear like hablar (1)
despedirse (e:i) like pedir (29)
despertarse (e:ie) like pensar (30)
destruir (y) (38)
dibujar like hablar (1)
dirigir (g:j) like vivir (3) *except* (g:j)
disfrutar like hablar (1)
divertirse (e:ie) like sentir (33)
divorciarse like hablar (1)
doblar like hablar (1)
doler (o:ue) like volver (34) *except* past participle is regular
dormir(se) (o:ue, u) (25)
ducharse like hablar (1)
dudar like hablar (1)
durar like hablar (1)
echar like hablar (1)
elegir (e:i) like pedir (29) *except* (g:j)
emitir like vivir (3)

empezar (e:ie) (z:c) (26)
enamorarse like hablar (1)
encantar like hablar (1)
encontrar(se) (o:ue) like contar (24)
enfermarse like hablar (1)
engordar like hablar (1)
enojarse like hablar (1)
enseñar like hablar (1)
ensuciar like hablar (1)
entender (e:ie) (27)
entrenarse like hablar (1)
entrevistar like hablar (1)
enviar (envío) (39)
escalar like hablar (1)
escoger (g:j) like proteger (42)
escribir like vivir (3) *except* past participle is escrito
escuchar like hablar (1)
esculpir like vivir (3)
esperar like hablar (1)
esquiar (esquío) like enviar (39)
establecer (c:zc) like conocer (35)
estacionar like hablar (1)
estar (9)
estornudar like hablar (1)
estudiar like hablar (1)
evitar like hablar (1)
explicar (c:qu) like tocar (43)
explorar like hablar (1)
faltar like hablar (1)
fascinar like hablar (1)
firmar like hablar (1)
fumar like hablar (1)
funcionar like hablar (1)
ganar like hablar (1)
gastar like hablar (1)
grabar like hablar (1)
graduarse (gradúo) (40)
guardar like hablar (1)
gustar like hablar (1)
haber (hay) (10)
hablar (1)
hacer (11)
importar like hablar (1)
imprimir like vivir (3)
informar like hablar (1)
insistir like vivir (3)
interesar like hablar (1)
invertir (e:ie) like sentir (33)
invitar like hablar (1)
ir(se) (12)
jubilarse like hablar (1)
jugar (u:ue) (g:gu) (28)
lastimarse like hablar (1)
lavar(se) like hablar (1)
leer (y) like creer (36)
levantar(se) like hablar (1)
limpiar like hablar (1)
llamar(se) like hablar (1)
llegar (g:gu) (41)
llenar like hablar (1)
llevar(se) like hablar (1)
llover (o:ue) like volver (34) *except* past participle is regular
luchar like hablar (1)
mandar like hablar (1)
manejar like hablar (1)
mantener(se) (e:ie) like tener (20)
maquillarse like hablar (1)
mejorar like hablar (1)
merendar (e:ie) like pensar (30)
mirar like hablar (1)
molestar like hablar (1)
montar like hablar (1)
morir (o:ue) like dormir (25) *except* past participle is muerto
mostrar (o:ue) like contar (24)
mudarse like hablar (1)
nacer (c:zc) like conocer (35)
nadar like hablar (1)
navegar (g:gu) like llegar (41)
necesitar like hablar (1)
negar (e:ie) like pensar (30) *except* (g:gu)
nevar (e:ie) like pensar (30)
obedecer (c:zc) like conocer (35)
obtener (e:ie) like tener (20)
ocurrir like vivir (3)
odiar like hablar (1)
ofrecer (c:zc) like conocer (35)
oír (13)
olvidar like hablar (1)
pagar (g:gu) like llegar (41)
parar like hablar (1)
parecer (c:zc) like conocer (35)
pasar like hablar (1)
pasear like hablar (1)
patinar like hablar (1)
pedir (e:i) (29)
peinarse like hablar (1)
pensar (e:ie) (30)
perder (e:ie) like entender (27)
pescar (c:qu) like tocar (43)
pintar like hablar (1)
planchar like hablar (1)
poder (o:ue) (14)
poner(se) (15)
practicar (c:qu) like tocar (43)
preferir (e:ie) like sentir (33)
preguntar like hablar (1)
preocuparse like hablar (1)
preparar like hablar (1)
presentar like hablar (1)
prestar like hablar (1)
probar(se) (o:ue) like contar (24)
prohibir like vivir (3)
proteger (g:j) (42)
publicar (c:qu) like tocar (43)
quedar(se) like hablar (1)
quemar like hablar (1)
querer (e:ie) (16)
quitar(se) like hablar (1)
recetar like hablar (1)
recibir like vivir (3)
reciclar like hablar (1)
recoger (g:j) like proteger (42)
recomendar (e:ie) like pensar (30)
recordar (o:ue) like contar (24)
reducir (c:zc) like conducir (6)
regalar like hablar (1)
regatear like hablar (1)
regresar like hablar (1)
reír(se) (e:i) (31)
relajarse like hablar (1)
renunciar like hablar (1)
repetir (e:i) like pedir (29)
resolver (o:ue) like volver (34)
respirar like hablar (1)
revisar like hablar (1)
rogar (o:ue) like contar (24) *except* (g:gu)
romper(se) like comer (2) *except* past participle is roto
saber (17)
sacar (c:qu) like tocar (43)
sacudir like vivir (3)
salir (18)
saludar(se) like hablar (1)
secar(se) (c:qu) like tocar (43)
seguir (e:i) (32)
sentarse (e:ie) like pensar (30)
sentir(se) (e:ie) (33)
separarse like hablar (1)
ser (19)
servir (e:i) like pedir (29)
solicitar like hablar (1)
sonar (o:ue) like contar (24)
sonreír (e:i) like reír(se) (31)
sorprender like comer (2)
subir like vivir (3)
sudar like hablar (1)
sufrir like vivir (3)
sugerir (e:ie) like sentir (33)
suponer like poner (15)
temer like comer (2)
tener (e:ie) (20)
terminar like hablar (1)
tocar (c:qu) (43)
tomar like hablar (1)
torcerse (o:ue) like volver (34) *except* (c:z) and past participle is regular; e.g., yo tuerzo
toser like comer (2)
trabajar like hablar (1)
traducir (c:zc) like conducir (6)
traer (21)
transmitir like vivir (3)
tratar like hablar (1)
usar like hablar (1)
vender like comer (2)
venir (e:ie, i) (22)
ver (23)
vestirse (e:i) like pedir (29)
viajar like hablar (1)
visitar like hablar (1)
vivir (3)
volver (o:ue) (34)
votar like hablar (1)

No.	Infinitive	INDICATIVE					SUBJUNCTIVE		IMPERATIVE
		Present	Imperfect	Preterite	Future	Conditional	Present	Past	
34	volver (o:ue)	**vuelvo**	volvía	volví	volveré	volvería	**vuelva**	volviera	
		vuelves	volvías	volviste	volverás	volverías	**vuelvas**	volvieras	**vuelve** tú (no **vuelvas**)
	Participles:	**vuelve**	volvía	volvió	volverá	volvería	**vuelva**	volviera	**vuelva** Ud.
	volviendo	volvemos	volvíamos	volvimos	volveremos	volveríamos	volvamos	volviéramos	volvamos
	vuelto	volvéis	volvíais	volvisteis	volveréis	volveríais	volváis	volvierais	volved (no volváis)
		vuelven	volvían	volvieron	volverán	volverían	**vuelvan**	volvieran	**vuelvan** Uds.

Verbs with spelling changes only

No.	Infinitive	INDICATIVE					SUBJUNCTIVE		IMPERATIVE
		Present	Imperfect	Preterite	Future	Conditional	Present	Past	
35	conocer	**conozco**	conocía	conocí	conoceré	conocería	**conozca**	conociera	
	(c:zc)	conoces	conocías	conociste	conocerás	conocerías	**conozcas**	conocieras	conoce tú (no **conozcas**)
		conoce	conocía	conoció	conocerá	conocería	**conozca**	conociera	**conozca** Ud.
	Participles:	conocemos	conocíamos	conocimos	conoceremos	conoceríamos	**conozcamos**	conociéramos	**conozcamos**
	conociendo	conocéis	conocíais	conocisteis	conoceréis	conoceríais	**conozcáis**	conocierais	conoced (no **conozcáis**)
	conocido	conocen	conocían	conocieron	conocerán	conocerían	**conozcan**	conocieran	**conozcan** Uds.
36	creer (y)	creo	creía	**creí**	creeré	creería	crea	**creyera**	
		crees	creías	**creíste**	creerás	creerías	creas	**creyeras**	cree tú (no creas)
	Participles:	cree	creía	**creyó**	creerá	creería	crea	**creyera**	crea Ud.
	creyendo	creemos	creíamos	**creímos**	creeremos	creeríamos	creamos	**creyéramos**	creamos
	creído	creéis	creíais	**creísteis**	creeréis	creeríais	creáis	**creyerais**	creed (no creáis)
		creen	creían	**creyeron**	creerán	creerían	crean	**creyeran**	crean Uds.
37	cruzar (z:c)	cruzo	cruzaba	**crucé**	cruzaré	cruzaría	**cruce**	cruzara	
		cruzas	cruzabas	cruzaste	cruzarás	cruzarías	**cruces**	cruzaras	cruza tú (no **cruces**)
	Participles:	cruza	cruzaba	cruzó	cruzará	cruzaría	**cruce**	cruzara	**cruce** Ud.
	cruzando	cruzamos	cruzábamos	cruzamos	cruzaremos	cruzaríamos	**crucemos**	cruzáramos	**crucemos**
	cruzado	cruzáis	cruzabais	cruzasteis	cruzaréis	cruzaríais	**crucéis**	cruzarais	cruzad (no **crucéis**)
		cruzan	cruzaban	cruzaron	cruzarán	cruzarían	**crucen**	cruzaran	**crucen** Uds.
38	destruir (y)	**destruyo**	destruía	destruí	destruiré	destruiría	**destruya**	**destruyera**	
		destruyes	destruías	destruiste	destruirás	destruirías	**destruyas**	**destruyeras**	**destruye** tú (no **destruyas**)
	Participles:	**destruye**	destruía	**destruyó**	destruirá	destruiría	**destruya**	**destruyera**	**destruya** Ud.
	destruyendo	destruimos	destruíamos	destruimos	destruiremos	destruiríamos	**destruyamos**	**destruyéramos**	**destruyamos**
	destruido	destruís	destruíais	destruisteis	destruiréis	destruiríais	**destruyáis**	**destruyerais**	destruid (no **destruyáis**)
		destruyen	destruían	**destruyeron**	destruirán	destruirían	**destruyan**	**destruyeran**	**destruyan** Uds.
39	enviar	**envío**	enviaba	envié	enviaré	enviaría	**envíe**	enviara	
	(envío)	**envías**	enviabas	enviaste	enviarás	enviarías	**envíes**	enviaras	**envía** tú (no **envíes**)
		envía	enviaba	envió	enviará	enviaría	**envíe**	enviara	**envíe** Ud.
	Participles:	enviamos	enviábamos	enviamos	enviaremos	enviaríamos	**enviemos**	enviáramos	enviemos
	enviando	enviáis	enviabais	enviasteis	enviaréis	enviaríais	**enviéis**	enviarais	enviad (no **enviéis**)
	enviado	**envían**	enviaban	enviaron	enviarán	enviarían	**envíen**	enviaran	**envíen** Uds.

	Infinitive	INDICATIVE					SUBJUNCTIVE		IMPERATIVE
		Present	Imperfect	Preterite	Future	Conditional	Present	Past	
40	graduarse	**gradúo**	graduaba	gradué	graduaré	graduaría	**gradúe**	graduara	
	(gradúo)	**gradúas**	graduabas	graduaste	graduarás	graduarías	**gradúes**	graduaras	**gradúa** tú (no **gradúes**)
		gradúa	graduaba	graduó	graduará	graduaría	**gradúe**	graduara	**gradúe** Ud.
	Participles:	graduamos	graduábamos	graduamos	graduaremos	graduaríamos	graduemos	graduáramos	graduemos
	graduando	graduáis	graduabais	graduasteis	graduaréis	graduaríais	graduéis	graduarais	graduad (no graduéis)
	graduado	**gradúan**	graduaban	graduaron	graduarán	graduarían	**gradúen**	graduaran	**gradúen** Uds.
41	llegar (g:gu)	llego	llegaba	**llegué**	llegaré	llegaría	**llegue**	llegara	
		llegas	llegabas	llegaste	llegarás	llegarías	**llegues**	llegaras	llega tú (no **llegues**)
	Participles:	llega	llegaba	llegó	llegará	llegaría	**llegue**	llegara	**llegue** Ud.
	llegando	llegamos	llegábamos	llegamos	llegaremos	llegaríamos	**lleguemos**	llegáramos	**lleguemos**
	llegado	llegáis	llegabais	llegasteis	llegaréis	llegaríais	**lleguéis**	llegarais	llegad (no **lleguéis**)
		llegan	llegaban	llegaron	llegarán	llegarían	**lleguen**	llegaran	**lleguen** Uds.
42	proteger (g:j)	**protejo**	protegía	protegí	protegeré	protegería	**proteja**	protegiera	
		proteges	protegías	protegiste	protegerás	protegerías	**protejas**	protegieras	protege tú (no **protejas**)
	Participles:	protege	protegía	protegió	protegerá	protegería	**proteja**	protegiera	**proteja** Ud.
	protegiendo	protegemos	protegíamos	protegimos	protegeremos	protegeríamos	**protejamos**	protegiéramos	**protejamos**
	protegido	protegéis	protegíais	protegisteis	protegeréis	protegeríais	**protejáis**	protegierais	proteged (no **protejáis**)
		protegen	protegían	protegieron	protegerán	protegerían	**protejan**	protegieran	**protejan** Uds.
43	tocar (c:qu)	toco	tocaba	**toqué**	tocaré	tocaría	**toque**	tocara	
		tocas	tocabas	tocaste	tocarás	tocarías	**toques**	tocaras	toca tú (no **toques**)
	Participles:	toca	tocaba	tocó	tocará	tocaría	**toque**	tocara	**toque** Ud.
	tocando	tocamos	tocábamos	tocamos	tocaremos	tocaríamos	**toquemos**	tocáramos	**toquemos**
	tocado	tocáis	tocabais	tocasteis	tocaréis	tocaríais	**toquéis**	tocarais	tocad (no **toquéis**)
		tocan	tocaban	tocaron	tocarán	tocarían	**toquen**	tocaran	**toquen** Uds.

Guide to Vocabulary

Note on alphabetization

For purposes of alphabetization, **ch** and **ll** are not treated as separate letters, but **ñ** follows **n**. Therefore, in this glossary you will find that **año**, for example, appears after **anuncio**.

Abbreviations used in this glossary

adj.	adjective	*form.*	formal	*pl.*	plural
adv.	adverb	*indef.*	indefinite	*poss.*	possessive
art.	article	*interj.*	interjection	*prep.*	preposition
conj.	conjunction	*i.o.*	indirect object	*pron.*	pronoun
def.	definite	*m.*	masculine	*ref.*	reflexive
d.o.	direct object	*n.*	noun	*sing.*	singular
f.	feminine	*obj.*	object	*sub.*	subject
fam.	familiar	*p.p.*	past participle	*v.*	verb

Spanish-English

A

a *prep.* at; to 1
¿A qué hora...? At what time...? 1
a bordo aboard 1
a dieta on a diet 15
a la derecha to the right 2
a la izquierda to the left 2
a la plancha grilled 8
a la(s) + ***time*** at + *time* 1
a menos que unless 13
a menudo *adv.* often 10
a nombre de in the name of 5
a plazos in installments 14
A sus órdenes. At your service. 11
a tiempo *adv.* on time 10
a veces *adv.* sometimes 10
a ver let's see 2
¡Abajo! *adv.* Down! 15
abeja *f.* bee
abierto/a *adj.* open 5, 14
abogado/a *m., f.* lawyer
abrazar(se) *v.* to hug; to embrace (each other) 11
abrazo *m.* hug
abrigo *m.* coat 6
abril *m.* April 5
abrir *v.* to open 3
abuelo/a *m., f.* grandfather; grandmother 3
abuelos *pl.* grandparents 3
aburrido/a *adj.* bored; boring 5
aburrir *v.* to bore 7
aburrirse *v.* to get bored
acabar de (+ ***inf.*****)** *v.* to have just done something 6
acampar *v.* to camp 5
accidente *m.* accident 10
acción *f.* action
de acción action (genre)
aceite *m.* oil 8
ácido/a *adj.* acid 13
acompañar *v.* to go with; to accompany 14
aconsejar *v.* to advise 12
acontecimiento *m.* event
acordarse (de) (o:ue) *v.* to remember 7
acostarse (o:ue) *v.* to go to bed 7
activo/a *adj.* active 15
actor *m.* actor
actriz *f.* actor, actress
actualidades *f., pl.* news; current events
acuático/a *adj.* aquatic 4
adelgazar *v.* to lose weight; to slim down 15
además (de) *adv.* furthermore; besides 10
adicional *adj.* additional
adiós *m.* good-bye 1
adjetivo *m.* adjective
administración de empresas *f.* business administration 2
adolescencia *f.* adolescence 9
¿adónde? *adv.* where (to)? (destination) 2
aduana *f.* customs 5
aeróbico/a *adj.* aerobic 15
aeropuerto *m.* airport 5
afectado/a *adj.* affected 13
afeitarse *v.* to shave 7
aficionado/a *adj.* fan 4
afirmativo/a *adj.* affirmative
afueras *f., pl.* suburbs; outskirts 12
agencia de viajes *f.* travel agency 5
agente de viajes *m., f.* travel agent 5
agosto *m.* August 5
agradable *adj.* pleasant
agua *f.* water 8
agua mineral mineral water 8
ahora *adv.* now 2
ahora mismo right now 5
ahorrar *v.* to save (money) 14
ahorros *m.* savings 14
aire *m.* air 5
ajo *m.* garlic 8
al (*contraction of* **a + el)** 2
al aire libre open-air 6
al contado in cash 14
(al) este (to the) east 14
al fondo (de) at the end (of) 12
al lado de beside 2
(al) norte (to the) north 14
(al) oeste (to the) west 14
(al) sur (to the) south 14
alcoba *f.* bedroom 12
alcohol *m.* alcohol 15
alcohólico/a *adj.* alcoholic 15
alegrarse (de) *v.* to be happy 13
alegre *adj.* happy; joyful 5
alegría *f.* happiness 9
alemán, alemana *adj.* German 3
alérgico/a *adj.* allergic 10
alfombra *f.* carpet; rug 12
algo *pron.* something; anything 7
algodón *m.* cotton 6
alguien *pron.* someone; somebody; anyone 7
algún, alguno/a(s) *adj.* any; some 7
alimento *m.* food
alimentación *f.* diet
aliviar *v.* to reduce 15
aliviar el estrés/la tensión to reduce stress/tension 15
allí *adv.* there 5
allí mismo right there 14
almacén *m.* department store 6
almohada *f.* pillow 12
almorzar (o:ue) *v.* to have lunch 4
almuerzo *m.* lunch 8

aló *interj.* hello (*on the telephone*) 11
alquilar *v.* to rent 12
alquiler *m.* rent (payment) 12
alternador *m.* alternator 11
altillo *m.* attic 12
alto/a *adj.* tall 3
aluminio *m.* aluminum 13
ama de casa *m., f.* housekeeper; caretaker 12
amable *adj.* nice; friendly 5
amarillo/a *adj.* yellow 6
amigo/a *m., f.* friend 3
amistad *f.* friendship 9
amor *m.* love 9
anaranjado/a *adj.* orange 6
andar *v.* **en patineta** to skateboard 4
animal *m.* animal 13
aniversario (de bodas) *m.* (wedding) anniversary 9
anoche *adv.* last night 6
anteayer *adv.* the day before yesterday 6
antes *adv.* before 7
  antes (de) que *conj.* before 13
  antes de *prep.* before 7
antibiótico *m.* antibiotic 10
antipático/a *adj.* unpleasant 3
anunciar *v.* to announce; to advertise
anuncio *m.* advertisement
año *m.* year 5
  año pasado last year 6
apagar *v.* to turn off 11
aparato *m.* appliance
apartamento *m.* apartment 12
apellido *m.* last name 3
apenas *adv.* hardly; scarcely 10
aplaudir *v.* to applaud
apreciar *v.* to appreciate
aprender (a + ***inf.*****)** *v.* to learn 3
apurarse *v.* to hurry; to rush 15
aquel, aquella *adj.* that; those (over there) 6
aquél, aquélla *pron.* that; those (over there) 6
aquello *neuter, pron.* that; that thing; that fact 6
aquellos/as *pl. adj.* those (over there) 6
aquéllos/as *pl. pron.* those (ones) (over there) 6
aquí *adv.* here 1
  Aquí está... Here it is... 5
  Aquí estamos en... Here we are at/in... 2
  aquí mismo right here 11
árbol *m.* tree 13
archivo *m.* file 11
armario *m.* closet 12
arqueólogo/a *m., f.* archaeologist
arquitecto/a *m., f.* architect
arrancar *v.* to start (*a car*) 11
arreglar *v.* to fix; to arrange 11; to neaten; to straighten up 12
arriba *adv.* up
arroba *f.* @ symbol 11
arroz *m.* rice 8
arte *m.* art 2
artes *f., pl.* arts
artesanía *f.* craftsmanship; crafts
artículo *m.* article
artista *m., f.* artist 3
artístico/a *adj.* artistic
arveja *m.* pea 8
asado/a *adj.* roast 8
ascenso *m.* promotion
ascensor *m.* elevator 5
así *adv.* like this; so (*in such a way*) 10
  así así so so
asistir (a) *v.* to attend 3
aspiradora *f.* vacuum cleaner 12
aspirante *m., f.* candidate; applicant
aspirina *f.* aspirin 10
atún *m.* tuna 8
aumentar *v.* **de peso** to gain weight 15
aumento *m.* increase
  aumento de sueldo pay raise
aunque although
autobús *m.* bus 1
automático/a *adj.* automatic
auto(móvil) *m.* auto(mobile) 5
autopista *f.* highway 11
ave *f.* bird 13
avenida *f.* avenue
aventura *f.* adventure
  de aventura adventure (genre)
avergonzado/a *adj.* embarrassed 5
avión *m.* airplane 5
¡Ay! *interj.* Oh!
  ¡Ay, qué dolor! Oh, what pain!
ayer *adv.* yesterday 6
ayudar(se) *v.* to help (each other) 11, 12
azúcar *m.* sugar 8
azul *adj. m., f.* blue 6

B

bailar *v.* to dance 2
bailarín/bailarina *m., f.* dancer
baile *m.* dance
bajar(se) de *v.* to get off of/out of (a vehicle) 11
bajo/a *adj.* short (*in height*) 3
bajo control under control 7
balcón *m.* balcony 12
baloncesto *m.* basketball 4
banana *f.* banana 8
banco *m.* bank 14
banda *f.* band
bandera *f.* flag
bañarse *v.* to bathe; to take a bath 7
baño *m.* bathroom 7
barato/a *adj.* cheap 6
barco *m.* boat 5
barrer *v.* to sweep 12
  barrer el suelo *v.* to sweep the floor 12
barrio *m.* neighborhood 12
bastante *adv.* enough; rather 10; pretty 13
basura *f.* trash 12
baúl *m.* trunk 11
beber *v.* to drink 3
bebida *f.* drink 8
  bebida alcohólica *f.* alcoholic beverage 15
béisbol *m.* baseball 4
bellas artes *f., pl.* fine arts
belleza *f.* beauty 14
beneficio *m.* benefit
besar(se) *v.* to kiss (each other) 11
beso *m.* kiss 9
biblioteca *f.* library 2
bicicleta *f.* bicycle 4
bien *adj.* well 1
bienestar *m.* well-being 15
bienvenido(s)/a(s) *adj.* welcome 12
billete *m.* paper money; ticket
billón *m.* trillion
biología *f.* biology 2
bisabuelo/a *m., f.* great-grandfather/great-grandmother 3
bistec *m.* steak 8
bizcocho *m.* biscuit
blanco/a *adj.* white 6
bluejeans *m., pl.* jeans 6
blusa *f.* blouse 6
boca *f.* mouth 10
boda *f.* wedding 9
boleto *m.* ticket
bolsa *f.* purse, bag 6
bombero/a *m., f.* firefighter
bonito/a *adj.* pretty 3
borrador *m.* eraser 2
borrar *v.* to erase 11
bosque *m.* forest 13
  bosque tropical tropical forest; rainforest 13
bota *f.* boot 6
botella *f.* bottle 9
  botella de vino bottle of wine 9
botones *m., f. sing.* bellhop 5
brazo *m.* arm 10
brindar *v.* to toast (*drink*) 9
bucear *v.* to scuba dive 4
bueno *adv.* well 2
buen, bueno/a *adj.* good 3, 6
  ¡Buen viaje! Have a good trip! 1
  buena forma good shape (*physical*) 15

Buena idea. Good idea. 4
Buenas noches. Good evening; Good night. 1
Buenas tardes. Good afternoon. 1
buenísimo/a extremely good
¿Bueno? Hello. (*on telephone*) 11
Buenos días. Good morning. 1
bulevar *m.* boulevard
buscar *v.* to look for 2
buzón *m.* mailbox 14

C

caballo *m.* horse 5
cabaña *f.* cabin 5
cabe: no cabe duda de there's no doubt 13
cabeza *f.* head 10
cada *adj. m., f.* each 6
caerse *v.* to fall (down) 10
café *m.* café 4; *adj. m., f.* brown 6; *m.* coffee 8
cafeína *f.* caffeine 14
cafetera *f.* coffee maker 12
cafetería *f.* cafeteria 2
caído/a *p.p.* fallen 14
caja *f.* cash register 6
cajero/a *m., f.* cashier 14
cajero automático *m.* ATM 14
calcetín (calcetines) *m.* sock(s) 6
calculadora *f.* calculator 11
caldo *m.* soup 8
caldo de patas *m.* beef soup 8
calentarse (e:ie) *v.* to warm up 15
calidad *f.* quality 6
calle *f.* street 11
calor *m.* heat 4
caloría *f.* calorie 15
calzar *v.* to take size... shoes 6
cama *f.* bed 5
cámara digital *f.* digital camera 11
cámara de video *f.* video camera 11
camarero/a *m., f.* waiter/waitress 8
camarón *m.* shrimp 8
cambiar (de) *v.* to change 9
cambio *m.* **de moneda** currency exchange
caminar *v.* to walk 2
camino *m.* road
camión *m.* truck; bus
camisa *f.* shirt 6
camiseta *f.* t-shirt 6
campo *m.* countryside 5
canadiense *adj.* Canadian 3
canal *m.* (TV) channel 11
canción *f.* song
candidato/a *m., f.* candidate
cansado/a *adj.* tired 5
cantante *m., f.* singer
cantar *v.* to sing 2
capital *f.* capital city 1
capó *m.* hood 11
cara *f.* face 7
caramelo *m.* caramel 9
carne *f.* meat 8
carne de res *f.* beef 8
carnicería *f.* butcher shop 14
caro/a *adj.* expensive 6
carpintero/a *m., f.* carpenter
carrera *f.* career
carretera *f.* highway 11
carro *m.* car; automobile 11
carta *f.* letter 4; (playing) card 5
cartel *m.* poster 12
cartera *f.* wallet 6
cartero *m.* mail carrier 14
casa *f.* house; home 2
casado/a *adj.* married 9
casarse (con) *v.* to get married (to) 9
casi *adv.* almost 10
catorce *adj.* fourteen 1
cazar *v.* to hunt 13
cebolla *f.* onion 8
cederrón *m.* CD-ROM 11
celebrar *v.* to celebrate 9
celular *adj.* cellular 11
cena *f.* dinner 8
cenar *v.* to have dinner 2
centro *m.* downtown 4
centro comercial shopping mall 6
cepillarse los dientes/el pelo *v.* to brush one's teeth/one's hair 7
cerámica *f.* pottery
cerca de *prep.* near 2
cerdo *m.* pork 8
cereales *m., pl.* cereal; grains 8
cero *m.* zero 1
cerrado/a *adj.* closed 5, 14
cerrar (e:ie) *v.* to close 4
cerveza *f.* beer 8
césped *m.* grass
ceviche *m.* marinated fish dish 8
ceviche de camarón *m.* lemon-marinated shrimp 8
chaleco *m.* vest
champán *m.* champagne 9
champiñón *m.* mushroom 8
champú *m.* shampoo 7
chaqueta *f.* jacket 6
chau *fam. interj.* bye 1
cheque *m.* (bank) check 14
cheque (de viajero) *m.* (traveler's) check 14
chévere *adj., fam.* terrific
chico/a *m., f.* boy/girl 1
chino/a *adj.* Chinese 3
chocar (con) *v.* to run into
chocolate *m.* chocolate 9
choque *m.* collision
chuleta *f.* chop (*food*) 8
chuleta de cerdo *f.* pork chop 8
cibercafé *m.* cybercafé
ciclismo *m.* cycling 4
cielo *m.* sky 13
cien(to) one hundred 2
ciencia *f.* science 2
de ciencia ficción *f.* science fiction (genre)
científico/a *m., f.* scientist
cierto *m.* certain 13
es cierto it's certain 13
no es cierto it's not certain 13
cinco five 1
cincuenta fifty 2
cine *m.* movie theater 4
cinta *f.* (audio)tape
cinta caminadora *f.* treadmill 15
cinturón *m.* belt 6
circulación *f.* traffic 11
cita *f.* date; appointment 9
ciudad *f.* city 4
ciudadano/a *m., f.* citizen
Claro (que sí). *fam.* Of course.
clase *f.* class 2
clase de ejercicios aeróbicos *f.* aerobics class 15
clásico/a *adj.* classical
cliente/a *m., f.* customer 6
clínica *f.* clinic 10
cobrar *v.* to cash (a check) 14
coche *m.* car; automobile 11
cocina *f.* kitchen; stove 12
cocinar *v.* to cook 12
cocinero/a *m., f.* cook, chef
cofre *m.* hood 14
cola *f.* line 14
colesterol *m.* cholesterol 15
color *m.* color 6
comedia *f.* comedy; play
comedor *m.* dining room 12
comenzar (e:ie) *v.* to begin 4
comer *v.* to eat 3
comercial *adj.* commercial; business-related
comida *f.* food; meal 8
como like; as 8
¿cómo? what?; how? 1
¿Cómo es...? What's... like? 3
¿Cómo está usted? *form.* How are you? 1
¿Cómo estás? *fam.* How are you? 1
¿Cómo les fue...? *pl.* How did ... go for you? 15
¿Cómo se llama (usted)? (*form.*) What's your name? 1
¿Cómo te llamas (tú)? (*fam.*) What's your name? 1
cómoda *f.* chest of drawers 12
cómodo/a *adj.* comfortable 5
compañero/a de clase *m., f.* classmate 2
compañero/a de cuarto *m., f.* roommate 2
compañía *f.* company; firm
compartir *v.* to share 3

completamente *adv.* completely
compositor(a) *m., f.* composer
comprar *v.* to buy 2
compras *f., pl.* purchases 5
ir de compras go shopping 5
comprender *v.* to understand 3
comprobar *v.* to check
comprometerse (con) *v.* to get engaged (to) 9
computación *f.* computer science 2
computadora *f.* computer 1
computadora portátil *f.* portable computer; laptop 11
comunicación *f.* communication
comunicarse (con) *v.* to communicate (with)
comunidad *f.* community 1
con *prep.* with 2
Con él/ella habla. This is he/she. (*on telephone*) 11
con frecuencia *adv.* frequently 10
Con permiso. Pardon me; Excuse me. 1
con tal (de) que provided (that) 13
concierto *m.* concert
concordar *v.* to agree
concurso *m.* game show; contest
conducir *v.* to drive 6, 11
conductor(a) *m., f.* driver 1
confirmar *v.* to confirm 5
confirmar *v.* **una reservación** *f.* to confirm a reservation 5
confundido/a *adj.* confused 5
congelador *m.* freezer 12
congestionado/a *adj.* congested; stuffed-up 10
conmigo *pron.* with me 4, 9
conocer *v.* to know; to be acquainted with 6
conocido *adj.; p.p.* known
conseguir (e:i) *v.* to get; to obtain 4
consejero/a *m., f.* counselor; advisor
consejo *m.* advice
conservación *f.* conservation 13
conservar *v.* to conserve 13
construir *v.* to build
consultorio *m.* doctor's office 10
consumir *v.* to consume 15
contabilidad *f.* accounting 2
contador(a) *m., f.* accountant
contaminación *f.* pollution 13
contaminación del aire/del agua air/water pollution 13
contaminado/a *adj.* polluted 13
contaminar *v.* to pollute 13
contar (o:ue) *v.* to count; to tell 4
contar (con) *v.* to count (on) 12
contento/a *adj.* happy; content 5
contestadora *f.* answering machine 11
contestar *v.* to answer 2
contigo *fam. pron.* with you 9
contratar *v.* to hire
control *m.* control 7
control remoto remote control 11
controlar *v.* to control 13
conversación *f.* conversation 1
conversar *v.* to converse, to chat 2
copa *f.* wineglass; goblet 12
corazón *m.* heart 10
corbata *f.* tie 6
corredor(a) *m., f.* **de bolsa** stockbroker
correo *m.* mail; post office 14
correo electrónico *m.* e-mail 4
correr *v.* to run 3
cortesía *f.* courtesy
cortinas *f., pl.* curtains 12
corto/a *adj.* short (*in length*) 6
cosa *f.* thing 1
costar (o:ue) *f.* to cost 6
cráter *m.* crater 13
creer *v.* to believe 13
creer (en) *v.* to believe (in) 3
no creer (en) *v.* not to believe (in) 13
creído/a *adj., p.p.* believed 14
crema de afeitar *f.* shaving cream 7
crimen *m.* crime; murder
cruzar *v.* to cross 14
cuaderno *m.* notebook 1
cuadra *f.* (city) block 14
¿cuál(es)? which?; which one(s)? 2
¿Cuál es la fecha de hoy? What is today's date? 5
cuadro *m.* picture 12
cuadros *m., pl.* plaid 6
cuando when 7; 13
¿cuándo? when? 2
¿cuánto(s)/a(s)? how much/how many? 1
¿Cuánto cuesta...? How much does... cost? 6
¿Cuántos años tienes? How old are you? 3
cuarenta forty 2
cuarto de baño *m.* bathroom 7
cuarto *m.* room 2; 7
cuarto/a *adj.* fourth 5
menos cuarto quarter to (time)
y cuarto quarter after (time) 1
cuatro four 1
cuatrocientos/as four hundred 2
cubiertos *m., pl.* silverware
cubierto/a *p.p.* covered
cubrir *v.* to cover
cuchara *f.* (table or large) spoon 12
cuchillo *m.* knife 12
cuello *m.* neck 10
cuenta *f.* bill 9; account 14
cuenta corriente *f.* checking account 14
cuenta de ahorros *f.* savings account 14
cuento *m.* short story
cuerpo *m.* body 10
cuidado *m.* care 3
cuidar *v.* to take care of 13
¡Cuídense! Take care! 14
cultura *f.* culture
cumpleaños *m., sing.* birthday 9
cumplir años *v.* to have a birthday 9
cuñado/a *m., f.* brother-in-law; sister-in-law 3
currículum *m.* résumé
curso *m.* course 2

D

danza *f.* dance
dañar *v.* to damage; to break down 10
dar *v.* to give 6, 9
dar direcciones *v.* to give directions 14
dar un consejo *v.* to give advice
darse con *v.* to bump into; to run into (something) 10
darse prisa *v.* to hurry; to rush 15
de *prep.* of; from 1
¿De dónde eres? *fam.* Where are you from? 1
¿De dónde es usted? *form.* Where are you from? 1
¿De parte de quién? Who is calling? (*on telephone*) 11
¿de quién...? whose...? (*sing.*) 1
¿de quiénes...? whose...? (*pl.*) 1
de algodón (made) of cotton 6
de aluminio (made) of aluminum 13
de buen humor in a good mood 5
de compras shopping 5
de cuadros plaid 6
de excursión hiking 4
de hecho in fact
de ida y vuelta roundtrip 5
de la mañana in the morning; A.M. 1
de la noche in the evening; at night; P.M. 1
de la tarde in the afternoon; in the early evening; P.M. 1
de lana (made) of wool 6
de lunares polka-dotted 6
de mal humor in a bad mood 5
de mi vida of my life 15
de moda in fashion 6
De nada. You're welcome. 1
De ninguna manera. No way.
de niño/a as a child 10
de parte de on behalf of 11
de plástico (made) of plastic 13
de rayas striped 6
de repente suddenly 6
de seda (made) of silk 6
de vaqueros western (genre)
de vez en cuando from time to time 10

de vidrio (made) of glass 13
debajo de *prep.* below; under 2
deber (+ *inf.*) *v.* should; must; ought to 3
Debe ser... It must be... 6
deber *m.* responsibility; obligation
debido a due to (the fact that)
débil *adj.* weak 15
decidido/a *adj.* decided 14
decidir (+ *inf.*) *v.* to decide 3
décimo/a *adj.* tenth 5
decir (e:i) *v.* **(que)** to say (that); to tell (that) **4, 9**
decir la respuesta to say the answer 4
decir la verdad to tell the truth 4
decir mentiras to tell lies 4
decir que to say that 4
declarar *v.* to declare; to say
dedo *m.* finger 10
dedo del pie *m.* toe 10
deforestación *f.* deforestation 13
dejar *v.* to let 12; to quit; to leave behind
dejar de *(+ inf.) v.* to stop *(doing something)* 13
dejar una propina *v.* to leave a tip 9
del (*contraction of* **de + el**) of the; from the
delante de *prep.* in front of 2
delgado/a *adj.* thin; slender 3
delicioso/a *adj.* delicious 8
demás *adj.* the rest
demasiado *adj., adv.* too much 6
dentista *m., f.* dentist 10
dentro de (diez años) within (ten years); inside
dependiente/a *m., f.* clerk 6
deporte *m.* sport 4
deportista *m.* sports person
deportivo/a *adj.* sports-related 4
depositar *v.* to deposit 14
derecha *f.* right 2
derecho *adj.* straight (ahead) 14
a la derecha de to the right of 2
derechos *m., pl.* rights
desarrollar *v.* to develop 13
desastre (natural) *m.* (natural) disaster
desayunar *v.* to have breakfast 2
desayuno *m.* breakfast 8
descafeinado/a *adj.* decaffeinated 15
descansar *v.* to rest 2
descargar *v.* to download 11
descompuesto/a *adj.* not working; out of order 11
describir *v.* to describe 3
descrito/a *p.p.* described 14
descubierto/a *p.p.* discovered 14
descubrir *v.* to discover 13
desde *prep.* from 6
desear *v.* to wish; to desire 2
desempleo *m.* unemployment
desierto *m.* desert 13
desigualdad *f.* inequality
desordenado/a *adj.* disorderly 5
despacio *adv.* slowly 10
despedida *f.* farewell; good-bye
despedir (e:i) *v.* to fire
despedirse (de) (e:i) *v.* to say goodbye (to) 7
despejado/a *adj.* clear (*weather*)
despertador *m.* alarm clock 7
despertarse (e:ie) *v.* to wake up 7
después *adv.* afterwards; then 7
después de after 7
después de que *conj.* after 13
destruir *v.* to destroy 13
detrás de *prep.* behind 2
día *m.* day 1
día de fiesta holiday 9
diario *m.* diary 1; newspaper
diario/a *adj.* daily 7
dibujar *v.* to draw 2
dibujo *m.* drawing
dibujos animados *m., pl.* cartoons
diccionario *m.* dictionary 1
dicho/a *p.p.* said 14
diciembre *m.* December 5
dictadura *f.* dictatorship
diecinueve nineteen 1
dieciocho eighteen 1
dieciséis sixteen 1
diecisiete seventeen 1
diente *m.* tooth 7
dieta *f.* diet 15
comer una dieta equilibrada to eat a balanced diet 15
diez ten 1
difícil *adj.* difficult; hard 3
Diga. Hello. (*on telephone*) 11
diligencia *f.* errand 14
dinero *m.* money 6
dirección *f.* address 14
dirección electrónica *f.* e-mail address 11
direcciones *f., pl.* directions 14
director(a) *m., f.* director; (*musical*) conductor
dirigir *v.* to direct
disco compacto compact disc (CD) 11
discriminación *f.* discrimination
discurso *m.* speech
diseñador(a) *m., f.* designer
diseño *m.* design
disfrutar (de) *v.* to enjoy; to reap the benefits (of) 15
diversión *f.* fun activity; entertainment; recreation 4
divertido/a *adj.* fun 7
divertirse (e:ie) *v.* to have fun 9
divorciado/a *adj.* divorced 9
divorciarse (de) *v.* to get divorced (from) 9
divorcio *m.* divorce 9
doblar *v.* to turn 14
doble *adj.* double
doce twelve 1
doctor(a) *m., f.* doctor 3; 10
documental *m.* documentary
documentos de viaje *m., pl.* travel documents
doler (o:ue) *v.* to hurt 10
dolor *m.* ache; pain 10
dolor de cabeza *m.* head ache 10
doméstico/a *adj.* domestic 12
domingo *m.* Sunday 2
don/doña *title of respect used with a person's first name* 1
donde *prep.* where
¿Dónde está...? Where is...? 2
¿dónde? where? 1
dormir (o:ue) *v.* to sleep 4
dormirse (o:ue) *v.* to go to sleep; to fall asleep 7
dormitorio *m.* bedroom 12
dos two 1
dos veces *f.* twice; two times 6
doscientos/as two hundred 2
drama *m.* drama; play
dramático/a *adj.* dramatic
dramaturgo/a *m., f.* playwright
droga *f.* drug 15
drogadicto/a *adj.* drug addict 15
ducha *f.* shower 7
ducharse *v.* to shower; to take a shower 7
duda *f.* doubt 13
dudar *v.* to doubt 13
no dudar *v.* not to doubt 13
dueño/a *m., f.* owner; landlord 8
dulces *m., pl.* sweets; candy 9
durante *prep.* during 7
durar *v.* to last

E

e *conj. (used instead of* **y** *before words beginning with* **i** *and* **hi***)* and 4
echar *v.* to throw
echar (una carta) al buzón *v.* to put (a letter) in the mailbox 14; to mail 14
ecología *f.* ecology 13
economía *f.* economics 2
ecoturismo *m.* ecotourism 13
Ecuador *m.* Ecuador 1
ecuatoriano/a *adj.* Ecuadorian 3
edad *f.* age 9
edificio *m.* building 12
edificio de apartamentos apartment building 12
(en) efectivo *m.* cash 6
ejercicio *m.* exercise 15
ejercicios aeróbicos aerobic exercises 15
ejercicios de estiramiento stretching exercises 15

ejército *m.* army
el *m., sing., def. art.* the 1
él *sub. pron.* he 1; *adj. pron.* him
elecciones *f., pl.* election
electricista *m., f.* electrician
electrodoméstico *m.* electric appliance 12
elegante *adj. m., f.* elegant 6
elegir (e:i) *v.* to elect
ella *sub. pron.* she 1; *obj. pron.* her
ellos/as *sub. pron.* they 1; them 1
embarazada *adj.* pregnant 10
emergencia *f.* emergency 10
emitir *v.* to broadcast
emocionante *adj. m., f.* exciting
empezar (e:ie) *v.* to begin 4
empleado/a *m., f.* employee 5
empleo *m.* job; employment
empresa *f.* company; firm
en *prep.* in; on; at 2
  en casa at home 7
  en caso (de) que in case (that) 13
  en cuanto as soon as 13
  en efectivo in cash 14
  en exceso in excess; too much 15
  en línea in-line 4
  ¡En marcha! Let's get going! 15
  en mi nombre in my name
  en punto on the dot; exactly; sharp (*time*) 1
  en qué in what; how 2
  ¿En qué puedo servirles? How can I help you? 5
enamorado/a (de) *adj.* in love (with) 5
enamorarse (de) *v.* to fall in love (with) 9
encantado/a *adj.* delighted; pleased to meet you 1
encantar *v.* to like very much; to love (*inanimate objects*) 7
  ¡Me encantó! I loved it! 15
encima de *prep.* on top of 2
encontrar (o:ue) *v.* to find 4
encontrar(se) (o:ue) *v.* to meet (each other); to run into (each other) 11
encuesta *f.* poll; survey
energía *f.* energy 13
  energía nuclear nuclear energy 13
  energía solar solar energy 13
enero *m.* January 5
enfermarse *v.* to get sick 10
enfermedad *f.* illness 10
enfermero/a *m., f.* nurse 10
enfermo/a *adj.* sick 10
enfrente de *adv.* opposite; facing 14
engordar *v.* to gain weight 15
enojado/a *adj.* mad; angry 5
enojarse (con) *v.* to get angry (with) 7
ensalada *f.* salad 8
enseguida *adv.* right away 9
enseñar *v.* to teach 2
ensuciar *v.* to get (something) dirty 12
entender (e:ie) *v.* to understand 4
entonces *adv.* then 7
entrada *f.* entrance 12; ticket
entre *prep.* between; among 2
entremeses *m., pl.* hors d'oeuvres; appetizers 8
entrenador(a) *m., f.* trainer 15
entrenarse *v.* to practice; to train 15
entrevista *f.* interview
entrevistador(a) *m., f.* interviewer
entrevistar *v.* to interview
envase *m.* container 13
enviar *v.* to send; to mail 14
equilibrado/a *adj.* balanced 15
equipado/a *adj.* equipped 15
equipaje *m.* luggage 5
equipo *m.* team 4
equivocado/a *adj.* wrong 5
eres *fam.* you are 1
es he/she/it is 1
  Es bueno que... It's good that... 12
  Es de... He/She is from... 1
  es extraño it's strange 13
  Es importante que... It's important that... 12
  es imposible it's impossible 13
  es improbable it's improbable 13
  Es malo que... It's bad that... 12
  Es mejor que... It's better that... 12
  Es necesario que... It's necessary that... 12
  es obvio it's obvious 13
  es ridículo it's ridiculous 13
  es seguro it's sure 13
  es terrible it's terrible 13
  es triste it's sad 13
  Es urgente que... It's urgent that... 12
  Es la una. It's one o'clock. 1
  es una lástima it's a shame 13
  es verdad it's true 13
esa(s) *f., adj.* that; those 6
ésa(s) *f., pron.* that (one); those (ones) 6
escalar *v.* to climb 4
  escalar montañas *v.* to climb mountains 4
escalera *f.* stairs; stairway 12
escoger *v.* to choose 8
escribir *v.* to write 3
  escribir un mensaje electrónico to write an e-mail message 4
  escribir una postal to write a postcard 4
  escribir una carta to write a letter 4
escrito/a *p.p.* written 14
escritor(a) *m., f.* writer
escritorio *m.* desk 2
escuchar *v.* to listen to
  escuchar la radio to listen (to) the radio 2
  escuchar música to listen (to) music 2
escuela *f.* school 1
esculpir *v.* to sculpt
escultor(a) *m., f.* sculptor
escultura *f.* sculpture
ese *m., sing., adj.* that 6
ése *m., sing., pron.* that one 6
eso *neuter, pron.* that; that thing 6
esos *m., pl., adj.* those 6
ésos *m., pl., pron.* those (ones) 6
España *f.* Spain 1
español *m.* Spanish (*language*) 2
español(a) *adj. m., f.* Spanish 3
espárragos *m., pl.* asparagus 8
especialización *f.* major 2
espectacular *adj.* spectacular 15
espectáculo *m.* show
espejo *m.* mirror 7
esperar *v.* to hope; to wish 13
  esperar (+ *infin.*) *v.* to wait (for); to hope 2
esposo/a *m., f.* husband/wife; spouse 3
esquí (acuático) *m.* (water) skiing 4
esquiar *v.* to ski 4
esquina *m.* corner 14
está he/she/it is, you are
  Está (muy) despejado. It's (very) clear. (*weather*)
  Está lloviendo. It's raining. 5
  Está nevando. It's snowing. 5
  Está (muy) nublado. It's (very) cloudy. (*weather*) 5
  Está bien. That's fine. 11
esta(s) *f., adj.* this; these 6
  esta noche tonight 4
ésta(s) *f., pron.* this (one); these (ones) 6
  Ésta es... *f.* This is... (*introducing someone*) 1
establecer *v.* to start, to establish
estación *f.* station; season 5
  estación de autobuses bus station 5
  estación del metro subway station 5
  estación de tren train station 5
estacionamiento *m.* parking lot 14
estacionar *v.* to park 11
estadio *m.* stadium 2
estado civil *m.* marital status 9
Estados Unidos *m., pl.* (EE.UU.; E.U.) United States 1
estadounidense *adj. m., f.* from the United States 3

estampado/a *adj.* print
estampilla *f.* stamp 14
estante *m.* bookcase; bookshelves 12
estar *v.* to be 2
  estar a (veinte kilómetros) de aquí to be (20 kilometers) from here 11
  estar a dieta to be on a diet 15
  estar aburrido/a to be bored 5
  estar afectado/a (por) to be affected (by) 13
  estar bajo control to be under control 7
  estar cansado/a to be tired 5
  estar contaminado/a to be polluted 13
  estar de acuerdo to agree
    Estoy (completamente) de acuerdo. I agree (completely).
    No estoy de acuerdo. I don't agree.
  estar de moda to be in fashion 6
  estar de vacaciones *f., pl.* to be on vacation 5
  estar en buena forma to be in good shape 15
  estar enfermo/a to be sick 10
  estar listo/a to be ready 15
  estar perdido/a to be lost 14
  estar roto/a to be broken 10
  estar seguro/a to be sure 5
  estar torcido/a to be twisted; to be sprained 10
  No está nada mal. It's not bad at all. 5
estatua *f.* statue
este *m.* east 14; umm
este *m., sing., adj.* this 6
éste *m., sing., pron.* this (one) 6
  Éste es... *m.* This is... (*introducing someone*) 1
estéreo *m.* stereo 11
estilo *m.* style
estiramiento *m.* stretching 15
esto *neuter pron.* this; this thing 6
estómago *m.* stomach 10
estornudar *v.* to sneeze 10
estos *m., pl., adj.* these 6
éstos *m., pl., pron.* these (ones) 6
estrella *f.* star 13
  estrella de cine *m., f.* movie star
estrés *m.* stress 15
estudiante *m., f.* student 1, 2
estudiantil *adj. m., f.* student 2
estudiar *v.* to study 2
estufa *f.* stove 12
estupendo/a *adj.* stupendous 5
etapa *f.* stage 9
evitar *v.* to avoid 13
examen *m.* test; exam 2
  examen médico physical exam 10
excelente *adj. m., f.* excellent 5
exceso *m.* excess; too much 15
excursión *f.* hike; tour; excursion
excursionista *m., f.* hiker
éxito *m.* success
experiencia *f.* experience
explicar *v.* to explain 2
explorar *v.* to explore
expresión *f.* expression
extinción *f.* extinction 13
extranjero/a *adj.* foreign
extraño/a *adj.* strange 13

F

fabuloso/a *adj* fabulous 5
fácil *adj.* easy 3
falda *f.* skirt 6
faltar *v.* to lack; to need 7
familia *f.* family 3
famoso/a *adj.* famous
farmacia *f.* pharmacy 10
fascinar *v.* to fascinate 7
favorito/a *adj.* favorite 4
fax *m.* fax (machine) 11
febrero *m.* February 5
fecha *f.* date 5
feliz *adj.* happy 5
  ¡Felicidades! Congratulations! (*for an event such as a birthday or anniversary*) 9
  ¡Felicitaciones! Congratulations! (*for an event such as an engagement or a good grade on a test*) 9
  ¡Feliz cumpleaños! Happy birthday! 9
fenomenal *adj.* great, phenomenal 5
feo/a *adj.* ugly 3
festival *m.* festival
fiebre *f.* fever 10
fiesta *f.* party 9
fijo/a *adj.* fixed, set 6
fin *m.* end 4
  fin de semana weekend 4
finalmente *adv.* finally 15
firmar *v.* to sign (*a document*) 14
física *f.* physics 2
flan (de caramelo) *m.* baked (caramel) custard 9
flexible *adj.* flexible 15
flor *f.* flower 13
folklórico/a *adj.* folk; folkloric
folleto *m.* brochure
fondo *m.* end 12
forma *f.* shape 15
formulario *m.* form 14
foto(grafía) *f.* photograph 1
francés, francesa *adj. m., f.* French 3
frecuentemente *adv.* frequently 10
frenos *m., pl.* brakes
fresco/a *adj.* cool 5
frijoles *m., pl.* beans 8
frío/a *adj.* cold 5
frito/a *adj.* fried 8
fruta *f.* fruit 8
frutería *f.* fruit store 14
frutilla *f.* strawberry 8
fuente de fritada *f.* platter of fried food
fuera *adv.* outside
fuerte *adj. m., f.* strong 15
fumar *v.* to smoke 15
  (no) fumar *v.* (not) to smoke 15
funcionar *v.* to work 11; to function
fútbol *m.* soccer 4
fútbol americano *m.* football 4
futuro/a *adj.* future
  en el futuro in the future

G

gafas (de sol) *f., pl.* (sun)glasses 6
gafas (oscuras) *f., pl.* (sun)glasses
galleta *f.* cookie 9
ganar *v.* to win 4; to earn (money)
ganga *f.* bargain 6
garaje *m.* garage; (mechanic's) repair shop 11; garage (*in a house*) 12
garganta *f.* throat 10
gasolina *f.* gasoline 11
gasolinera *f.* gas station 11
gastar *v.* to spend (*money*) 6
gato *m.* cat 13
gemelo/a *m., f.* twin 3
gente *f.* people 3
geografía *f.* geography 2
gerente *m., f.* manager
gimnasio *m.* gymnasium 4
gobierno *m.* government 13
golf *m.* golf 4
gordo/a *adj.* fat 3
grabadora *f.* tape recorder 1
grabar *v.* to record 11
gracias *f., pl.* thank you; thanks 1
  Gracias por todo. Thanks for everything. 9, 15
  Gracias una vez más. Thanks again. 9
graduarse (de/en) *v.* to graduate (from/in) 9
gran, grande *adj.* big; large 3
grasa *f.* fat 15
gratis *adj. m., f.* free of charge 14
grave *adj.* grave; serious 10
gravísimo/a *adj.* extremely serious 13
grillo *m.* cricket
gripe *f.* flu 10
gris *adj. m., f.* gray 6
gritar *v.* to scream 7
guantes *m., pl.* gloves 6

guapo/a *adj.* handsome; good-looking 3
guardar *v.* to save (on a computer) 11
guerra *f.* war
guía *m., f.* guide
gustar *v.* to be pleasing to; to like 2
Me gustaría... I would like...
gusto *m.* pleasure
El gusto es mío. The pleasure is mine. 1
Gusto de verlo/la. *(form.)* It's nice to see you.
Gusto de verte. *(fam.)* It's nice to see you.
Mucho gusto. Pleased to meet you. 1
¡Qué gusto volver a verlo/la! *(form.)* I'm happy to see you again!
¡Qué gusto volver a verte! *(fam.)* I'm happy to see you again!

H

haber *(auxiliar) v.* to have (done something) 15
Ha sido un placer. It's been a pleasure. 15
habitación *f.* room 5
habitación doble double room 5
habitación individual single room 5
hablar *v.* to talk; to speak 2
hacer *v.* to do; to make 4
Hace buen tiempo. The weather is good. 5
Hace (mucho) calor. It's (very) hot. *(weather)* 5
Hace fresco. It's cool. *(weather)* 5
Hace (mucho) frío. It's (very) cold. *(weather)* 5
Hace mal tiempo. The weather is bad. 5
Hace (mucho) sol. It's (very) sunny. *(weather)* 5
Hace (mucho) viento. It's (very) windy. *(weather)* 5
hacer cola to stand in line 14
hacer diligencias to run errands 14
hacer ejercicio to exercise 15
hacer ejercicios aeróbicos to do aerobics 15
hacer ejercicios de estiramiento to do stretching exercises 15
hacer el papel (de) to play the role (of)
hacer gimnasia to work out 15
hacer juego (con) to match (with) 6
hacer la cama to make the bed 12
hacer las maletas to pack (one's) suitcases 5
hacer quehaceres domésticos to do household chores 12
hacer turismo to go sightseeing
hacer un viaje to take a trip 5
hacer una excursión to go on a hike; to go on a tour
hacia *prep.* toward 14
hambre *f.* hunger 3
hamburguesa *f.* hamburger 8
hasta *prep.* until 6; toward
Hasta la vista. See you later. 1
Hasta luego. See you later. 1
Hasta mañana. See you tomorrow. 1
hasta que until 13
Hasta pronto. See you soon. 1
hay there is; there are 1
Hay (mucha) contaminación. It's (very) smoggy.
Hay (mucha) niebla. It's (very) foggy.
Hay que It is necessary that 14
No hay duda de There's no doubt 13
No hay de qué. You're welcome. 1
hecho/a *p.p.* done 14
heladería *f.* ice cream shop 14
helado/a *adj.* iced 8
helado *m.* ice cream 9
hermanastro/a *m., f.* stepbrother/stepsister 3
hermano/a *m., f.* brother/sister 3
hermano/a mayor/menor *m., f.* older/younger brother/sister 3
hermanos *m., pl.* siblings (brothers and sisters) 3
hermoso/a *adj.* beautiful 6
hierba *f.* grass 13
hijastro/a *m., f.* stepson/stepdaughter 3
hijo/a *m., f.* son/daughter 3
hijo/a único/a *m., f.* only child 3
hijos *m., pl.* children 3
historia *f.* history 2; story
hockey *m.* hockey 4
hola *interj.* hello; hi 1
hombre *m.* man 1
hombre de negocios *m.* businessman
hora *f.* hour 1; the time
horario *m.* schedule 2
horno *m.* oven 12
horno de microondas *m.* microwave oven 12
horror *m.* horror
de horror horror (genre)
hospital *m.* hospital 10
hotel *m.* hotel 5
hoy *adv.* today 2
hoy día *adv.* nowadays
Hoy es... Today is... 2
huelga *f.* strike *(labor)*
hueso *m.* bone 10
huésped *m., f.* guest 5
huevo *m.* egg 8
humanidades *f., pl.* humanities 2
huracán *m.* hurricane

I

ida *f.* one way *(travel)*
idea *f.* idea 4
iglesia *f.* church 4
igualdad *f.* equality
igualmente *adv.* likewise 1
impermeable *m.* raincoat 6
importante *adj. m., f.* important 3
importar *v.* to be important to; to matter 7
imposible *adj. m., f.* impossible 13
impresora *f.* printer 11
imprimir *v.* to print 11
improbable *adj. m., f.* improbable 13
impuesto *m.* tax
incendio *m.* fire
increíble *adj. m., f.* incredible 5
individual *adj.* private *(room)* 5
infección *f.* infection 10
informar *v.* to inform
informe *m.* report; paper *(written work)*
ingeniero/a *m., f.* engineer 3
inglés *m.* English *(language)* 2
inglés, inglesa *adj.* English 3
inodoro *m.* toilet 7
insistir (en) *v.* to insist (on) 12
inspector(a) de aduanas *m., f.* customs inspector 5
inteligente *adj. m., f.* intelligent 3
intercambiar *v.* to exchange
interesante *adj. m., f.* interesting 3
interesar *v.* to be interesting to; to interest 7
internacional *adj. m., f.* international
Internet Internet 11
inundación *f.* flood
invertir (e:ie) *v.* to invest
invierno *m.* winter 5
invitado/a *m., f.* guest *(at a function)* 9
invitar *v.* to invite 9
inyección *f.* injection 10
ir *v.* to go 4
ir a (+ *inf.*) to be going to do something 4
ir de compras to go shopping 5
ir de excursión (a las montañas) to go for a hike (in the mountains) 4
ir de pesca to go fishing

ir de vacaciones to go on vacation 5
ir en autobús to go by bus 5
ir en auto(móvil) to go by auto(mobile); to go by car 5
ir en avión to go by plane 5
ir en barco to go by boat 5
ir en metro to go by subway
ir en motocicleta to go by motorcycle 5
ir en taxi to go by taxi 5
ir en tren to go by train
irse *v.* to go away; to leave 7
italiano/a *adj.* Italian 3
izquierdo/a *adj.* left 2
a la izquierda de to the left of 2

J

jabón *m.* soap 7
jamás *adv.* never; not ever 7
jamón *m.* ham 8
japonés, japonesa *adj.* Japanese 3
jardín *m.* garden; yard 12
jefe, jefa *m., f.* boss
joven *adj. m., f.* young 3
joven *m., f.* youth; young person 1
joyería *f.* jewelry store 14
jubilarse *v.* to retire (*from work*) 9
juego *m.* game
jueves *m., sing.* Thursday 2
jugador(a) *m., f.* player 4
jugar (u:ue) *v.* to play 4
jugar a las cartas *f., pl.* to play cards 5
jugo *m.* juice 8
jugo de fruta *m.* fruit juice 8
julio *m.* July 5
jungla *f.* jungle 13
junio *m.* June 5
juntos/as *adj.* together 9
juventud *f.* youth 9

K

kilómetro *m.* kilometer 1

L

la *f., sing., def. art.* the 1
la *f., sing., d.o. pron.* her, it, *form.* you 5
laboratorio *m.* laboratory 2
lago *m.* lake 13
lámpara *f.* lamp 12
lana *f.* wool 6
langosta *f.* lobster 8
lápiz *m.* pencil 1
largo/a *adj.* long 6
las *f., pl., def. art.* the 1
las *f., pl., d.o. pron.* them; *form.* you 5
lástima *f.* shame 13
lastimarse *v.* to injure oneself 10
lastimarse el pie to injure one's foot 10
lata *f.* (*tin*) can 13
lavabo *m.* sink 7
lavadora *f.* washing machine 12
lavandería *f.* laundromat 14
lavaplatos *m., sing.* dishwasher 12
lavar *v.* to wash 12
lavar (el suelo, los platos) to wash (the floor, the dishes) 12
lavarse *v.* to wash oneself 7
lavarse la cara to wash one's face 7
lavarse las manos to wash one's hands 7
le *sing., i.o. pron.* to/for him, her, *form.* you 6
Le presento a... *form.* I would like to introduce... to you. 1
lección *f.* lesson 1
leche *f.* milk 8
lechuga *f.* lettuce 8
leer *v.* to read 3
leer correo electrónico to read e-mail 4
leer un periódico to read a newspaper 4
leer una revista to read a magazine 4
leído/a *p.p.* read 14
lejos de *prep.* far from 2
lengua *f.* language 2
lenguas extranjeras *f., pl.* foreign languages 2
lentes de contacto *m., pl.* contact lenses
lentes (de sol) (sun)glasses
lento/a *adj.* slow 11
les *pl., i.o. pron.* to/for them, *form.* you 6
letrero *m.* sign 14
levantar *v.* to lift 15
levantar pesas to lift weights 15
levantarse *v.* to get up 7
ley *f.* law 13
libertad *f.* liberty; freedom
libre *adj. m., f.* free 4
librería *f.* bookstore 2
libro *m.* book 2
licencia de conducir *f.* driver's license 11
limón *m.* lemon 8
limpiar *v.* to clean 12
limpiar la casa *v.* to clean the house 12
limpio/a *adj.* clean 5
línea *f.* line 4
listo/a *adj.* ready; smart 5
literatura *f.* literature 2
llamar *v.* to call 11
llamar por teléfono to call on the phone
llamarse *v.* to be called; to be named 7
llanta *f.* tire 11
llave *f.* key 5
llegada *f.* arrival 5
llegar *v.* to arrive 2
llenar *v.* to fill 11, 14
llenar el tanque to fill the tank 11
llenar (un formulario) to fill out (a form) 14
lleno/a *adj.* full 11
llevar *v.* to carry 2; *v.* to wear; to take 6
llevar una vida sana to lead a healthy lifestyle 15
llevarse bien/mal (con) to get along well/badly (with) 9
llover (o:ue) *v.* to rain 5
Llueve. It's raining. 5
lluvia *f.* rain 13
lluvia ácida acid rain 13
lo *m., sing. d.o. pron.* him, it, *form.* you 5
¡Lo hemos pasado de película! We've had a great time!
¡Lo hemos pasado maravillosamente! We've had a great time!
lo mejor the best (thing)
Lo pasamos muy bien. We had a good time.
lo peor the worst (thing)
lo que that which; what 12
Lo siento. I'm sorry. 1
Lo siento muchísimo. I'm so sorry. 4
loco/a *adj.* crazy 6
locutor(a) *m., f.* (TV or radio) announcer
lomo a la plancha *m.* grilled flank steak 8
los *m., pl., def. art.* the 1
los *m. pl., d.o. pron.* them, *form.* you 5
luchar (contra/por) *v.* to fight; to struggle (against/for)
luego *adv.* then 7; *adv.* later 1
lugar *m.* place 4
luna *f.* moon 13
lunares *m.* polka dots 6
lunes *m., sing.* Monday 2
luz *f.* light; electricity 12

M

madrastra *f.* stepmother 3
madre *f.* mother 3
madurez *f.* maturity; middle age 9
maestro/a *m., f.* teacher
magnífico/a *adj.* magnificent 5
maíz *m.* corn 8
mal, malo/a *adj.* bad 3
maleta *f.* suitcase 1

mamá *f.* mom 3
mandar *v.* to order 12; to send; to mail 14
manejar *v.* to drive 11
manera *f.* way
mano *f.* hand 1
manta *f.* blanket 12
mantener (e:ie) *v.* to maintain 15
  mantenerse en forma to stay in shape 15
mantequilla *f.* butter 8
manzana *f.* apple 8
mañana *f.* morning, a.m. 1; tomorrow 1
mapa *m.* map 2
maquillaje *m.* makeup 7
maquillarse *v.* to put on makeup 7
mar *m.* sea 5
maravilloso/a *adj.* marvelous 5
mareado/a *adj.* dizzy; nauseated 10
margarina *f.* margarine 8
mariscos *m., pl.* shellfish 8
marrón *adj. m., f.* brown 6
martes *m., sing.* Tuesday 2
marzo *m.* March 5
más *pron.* more 2
  más de (+ *number*) more than 8
  más tarde later (on) 7
  más... que more... than 8
masaje *m.* massage 15
matemáticas *f., pl.* mathematics 2
materia *f.* course 2
matrimonio *m.* marriage 9
máximo/a *adj.* maximum 11
mayo *m.* May 5
mayonesa *f.* mayonnaise 8
mayor *adj.* older 3
  el/la mayor *adj.* eldest 8; oldest
me *sing., d.o. pron.* me 5; *sing. i.o. pron.* to/for me 6
  Me duele mucho. It hurts me a lot. 10
  Me gusta... I like... 2
  No me gustan nada. I don't like them at all. 2
  Me gustaría(n)... I would like...
  Me llamo... My name is... 1
  Me muero por... I'm dying to (for)...
mecánico/a *m., f.* mechanic 11
mediano/a *adj.* medium
medianoche *f.* midnight 1
medias *f., pl.* pantyhose, stockings 6
medicamento *m.* medication 10
medicina *f.* medicine 10
médico/a *m., f.* doctor 3; *adj.* medical 10
medio/a *adj.* half 3
  medio ambiente *m.* environment 13
  medio/a hermano/a *m., f.* half-brother/half-sister 3
  mediodía *m.* noon 1
  medios de comunicación *m., pl.* means of communication; media
  y media thirty minutes past the hour (time) 1
mejor *adj.* better 8
  el/la mejor *m., f.* the best 8
mejorar *v.* to improve 13
melocotón *m.* peach 8
menor *adj.* younger 3
  el/la menor *m., f.* youngest 8
menos *adv.* less 10
  menos cuarto..., menos quince... quarter to... (*time*) 1
  menos de (+ *number*) fewer than 8
  menos... que less... than 8
mensaje *m.* **de texto** text message 11
mensaje electrónico *m.* e-mail message 4
mentira *f.* lie 4
menú *m.* menu 8
mercado *m.* market 6
  mercado al aire libre open-air market 6
merendar (e:ie) *v.* to snack 8; to have an afternoon snack
merienda *f.* afternoon snack 15
mes *m.* month 5
mesa *f.* table 2
mesita *f.* end table 12
  mesita de noche night stand 12
metro *m.* subway 5
mexicano/a *adj.* Mexican 3
México *m.* Mexico 1
mí *pron., obj. of prep.* me 8
mi(s) *poss. adj.* my 3
microonda *f.* microwave 12
  horno de microondas *m.* microwave oven 12
miedo *m.* fear 3
mientras *adv.* while 10
miércoles *m., sing.* Wednesday 2
mil *m.* one thousand 2
  mil millones billion
  Mil perdones. I'm so sorry. (*lit.* A thousand pardons.) 4
milla *f.* mile 11
millón *m.* million 2
millones (de) *m.* millions (of)
mineral *m.* mineral 15
minuto *m.* minute 1
mío(s)/a(s) *poss.* my; (of) mine 11
mirar *v.* to look (at); to watch 2
  mirar (la) televisión to watch television 2
mismo/a *adj.* same 3
mochila *f.* backpack 2
moda *f.* fashion 6
módem *m.* modem
moderno/a *adj.* modern
molestar *v.* to bother; to annoy 7
monitor *m.* (computer) monitor 11
  monitor(a) *m., f.* trainer
montaña *f.* mountain 4
montar *v.* **a caballo** to ride a horse 5
monumento *m.* monument 4
mora *f.* blackberry 8
morado/a *adj.* purple 6
moreno/a *adj.* brunet(te) 3
morir (o:ue) *v.* to die 8
mostrar (o:ue) *v.* to show 4
motocicleta *f.* motorcycle 5
motor *m.* motor
muchacho/a *m., f.* boy; girl 3
mucho/a *adj., adv.* a lot of; much 2; many 3
  (Muchas) gracias. Thank you (very much); Thanks (a lot). 1
  muchas veces *adv.* a lot; many times 10
  Muchísimas gracias. Thank you very, very much. 9
  Mucho gusto. Pleased to meet you. 1
muchísimo very much 2
mudarse *v.* to move (from one house to another) 12
muebles *m., pl.* furniture 12
muela *f.* tooth
muerte *f.* death 9
muerto/a *p.p.* died 14
mujer *f.* woman 1
  mujer de negocios *f.* business woman
  mujer policía *f.* female police officer
multa *f.* fine
mundial *adj. m., f.* worldwide
mundo *m.* world 13
municipal *adj. m., f.* municipal
músculo *m.* muscle 15
museo *m.* museum 4
música *f.* music 2
musical *adj. m., f.* musical
músico/a *m., f.* musician
muy *adv.* very 1
  Muy amable. That's very kind of you. 5
  (Muy) bien, gracias. (Very) well, thanks. 1

N

nacer *v.* to be born 9
nacimiento *m.* birth 9
nacional *adj. m., f.* national
nacionalidad *f.* nationality 1
nada nothing 1; not anything 7
  nada mal not bad at all 5
nadar *v.* to swim 4
nadie *pron.* no one, nobody, not anyone 7
naranja *f.* orange 8
nariz *f.* nose 10
natación *f.* swimming 4

natural *adj. m., f.* natural 13
naturaleza *f.* nature 13
navegar (en Internet) *v.* to surf (the Internet) 11
Navidad *f.* Christmas 9
necesario/a *adj.* necessary 12
necesitar (+ ***inf.*****)** *v.* to need 2
negar (e:ie) *v.* to deny 13
  no negar (e:ie) *v.* not to deny 13
negativo/a *adj.* negative
negocios *m., pl.* business; commerce
negro/a *adj.* black 6
nervioso/a *adj.* nervous 5
nevar (e:ie) *v.* to snow 5
  Nieva. It's snowing. 5
ni...ni neither... nor 7
niebla *f.* fog
nieto/a *m., f.* grandson/granddaughter 3
nieve *f.* snow
ningún, ninguno/a(s) *adj.* no; none; not any 7
ningún problema no problem
niñez *f.* childhood 9
niño/a *m., f.* child 3
no no; not 1
  ¿no? right? 1
  No cabe duda de... There is no doubt... 13
  No es así. That's not the way it is
  No es para tanto. It's not a big deal. 12
  no es seguro it's not sure 13
  no es verdad it's not true 13
  No está nada mal. It's not bad at all. 5
  no estar de acuerdo to disagree
  No estoy seguro. I'm not sure.
  no hay there is not; there are not 1
  No hay de qué. You're welcome. 1
  No hay duda de... There is no doubt... 13
  No hay problema. No problem. 7
  ¡No me diga(s)! You don't say! 11
  No me gustan nada. I don't like them at all. 2
  no muy bien not very well 1
  No quiero. I don't want to. 4
  No sé. I don't know.
  No se preocupe. (*form.*) Don't worry. 7
  No te preocupes. (*fam.*) Don't worry. 7
  no tener razón to be wrong 3
noche *f.* night 1
nombre *m.* name 1
norte *m.* north 14
norteamericano/a *adj.* (North) American 3
nos *pl., d.o. pron.* us 5; *pl., i.o. pron.* to/for us 6
  Nos divertimos mucho. We had a lot of fun.
  Nos vemos. See you. 1
nosotros/as *sub. pron.* we 1; *ob. pron.* us
noticias *f., pl.* news
noticiero *m.* newscast
novecientos/as nine hundred 2
noveno/a *adj.* ninth 5
noventa ninety 2
noviembre *m.* November 5
novio/a *m., f.* boyfriend/girlfriend 3
nube *f.* cloud 13
nublado/a *adj.* cloudy 5
  Está (muy) nublado. It's very cloudy. 5
nuclear *adj. m. f.* nuclear 13
nuera *f.* daughter-in-law 3
nuestro(s)/a(s) *poss. adj.* our 3; (of ours) 11
nueve nine 1
nuevo/a *adj.* new 6
número *m.* number 1; (shoe) size 6
nunca *adj.* never; not ever 7
nutrición *f.* nutrition 15
nutricionista *m., f.* nutritionist 15

O

o or 7
o... o; either... or 7
obedecer *v.* to obey
obra *f.* work (*of art, literature, music, etc.*)
  obra maestra *f.* masterpiece
obtener *v.* to obtain; to get
obvio/a *adj.* obvious 13
océano *m.* ocean
ochenta eighty 2
ocho eight 1
ochocientos/as eight hundred 2
octavo/a *adj.* eighth 5
octubre *m.* October 5
ocupación *f.* occupation
ocupado/a *adj.* busy 5
ocurrir *v.* to occur; to happen
odiar *v.* to hate 9
oeste *m.* west 14
oferta *f.* offer 12
oficina *f.* office 12
oficio *m.* trade
ofrecer *v.* to offer 6
oído *m.* (sense of) hearing; inner ear 10
  oído/a *p.p.* heard 14
oír *v.* to hear 4
  Oiga/Oigan. *form., sing./pl.* Listen. (*in conversation*) 1
  Oye. *fam., sing.* Listen. (*in conversation*) 1
ojalá (que) *interj.* I hope (that); I wish (that) 13
ojo *m.* eye 10
olvidar *v.* to forget 10
once eleven 1
ópera *f.* opera
operación *f.* operation 10
ordenado/a *adj.* orderly 5
ordinal *adj.* ordinal (*number*)
oreja *f.* (outer) ear 10
orquesta *f.* orchestra
ortografía *f.* spelling
ortográfico/a *adj.* spelling
os *fam., pl. d.o. pron.* you 5; *fam., pl. i.o. pron.* to/for you 6
otoño *m.* autumn 5
otro/a *adj.* other; another 6
  otra vez again

P

paciente *m., f.* patient 10
padrastro *m.* stepfather 3
padre *m.* father 3
  padres *m., pl.* parents 3
pagar *v.* to pay 6, 9
  pagar a plazos to pay in installments 14
  pagar al contado to pay in cash 14
  pagar en efectivo to pay in cash 14
  pagar la cuenta to pay the bill 9
página *f.* page 11
  página principal *f.* home page 11
país *m.* country 1
paisaje *m.* landscape 5
pájaro *m.* bird 13
palabra *f.* word 1
pan *m.* bread 8
  pan tostado *m.* toasted bread 8
panadería *f.* bakery 14
pantalla *f.* screen 11
pantalones *m., pl.* pants 6
  pantalones cortos *m., pl.* shorts 6
pantuflas *f.* slippers 7
papa *f.* potato 8
  papas fritas *f., pl.* fried potatoes; French fries 8
papá *m.* dad 3
  papás *m., pl.* parents 3
papel *m.* paper 2; role
papelera *f.* wastebasket 2
paquete *m.* package 14
par *m.* pair 6
  par de zapatos pair of shoes 6
para *prep.* for; in order to; by; used for; considering 11
  para que so that 13

parabrisas *m., sing.* windshield 11
parar *v.* to stop 11
parecer *v.* to seem 6
pared *f.* wall 12
pareja *f.* (married) couple; partner 9
parientes *m., pl.* relatives 3
parque *m.* park 4
párrafo *m.* paragraph
parte: de parte de on behalf of 11
partido *m.* game; match (*sports*) 4
pasado/a *adj.* last; past 6
pasado *p.p.* passed
pasaje *m.* ticket 5
pasaje de ida y vuelta *m.* roundtrip ticket 5
pasajero/a *m., f.* passenger 1
pasaporte *m.* passport 5
pasar *v.* to go through 5
pasar la aspiradora to vacuum 12
pasar por el banco to go by the bank 14
pasar por la aduana to go through customs
pasar tiempo to spend time
pasarlo bien/mal to have a good/bad time 9
pasatiempo *m.* pastime; hobby 4
pasear *v.* to take a walk; to stroll 4
pasear en bicicleta to ride a bicycle 4
pasear por to walk around 4
pasillo *m.* hallway 12
pasta *f.* **de dientes** toothpaste 7
pastel *m.* cake; pie 9
pastel de chocolate *m.* chocolate cake 9
pastel de cumpleaños *m.* birthday cake
pastelería *f.* pastry shop 14
pastilla *f.* pill; tablet 10
patata *f.* potato; 8
patatas fritas *f., pl.* fried potatoes; French fries 8
patinar (en línea) *v.* to (in-line) skate 4
patineta *f.* skateboard 4
patio *m.* patio; yard 12
pavo *m.* turkey 8
paz *f.* peace
pedir (e:i) *v.* to ask for; to request 4; to order (*food*) 8
pedir prestado *v.* to borrow 14
pedir un préstamo *v.* to apply for a loan 14
peinarse *v.* to comb one's hair 7
película *f.* movie 4
peligro *m.* danger 13
peligroso/a *adj.* dangerous
pelirrojo/a *adj.* red-haired 3
pelo *m.* hair 7
pelota *f.* ball 4
peluquería *f.* beauty salon 14
peluquero/a *m., f.* hairdresser
penicilina *f.* penicillin 10
pensar (e:ie) *v.* to think 4
pensar (+ ***inf.*****)** *v.* to intend to; to plan to (*do something*) 4
pensar en *v.* to think about 4
pensión *f.* boardinghouse
peor *adj.* worse 8
el/la peor *adj.* the worst 8
pequeño/a *adj.* small 3
pera *f.* pear 8
perder (e:ie) *v.* to lose; to miss 4
perdido/a *adj.* lost 14
Perdón. Pardon me.; Excuse me. 1
perezoso/a *adj.* lazy
perfecto/a *adj.* perfect 5
periódico *m.* newspaper 4
periodismo *m.* journalism 2
periodista *m., f.* journalist 3
permiso *m.* permission
pero *conj.* but 2
perro *m.* dog 13
persona *f.* person 3
personaje *m.* character
personaje principal *m.* main character
pesas *f. pl.* weights 15
pesca *f.* fishing
pescadería *f.* fish market 14
pescado *m.* fish (*cooked*) 8
pescador(a) *m., f.* fisherman/fisherwoman
pescar *v.* to fish 5
peso *m.* weight 15
pez *m.* fish (*live*) 13
pie *m.* foot 10
piedra *f.* stone 13
pierna *f.* leg 10
pimienta *f.* black pepper 8
pintar *v.* to paint
pintor(a) *m., f.* painter
pintura *f.* painting; picture 12
piña *f.* pineapple 8
piscina *f.* swimming pool 4
piso *m.* floor (*of a building*) 5
pizarra *f.* blackboard 2
placer *m.* pleasure 15
Ha sido un placer. It's been a pleasure. 15
planchar la ropa *v.* to iron the clothes 12
planes *m., pl.* plans 4
planta *f.* plant 13
planta baja *f.* ground floor 5
plástico *m.* plastic 13
plato *m.* dish (*in a meal*) 8; *m.* plate 12
plato principal *m.* main dish 8
playa *f.* beach 5
plaza *f.* city or town square 4
plazos *m., pl.* periods; time 14
pluma *f.* pen 2
población *f.* population 13
pobre *adj. m., f.* poor 6
pobreza *f.* poverty
poco/a *adj.* little; few 5; 10
poder (o:ue) *v.* to be able to; can 4
poema *m.* poem
poesía *f.* poetry
poeta *m., f.* poet
policía *f.* police (force) 11
política *f.* politics
político/a *m., f.* politician; *adj.* political
pollo *m.* chicken 8
pollo asado *m.* roast chicken 8
ponchar *v.* to go flat
poner *v.* to put; to place 4; *v.* to turn on (*electrical appliances*) 11
poner la mesa *v.* to set the table 12
poner una inyección *v.* to give an injection 10
ponerse (+ ***adj.*****)** *v.* to become (+ *adj.*) 7; to put on 7
por *prep.* in exchange for; for; by; in; through; around; along; during; because of; on account of; on behalf of; in search of; by way of; by means of 11
por aquí around here 11
por avión by plane
por ejemplo for example 11
por eso that's why; therefore 11
por favor please 1
por fin finally 11
por la mañana in the morning 7
por la noche at night 7
por la tarde in the afternoon 7
por lo menos *adv.* at least 10
¿por qué? why? 2
Por supuesto. Of course.
por teléfono by phone; on the phone
por último finally 7
porque *conj.* because 2
portátil *m.* portable 11
porvenir *m.* future
¡Por el porvenir! Here's to the future!
posesivo/a *adj.* possessive 3
posible *adj.* possible 13
es posible it's possible 13
no es posible it's not possible 13
postal *f.* postcard 4
postre *m.* dessert 9
practicar *v.* to practice 2
practicar deportes *m., pl.* to play sports 4
precio (fijo) *m.* (fixed; set) price 6
preferir (e:ie) *v.* to prefer 4
pregunta *f.* question
preguntar *v.* to ask (*a question*) 2
premio *m.* prize; award
prender *v.* to turn on 11
prensa *f.* press
preocupado/a (por) *adj.* worried (about) 5
preocuparse (por) *v.* to worry (about) 7

preparar *v.* to prepare 2
preposición *f.* preposition
presentación *f.* introduction
presentar *v.* to introduce; to present; to put on (*a performance*)
  Le presento a... I would like to introduce (name) to you... (*form.*) 1
  Te presento a... I would like to introduce (name) to you... (*fam.*) 1
presiones *f., pl.* pressures 15
prestado/a *adj.* borrowed
préstamo *m.* loan 14
prestar *v.* to lend; to loan 6
primavera *f.* spring 5
primer, primero/a *adj.* first 5
primo/a *m., f.* cousin 3
principal *adj. m., f.* main 8
prisa *f.* haste 3
  darse prisa *v.* to hurry; to rush 15
probable *adj. m., f.* probable 13
  es probable it's probable 13
  no es probable it's not probable 13
probar (o:ue) *v.* to taste; to try 8
probarse (o:ue) *v.* to try on 7
problema *m.* problem 1
profesión *f.* profession 3
profesor(a) *m., f.* teacher 1, 2
programa *m.* 1
  programa de computación *m.* software 11
  programa de entrevistas *m.* talk show
programador(a) *m., f.* computer programmer 3
prohibir *v.* to prohibit 10; to forbid
pronombre *m.* pronoun
pronto *adv.* soon 10
propina *f.* tip 9
propio/a *adj.* own
proteger *v.* to protect 13
proteína *f.* protein 15
próximo/a *adj.* next
prueba *f.* test; quiz 2
psicología *f.* psychology 2
psicólogo/a *m., f.* psychologist
publicar *v.* to publish
público *m.* audience
pueblo *m.* town 4
puerta *f.* door 2
Puerto Rico *m.* Puerto Rico 1
puertorriqueño/a *adj.* Puerto Rican 3
pues *conj.* well 2
puesto *m.* position; job
puesto/a *p.p.* put 14
puro/a *adj.* pure 13

Q

que *pron.* that; which; who 12
  ¿En qué...? In which...? 2
  ¡Qué...! How...! 3
  ¡Qué dolor! What pain!
  ¡Qué ropa más bonita! What pretty clothes! 6
  ¡Qué sorpresa! What a surprise!
¿qué? what? 1
  ¿Qué día es hoy? What day is it? 2
  ¿Qué hay de nuevo? What's new? 1
  ¿Qué hora es? What time is it? 1
  ¿Qué les parece? What do you (*pl.*) think?
  ¿Qué pasa? What's happening? What's going on? 1
  ¿Qué pasó? What happened? 11
  ¿Qué precio tiene? What is the price?
  ¿Qué tal...? How are you?; How is it going? 1; How is/are...? 2
  ¿Qué talla lleva/usa? What size do you wear? 6
  ¿Qué tiempo hace? How's the weather? 5
quedar *v.* to be left over; to fit (*clothing*) 7; to be left behind; to be located 14
quedarse *v.* to stay; to remain 7
quehaceres domésticos *m., pl.* household chores 12
quemado/a *adj.* burned (out) 11
quemar *v.* to burn (a CD) 11
querer (e:ie) *v.* to want; to love 4
queso *m.* cheese 8
quien(es) *pron.* who; whom; that 12
  ¿quién(es)? who?; whom? 1
  ¿Quién es...? Who is...? 1
  ¿Quién habla? Who is speaking? (*telephone*) 11
química *f.* chemistry 2
quince fifteen 1
  menos quince quarter to (time) 1
  y quince quarter after (time) 1
quinceañera *f.* young woman's fifteenth birthday celebration/ fifteen-year-old girl 9
quinientos/as *adj.* five hundred 2
quinto/a *adj.* fifth 5
quisiera *v.* I would like
quitar el polvo *v.* to dust 12
quitar la mesa *v.* to clear the table 12
quitarse *v.* to take off 7
quizás *adv.* maybe 5

R

racismo *m.* racism
radio *f.* radio (*medium*) 2; *m.* radio (set) 2
radiografía *f.* X-ray 10
rápido/a *adv.* quickly 10
ratón *m.* mouse 11
ratos libres *m., pl.* spare (free) time 4
raya *f.* stripe 6
razón *f.* reason 3
rebaja *f.* sale 6
recado *m.* (telephone) message 11
receta *f.* prescription 10
recetar *v.* to prescribe 10
recibir *v.* to receive 3
reciclaje *m.* recycling 13
reciclar *v.* to recycle 13
recién casado/a *m., f.* newlywed 9
recoger *v.* to pick up 13
recomendar (e:ie) *v.* to recommend 8, 12
recordar (o:ue) *v.* to remember 4
recorrer *v.* to tour an area
recurso *m.* resource 13
  recurso natural *m.* natural resource 13
red *f.* network; Web 11
reducir *v.* to reduce 13
refresco *m.* soft drink 8
refrigerador *m.* refrigerator 12
regalar *v.* to give (a gift) 9
regalo *m.* gift 6
regatear *v.* to bargain 6
región *f.* region; area 13
regresar *v.* to return 2
regular *adj. m., f.* so-so.; OK 1
reído *p.p.* laughed 14
reírse (e:i) *v.* to laugh 9
relaciones *f., pl.* relationships
relajarse *v.* to relax 9
reloj *m.* clock; watch 2
renunciar (a) *v.* to resign (from)
repetir (e:i) *v.* to repeat 4
reportaje *m.* report
reportero/a *m., f.* reporter; journalist
representante *m., f.* representative
reproductor de DVD *m.* DVD player 11
reproductor de MP3 *m.* MP3 player 11
resfriado *m.* cold (*illness*) 10
residencia estudiantil *f.* dormitory 2
resolver (o:ue) *v.* to resolve; to solve 13
respirar *v.* to breathe 13
respuesta *f.* answer
restaurante *m.* restaurant 4
resuelto/a *p.p.* resolved 14
reunión *f.* meeting
revisar *v.* to check 11
  revisar el aceite *v.* to check the oil 11
revista *f.* magazine 4
rico/a *adj.* rich 6; *adj.* tasty; delicious 8
ridículo/a *adj.* ridiculous 13
río *m.* river 13

riquísimo/a *adj.* extremely delicious 8
rodilla *f.* knee 10
rogar (o:ue) *v.* to beg; to plead 12
rojo/a *adj.* red 6
romántico/a *adj.* romantic
romper *v.* to break 10
romperse la pierna *v.* to break one's leg 10
romper (con) *v.* to break up (with) 9
ropa *f.* clothing; clothes 6
ropa interior *f.* underwear 6
rosado/a *adj.* pink 6
roto/a *adj.* broken 10, 14
rubio/a *adj.* blond(e) 3
ruso/a *adj.* Russian 3
rutina *f.* routine 7
rutina diaria *f.* daily routine 7

S

sábado *m.* Saturday 2
saber *v.* to know; to know how 6; to taste 8
saber a to taste like 8
sabrosísimo/a *adj.* extremely delicious 8
sabroso/a *adj.* tasty; delicious 8
sacar *v.* to take out
sacar fotos to take photos 5
sacar la basura to take out the trash 12
sacar(se) un diente to have a tooth removed 10
sacudir *v.* to dust 12
sacudir los muebles to dust the furniture 12
sal *f.* salt 8
sala *f.* living room 12; room
sala de emergencia(s) emergency room 10
salario *m.* salary
salchicha *f.* sausage 8
salida *f.* departure; exit 5
salir *v.* to leave 4; to go out
salir (con) to go out (with); to date 9
salir de to leave from
salir para to leave for (*a place*)
salmón *m.* salmon 8
salón de belleza *m.* beauty salon 14
salud *f.* health 10
saludable *adj.* healthy 10
saludar(se) *v.* to greet (each other) 11
saludo *m.* greeting 1
saludos a... greetings to... 1
sandalia *f.* sandal 6
sandía *f.* watermelon
sándwich *m.* sandwich 8
sano/a *adj.* healthy 10
se *ref. pron.* himself, herself, itself, *form.* yourself, themselves, yourselves 7
se *impersonal* one 10
Se nos dañó... The... broke down. 11
Se hizo... He/she/it became...
Se nos pinchó una llanta. We had a flat tire. 11
secadora *f.* clothes dryer 12
secarse *v.* to dry oneself 7
sección de (no) fumar *f.* (non) smoking section 8
secretario/a *m., f.* secretary
secuencia *f.* sequence
sed *f.* thirst 3
seda *f.* silk 6
sedentario/a *adj.* sedentary; related to sitting 15
seguir (e:i) *v.* to follow; to continue 4
según according to
segundo/a *adj.* second 5
seguro/a *adj.* sure; safe 5
seis six 1
seiscientos/as six hundred 2
sello *m.* stamp 14
selva *f.* jungle 13
semana *f.* week 2
fin *m.* **de semana** weekend 4
semana *f.* **pasada** last week 6
semestre *m.* semester 2
sendero *m.* trail; trailhead 13
sentarse (e:ie) *v.* to sit down 7
sentir(se) (e:ie) *v.* to feel 7; to be sorry; to regret 13
señor (Sr.); don *m.* Mr.; sir 1
señora (Sra.); doña *f.* Mrs.; ma'am 1
señorita (Srta.) *f.* Miss 1
separado/a *adj.* separated 9
separarse (de) *v.* to separate (from) 9
septiembre *m.* September 5
séptimo/a *adj.* seventh 5
ser *v.* to be 1
ser aficionado/a (a) to be a fan (of) 4
ser alérgico/a (a) to be allergic (to) 10
ser gratis to be free of charge 14
serio/a *adj.* serious
servilleta *f.* napkin 12
servir (e:i) *v.* to serve 8; to help 5
sesenta sixty 2
setecientos/as *adj.* seven hundred 2
setenta seventy 2
sexismo *m.* sexism
sexto/a *adj.* sixth 5
sí *adv.* yes 1
si *conj.* if 4
SIDA *m.* AIDS
sido *p.p.* been 15
siempre *adv.* always 7
siete seven 1
silla *f.* seat 2
sillón *m.* armchair 12
similar *adj. m., f.* similar
simpático/a *adj.* nice; likeable 3
sin *prep.* without 2, 13
sin duda without a doubt
sin embargo however
sin que *conj.* without 13
sino but (rather) 7
síntoma *m.* symptom 10
sitio *m.* **web;** website 11
situado/a *p.p.* located
sobre *m.* envelope 14; *prep.* on; over 2
sobrino/a *m., f.* nephew; niece 3
sociología *f.* sociology 2
sofá *m.* couch; sofa 12
sol *m.* sun 4; 5; 13
solar *adj. m., f.* solar 13
soldado *m., f.* soldier
soleado/a *adj.* sunny
solicitar *v.* to apply (*for a job*)
solicitud (de trabajo) *f.* (job) application
sólo *adv.* only 3
solo/a *adj.* alone
soltero/a *adj.* single 9
solución *f.* solution 13
sombrero *m.* hat 6
Son las dos. It's two o'clock. 1
sonar (o:ue) *v.* to ring 11
sonreído *p.p.* smiled 14
sonreír (e:i) *v.* to smile 9
sopa *f.* soup 8
sorprender *v.* to surprise 9
sorpresa *f.* surprise 9
sótano *m.* basement; cellar 12
soy I am 1
Soy de... I'm from... 1
Soy yo. That's me. 1
su(s) *poss. adj.* his; her; its; *form.* your; their 3
subir(se) a *v.* to get on/into (*a vehicle*) 11
sucio/a *adj.* dirty 5
sucre *m.* Former Ecuadorian currency 6
sudar *v.* to sweat 15
suegro/a *m., f.* father-in-law; mother-in-law 3
sueldo *m.* salary
suelo *m.* floor 12
sueño *m.* sleep 3
suerte *f.* luck 3
suéter *m.* sweater 6
sufrir *v.* to suffer 10
sufrir muchas presiones to be under a lot of pressure 15
sufrir una enfermedad to suffer an illness 10
sugerir (e:ie) *v.* to suggest 12
supermercado *m.* supermarket 14
suponer *v.* to suppose 4

sur *m.* south 14
sustantivo *m.* noun
suyo(s)/a(s) *poss.* (of) his/her; (of) hers; (of) its; (of) *form.* your, (of) yours, (of) their 11

T

tal vez *adv.* maybe 5
talentoso/a *adj.* talented
talla *f.* size 6
  talla grande *f.* large 6
taller *m.* **mecánico** garage; mechanic's repairshop 11
también *adv.* also; too 2; 7
tampoco *adv.* neither; not either 7
tan *adv.* so 5
  tan… como as… as 8
  tan pronto como *conj.* as soon as 13
tanque *m.* tank 11
tanto *adv.* so much
  tanto… como as much… as 8
  tantos/as… como as many… as 8
tarde *adv.* late 7; *f.* afternoon; evening; P.M. 1
tarea *f.* homework 2
tarjeta *f.* (post) card
tarjeta de crédito *f.* credit card 6
tarjeta postal *f.* postcard 4
taxi *m.* taxi 5
taza *f.* cup 12
te *sing., fam., d.o. pron.* you 5; *sing., fam., i.o. pron.* to/for you 6
  Te presento a… *fam.* I would like to introduce… to you 1
  ¿Te gustaría? Would you like to?
  ¿Te gusta(n)… ? Do you like… ? 2
té *m.* tea 8
  té helado *m.* iced tea 8
teatro *m.* theater
teclado *m.* keyboard 11
técnico/a *m., f.* technician
tejido *m.* weaving
teleadicto/a *m., f.* couch potato 15
teléfono (celular) *m.* (cell) telephone 11
telenovela *f.* soap opera
teletrabajo *m.* telecommuting
televisión *f.* television 2; 11
televisión por cable *f.* cable television 11
televisor *m.* television set 11
temer *v.* to fear 13
temperatura *f.* temperature 10
temprano *adv.* early 7
tenedor *m.* fork 12
tener *v.* to have 3
  tener… años to be… years old 3
  Tengo… años. I'm… years old. 3
  tener (mucho) calor to be (very) hot 3
  tener (mucho) cuidado to be (very) careful 3
  tener dolor to have a pain 10
  tener éxito to be successful
  tener fiebre to have a fever 10
  tener (mucho) frío to be (very) cold 3
  tener ganas de (+ *inf.*) to feel like (*doing something*) 3
  tener (mucha) hambre *f.* to be (very) hungry 3
  tener (mucho) miedo (de) to be (very) afraid (of); to be (very) scared (of) 3
  tener miedo (de) que to be afraid that
  tener planes *m., pl.* to have plans 4
  tener (mucha) prisa to be in a (big) hurry 3
  tener que (+ *inf.*) *v.* to have to (*do something*) 3
  tener razón *f.* to be right 3
  tener (mucha) sed *f.* to be (very) thirsty 3
  tener (mucho) sueño to be (very) sleepy 3
  tener (mucha) suerte to be (very) lucky 3
  tener tiempo to have time 4
  tener una cita to have a date; to have an appointment 9
tenis *m.* tennis 4
tensión *f.* tension 15
tercer, tercero/a *adj.* third 5
terminar *v.* to end; to finish 2
  terminar de (+*inf.*) *v.* to finish (*doing something*) 4
terremoto *m.* earthquake
terrible *adj. m., f.* terrible 13
ti *prep., obj. of prep., fam.* you
tiempo *m.* time 4; weather 5
  tiempo libre free time
tienda *f.* shop; store 6
  tienda de campaña tent
tierra *f.* land; soil 13
tinto/a *adj.* red (wine) 8
tío/a *m., f.* uncle; aunt 3
tíos *m., pl.* aunts and uncles 3
título *m.* title
tiza *f.* chalk 2
toalla *f.* towel 7
tobillo *m.* ankle 10
tocadiscos compacto *m.* compact disc player 11
tocar *v.* to play (*a musical instrument*); to touch 13
todavía *adv.* yet; still 5
todo *m.* everything 5
  en todo el mundo throughout the world 13
  Todo está bajo control. Everything is under control. 7
  todo derecho straight (ahead) 14
todo(s)/a(s) *adj.* all 4; whole
todos *m., pl.* all of us; *m., pl.* everybody; everyone
  ¡Todos a bordo! All aboard! 1
todos los días *adv.* every day 10
tomar *v.* to take; to drink 2
  tomar clases *f., pl.* to take classes 2
  tomar el sol to sunbathe 4
  tomar en cuenta to take into account
  tomar fotos *f., pl.* to take photos 5
  tomar la temperatura to take someone's temperature 10
tomate *m.* tomato 8
tonto/a *adj.* silly; foolish 3
torcerse (o:ue) (el tobillo) *v.* to sprain (one's ankle) 10
torcido/a *adj.* twisted; sprained 10
tormenta *f.* storm
tornado *m.* tornado
tortilla *f.* tortilla 8
  tortilla de maíz corn tortilla 8
tos *f., sing.* cough 10
toser *v.* to cough 10
tostado/a *adj.* toasted 8
tostadora *f.* toaster 12
trabajador(a) *adj.* hard-working 3
trabajar *v.* to work 2
trabajo *m.* job; work
traducir *v.* to translate 6
traer *v.* to bring 4
tráfico *m.* traffic 11
tragedia *f.* tragedy
traído/a *p.p.* brought 14
traje *m.* suit 6
  traje (de baño) *m.* (bathing) suit 6
tranquilo/a *adj.* calm; quiet 15
  Tranquilo. Don't worry.; Be cool. 7
transmitir *v.* to broadcast
tratar de (+ *inf.*) *v.* to try (*to do something*) 15
Trato hecho. You've got a deal.
trece thirteen 1
treinta thirty 1, 2
  y treinta thirty minutes past the hour (time) 1
tren *m.* train 5
tres three 1
trescientos/as *adj.* three hundred 2
trimestre *m.* trimester; quarter 2
triste *adj.* sad 5
tú *fam. sub. pron.* you 1
  Tú eres… You are… 1
tu(s) *fam. poss. adj.* your 3
turismo *m.* tourism 5
turista *m., f.* tourist 1
turístico/a *adj.* touristic
tuyo(s)/a(s) *fam. poss. pron.* your; (of) yours 11

U

Ud. *form. sing.* you 1
Uds. *form., pl.* you 1
último/a *adj.* last
un, uno/a *indef. art.* a; one 1
uno/a *m., f., sing. pron.* one 1
a la una at one o'clock 1
una vez once; one time 6
una vez más one more time 9
único/a *adj.* only 3
universidad *f.* university; college 2
unos/as *m., f., pl. indef. art.* some 1
unos/as *pron.* some 1
urgente *adj.* urgent 12
usar *v.* to wear; to use 6
usted (Ud.) *form. sing.* you 1
ustedes (Uds.) *form., pl.* you 1
útil *adj.* useful
uva *f.* grape 8

V

vaca *f.* cow 13
vacaciones *f. pl.* vacation 5
valle *m.* valley 13
vamos let's go 4
vaquero *m.* cowboy
de vaqueros *m., pl.* western (genre)
varios/as *adj. m. f., pl.* various; several 8
vaso *m.* glass 12
veces *f., pl.* times 6
vecino/a *m., f.* neighbor 12
veinte twenty 1
veinticinco twenty-five 1
veinticuatro twenty-four 1
veintidós twenty-two 1
veintinueve twenty-nine 1
veintiocho twenty-eight 1
veintiséis twenty-six 1
veintisiete twenty-seven 1
veintitrés twenty-three 1
veintiún, veintiuno/a twenty-one 1
vejez *f.* old age 9
velocidad *f.* speed 11
velocidad máxima *f.* speed limit 11
vendedor(a) *m., f.* salesperson 6
vender *v.* to sell 6
venir *v.* to come 3
ventana *f.* window 2
ver *v.* to see 4
a ver *v.* let's see 2
ver películas *f., pl.* to see movies 4
verano *m.* summer 5
verbo *m.* verb
verdad *f.* truth
¿verdad? right? 1
verde *adj., m. f.* green 6
verduras *pl., f.* vegetables 8
vestido *m.* dress 6
vestirse (e:i) *v.* to get dressed 7
vez *f.* time 6
viajar *v.* to travel 2
viaje *m.* trip 5
viajero/a *m., f.* traveler 5
vida *f.* life 9
video *m.* video 1
video(casete) *m.* video (cassette) 11
videocasetera *f.* VCR 11
videoconferencia *f.* videoconference
videojuego *m.* video game 4
vidrio *m.* glass 13
viejo/a *adj.* old 3
viento *m.* wind 5
viernes *m., sing.* Friday 2
vinagre *m.* vinegar 8
vino *m.* wine 8
vino blanco *m.* white wine 8
vino tinto *m.* red wine 8
violencia *f.* violence
visitar *v.* to visit 4
visitar monumentos *m., pl.* to visit monuments 4
visto/a *p.p.* seen 14
vitamina *f.* vitamin 15
viudo/a *adj.* widower/widow 9
vivienda *f.* housing 12
vivir *v.* to live 3
vivo/a *adj.* bright; lively; living
volante *m.* steering wheel 11
volcán *m.* volcano 13
vóleibol *m.* volleyball 4
volver (o:ue) *v.* to return 4
volver a ver(te, lo, la) *v.* to see (you, him, her) again
vos *pron.* you
vosotros/as *form., pl.* you 1
votar *v.* to vote
vuelta *f.* return trip
vuelto/a *p.p.* returned 14
vuestro(s)/a(s) *poss. adj.* your 3; (of) yours *fam.* 11

W

walkman *m.* walkman

Y

y *conj.* and 1
y cuarto quarter after (time) 1
y media half-past (time) 1
y quince quarter after (time) 1
y treinta thirty (minutes past the hour) 1
¿Y tú? *fam.* And you? 1
¿Y usted? *form.* And you? 1
ya *adv.* already 6
yerno *m.* son-in-law 3
yo *sub. pron.* I 1
Yo soy... I'm... 1
yogur *m.* yogurt 8

Z

zanahoria *f.* carrot 8
zapatería *f.* shoe store 14
zapatos de tenis *m., pl.* tennis shoes, sneakers 6

English-Spanish

A

a **un/a** *m., f., sing.; indef. art.* 1
@ (*symbol*) **arroba** *f.* 11
A.M. **mañana** *f.* 1
able: be able to **poder (o:ue)** *v.* 4
aboard **a bordo** 1
accident **accidente** *m.* 10
accompany **acompañar** *v.* 14
account **cuenta** *f.* 14
  on account of **por** *prep.* 11
accountant **contador(a)** *m., f.*
accounting **contabilidad** *f.* 2
ache **dolor** *m.* 10
acid **ácido/a** *adj.* 13
  acid rain **lluvia ácida** 13
acquainted: be acquainted with **conocer** *v.* 6
action (genre) **de acción** *f.*
active **activo/a** *adj.* 15
actor **actor** *m.*, **actriz** *f.*
addict (*drug*) **drogadicto/a** *adj.* 15
additional **adicional** *adj.*
address **dirección** *f.* 14
adjective **adjetivo** *m.*
adolescence **adolescencia** *f.* 9
adventure (genre) **de aventura** *f.*
advertise **anunciar** *v.*
advertisement **anuncio** *m.*
advice **consejo** *m.* 6
  give advice **dar consejos** 6
advise **aconsejar** *v.* 12
advisor **consejero/a** *m., f.*
aerobic **aeróbico/a** *adj.* 15
  aerobics class **clase de ejercicios aeróbicos** 15
  to do aerobics **hacer ejercicios aeróbicos** 15
affected **afectado/a** *adj.* 13
  be affected (by) **estar** *v.* **afectado/a (por)** 13
affirmative **afirmativo/a** *adj.*
afraid: be (very) afraid (of) **tener (mucho) miedo (de)** 3
  be afraid that **tener miedo (de) que**
after **después de** *prep.* 7; **después de que** *conj.* 13
afternoon **tarde** *f.* 1
afterward **después** *adv.* 7
again **otra vez**
age **edad** *f.* 9
agree **concordar** *v.*
agree **estar** *v.* **de acuerdo**
  I agree (completely). **Estoy (completamente) de acuerdo.**
  I don't agree. **No estoy de acuerdo.**
agreement **acuerdo** *m.*
AIDS **SIDA** *m.*
air **aire** *m.* 13
  air pollution **contaminación del aire** 13
airplane **avión** *m.* 5
airport **aeropuerto** *m.* 5
alarm clock **despertador** *m.* 7
alcohol **alcohol** *m.* 15
  to consume alcohol **consumir alcohol** 15
alcoholic **alcohólico/a** *adj.* 15
all **todo(s)/a(s)** *adj.* 4
  All aboard! **¡Todos a bordo!** 1
  all of us **todos** 1
  all over the world **en todo el mundo**
allergic **alérgico/a** *adj.* 10
  be allergic (to) **ser alérgico/a (a)** 10
alleviate **aliviar** *v.*
almost **casi** *adv.* 10
alone **solo/a** *adj.*
along **por** *prep.* 11
already **ya** *adv.* 6
also **también** *adv.* 2; 7
alternator **alternador** *m.* 11
although **aunque** *conj.*
aluminum **aluminio** *m.* 13
  (made) of aluminum **de aluminio** 13
always **siempre** *adv.* 7
American (*North*) **norteamericano/a** *adj.* 3
among **entre** *prep.* 2
amusement **diversión** *f.*
and **y** 1, **e** (*before words beginning with i or hi*) 4
  And you? **¿Y tú?** *fam.* 1; **¿Y usted?** *form.* 1
angry **enojado/a** *adj.* 5
  get angry (with) **enojarse** *v.* **(con)** 7
animal **animal** *m.* 13
ankle **tobillo** *m.* 10
anniversary **aniversario** *m.* 9
  (wedding) anniversary **aniversario** *m.* **(de bodas)** 9
announce **anunciar** *v.*
announcer (*TV/radio*) **locutor(a)** *m., f.*
annoy **molestar** *v.* 7
another **otro/a** *adj.* 6
answer **contestar** *v.* 2; **respuesta** *f.*
answering machine **contestadora** *f.* 11
antibiotic **antibiótico** *m.* 10
any **algún, alguno/a(s)** *adj.* 7
anyone **alguien** *pron.* 7
anything **algo** *pron.* 7
apartment **apartamento** *m.* 12
apartment building **edificio de apartamentos** 12
appear **parecer** *v.*
appetizers **entremeses** *m., pl.* 8
applaud **aplaudir** *v.*
apple **manzana** *f.* 8
appliance (electric) **electrodoméstico** *m.* 12
applicant **aspirante** *m., f.*
application **solicitud** *f.*
  job application **solicitud de trabajo**
apply (*for a job*) **solicitar** *v.*
  apply for a loan **pedir (e:ie)** *v.* **un préstamo** 14
appointment **cita** *f.* 9
  have an appointment **tener** *v.* **una cita** 9
appreciate **apreciar** *v.*
April **abril** *m.* 5
aquatic **acuático/a** *adj.*
archaeologist **arqueólogo/a** *m., f.*
architect **arquitecto/a** *m., f.*
area **región** *f.* 13
arm **brazo** *m.* 10
armchair **sillón** *m.* 12
army **ejército** *m.*
around **por** *prep.* 11
  around here **por aquí** 11
arrange **arreglar** *v.* 11
arrival **llegada** *f.* 5
arrive **llegar** *v.* 2
art **arte** *m.* 2
  (fine) arts **bellas artes** *f., pl.*
article *m.* **artículo**
artist **artista** *m., f.* 3
artistic **artístico/a** *adj.*
arts **artes** *f., pl.*
as **como** 8
  as a child **de niño/a** 10
  as... as **tan... como** 8
  as many... as **tantos/as... como** 8
  as much... as **tanto... como** 8
  as soon as **en cuanto** *conj.* 13; **tan pronto como** *conj.* 13
ask (*a question*) **preguntar** *v.* 2
  ask for **pedir (e:i)** *v.* 4
asparagus **espárragos** *m., pl.* 8
aspirin **aspirina** *f.* 10
at **a** *prep.* 1; **en** *prep.* 2
  at + *time* **a la(s)** + *time* 1
  at home **en casa** 7
  at least **por lo menos** 10
  at night **por la noche** 7
  at the end (of) **al fondo (de)** 12
  At what time...? **¿A qué hora...?** 1
  At your service. **A sus órdenes.** 11
ATM **cajero automático** *m.* 14
attend **asistir (a)** *v.* 3
attic **altillo** *m.* 12
attract **atraer** *v.* 4
audience **público** *m.*
August **agosto** *m.* 5
aunt **tía** *f.* 3
  aunts and uncles **tíos** *m., pl.* 3
automobile **automóvil** *m.* 5; **carro** *m.;* **coche** *m.* 11

autumn **otoño** *m.* 5
avenue **avenida** *f.*
avoid **evitar** *v.* 13
award **premio** *m.*

B

backpack **mochila** *f.* 2
bad **mal, malo/a** *adj.* 3
It's bad that... **Es malo que...** 12
It's not at all bad. **No está nada mal.** 5
bag **bolsa** *f.* 6
bakery **panadería** *f.* 14
balanced **equilibrado/a** *adj.* 15
to eat a balanced diet **comer una dieta equilibrada** 15
balcony **balcón** *m.* 12
ball **pelota** *f.* 4
banana **banana** *f.* 8
band **banda** *f.*
bank **banco** *m.* 14
bargain **ganga** *f.* 6; **regatear** *v.* 6
baseball (*game*) **béisbol** *m.* 4
basement **sótano** *m.* 12
basketball (*game*) **baloncesto** *m.* 4
bathe **bañarse** *v.* 7
bathing suit **traje** *m.* **de baño** 6
bathroom **baño** *m.* 7; **cuarto de baño** *m.* 7
be **ser** *v.* 1; **estar** *v.* 2
be... years old **tener... años** 3
beach **playa** *f.* 5
beans **frijoles** *m., pl.* 8
beautiful **hermoso/a** *adj.* 6
beauty **belleza** *f.* 14
beauty salon **peluquería** *f.* 14; **salón** *m.* **de belleza** 14
because **porque** *conj.* 2
because of **por** *prep.* 11
become (+ *adj.*) **ponerse (+ *adj.*)** 7; **convertirse** *v.*
bed **cama** *f.* 5
go to bed **acostarse (o:ue)** *v.* 7
bedroom **alcoba** *f.*; **dormitorio** *m.* 12; **recámara** *f.*
beef **carne de res** *f.* 8
beef soup **caldo de patas** 8
been **sido** *p.p.* 15
beer **cerveza** *f.* 8
before **antes** *adv.* 7; **antes de** *prep.* 7; **antes (de) que** *conj.* 13
beg **rogar (o:ue)** *v.* 12
begin **comenzar (e:ie)** *v.* 4; **empezar (e:ie)** *v.* 4
behalf: on behalf of **de parte de** 11
behind **detrás de** *prep.* 2
believe (in) **creer** *v.* **(en)** 3; **creer** *v.* 13
not to believe **no creer** 13
believed **creído/a** *p.p.* 14
bellhop **botones** *m., f. sing.* 5
below **debajo de** *prep.* 2
belt **cinturón** *m.* 6
benefit **beneficio** *m.*
beside **al lado de** *prep.* 2
besides **además (de)** *adv.* 10
best **mejor** *adj.*
the best **el/la mejor** *m., f.* 8; **lo mejor** *neuter*
better **mejor** *adj.* 8
It's better that... **Es mejor que...** 12
between **entre** *prep.* 2
beverage **bebida** *f.*
alcoholic beverage **bebida alcohólica** *f.* 15
bicycle **bicicleta** *f.* 4
big **gran, grande** *adj.* 3
bill **cuenta** *f.* 9
billion **mil millones**
biology **biología** *f.* 2
bird **ave** *f.* 13; **pájaro** *m.* 13
birth **nacimiento** *m.* 9
birthday **cumpleaños** *m., sing.* 9
have a birthday **cumplir** *v.* **años** 9
black **negro/a** *adj.* 6
blackberry **mora** *f.* 8
blackboard **pizarra** *f.* 2
blanket **manta** *f.* 12
block (city) **cuadra** *f.* 14
blond(e) **rubio/a** *adj.* 3
blouse **blusa** *f.* 6
blue **azul** *adj. m., f.* 6
boarding house **pensión** *f.*
boat **barco** *m.* 5
body **cuerpo** *m.* 10
bone **hueso** *m.* 10
book **libro** *m.* 2
bookcase **estante** *m.* 12
bookshelves **estante** *m.* 12
bookstore **librería** *f.* 2
boot **bota** *f.* 6
bore **aburrir** *v.* 7
bored **aburrido/a** *adj.* 5
be bored **estar** *v.* **aburrido/a** 5
get bored **aburrirse** *v.*
boring **aburrido/a** *adj.* 5
born: be born **nacer** *v.* 9
borrow **pedir (e:ie)** *v.* **prestado** 14
borrowed **prestado/a** *adj.*
boss **jefe** *m.*, **jefa** *f.*
bother **molestar** *v.* 7
bottle **botella** *f.* 9
bottle of wine **botella de vino** 9
bottom **fondo** *m.*
boulevard **bulevar** *m.*
boy **chico** *m.* 1; **muchacho** *m.* 3
boyfriend **novio** *m.* 3
brakes **frenos** *m., pl.*
bread **pan** *m.* 8
break **romper** *v.* 10
break (one's leg) **romperse (la pierna)** 10
break down **dañar** *v.* 10
The... broke down. **Se nos dañó el/la...** 11
break up (with) **romper** *v.* **(con)** 9
breakfast **desayuno** *m.* 2, 8
have breakfast **desayunar** *v.* 2
breathe **respirar** *v.* 13
bring **traer** *v.* 4
broadcast **transmitir** *v.* **emitir** *v.*
brochure **folleto** *m.*
broken **roto/a** *adj.* 10, 14
be broken **estar roto/a** 10
brother **hermano** *m.* 3
brother-in-law **cuñado** *m., f.* 3
brothers and sisters **hermanos** *m., pl.* 3
brought **traído/a** *p.p.* 14
brown **café** *adj.* 6; **marrón** *adj.* 6
brunet(te) **moreno/a** *adj.* 3
brush **cepillar** *v.* 7
brush one's hair **cepillarse el pelo** 7
brush one's teeth **cepillarse los dientes** 7
build **construir** *v.* 4
building **edificio** *m.* 12
bump into (*something accidentally*) **darse con** 10; (*someone*) **encontrarse** *v.* 11
burn (a CD) **quemar** *v.* 11
burned (out) **quemado/a** *adj.* 11
bus **autobús** *m.* 1
bus station **estación** *f.* **de autobuses** 5
business **negocios** *m. pl.*
business administration **administración** *f.* **de empresas** 2
business-related **comercial** *adj.*
businessperson **hombre** *m.* **/ mujer** *f.* **de negocios**
busy **ocupado/a** *adj.* 5
but **pero** *conj.* 2; (rather) **sino** *conj.* (*in negative sentences*) 7
butcher shop **carnicería** *f.* 14
butter **mantequilla** *f.* 8
buy **comprar** *v.* 2
by **por** *prep.* 11; **para** *prep.* 11
by means of **por** *prep.* 11
by phone **por teléfono** 11
by plane **en avión** 5
by way of **por** *prep.* 11
bye **chau** *interj. fam.* 1

C

cabin **cabaña** *f.* 5
cable television **televisión** *f.* **por cable** *m.* 11
café **café** *m.* 4
cafeteria **cafetería** *f.* 2
caffeine **cafeína** *f.* 15

cake **pastel** *m.* 9
chocolate cake **pastel de chocolate** *m.* 9
calculator **calculadora** *f.* 11
call **llamar** *v.* 11
be called **llamarse** *v.* 7
call on the phone **llamar por teléfono**
calm **tranquilo/a** *adj.* 15
calorie **caloría** *f.* 15
camera **cámara** *f.* 11
camp **acampar** *v.* 5
can (*tin*) **lata** *f.* 13
can **poder (o:ue)** *v.* 4
Canadian **canadiense** *adj.* 3
candidate **aspirante** *m., f.*
candidate **candidato/a** *m., f.*
candy **dulces** *m., pl.* 9
capital city **capital** *f.* 1
car **coche** *m.* 11; **carro** *m.* 11; **auto(móvil)** *m.* 5
caramel **caramelo** *m.* 9
card **tarjeta** *f.*; (*playing*) **carta** *f.* 5
care **cuidado** *m.* 3
Take care! **¡Cuídense!** *v.* 15
take care of **cuidar** *v.* 13
career **carrera** *f.*
careful: be (very) careful **tener** *v.* **(mucho) cuidado** 3
caretaker **ama** *m., f.* **de casa** 12
carpenter **carpintero/a** *m., f.*
carpet **alfombra** *f.* 12
carrot **zanahoria** *f.* 8
carry **llevar** *v.* 2
cartoons **dibujos** *m, pl.* **animados**
case: in case (that) **en caso (de) que** 13
cash (a check) **cobrar** *v.* 14;
cash **(en) efectivo** 6
cash register **caja** *f.* 6
pay in cash **pagar** *v.* **al contado** 14; **pagar en efectivo** 14
cashier **cajero/a** *m., f.*
cat **gato** *m.* 13
CD-ROM **cederrón** *m.* 11
celebrate **celebrar** *v.* 9
celebration **celebración** *f.*
young woman's fifteenth birthday celebration **quinceañera** *f.* 9
cellar **sótano** *m.* 12
cellular **celular** *adj.* 11
cellular telephone **teléfono celular** *m.* 11
cereal **cereales** *m., pl.* 8
certain **cierto** *m.*; **seguro** *m.* 13
it's (not) certain **(no) es cierto/seguro** 13
chalk **tiza** *f.* 2
champagne **champán** *m.* 9
change **cambiar** *v.* **(de)** 9
channel (*TV*) **canal** *m.* 11
character (*fictional*) **personaje** *m.* 11
(main) character *m.* **personaje (principal)**
chat **conversar** *v.* 2
chauffeur **conductor(a)** *m., f.* 1
cheap **barato/a** *adj.* 6
check **comprobar (o:ue)** *v.*; **revisar** *v.* 11; (*bank*) **cheque** *m.* 14
check the oil **revisar el aceite** 11
checking account **cuenta** *f.* **corriente** 14
cheese **queso** *m.* 8
chef **cocinero/a** *m., f.*
chemistry **química** *f.* 2
chest of drawers **cómoda** *f.* 12
chicken **pollo** *m.* 8
child **niño/a** *m., f.* 3
childhood **niñez** *f.* 9
children **hijos** *m., pl.* 3
Chinese **chino/a** *adj.* 3
chocolate **chocolate** *m.* 9
chocolate cake **pastel** *m.* **de chocolate** 9
cholesterol **colesterol** *m.* 15
choose **escoger** *v.* 8
chop (*food*) **chuleta** *f.* 8
Christmas **Navidad** *f.* 9
church **iglesia** *f.* 4
citizen **ciudadano/a** *adj.*
city **ciudad** *f.* 4
class **clase** *f.* 2
take classes **tomar clases** 2
classical **clásico/a** *adj.*
classmate **compañero/a** *m., f.* **de clase** 2
clean **limpio/a** *adj.* 5; **limpiar** *v.* 12
clean the house *v.* **limpiar la casa** 12
clear (*weather*) **despejado/a** *adj.*
clear the table **quitar la mesa** 12
It's (very) clear. (*weather*) **Está (muy) despejado.**
clerk **dependiente/a** *m., f.* 6
climb **escalar** *v.* 4
climb mountains **escalar montañas** 4
clinic **clínica** *f.* 10
clock **reloj** *m.* 2
close **cerrar (e:ie)** *v.* 4
closed **cerrado/a** *adj.* 5
closet **armario** *m.* 12
clothes **ropa** *f.* 6
clothes dryer **secadora** *f.* 12
clothing **ropa** *f.* 6
cloud **nube** *f.* 13
cloudy **nublado/a** *adj.* 5
It's (very) cloudy. **Está (muy) nublado.** 5
coat **abrigo** *m.* 6
coffee **café** *m.* 8
coffee maker **cafetera** *f.* 12
cold **frío** *m.* 5;
(*illness*) **resfriado** *m.* 10
be (*feel*) (very) cold **tener (mucho) frío** 3
It's (very) cold. (*weather*) **Hace (mucho) frío.** 5
college **universidad** *f.* 2
collision **choque** *m.*
color **color** *m.* 6
comb one's hair **peinarse** *v.* 7
come **venir** *v.* 3
comedy **comedia** *f.*
comfortable **cómodo/a** *adj.* 5
commerce **negocios** *m., pl.*
commercial **comercial** *adj.*
communicate (with) **comunicarse** *v.* **(con)**
communication **comunicación** *f.*
means of communication **medios** *m. pl.* **de comunicación**
community **comunidad** *f.* 1
compact disc (CD) **disco** *m.* **compacto** 11
compact disc player **tocadiscos** *m. sing.* **compacto** 11
company **compañía** *f.*; **empresa** *f.*
comparison **comparación** *f.*
completely **completamente** *adv.*
composer **compositor(a)** *m., f.*
computer **computadora** *f.* 1
computer disc **disco** *m.*
computer monitor **monitor** *m.* 11
computer programmer **programador(a)** *m., f.* 3
computer science **computación** *f.* 2
concert **concierto** *m.*
conductor (*musical*) **director(a)** *m., f.*
confirm **confirmar** *v.* 5
confirm a reservation **confirmar una reservación** 5
confused **confundido/a** *adj.* 5
congested **congestionado/a** *adj.* 10
Congratulations! (*for an event such as a birthday or anniversary*) **¡Felicidades!** 9; (*for an event such as an engagement or a good grade on a test*) *f., pl.* **¡Felicitaciones!** 9
conservation **conservación** *f.* 13
conserve **conservar** *v.* 13
considering **para** *prep.* 11
consume **consumir** *v.* 15
container **envase** *m.* 13
contamination **contaminación** *f.*
content **contento/a** *adj.* 5
contest **concurso** *m.*
continue **seguir (e:i)** *v.* 4
control **control** *m.*; **controlar** *v.* 13
be under control **estar bajo control** 7

conversation **conversación** *f.* 1
converse **conversar** *v.* 2
cook **cocinar** *v.* 12; **cocinero/a** *m., f.*
cookie **galleta** *f.* 9
cool **fresco/a** *adj.* 5
Be cool. **Tranquilo.** 7
It's cool. (*weather*) **Hace fresco.** 5
corn **maíz** *m.* 8
corner **esquina** *f.* 14
cost **costar (o:ue)** *v.* 6
cotton **algodón** *f.* 6
(made of) cotton **de algodón** 6
couch **sofá** *m.* 12
couch potato **teleadicto/a** *m., f.* 15
cough **tos** *f.* 10; **toser** *v.* 10
counselor **consejero/a** *m., f.*
count (on) **contar (o:ue)** *v.* **(con)** 4, 12
country (*nation*) **país** *m.* 1
countryside **campo** *m.* 5
(married) couple **pareja** *f.* 9
course **curso** *m.* 2; **materia** *f.* 2
courtesy **cortesía** *f.*
cousin **primo/a** *m., f.* 3
cover **cubrir** *v.*
covered **cubierto/a** *p.p.*
cow **vaca** *f.* 13
crafts **artesanía** *f.*
craftsmanship **artesanía** *f.*
crater **cráter** *m.* 13
crazy **loco/a** *adj.* 6
create **crear** *v.*
credit **crédito** *m.* 6
credit card **tarjeta** *f.* **de crédito** 6
crime **crimen** *m.*
cross **cruzar** *v.* 14
culture **cultura** *f.*
cup **taza** *f.* 12
currency exchange **cambio** *m.* **de moneda**
current events **actualidades** *f., pl.*
curtains **cortinas** *f., pl.* 12
custard (*baked*) **flan** *m.* 9
custom **costumbre** *f.* 1
customer **cliente/a** *m., f.* 6
customs **aduana** *f.* 5
customs inspector **inspector(a)** *m., f.* **de aduanas** 5
cybercafé **cibercafé** *m.* 11
cycling **ciclismo** *m.* 4

D

dad **papá** *m.* 3
daily **diario/a** *adj.* 7
daily routine **rutina** *f.* **diaria** 7
damage **dañar** *v.* 10
dance **bailar** *v.* 2; **danza** *f.*; **baile** *m.*
dancer **bailarín/bailarina** *m., f.*
danger **peligro** *m.* 13
dangerous **peligroso/a** *adj.*
date (*appointment*) **cita** *f.* 9; (*calendar*) **fecha** *f.* 5; (*someone*) **salir** *v.* **con (alguien)** 9
have a date **tener una cita** 9
daughter **hija** *f.* 3
daughter-in-law **nuera** *f.* 3
day **día** *m.* 1
day before yesterday **anteayer** *adv.* 6
deal **trato** *m.*
It's not a big deal. **No es para tanto.** 12
You've got a deal! **¡Trato hecho!**
death **muerte** *f.* 9
decaffeinated **descafeinado/a** *adj.* 15
December **diciembre** *m.* 5
decide **decidir** *v.* **(+ *inf.*)** 3
decided **decidido/a** *adj. p.p.* 14
declare **declarar** *v.*
deforestation **deforestación** *f.* 13
delicious **delicioso/a** *adj.* 8; **rico/a** *adj.* 8; **sabroso/a** *adj.* 8
delighted **encantado/a** *adj.* 1
dentist **dentista** *m., f.* 10
deny **negar (e:ie)** *v.* 13
not to deny **no dudar** 13
department store **almacén** *m.* 6
departure **salida** *f.* 5
deposit **depositar** *v.* 14
describe **describir** *v.* 3
described **descrito/a** *p.p.* 14
desert **desierto** *m.* 13
design **diseño** *m.*
designer **diseñador(a)** *m., f.*
desire **desear** *v.* 2
desk **escritorio** *m.* 2
dessert **postre** *m.* 9
destroy **destruir** *v.* 13
develop **desarrollar** *v.* 13
diary **diario** *m.* 1
dictatorship **dictadura** *f.*
dictionary **diccionario** *m.* 1
die **morir (o:ue)** *v.* 8
died **muerto/a** *p.p.* 14
diet **dieta** *f.* 15; **alimentación**
balanced diet **dieta equilibrada** 15
be on a diet **estar a dieta** 15
difficult **difícil** *adj. m., f.* 3
digital camera **cámara** *f.* **digital** 11
dining room **comedor** *m.* 12
dinner **cena** *f.* 2, 8
have dinner **cenar** *v.* 2
direct **dirigir** *v.*
directions **direcciones** *f., pl.* 14
give directions **dar direcciones** 14
director **director(a)** *m., f.*
dirty **ensuciar** *v.*; **sucio/a** *adj.* 5
get (something) dirty **ensuciar** *v.* 12
disagree **no estar de acuerdo**
disaster **desastre** *m.*
discover **descubrir** *v.* 13
discovered **descubierto/a** *p.p.* 14
discrimination **discriminación** *f.*
dish **plato** *m.* 8, 12
main dish *m.* **plato principal** 8
dishwasher **lavaplatos** *m., sing.* 12
disk **disco** *m.*
disorderly **desordenado/a** *adj.* 5
dive **bucear** *v.* 4
divorce **divorcio** *m.* 9
divorced **divorciado/a** *adj.* 9
get divorced (from) **divorciarse** *v.* **(de)** 9
dizzy **mareado/a** *adj.* 10
do **hacer** *v.* 4
do aerobics **hacer ejercicios aeróbicos** 15
do household chores **hacer quehaceres domésticos** 12
do stretching exercises **hacer ejercicios de estiramiento** 15
(I) don't want to. **No quiero.** 4
doctor **doctor(a)** *m., f.* 3; 10; **médico/a** *m., f.* 3
documentary (*film*) **documental** *m.*
dog **perro** *m.* 13
domestic **doméstico/a** *adj.*
domestic appliance **electrodoméstico** *m.*
done **hecho/a** *p.p.* 14
door **puerta** *f.* 2
dormitory **residencia** *f.* **estudiantil** 2
double **doble** *adj.* 5
double room **habitación** *f.* **doble** 5
doubt **duda** *f.* 13; **dudar** *v.* 13
not to doubt 13
There is no doubt that... **No cabe duda de** 13; **No hay duda de** 13
Down with... ! **¡Abajo el/la...!**
download **descargar** *v.* 11
downtown **centro** *m.* 4
drama **drama** *m.*
dramatic **dramático/a** *adj.*
draw **dibujar** *v.* 2
drawing **dibujo** *m.*
dress **vestido** *m.* 6
get dressed **vestirse (e:i)** *v.* 7
drink **beber** *v.* 3; **bebida** *f.* 8; **tomar** *v.* 2
drive **conducir** *v.* 6; **manejar** *v.* 11
driver **conductor(a)** *m., f.* 1
drug **droga** *f.* 15
drug addict **drogadicto/a** *adj.* 15
dry oneself **secarse** *v.* 7
during **durante** *prep.* 7; **por** *prep.* 11
dust **sacudir** *v.* 12; **quitar** *v.* **el polvo** 12

dust the furniture **sacudir los muebles** 12
DVD player **reproductor** *m.* **de DVD** 11

E

each **cada** *adj.* 6
eagle **águila** *f.*
ear (outer) **oreja** *f.* 10
early **temprano** *adv.* 7
earn **ganar** *v.*
earthquake **terremoto** *m.*
ease **aliviar** *v.*
east **este** *m.* 14
to the east **al este** 14
easy **fácil** *adj. m., f.* 3
eat **comer** *v.* 3
ecology **ecología** *f.* 13
economics **economía** *f.* 2
ecotourism **ecoturismo** *m.* 13
Ecuador **Ecuador** *m.* 1
Ecuadorian **ecuatoriano/a** *adj.* 3
effective **eficaz** *adj. m., f.*
egg **huevo** *m.* 8
eight **ocho** 1
eight hundred **ochocientos/as** 2
eighteen **dieciocho** 1
eighth **octavo/a** 5
eighty **ochenta** 2
either... or **o... o** *conj.* 7
eldest **el/la mayor** 8
elect **elegir** *v.*
election **elecciones** *f. pl.*
electric appliance **electrodoméstico** *m.* 12
electrician **electricista** *m., f.*
electricity **luz** *f.* 12
elegant **elegante** *adj. m., f.* 6
elevator **ascensor** *m.* 5
eleven **once** 1
e-mail **correo** *m.* **electrónico** 4
e-mail address **dirección** *f.* **electrónica** 11
e-mail message **mensaje** *m.* **electrónico** 4
read e-mail **leer** *v.* **el correo electrónico** 4
embarrassed **avergonzado/a** *adj.* 5 embrace (each other) **abrazar(se)** *v.* 11
emergency **emergencia** *f.* 10
emergency room **sala** *f.* **de emergencia** 10
employee **empleado/a** *m., f.* 5
employment **empleo** *m.*
end **fin** *m.* 4; **terminar** *v.* 2
end table **mesita** *f.* 12
energy **energía** *f.* 13
engaged: get engaged (to) **comprometerse** *v.* **(con)** 9
engineer **ingeniero/a** *m., f.* 3
English (*language*) **inglés** *m.* 2; **inglés, inglesa** *adj.* 3
enjoy **disfrutar** *v.* **(de)** 15
enough **bastante** *adv.* 10
entertainment **diversión** *f.* 4
entrance **entrada** *f.* 12
envelope **sobre** *m.* 14
environment **medio ambiente** *m.* 13
equality **igualdad** *f.*
equipped **equipado/a** *adj.* 15
erase **borrar** *v.* 11
eraser **borrador** *m.* 2
errand **diligencia** *f.* 14
establish **establecer** *v.*
evening **tarde** *f.* 1
event **acontecimiento** *m.*
every day **todos los días** 10
everybody **todos** *m., pl.*
everything **todo** *m.* 5
Everything is under control. **Todo está bajo control.** 7
exactly **en punto** 1
exam **examen** *m.* 2
excellent **excelente** *adj.* 5
excess **exceso** *m.* 15
in excess **en exceso** 15
exchange **intercambiar** *v.*
in exchange for **por** 11
exciting **emocionante** *adj. m., f.*
excursion **excursión** *f.*
excuse **disculpar** *v.*
Excuse me. (*May I?*) **Con permiso.** 1; (*I beg your pardon.*) **Perdón.** 1
exercise **ejercicio** *m.* 15
hacer *v.* **ejercicio** 15
exit **salida** *f.* 5
expensive **caro/a** *adj.* 6
experience **experiencia** *f.*
explain **explicar** *v.* 2
explore **explorar** *v.*
expression **expresión** *f.*
extinction **extinción** *f.* 13
extremely delicious **riquísimo/a** *adj.* 8
extremely serious **gravísimo** *adj.* 13
eye **ojo** *m.* 10

F

fabulous **fabuloso/a** *adj.* 5
face **cara** *f.* 7
facing **enfrente de** *prep.* 14
fact: in fact **de hecho**
fall (down) **caerse** *v.* 10
fall asleep **dormirse (o:ue)** *v.* 7
fall in love (with) **enamorarse** *v.* **(de)** 9
fall (season) **otoño** *m.* 5
fallen **caído/a** *p.p.* 14
family **familia** *f.* 3
famous **famoso/a** *adj.*
fan **aficionado/a** *adj.* 4
be a fan (of) **ser aficionado/a (a)** 4
far from **lejos de** *prep.* 2
farewell **despedida** *f.*
fascinate **fascinar** *v.* 7
fashion **moda** *f.* 6
be in fashion **estar de moda** 6
fast **rápido/a** *adj.*
fat **gordo/a** *adj.* 3; **grasa** *f.* 15
father **padre** *m.* 3
father-in-law **suegro** *m.* 3
favorite **favorito/a** *adj.* 4
fax (machine) ***fax*** *m.* 11
fear **miedo** *m.* 3; **temer** *v.* 13
February **febrero** *m.* 5
feel **sentir(se) (e:ie)** *v.* 7
feel like (*doing something*) **tener ganas de (+** ***inf.*****)** 3
festival **festival** *m.*
fever **fiebre** *f.* 10
have a fever **tener** *v.* **fiebre** 10
few **pocos/as** *adj. pl.*
fewer than **menos de** (+ *number*) 8
field: major field of study **especialización** *f.*
fifteen **quince** 1
fifteen-year-old girl **quinceañera** *f.*
young woman's fifteenth birthday celebration **quinceañera** *f.* 9
fifth **quinto/a** 5
fifty **cincuenta** 2
fight (for/against) **luchar** *v.* **(por/contra)**
figure (*number*) **cifra** *f.*
file **archivo** *m.* 11
fill **llenar** *v.* 11
fill out (a form) **llenar (un formulario)** 14
fill the tank **llenar el tanque** 11
finally **finalmente** *adv.* 15; **por último** 7; **por fin** 11
find **encontrar (o:ue)** *v.* 4
find (each other) **encontrar(se)**
fine **multa** *f.*
That's fine. **Está bien.** 11
(fine) arts **bellas artes** *f., pl.*
finger **dedo** *m.* 10
finish **terminar** *v.* 2
finish (*doing something*) **terminar** *v.* **de (+** ***inf.*****)** 4
fire **incendio** *m.*; **despedir (e:i)** *v.*
firefighter **bombero/a** *m., f.*
firm **compañía** *f.*; **empresa** *f.*
first **primer, primero/a** 5
fish (*food*) **pescado** *m.* 8; **pescar** *v.* 5; (*live*) **pez** *m.* 13
fish market **pescadería** *f.* 14
fisherman **pescador** *m.*
fisherwoman **pescadora** *f.*
fishing **pesca** *f.* 5
fit (*clothing*) **quedar** *v.* 7
five **cinco** 1
five hundred **quinientos/as** 2
fix (*put in working order*) **arreglar** *v.* 11
fixed **fijo/a** *adj.* 6
flag **bandera** *f.*
flank steak **lomo** *m.* 8

flat tire: We had a flat tire. **Se nos pinchó una llanta.** 11
flexible **flexible** *adj.* 15
flood **inundación** *f.*
floor (*of a building*) **piso** *m.* 5; **suelo** *m.* 12
ground floor **planta baja** *f.* 5
top floor **planta** *f.* **alta**
flower **flor** *f.* 13
flu **gripe** *f.* 10
fog **niebla** *f.*
folk **folklórico/a** *adj.*
follow **seguir (e:i)** *v.* 4
food **comida** *f.* 8; **alimento**
foolish **tonto/a** *adj.* 3
foot **pie** *m.* 10
football **fútbol** *m.* **americano** 4
for **para** *prep.* 11; **por** *prep.* 11
for example **por ejemplo** 11
for me **para mí** 8
forbid **prohibir** *v.*
foreign **extranjero/a** *adj.*
foreign languages **lenguas** *f., pl.* **extranjeras** 2
forest **bosque** *m.* 13
forget **olvidar** *v.* 10
fork **tenedor** *m.* 12
form **formulario** *m.* 14
forty **cuarenta** *m.* 2
four **cuatro** 1
four hundred **cuatrocientos/as** 2
fourteen **catorce** 1
fourth **cuarto/a** *m., f.* 5
free **libre** *adj. m., f.* 4
be free (of charge) **ser gratis** 14
free time **tiempo libre**; spare (free) time **ratos libres** 4
freedom **libertad** *f.*
freezer **congelador** *m.* 12
French **francés, francesa** *adj.* 3
French fries **papas** *f., pl.* **fritas** 8; **patatas** *f., pl.* **fritas** 8
frequently **frecuentemente** *adv.* 10; **con frecuencia** *adv.* 10
Friday **viernes** *m., sing.* 2
fried **frito/a** *adj.* 8
fried potatoes **papas** *f., pl.* **fritas** 8; **patatas** *f., pl.* **fritas** 8
friend **amigo/a** *m., f.* 3
friendly **amable** *adj. m., f.* 5
friendship **amistad** *f.* 9
from **de** *prep.* 1; **desde** *prep.* 6
from the United States **estadounidense** *m., f. adj.* 3
from time to time **de vez en cuando** 10
He/She/It is from... **Es de...**; I'm from... **Soy de...** 1
fruit **fruta** *f.* 8
fruit juice **jugo** *m.* **de fruta** 8
fruit store **frutería** *f.* 14
full **lleno/a** *adj.* 11
fun **divertido/a** *adj.* 7
fun activity **diversión** *f.* 4
have fun **divertirse (e:ie)** *v.* 9
function **funcionar** *v.*
furniture **muebles** *m., pl.* 12
furthermore **además (de)** *adv.* 10
future **futuro** *adj.*; **porvenir** *m.*
Here's to the future! **¡Por el porvenir!**
in the future **en el futuro**

G

gain weight **aumentar** *v.* **de peso** 15; **engordar** *v.* 15
game **juego** *m.*; (*match*) **partido** *m.* 4
game show **concurso** *m.*
garage (*in a house*) **garaje** *m.* 12; **garaje** *m.* 11; **taller (mecánico)** 11
garden **jardín** *m.* 12
garlic **ajo** *m.* 8
gas station **gasolinera** *f.* 11
gasoline **gasolina** *f.* 11
geography **geografía** *f.* 2
German **alemán, alemana** *adj.* 3
get **conseguir (e:i)** *v.* 4; **obtener** *v.*
get along well/badly (with) **llevarse bien/mal (con)** 9
get bored **aburrirse** *v.*
get off of (a vehicle) **bajar(se)** *v.* **de** 11
get on/into (a vehicle) **subir(se)** *v.* **a** 11
get out of (a vehicle) **bajar(se)** *v.* **de** 11
get up **levantarse** *v.* 7
gift **regalo** *m.* 6
girl **chica** *f.* 1; **muchacha** *f.* 3
girlfriend **novia** *f.* 3
give **dar** *v.* 6, 9; (*as a gift*) **regalar** 9
glass (*drinking*) **vaso** *m.* 12; **vidrio** *m.* 13
(made) of glass **de vidrio** 13
glasses **gafas** *f., pl.* 6
sunglasses **gafas** *f., pl.* **de sol** 6
gloves **guantes** *m., pl.* 6
go **ir** *v.* 4
go away **irse** 7
go by boat **ir en barco** 5
go by bus **ir en autobús** 5
go by car **ir en auto(móvil)** 5
go by motorcycle **ir en motocicleta** 5
go by taxi **ir en taxi** 5
go by the bank **pasar por el banco** 14
go down; **bajar(se)** *v.*
go on a hike (in the mountains) **ir de excursión (a las montañas)** 4
go out **salir** *v.* 9
go out (with) **salir** *v.* **(con)** 9
go up **subir** *v.*
go with **acompañar** *v.* 14
Let's go. **Vamos.** 4
goblet **copa** *f.* 12
going to: be going to (*do something*) **ir a (+ *inf.*)** 4
golf **golf** *m.* 4
good **buen, bueno/a** *adj.* 3, 6
Good afternoon. **Buenas tardes.** 1
Good evening. **Buenas noches.** 1
Good idea. **Buena idea.** 4
Good morning. **Buenos días.** 1
Good night. **Buenas noches.** 1
It's good that... **Es bueno que...** 12
goodbye **adiós** *m.* 1
say goodbye (to) **despedirse** *v.* **(de) (e:i)** 7
good-looking **guapo/a** *adj.* 3
government **gobierno** *m.* 13
graduate (from/in) **graduarse** *v.* **(de/en)** 9
grains **cereales** *m., pl.* 8
granddaughter **nieta** *f.* 3
grandfather **abuelo** *m.* 3
grandmother **abuela** *f.* 3
grandparents **abuelos** *m., pl.* 3
grandson **nieto** *m.* 3
grape **uva** *f.* 8
grass **hierba** *f.* 13
grave **grave** *adj.* 10
gray **gris** *adj. m., f.* 6
great **fenomenal** *adj. m., f.* 5
great-grandfather **bisabuelo** *m.* 3
great-grandmother **bisabuela** *f.* 3
green **verde** *adj. m., f.* 6
greet (each other) **saludar(se)** *v.* 11
greeting **saludo** *m.* 1
Greetings to... **Saludos a...** 1
grilled (*food*) **a la plancha** 8
grilled flank steak **lomo a la plancha** 8
ground floor **planta baja** *f.* 5
guest (*at a house/hotel*) **huésped** *m., f.* 5 (*invited to a function*) **invitado/a** *m., f.* 9
guide **guía** *m., f.* 13
gymnasium **gimnasio** *m.* 4

H

hair **pelo** *m.* 7
hairdresser **peluquero/a** *m., f.*
half **medio/a** *adj.* 3
half-brother **medio hermano** 3
half-sister **media hermana** 3
half-past... (*time*) **...y media** 1

hallway **pasillo** *m.* 12
ham **jamón** *m.* 8
hamburger **hamburguesa** *f.* 8
hand **mano** *f.* 1
Hands up! **¡Manos arriba!**
handsome **guapo/a** *adj.* 3
happen **ocurrir** *v.*
happiness **algería** *v.* 9
Happy birthday! **¡Feliz cumpleaños!** 9
happy **alegre** *adj.* 5; **contento/a** *adj.* 5; **feliz** *adj. m., f.* 5
be happy **alegrarse** *v.* **(de)** 13
hard **difícil** *adj. m., f.* 3
hard-working **trabajador(a)** *adj.* 3
hardly **apenas** *adv.* 10
haste **prisa** *f.* 3
hat **sombrero** *m.* 6
hate **odiar** *v.* 9
have **tener** *v.* 3
Have a good trip! **¡Buen viaje!** 1
have time **tener tiempo** 4
have to (*do something*) **tener que (+ *inf.*)** 3; **deber (+ *inf.*)**
have a tooth removed **sacar(se) un diente** 10
he **él** 1
head **cabeza** *f.* 10
headache **dolor** *m.* **de cabeza** 10
health **salud** *f.* 10
healthy **saludable** *adj. m., f.* 10; **sano/a** *adj.* 10
lead a healthy lifestyle **llevar** *v.* **una vida sana** 15
hear **oír** *v.* 4
heard **oído/a** *p.p.* 14
hearing: sense of hearing **oído** *m.* 10
heart **corazón** *m.* 10
heat **calor** *m.* 5
Hello. **Hola.** 1; (*on the telephone*) **Aló.** 11; **¿Bueno?** 11; **Diga.** 11
help **ayudar** *v.* 12; **servir (e:i)** *v.* 5
help each other **ayudarse** *v.* 11
her **su(s)** *poss. adj.* 3; (of) hers **suyo(s)/a(s)** *poss.* 11
her **la** *f., sing., d.o. pron.* 5
to/for her **le** *f., sing., i.o. pron.* 6
here **aquí** *adv.* 1
Here it is. **Aquí está.** 5
Here we are at/in... **Aquí estamos en...** 2
Hi. **Hola.** 1
highway **autopista** *f.* 11; **carretera** *f.* 11
hike **excursión** *f.* 4
go on a hike **hacer una excursión** 5; **ir de excursión** 4
hiker **excursionista** *m., f.*
hiking **de excursión** 4
him: to/for him **le** *m., sing., i.o. pron.* 6
hire **contratar** *v.*
his **su(s)** *poss. adj.* 3; (of) his **suyo(s)/a(s)** *poss. pron.* 11
his **lo** *m., sing., d.o. pron.* 5
history **historia** *f.* 2
hobby **pasatiempo** *m.* 4
hockey **hockey** *m.* 4
holiday **día** *m.* **de fiesta** 9
home **casa** *f.* 2
home page **página** *f.* **principal** 11
homework **tarea** *f.* 2
hood **capó** *m.* 11; **cofre** *m.* 11
hope **esperar** *v.* **(+ *inf.*)** 2; **esperar** *v.* 13
I hope (that) **ojalá (que)** 13
horror (genre) **de horror** *m.*
hors d'oeuvres **entremeses** *m., pl.* 8
horse **caballo** *m.* 5
hospital **hospital** *m.* 10
hot: be (*feel*) (very) hot **tener (mucho) calor** 3
It's (very) hot. **Hace (mucho) calor.** 5
hotel **hotel** *m.* 5
hour **hora** *f.* 1
house **casa** *f.* 2
household chores **quehaceres** *m. pl.* **domésticos** 12
housekeeper **ama** *m., f.* **de casa** 12
housing **vivienda** *f.* 12
How... ! **¡Qué...!** 3
how **¿cómo?** *adv.* 1
How are you? **¿Qué tal?** 1
How are you?**¿Cómo estás?** *fam.* 1
How are you?**¿Cómo está usted?** *form.* 1
How can I help you? **¿En qué puedo servirles?** 5
How did it go for you...? **¿Cómo le/les fue...?** 15
How is it going? **¿Qué tal?** 1
How is/are...? **¿Qué tal...?** 2
How is the weather? **¿Qué tiempo hace?** 15
How much/many? **¿Cuánto(s)/a(s)?** 1
How much does... cost? **¿Cuánto cuesta...?** 6
How old are you? **¿Cuántos años tienes?** *fam.* 3
however **sin embargo**
hug (each other) **abrazar(se)** *v.* 11
humanities **humanidades** *f., pl.* 2
hundred **cien, ciento** 2
hunger **hambre** *f.* 3
hungry: be (very) hungry **tener** *v.* **(mucha) hambre** 3
hunt **cazar** *v.* 13
hurricane **huracán** *m.*
hurry **apurarse** *v.* 15; **darse prisa** *v.* 15
be in a (big) hurry **tener** *v.* **(mucha) prisa** 3
hurt **doler (o:ue)** *v.* 10
It hurts me a lot... **Me duele mucho...** 10
husband **esposo** *m.* 3

I

I **yo** 1
I am... **Yo soy...** 1
I hope (that) **Ojalá (que)** *interj.* 13
I wish (that) **Ojalá (que)** *interj.* 13
ice cream **helado** *m.* 9
ice cream shop **heladería** *f.* 14
iced **helado/a** *adj.* 8
iced tea **té** *m.* **helado** 8
idea **idea** *f.* 4
if **si** *conj.* 4
illness **enfermedad** *f.* 10
important **importante** *adj.* 3
be important to **importar** *v.* 7
It's important that... **Es importante que...** 12
impossible **imposible** *adj.* 13
it's impossible **es imposible** 13
improbable **improbable** *adj.* 13
it's improbable **es improbable** 13
improve **mejorar** *v.* 13
in **en** *prep.* 2; **por** *prep.* 11
in the afternoon **de la tarde** 1; **por la tarde** 7
in a bad mood **de mal humor** 5
in the direction of **para** *prep.* 1;
in the early evening **de la tarde** 1
in the evening **de la noche** 1; **por la tarde** 7
in a good mood **de buen humor** 5
in the morning **de la mañana** 1; **por la mañana** 7
in love (with) **enamorado/a (de)** 5
in search of **por** *prep.* 11
in front of **delante de** *prep.* 2
increase **aumento** *m.*
incredible **increíble** *adj.* 5
inequality **desigualdad** *f.*
infection **infección** *f.* 10
inform **informar** *v.*
injection **inyección** *f.* 10
give an injection *v.* **poner una inyección** 10
injure (oneself) **lastimarse** 10
injure (one's foot) **lastimarse** *v.* **(el pie)** 10
inner ear **oído** *m.* 10
inside **dentro** *adv.*
insist (on) **insistir** *v.* **(en)** 12
installments: pay in installments **pagar** *v.* **a plazos** 14
intelligent **inteligente** *adj.* 3
intend to **pensar** *v.* **(+ *inf.*)** 4

interest **interesar** *v.* 7
interesting **interesante** *adj.* 3
be interesting to **interesar** *v.* 7
international **internacional** *adj. m., f.*
Internet **Internet** 11
interview **entrevista** *f.*; interview **entrevistar** *v.*
interviewer **entrevistador(a)** *m., f.*
introduction **presentación** *f.*
I would like to introduce (name) to you... **Le presento a...** *form.* 1; **Te presento a...** *fam.* 1
invest **invertir (e:ie)** *v.*
invite **invitar** *v.* 9
iron (clothes) **planchar** *v.* **la ropa** 12
it **lo/la** *sing., d.o., pron.* 5
Italian **italiano/a** *adj.* 3
its **su(s)** *poss. adj.* 3, **suyo(s)/a(s)** *poss. pron.* 11
It's me. **Soy yo.** 1

J

jacket **chaqueta** *f.* 6
January **enero** *m.* 5
Japanese **japonés, japonesa** *adj.* 3
jeans **bluejeans** *m., pl.* 6
jewelry store **joyería** *f.* 14
job **empleo** *m.*; **puesto** *m.*; **trabajo** *m.*
job application **solicitud** *f.* **de trabajo**
jog **correr** *v.*
journalism **periodismo** *m.* 2
journalist **periodista** *m., f.* 3; **reportero/a** *m., f.*
joy **alegría** *f.* 9
give joy **dar** *v.* **alegría** 9
joyful **alegre** *adj.* 5
juice **jugo** *m.* 8
July **julio** *m.* 5
June **junio** *m.* 5
jungle **selva, jungla** *f.* 13
just **apenas** *adv.*
have just done something **acabar de (+** *inf.***)** 6

K

key **llave** *f.* 5
keyboard **teclado** *m.* 11
kilometer **kilómetro** *m.* 11
kind: That's very kind of you. **Muy amable.** 5
kiss **beso** *m.* 9
kiss each other **besarse** *v.* 11
kitchen **cocina** *f.* 12
knee **rodilla** *f.* 10
knife **cuchillo** *m.* 12
know **saber** *v.* 6; **conocer** *v.* 6
know how **saber** *v.* 6

L

laboratory **laboratorio** *m.* 2
lack **faltar** *v.* 7
lake **lago** *m.* 13
lamp **lámpara** *f.* 12
land **tierra** *f.* 13
landlord **dueño/a** *m., f.* 8
landscape **paisaje** *m.* 5
language **lengua** *f.* 2
laptop (computer) **computadora** *f.* **portátil** 11
large **grande** *adj.* 3
large (*clothing size*) **talla grande** 6
last **durar** *v.*; **pasado/a** *adj.* 6; **último/a** *adj.*
last name **apellido** *m.* 3
last night **anoche** *adv.* 6
last week **semana** *f.* **pasada** 6
last year **año** *m.* **pasado** 6
late **tarde** *adv.* 7
later (on) **más tarde** 7
See you later. **Hasta la vista.** 1; **Hasta luego.** 1
laugh **reírse (e:i)** *v.* 9
laughed **reído** *p.p.* 14
laundromat **lavandería** *f.* 14
law **ley** *f.* 13
lawyer **abogado/a** *m., f.*
lazy **perezoso/a** *adj.*
learn **aprender** *v.* **(a +** *inf.***)** 3
least, at **por lo menos** *adv.* 10
leave **salir** *v.* 4; **irse** *v.* 7
leave a tip **dejar una propina** 9
leave behind **dejar** *v.*
leave for (*a place*) **salir para**
leave from **salir de**
left **izquierdo/a** *adj.* 2
be left over **quedar** *v.* 7
to the left of **a la izquierda de** 2
leg **pierna** *f.* 10
lemon **limón** *m.* 8
lend **prestar** *v.* 6
less **menos** *adv.* 10
less... than **menos... que** 8
less than **menos de (+** *number***)**
lesson **lección** *f.* 1
let **dejar** *v.* 12
let's see **a ver** 2
letter **carta** *f.* 4, 14
lettuce **lechuga** *f.* 8
liberty **libertad** *f.*
library **biblioteca** *f.* 2
license (*driver's*) **licencia** *f.* **de conducir** 11
lie **mentira** *f.* 4
life **vida** *f.* 9
of my life **de mi vida** 15
lifestyle: lead a healthy lifestyle **llevar una vida sana** 15
lift **levantar** *v.* 15
lift weights **levantar pesas** 15
light **luz** *f.* 12
like **como** *prep.* 8; **gustar** *v.* 2
I don't like them at all. **No me gustan nada.** 2
I like... **Me gusta(n)...** 2
like this **así** *adv.* 10
like very much **encantar** *v.*; **fascinar** *v.* 7
Do you like...? **¿Te gusta(n)...?** 2
likeable **simpático/a** *adj.* 3
likewise **igualmente** *adv.* 1
line **línea** *f.* 4; **cola** (*queue*) *f.* 14
listen (to) **escuchar** *v.* 2
Listen! (*command*) **¡Oye!** *fam., sing.* 1; **¡Oiga/Oigan!** *form., sing./pl.* 1
listen to music **escuchar música** 2
listen (to) the radio **escuchar la radio** 2
literature **literatura** *f.* 2
little (*quantity*) **poco/a** *adj.* 5; **poco** *adv.* 10
live **vivir** *v.* 3
living room **sala** *f.* 12
loan **préstamo** *m.* 14; **prestar** *v.* 6, 14
lobster **langosta** *f.* 8
located **situado/a** *adj.*
be located **quedar** *v.* 14
long **largo/a** *adj.* 6
look (at) **mirar** *v.* 2
look for **buscar** *v.* 2
lose **perder (e:ie)** *v.* 4
lose weight **adelgazar** *v.* 15
lost **perdido/a** *adj.* 14
be lost **estar perdido/a** 14
lot, a **muchas veces** *adv.* 10
lot of, a **mucho/a** *adj.* 2, 3
love (*another person*) **querer (e:ie)** *v.* 4; (*inanimate objects*) **encantar** *v.* 7 ; **amor** *m.* 9
in love **enamorado/a** *adj.* 5
I loved it! **¡Me encantó!** 15
luck **suerte** *f.* 3
lucky: be (very) lucky **tener (mucha) suerte** 3
luggage **equipaje** *m.* 5
lunch **almuerzo** *m.* 8
have lunch **almorzar (o:ue)** *v.* 4

M

ma'am **señora (Sra.); doña** *f.* 1
mad **enojado/a** *adj.* 5
magazine **revista** *f.* 4
magnificent **magnífico/a** *adj.* 5
mail **correo** *m.* 14; **enviar** *v.*, **mandar** *v.* 14; **echar (una carta) al buzón** 14
mail **correo** *m.* 14; **enviar** *v.*, **mandar** *v.* 14
mail carrier **cartero** *m.* 14
mailbox **buzón** *m.* 14
main **principal** *adj. m., f.* 8
maintain **mantener** *v.* 15
major **especialización** *f.* 2

make **hacer** *v.* 4
make the bed **hacer la cama** 12
makeup **maquillaje** *m.* 7
put on makeup **maquillarse** *v.* 7
man **hombre** *m.* 1
manager **gerente** *m., f.*
many **mucho/a** *adj.* 3
many times **muchas veces** 10
map **mapa** *m.* 2
March **marzo** *m.* 5
margarine **margarina** *f.* 8
marinated fish **ceviche** *m.* 8
lemon-marinated shrimp **ceviche** *m.* **de camarón** 8
marital status **estado** *m.* **civil** 9
market **mercado** *m.* 6
open-air market **mercado al aire libre** 6
marriage **matrimonio** *m.* 9
married **casado/a** *adj.* 9
get married (to) **casarse** *v.* **(con)** 9
marvelous **maravilloso/a** *adj.* 5
marvelously **maravillosamente** *adv.*
massage **masaje** *m.* 15
masterpiece **obra maestra** *f.*
match (*sports*) **partido** *m.* 4
match (with) **hacer** *v.* **juego (con)** 6
mathematics **matemáticas** *f., pl.* 2
matter **importar** *v.* 7
maturity **madurez** *f.* 9
maximum **máximo/a** *adj.* 11
May **mayo** *m.* 5
maybe **tal vez** 5; **quizás** 5
mayonnaise **mayonesa** *f.* 8
me **me** *sing., d.o. pron.* 5
to/for me **me** *sing., i.o. pron.* 6
meal **comida** *f.* 8
means of communication **medios** *m., pl.* **de comunicación**
meat **carne** *f.* 8
mechanic **mecánico/a** *m., f.* 11
mechanic's repair shop **taller mecánico** 11
media **medios** *m., pl.* **de comunicación**
medical **médico/a** *adj.* 10
medication **medicamento** *m.* 10
medicine **medicina** *f.* 10
medium **mediano/a** *adj.*
meet (each other) **encontrar(se)** *v.* 11; **conocerse(se)** *v.* 8
meeting **reunión** *f.*
menu **menú** *m.* 8
message (*telephone*) **recado** *m.* 11, **mensaje** *m.*
Mexican **mexicano/a** *adj.* 3
Mexico **México** *m.* 1
microwave **microonda** *f.* 12
microwave oven **horno** *m.***de microondas** 12
middle age **madurez** *f.* 9
midnight **medianoche** *f.* 1
mile **milla** *f.* 11
milk **leche** *f.* 8
million **millón** *m.* 2
million of **millón de** 2
mine **mío(s)/a(s)** *poss.* 11
mineral **mineral** *m.* 15
mineral water **agua** *f.* **mineral** 8
minute **minuto** *m.* 1
mirror **espejo** *m.* 7
Miss **señorita (Srta.)** *f.* 1
miss **perder (e:ie)** *v.* 4
mistaken **equivocado/a** *adj.*
modem **módem** *m.*
modern **moderno/a** *adj.*
mom **mamá** *f.* 3
Monday **lunes** *m., sing.* 2
money **dinero** *m.* 6
monitor **monitor** *m.* 11
month **mes** *m.* 5
monument **monumento** *m.* 4
moon **luna** *f.* 13
more **más** 2
more... than **más... que** 8
more than **más de (+** *number***)** 8
morning **mañana** *f.* 1
mother **madre** *f.* 3
mother-in-law **suegra** *f.* 3
motor **motor** *m.*
motorcycle **motocicleta** *f.* 5
mountain **montaña** *f.* 4
mouse **ratón** *m.* 11
mouth **boca** *f.* 10
move (*from one house to another*) **mudarse** *v.* 12
movie **película** *f.* 4
movie star **estrella** *f.* **de cine**
movie theater **cine** *m.* 4
MP3 player **reproductor** *m.* **de MP3** 11
Mr. **señor (Sr.); don** *m.* 1
Mrs. **señora (Sra.); doña** *f.* 1
much **mucho/a** *adj.* 2, 3
very much **muchísimo/a** *adj.* 2
municipal **municipal** *adj. m., f.*
murder **crimen** *m.*
muscle **músculo** *m.* 15
museum **museo** *m.* 4
mushroom **champiñón** *m.* 8
music **música** *f.* 2
musical **musical** *adj., m., f.*
musician **músico/a** *m., f.*
must **deber** *v.* **(+** *inf.***)** 3
It must be... **Debe ser...** 6
my **mi(s)** *poss. adj.* 3; **mío(s)/a(s)** *poss. pron.* 11

N

name **nombre** *m.* 1
be named **llamarse** *v.* 7
in the name of **a nombre de** 5
last name **apellido** *m.*
My name is... **Me llamo...** 1
napkin **servilleta** *f.* 12
national **nacional** *adj. m., f.*
nationality **nacionalidad** *f.* 1
natural **natural** *adj. m., f.* 13
natural disaster **desastre** *m.* **natural**
natural resource **recurso** *m.* **natural** 13
nature **naturaleza** *f.* 13
nauseated **mareado/a** *adj.* 10
near **cerca de** *prep.* 2
neaten **arreglar** *v.* 12
necessary **necesario/a** *adj.* 12
It is necessary that... **Hay que...** 12, 14
neck **cuello** *m.* 10
need **faltar** *v.* 7; **necesitar** *v.* **(+** *inf.***)** 2
negative **negativo/a** *adj.*
neighbor **vecino/a** *m., f.* 12
neighborhood **barrio** *m.* 12
neither **tampoco** *adv.* 7
neither... nor **ni... ni** *conj.* 7
nephew **sobrino** *m.* 3
nervous **nervioso/a** *adj.* 5
network **red** *f.* 11
never **nunca** *adj.* 7; **jamás** 7
new **nuevo/a** *adj.* 6
newlywed **recién casado/a** *m., f.* 9
news **noticias** *f., pl.*; **actualidades** *f., pl.*
newscast **noticiero** *m.*
newspaper **periódico** 4; **diario** *m.*
next **próximo/a** *adj.*
next to **al lado de** *prep.* 2
nice **simpático/a** *adj.* 3; **amable** *adj. m., f.* 5
niece **sobrina** *f.* 3
night **noche** *f.* 1
night stand **mesita** *f.* **de noche** 12
nine **nueve** 1
nine hundred **novecientos/as** 2
nineteen **diecinueve** 1
ninety **noventa** 2
ninth **noveno/a** 5
no **no** 1; **ningún, ninguno/a(s)** *adj.* 7
no one **nadie** *pron.* 7
No problem. **No hay problema.** 7
no way **de ninguna manera**
nobody **nadie** 7
none **ningún, ninguno/a(s)** *adj.* 7
noon **mediodía** *m.* 1
nor **ni** *conj.* 7
north **norte** *m.* 14
to the north **al norte** 14
nose **nariz** *f.* 10
not **no** 1
not any **ningún, ninguno/a(s)** *adj.* 7
not anyone **nadie** *pron.* 7

not anything **nada** *pron.* 7
not bad at all **nada mal** 5
not either **tampoco** *adv.* 7
not ever **nunca** *adv.* 7; **jamás** *adv.* 7
not very well **no muy bien** 1
not working **descompuesto/a** *adj.* 11
notebook **cuaderno** *m.* 1
nothing **nada** 1; 7
noun **sustantivo** *m.*
November **noviembre** *m.* 5
now **ahora** *adv.* 2
nowadays **hoy día** *adv.*
nuclear **nuclear** *adj. m., f.* 13
nuclear energy **energía nuclear** 13
number **número** *m.* 1
nurse **enfermero/a** *m., f.* 10
nutrition **nutrición** *f.* 15
nutritionist **nutricionista** *m., f.* 15

O

o'clock: It's... o'clock **Son las...** 1
It's one o'clock. **Es la una.** 1
obey **obedecer** *v.*
obligation **deber** *m.*
obtain **conseguir (e:i)** *v.* 4; **obtener** *v.*
obvious **obvio/a** *adj.* 13
it's obvious **es obvio** 13
occupation **ocupación** *f.*
occur **ocurrir** *v.*
October **octubre** *m.* 5
of **de** *prep.* 1
Of course. **Claro que sí.; Por supuesto.**
offer **oferta** *f.* 12; **ofrecer (c:zc)** *v.* 6
office **oficina** *f.* 12
doctor's office **consultorio** *m.* 10
often **a menudo** *adv.* 10
Oh! **¡Ay!**
oil **aceite** *m.* 8
OK **regular** *adj.* 1
It's okay. **Está bien.**
old **viejo/a** *adj.* 3
old age **vejez** *f.* 9
older **mayor** *adj. m., f.* 3
older brother, sister **hermano/a mayor** *m., f.* 3
oldest **el/la mayor** 8
on **en** *prep.* 2: **sobre** *prep.* 2
on behalf of **por** *prep.* 11
on the dot **en punto** 1
on time **a tiempo** 10
on top of **encima de** 2
once **una vez** 6
one **un, uno/a** *m., f., sing. pron.* 1
one hundred **cien(to)** 2
one million **un millón** *m.* 2
one more time **una vez más** 9
one thousand **mil** 2
one time **una vez** 6
onion **cebolla** *f.* 8
only **sólo** *adv.* 3; **único/a** *adj.* 3
only child **hijo/a único/a** *m., f.* 3
open **abierto/a** *adj.* 5, 14; **abrir** *v.* 3
open-air **al aire libre** 6
opera **ópera** *f.*
operation **operación** *f.* 10
opposite **enfrente de** *prep.* 14
or **o** *conj.* 7
orange **anaranjado/a** *adj.* 6; **naranja** *f.* 8
orchestra **orquesta** *f.*
order **mandar** 12; (*food*) **pedir (e:i)** *v.* 8
in order to **para** *prep.* 11
orderly **ordenado/a** *adj.* 5
ordinal (*numbers*) **ordinal** *adj.*
other **otro/a** *adj.* 6
ought to **deber** *v.* **(+ *inf.*)** *adj.* 3
our **nuestro(s)/a(s)** *poss. adj.* 3; *poss. pron.* 11
out of order **descompuesto/a** *adj.* 11
outskirts **afueras** *f., pl.* 12
oven **horno** *m.* 12
over **sobre** *prep.* 2
own **propio/a** *adj.*
owner **dueño/a** *m., f.* 8

P

p.m. **tarde** *f.* 1
pack (one's suitcases) **hacer** *v.* **las maletas** 5
package **paquete** *m.* 14
page **página** *f.* 11
pain **dolor** *m.* 10
have a pain **tener** *v.* **dolor** 10
paint **pintar** *v.*
painter **pintor(a)** *m., f.*
painting **pintura** *f.* 12
pair **par** *m.* 6
pair of shoes **par** *m.* **de zapatos** 6
pants **pantalones** *m., pl.* 6
pantyhose **medias** *f., pl.* 6
paper **papel** *m.* 2; (*report*) **informe** *m.*
Pardon me. (*May I?*) **Con permiso.** 1; (*Excuse me.*) Pardon me. **Perdón.** 1
parents **padres** *m., pl.* 3; **papás** *m., pl.* 3
park **estacionar** *v.* 11; **parque** *m.* 4
parking lot **estacionamiento** *m.* 14
partner (*one of a married couple*) **pareja** *f.* 9
party **fiesta** *f.* 9
passed **pasado/a** *p.p.*
passenger **pasajero/a** *m., f.* 1
passport **pasaporte** *m.* 5
past **pasado/a** *adj.* 6
pastime **pasatiempo** *m.* 4
pastry shop **pastelería** *f.* 14
patient **paciente** *m., f.* 10
patio **patio** *m.* 12
pay **pagar** *v.* 6
pay in cash **pagar** *v.* **al contado; pagar en efectivo** 14
pay in installments **pagar** *v.* **a plazos** 14
pay the bill **pagar la cuenta** 9
pea **arveja** *m.* 8
peace **paz** *f.*
peach **melocotón** *m.* 8
pear **pera** *f.* 8
pen **pluma** *f.* 2
pencil **lápiz** *m.* 1
penicillin **penicilina** *f.* 10
people **gente** *f.* 3
pepper (*black*) **pimienta** *f.* 8
per **por** *prep.* 11
perfect **perfecto/a** *adj.* 5
perhaps **quizás; tal vez**
permission **permiso** *m.*
person **persona** *f.* 3
pharmacy **farmacia** *f.* 10
phenomenal **fenomenal** *adj.* 5
photograph **foto(grafía)** *f.* 1
physical (*exam*) **examen** *m.* **médico** 10
physician **doctor(a), médico/a** *m., f.* 3
physics **física** *f. sing.* 2
pick up **recoger** *v.* 13
picture **cuadro** *m.* 12; **pintura** *f.* 12
pie **pastel** *m.* 9
pill (tablet) **pastilla** *f.* 10
pillow **almohada** *f.* 12
pineapple **piña** *f.* 8
pink **rosado/a** *adj.* 6
place **lugar** *m.* 4; **poner** *v.* 4
plaid **de cuadros** 6
plans **planes** *m., pl.* 4
have plans **tener planes** 4
plant **planta** *f.* 13
plastic **plástico** *m.* 13
(made) of plastic **de plástico** 13
plate **plato** *m.* 12
platter of fried food **fuente** *f.* **de fritada**
play **drama** *m.;* **comedia** *f.;* **jugar (u:ue)** *v.* 4; (*a musical instrument*) **tocar** *v.;* (*a role*) **hacer el papel de;** (*cards*) **jugar a (las cartas)** 5; (*sports*) **practicar deportes** 4
player **jugador(a)** *m., f.* 4
playwright **dramaturgo/a** *m., f.*
plead **rogar (o:ue)** *v.* 12
pleasant **agradable** *adj. m., f.*
please **por favor** 1

Pleased to meet you. **Mucho gusto.** 1; **Encantado/a.** *adj.* 1
pleasing: be pleasing to **gustar** *v.* 7
pleasure **gusto** *m.* 1; **placer** *m.* 15
It's a pleasure to... **Gusto de** *(+ inf.)*
It's been a pleasure. **Ha sido un placer.** 15
The pleasure is mine. **El gusto es mío.** 1
poem **poema** *m.*
poet **poeta** *m., f.*
poetry **poesía** *f.*
police (force) **policía** *f.* 11
political **político/a** *adj.*
politician **político/a** *m., f.*
politics **política** *f.*
polka-dotted **de lunares** 6
poll **encuesta** *f.*
pollute **contaminar** *v.* 13
polluted **contaminado/a** *m., f.* 13
be polluted **estar contaminado/a** 13
pollution **contaminación** *f.* 13
pool **piscina** *f.* 4
poor **pobre** *adj., m., f.* 6
population **población** *f.* 13
pork **cerdo** *m.* 8
pork chop **chuleta** *f.* **de cerdo** 8
portable **portátil** *adj.* 11
portable computer **computadora** *f.* **portátil** 11
position **puesto** *m.*
possessive **posesivo/a** *adj.* 3
possible **posible** *adj.* 13
it's (not) possible **(no) es posible** 13
post office **correo** *m.* 14
postcard **postal** *f.* 4
poster **cartel** *m.* 12
potato **papa** *f.* 8; **patata** *f.* 8
pottery **cerámica** *f.*
practice **entrenarse** *v.* 15; **practicar** *v.* 2
prefer **preferir (e:ie)** *v.* 4
pregnant **embarazada** *adj. f.* 10
prepare **preparar** *v.* 2
preposition **preposición** *f.*
prescribe *(medicine)* **recetar** *v.* 10
prescription **receta** *f.* 10
present **regalo** *m.*; **presentar** *v.*
press **prensa** *f.*
pressure **presión** *f.*
be under a lot of pressure **sufrir muchas presiones** 15
pretty **bonito/a** *adj.* 3; **bastante** *adv.* 13
price **precio** *m.* 6
(fixed, set) price **precio** *m.* **fijo** 6
print **estampado/a** *adj.*; **imprimir** *v.* 11
printer **impresora** *f.* 11
private *(room)* **individual** *adj.*
prize **premio** *m.*
probable **probable** *adj.* 13
it's (not) probable **(no) es probable** 13
problem **problema** *m.* 1
profession **profesión** *f.* 3
professor **profesor(a)** *m., f.*
program **programa** *m.* 1
programmer **programador(a)** *m., f.* 3
prohibit **prohibir** *v.* 10
promotion *(career)* **ascenso** *m.*
pronoun **pronombre** *m.*
protect **proteger** *v.* 13
protein **proteína** *f.* 15
provided (that) **con tal (de) que** *conj.* 13
psychologist **psicólogo/a** *m., f.*
psychology **psicología** *f.* 2
publish **publicar** *v.*
Puerto Rican **puertorriqueño/a** *adj.* 3
Puerto Rico **Puerto Rico** *m.* 1
pull a tooth **sacar una muela**
purchases **compras** *f., pl.* 5
pure **puro/a** *adj.* 13
purple **morado/a** *adj.* 6
purse **bolsa** *f.* 6
put **poner** *v.* 4; **puesto/a** *p.p.* 14
put (a letter) in the mailbox **echar (una carta) al buzón** 14
put on *(a performance)* **presentar** *v.*
put on *(clothing)* **ponerse** *v.* 7
put on makeup **maquillarse** *v.* 7

Q

quality **calidad** *f.* 6
quarter *(academic)* **trimestre** *m.* 2
quarter after *(time)* **y cuarto** 1; **y quince** 1
quarter to *(time)* **menos cuarto** 1; **menos quince** 1
question **pregunta** *f.* 2
quickly **rápido** *adv.* 10
quiet **tranquilo/a** *adj.* 15
quit **dejar** *v.*
quiz **prueba** *f.* 2

R

racism **racismo** *m.*
radio *(medium)* **radio** *f.* 2
radio (set) **radio** *m.* 11
rain **llover (o:ue)** *v.* 5; **lluvia** *f.* 13
It's raining. **Llueve.** 5; **Está lloviendo.** 5
raincoat **impermeable** *m.* 6
rainforest **bosque** *m.* **tropical** 13
raise *(salary)* **aumento de sueldo**
rather **bastante** *adv.* 10
read **leer** *v.* 3; **leído/a** *p.p.* 14
read e-mail **leer correo electrónico** 4
read a magazine **leer una revista** 4
read a newspaper **leer un periódico** 4
ready **listo/a** *adj.* 5
(Are you) ready? **¿(Están) listos?** 15
reap the benefits (of) *v.* **disfrutar** *v.* **(de)** 15
receive **recibir** *v.* 3
recommend **recomendar (e:ie)** *v.* 8; 12
record **grabar** *v.* 11
recreation **diversión** *f.* 4
recycle **reciclar** *v.* 13
recycling **reciclaje** *m.* 13
red **rojo/a** *adj.* 6
red-haired **pelirrojo/a** *adj.* 3
reduce **reducir** *v.* 13
reduce stress/tension **aliviar el estrés/la tensión** 15
refrigerator **refrigerador** *m.* 12
region **región** *f.* 13
regret **sentir (e:ie)** *v.* 13
related to sitting **sedentario/a** *adj.* 15
relatives **parientes** *m., pl.* 3
relax **relajarse** *v.* 9
remain **quedarse** *v.* 7
remember **acordarse (o:ue)** *v.* **(de)** 7; **recordar (o:ue)** *v.* 4
remote control **control remoto** *m.* 11
rent **alquilar** *v.* 12; (payment) **alquiler** *m.* 12
repeat **repetir (e:i)** *v.* 4
report **informe** *m.*; **reportaje** *m.*
reporter **reportero/a** *m., f.*
representative **representante** *m., f.*
request **pedir (e:i)** *v.* 4
reservation **reservación** *f.* 5
resign (from) **renunciar (a)** *v.*
resolve **resolver (o:ue)** *v.* 13
resolved **resuelto/a** *p.p.* 14
resource **recurso** *m.* 13
responsibility **deber** *m.*; **responsabilidad** *f.*
rest **descansar** *v.* 2
restaurant **restaurante** *m.* 4
résumé **currículum** *m.*
retire (from work) **jubilarse** *v.* 9
return **regresar** *v.* 2; **volver (o:ue)** *v.* 4
returned **vuelto/a** *p.p.* 14
rice **arroz** *m.* 8
rich **rico/a** *adj.* 6

ride a bicycle **pasear** *v.* **en bicicleta** 4
ride a horse **montar** *v.* **a caballo** 5
ridiculous **ridículo/a** *adj.* 13
it's ridiculous **es ridículo** 13
right **derecha** *f.* 2
be right **tener razón** 3
right? (*question tag*) **¿no?** 1; **¿verdad?** 1
right away **enseguida** *adv.* 9
right here **aquí mismo** 11
right now **ahora mismo** 5
right there **allí mismo** 14
to the right of **a la derecha de** 2
rights **derechos** *m.*
ring (*a doorbell*) **sonar (o:ue)** *v.* 11
river **río** *m.* 13
road **camino** *m.*
roast **asado/a** *adj.* 8
roast chicken **pollo** *m.* **asado** 8
rollerblade **patinar en línea** *v.*
romantic **romántico/a** *adj.*
room **habitación** *f.* 5; **cuarto** *m.* 2; 7
living room **sala** *f.* 12
roommate **compañero/a** *m., f.* **de cuarto** 2
roundtrip **de ida y vuelta** 5
roundtrip ticket **pasaje** *m.* **de ida y vuelta** 5
routine **rutina** *f.* 7
rug **alfombra** *f.* 12
run **correr** *v.* 3
run errands **hacer diligencias** 14
run into (*have an accident*) **chocar (con)** *v.*; (*meet accidentally*) **encontrar(se) (o:ue)** *v.* 11; (*run into something*) **darse (con)** 10
run into (each other) **encontrar(se) (o:ue)** *v.* 11
rush **apurarse, darse prisa** *v.* 15
Russian **ruso/a** *adj.* 3

S

sad **triste** *adj.* 5; 13
it's sad **es triste** 13
safe **seguro/a** *adj.* 5
said **dicho/a** *p.p.* 14
salad **ensalada** *f.* 8
salary **salario** *m.*; **sueldo** *m.*
sale **rebaja** *f.* 6
salesperson **vendedor(a)** *m., f.* 6
salmon **salmón** *m.* 8
salt **sal** *f.* 8
same **mismo/a** *adj.* 3
sandal **sandalia** *f.* 6
sandwich **sándwich** *m.* 8
Saturday **sábado** *m.* 2
sausage **salchicha** *f.* 8
save (*on a computer*) **guardar** *v.* 11; save (money) **ahorrar** *v.* 14
savings **ahorros** *m.* 14
savings account **cuenta** *f.* **de ahorros** 14
say **decir** *v.* 4; **declarar** *v.*
say (that) **decir (que)** *v.* 4, 9
say the answer **decir la respuesta** 4
scarcely **apenas** *adv.* 10
scared: be (very) scared (of) **tener (mucho) miedo (de)** 3
schedule **horario** *m.* 2
school **escuela** *f.* 1
science *f.* **ciencia** 2
science fiction **ciencia ficción** *f.*
scientist **científico/a** *m., f.*
screen **pantalla** *f.* 11
scuba dive **bucear** *v.* 4
sculpt **esculpir** *v.*
sculptor **escultor(a)** *m., f.*
sculpture **escultura** *f.*
sea **mar** *m.* 5
season **estación** *f.* 5
seat **silla** *f.* 2
second **segundo/a** 5
secretary **secretario/a** *m., f.*
sedentary **sedentario/a** *adj.* 15
see **ver** *v.* 4
see (you, him, her) again **volver a ver(te, lo, la)**
see movies **ver películas** 4
See you. **Nos vemos.** 1
See you later. **Hasta la vista.** 1; **Hasta luego.** 1
See you soon. **Hasta pronto.** 1
See you tomorrow. **Hasta mañana.** 1
seem **parecer** *v.* 6
seen **visto/a** *p.p.* 14
sell **vender** *v.* 6
semester **semestre** *m.* 2
send **enviar; mandar** *v.* 14
separate (from) **separarse** *v.* **(de)** 9
separated **separado/a** *adj.* 9
September **septiembre** *m.* 5
sequence **secuencia** *f.*
serious **grave** *adj.* 10
serve **servir (e:i)** *v.* 8
set (*fixed*) **fijo** *adj.* 6
set the table **poner la mesa** 12
seven **siete** 1
seven hundred **setecientos/as** 2
seventeen **diecisiete** 1
seventh **séptimo/a** 5
seventy **setenta** 2
several **varios/as** *adj. pl.* 8
sexism **sexismo** *m.*
shame **lástima** *f.* 13
it's a shame **es una lástima** 13
shampoo **champú** *m.* 7
shape **forma** *f.* 15
be in good shape **estar en buena forma** 15
stay in shape **mantenerse en forma** 15
share **compartir** *v.* 3
sharp (*time*) **en punto** 1
shave **afeitarse** *v.* 7
shaving cream **crema** *f.* **de afeitar** 7
she **ella** 1
shellfish **mariscos** *m., pl.* 8
ship **barco** *m.*
shirt **camisa** *f.* 6
shoe **zapato** *m.* 6
shoe size **número** *m.* 6
shoe store **zapatería** *f.* 14
tennis shoes **zapatos** *m., pl.* **de tenis** 6
shop **tienda** *f.* 6
shopping, to go **ir de compras** 5
shopping mall **centro comercial** *m.* 6
short (*in height*) **bajo/a** *adj.* 3; (*in length*) **corto/a** *adj.* 6
short story **cuento** *m.*
shorts **pantalones cortos** *m., pl.* 6
should (*do something*) **deber** *v.* **(+ *inf.*)** 3
show **espectáculo** *m.*; **mostrar (o:ue)** *v.* 4
game show **concurso** *m.*
shower **ducha** *f.* 7; **ducharse** *v.* 7
shrimp **camarón** *m.* 8
siblings **hermanos/as** *pl.* 3
sick **enfermo/a** *adj.* 10
be sick **estar enfermo/a** 10
get sick **enfermarse** *v.* 10
sign **firmar** *v.* 14; **letrero** *m.* 14
silk **seda** *f.* 6
(made of) **de seda** 6
silly **tonto/a** *adj.* 3
since **desde** *prep.*
sing **cantar** *v.* 2
singer **cantante** *m., f.*
single **soltero/a** *adj.* 9
single room **habitación** *f.* **individual** 5
sink **lavabo** *m.* 7
sir **señor (Sr.), don** *m.* 1
sister **hermana** *f.* 3
sister-in-law **cuñada** *f.* 3
sit down **sentarse (e:ie)** *v.* 7
six **seis** 1
six hundred **seiscientos/as** 2
sixteen **dieciséis** 1
sixth **sexto/a** 5
sixty **sesenta** 2
size **talla** *f.* 6
shoe size *m.* **número** 6
(in-line) skate **patinar (en línea)** 4
skateboard **andar en patineta** *v.* 4
ski **esquiar** *v.* 4
skiing **esquí** *m.* 4

water-skiing **esquí** *m.* **acuático** 4
skirt **falda** *f.* 6
sky **cielo** *m.* 13
sleep **dormir (o:ue)** *v.* 4; **sueño** *m.* 3
go to sleep **dormirse (o:ue)** *v.* 7
sleepy: be (very) sleepy **tener (mucho) sueño** 3
slender **delgado/a** *adj.* 3
slim down **adelgazar** *v.* 15
slippers **pantuflas** *f.* 7
slow **lento/a** *adj.* 11
slowly **despacio** *adv.* 10
small **pequeño/a** *adj.* 3
smart **listo/a** *adj.* 5
smile **sonreír (e:i)** *v.* 9
smiled **sonreído** *p.p.* 14
smoggy: It's (very) smoggy. **Hay (mucha) contaminación.** 4
smoke **fumar** *v.* 8; 15
(not) to smoke **(no) fumar** 15
smoking section **sección** *f.* **de fumar** 8
(non) smoking section *f.* **sección de (no) fumar** 8
snack **merendar** *v.* 8; 15; afternoon snack **merienda** *f.* 15
have a snack **merendar** *v.*
sneakers **los zapatos de tenis** 6
sneeze **estornudar** *v.* 10
snow **nevar (e:ie)** *v.* 5; **nieve** *f.*
snowing: It's snowing. **Nieva.** 5; **Está nevando.** 5
so (*in such a way*) **así** *adv.* 10; **tan** *adv.* 5
so much **tanto** *adv.*
so-so **regular** 1, **así así**
so that **para que** *conj.* 13
soap **jabón** *m.* 7
soap opera **telenovela** *f.*
soccer **fútbol** *m.* 4
sociology **sociología** *f.* 2
sock(s) **calcetín (calcetines)** *m.* 6
sofa **sofá** *m.* 12
soft drink **refresco** *m.* 8
software **programa** *m.* **de computación** 11
soil **tierra** *f.* 13
solar **solar** *adj., m., f.* 13
solar energy **energía solar** 13
soldier **soldado** *m., f.*
solution **solución** *f.* 13
solve **resolver (o:ue)** *v.* 13
some **algún, alguno/a(s)** *adj.* 7; **unos/as** *pron./ m., f., pl; indef. art.* 1
somebody **alguien** *pron.* 7
someone **alguien** *pron.* 7
something **algo** *pron.* 7
sometimes **a veces** *adv.* 10
son **hijo** *m.* 3
song **canción** *f.*
son-in-law **yerno** *m.* 3
soon **pronto** *adv.* 10
See you soon. **Hasta pronto.** 1
sorry: be sorry **sentir (e:ie)** *v.* 13
I'm sorry. **Lo siento.** 4
I'm so sorry. **Mil perdones.** 4; **Lo siento muchísimo.** 4
soup **caldo** *m.* 8; **sopa** *f.* 8
south **sur** *m.* 14
to the south **al sur** 14
Spain **España** *f.* 1
Spanish (*language*) **español** *m.* 2; **español(a)** *adj.* 3
spare (free) time **ratos libres** 4
speak **hablar** *v.* 2
spectacular **espectacular** *adj. m., f.* 15
speech **discurso** *m.*
speed **velocidad** *f.* 11
speed limit **velocidad** *f.* **máxima** 11
spelling **ortografía** *f.*, **ortográfico/a** *adj.*
spend (*money*) **gastar** *v.* 6
spoon (*table or large*) **cuchara** *f.* 12
sport **deporte** *m.* 4
sports-related **deportivo/a** *adj.* 4
spouse **esposo/a** *m., f.* 3
sprain (one's ankle) **torcerse (o:ue)** *v.* **(el tobillo)** 10
sprained **torcido/a** *adj.* 10
be sprained **estar torcido/a** 10
spring **primavera** *f.* 5
(city or town) square **plaza** *f.* 4
stadium **estadio** *m.* 2
stage **etapa** *f.* 9
stairs **escalera** *f.* 12
stairway **escalera** *f.* 12
stamp **estampilla** *f.* 14; **sello** *m.* 14
stand in line **hacer** *v.* **cola** 14
star **estrella** *f.* 13
start (*a vehicle*) **arrancar** *v.* 11; (*establish*) **establecer** *v.*
station **estación** *f.* 5
statue **estatua** *f.*
status: marital status **estado** *m.* **civil** 9
stay **quedarse** *v.* 7
stay in shape **mantenerse en forma** 15
steak **bistec** *m.* 8
steering wheel **volante** *m.* 11
step **etapa** *f.*
stepbrother **hermanastro** *m.* 3
stepdaughter **hijastra** *f.* 3
stepfather **padrastro** *m.* 3
stepmother **madrastra** *f.* 3
stepsister **hermanastra** *f.* 3
stepson **hijastro** *m.* 3
stereo **estéreo** *m.* 11
still **todavía** *adv.* 5
stockbroker **corredor(a)** *m., f.* **de bolsa**
stockings **medias** *f., pl.* 6
stomach **estómago** *m.* 10
stone **piedra** *f.* 13
stop **parar** *v.* 11
stop (*doing something*) **dejar de (+** *inf.***)** 13
store **tienda** *f.* 6
storm **tormenta** *f.*
story **cuento** *m.;* **historia** *f.*
stove **cocina, estufa** *f.* 12
straight **derecho** *adj.* 14
straight (ahead) **derecho** 14
straighten up **arreglar** *v.* 12
strange **extraño/a** *adj.* 13
it's strange **es extraño** 13
strawberry **frutilla** *f.* 8, **fresa**
street **calle** *f.* 11
stress **estrés** *m.* 15
stretching **estiramiento** *m.* 15
do stretching exercises **hacer ejercicios**; *m. pl.* **de estiramiento** 15
strike (*labor*) **huelga** *f.*
stripe **raya** *f.* 6
striped **de rayas** 6
stroll **pasear** *v.* 4
strong **fuerte** *adj. m. f.* 15
struggle (for/against) **luchar** *v.* **(por/contra)**
student **estudiante** *m., f.* 1; 2; **estudiantil** *adj.* 2
study **estudiar** *v.* 2
stuffed-up (*sinuses*) **congestionado/a** *adj.* 10
stupendous **estupendo/a** *adj.* 5
style **estilo** *m.*
suburbs **afueras** *f., pl.* 12
subway **metro** *m.* 5
subway station **estación** *f.* **del metro** 5
success **éxito** *m.*
successful: be successful **tener éxito**
such as **tales como**
suddenly **de repente** *adv.* 6
suffer **sufrir** *v.* 10
suffer an illness **sufrir una enfermedad** 10
sugar **azúcar** *m.* 8
suggest **sugerir (e:ie)** *v.* 12
suit **traje** *m.* 6
suitcase **maleta** *f.* 1
summer **verano** *m.* 5
sun **sol** *m.* 5; 13
sunbathe **tomar** *v.* **el sol** 4
Sunday **domingo** *m.* 2
(sun)glasses **gafas** *f., pl.* **(oscuras/de sol)** 6; **lentes** *m. pl.* **(de sol)** 6
sunny: It's (very) sunny. **Hace (mucho) sol.** 5
supermarket **supermercado** *m.* 14
suppose **suponer** *v.* 4
sure **seguro/a** *adj.* 5
be sure **estar seguro/a** 5
surf (*the Internet*) **navegar** *v.* **(en Internet)** 11

surprise **sorprender** *v.* 9;
sorpresa *f.* 9
survey **encuesta** *f.*
sweat **sudar** *v.* 15
sweater **suéter** *m.* 6
sweep the floor **barrer el suelo** 12
sweets **dulces** *m., pl.* 9
swim **nadar** *v.* 4
swimming **natación** *f.* 4
swimming pool **piscina** *f.* 4
symptom **síntoma** *m.* 10

T

table **mesa** *f.* 2
tablespoon **cuchara** *f.* 12
tablet (*pill*) **pastilla** *f.* 10
take **tomar** *v.* 2; **llevar** *v.* 6;
take care of **cuidar** *v.* 13
take someone's temperature **tomar** *v.* **la temperatura** 10
take (*wear*) a shoe size **calzar** *v.* 6
take a bath **bañarse** *v.* 7
take a shower **ducharse** *v.* 7
take off **quitarse** *v.* 7
take out the trash *v.* **sacar la basura** 12
take photos **tomar** *v.* **fotos** 5; **sacar** *v.* **fotos** 5
talented **talentoso/a** *adj.*
talk **hablar** *v.* 2
talk show **programa** *m.* **de entrevistas**
tall **alto/a** *adj.* 3
tank **tanque** *m.* 11
tape recorder **grabadora** *f.* 1
taste **probar (o:ue)** *v.* 8; **saber** *v.* 8
taste like **saber a** 8
tasty **rico/a** *adj.* 8; **sabroso/a** *adj.* 8
tax **impuesto** *m.*
taxi **taxi** *m.* 5
tea **té** *m.* 8
teach **enseñar** *v.* 2
teacher **profesor(a)** *m., f.* 1, 2; **maestro/a** *m., f.*
team **equipo** *m.* 4
technician **técnico/a** *m., f.*
telecommuting **teletrabajo** *m.*
telephone **teléfono** 11
cellular telephone **teléfono** *m.* **celular** 11
television **televisión** *f.* 2; 11
television set **televisor** *m.* 11
tell **contar** *v.* 4; **decir** *v.* 4
tell (that) **decir** *v.* **(que)** 4, 9
tell lies **decir mentiras** 4
tell the truth **decir la verdad** 4
temperature **temperatura** *f.* 10
ten **diez** 1
tennis **tenis** *m.* 4
tennis shoes **zapatos** *m., pl.* **de tenis** 6
tension **tensión** *f.* 15
tent **tienda** *f.* **de campaña**
tenth **décimo/a** 5
terrible **terrible** *adj. m., f.* 13
it's terrible **es terrible** 13
terrific **chévere** *adj.*
test **prueba** *f.* 2; **examen** *m.* 2
text message **mensaje** *m.* **de texto** 11
Thank you. **Gracias.** *f., pl.* 1
Thank you (very much). **(Muchas) gracias.** 1
Thank you very, very much. **Muchísimas gracias.** 9
Thanks (a lot). **(Muchas) gracias.** 1
Thanks again. (lit. Thanks one more time.) **Gracias una vez más.** 9
Thanks for everything. **Gracias por todo.** 9; 15
that **que, quien(es), lo que** *pron.* 12
that (one) **ése, ésa, eso** *pron.* 6; **ese, esa,** *adj.* 6
that (*over there*) **aquél, aquélla, aquello** *pron.* 6; **aquel, aquella** *adj.* 6
that which **lo que** *conj.* 12
that's me **soy yo** 1
That's not the way it is. **No es así.**
that's why **por eso** 11
the **el** *m.*, **la** *f. sing.*, **los** *m.*, **las** *f., pl.* 1
theater **teatro** *m.*
their **su(s)** *poss. adj.* 3; **suyo(s)/a(s)** *poss. pron.* 11
them **los/las** *pl., d.o. pron.* 5
to/for them **les** *pl., i.o. pron.* 6
then (*afterward*) **después** *adv.* 7; (*as a result*) **entonces** *adv.* 7; (*next*) **luego** *adv.* 7; **pues** *adv.* 15
there **allí** *adv.* 5
There is/are... **Hay...** 1;
There is/are not... **No hay...** 1
therefore **por eso** 11
these **éstos, éstas** *pron.* 6; **estos, estas** *adj.* 6
they **ellos** *m.*, **ellas** *f. pron.*
thin **delgado/a** *adj.* 3
thing **cosa** *f.* 1
think **pensar (e:ie)** *v.* 4; (believe) **creer** *v.*
think about **pensar en** *v.* 4
third **tercero/a** 5
thirst **sed** *f.* 3
thirsty: be (very) thirsty **tener (mucha) sed** 3
thirteen **trece** 1
thirty **treinta** 1; 2; thirty (*minutes past the hour*) **y treinta; y media** 1
this **este, esta** *adj.*; **éste, ésta, esto** *pron.* 6
This is... (*introduction*) **Éste/a es...** 1
This is he/she. (*on telephone*) **Con él/ella habla.** 11
those **ésos, ésas** *pron.* 6; **esos, esas** *adj.* 6
those (over there) **aquéllos, aquéllas** *pron.* 6; **aquellos, aquellas** *adj.* 6
thousand **mil** *m.* 6
three **tres** 1
three hundred **trescientos/as** 2
throat **garganta** *f.* 10
through **por** *prep.* 11
throughout: throughout the world **en todo el mundo** 13
Thursday **jueves** *m., sing.* 2
thus (*in such a way*) **así** *adj.*
ticket **boleto** *m.*; **pasaje** *m.* 5
tie **corbata** *f.* 6
time **vez** *f.* 6; **tiempo** *m.* 4
have a good/bad time **pasarlo bien/mal** 9
We had a great time. **Lo pasamos de película.**
What time is it? **¿Qué hora es?** 1
(At) What time...? **¿A qué hora...?** 1
times **veces** *f., pl.* 6
many times **muchas veces** 10
two times **dos veces** 6
tip **propina** *f.* 9
tire **llanta** *f.* 11
tired **cansado/a** *adj.* 5
be tired **estar cansado/a** 5
to **a** *prep.* 1
toast (*drink*) **brindar** *v.* 9
toast **pan** *m.* **tostado**
toasted **tostado/a** *adj.* 8
toasted bread **pan tostado** *m.* 8
toaster **tostadora** *f.* 12
today **hoy** *adv.* 2
Today is... **Hoy es...** 2
toe **dedo** *m.* **del pie** 10
together **juntos/as** *adj.* 9
toilet **inodoro** *m.* 7
tomato **tomate** *m.* 8
tomorrow **mañana** *f.* 1
See you tomorrow. **Hasta mañana.** 1
tonight **esta noche** *adv.* 4
too **también** *adv.* 2; 7
too much **demasiado** *adv.* 6; **en exceso** 15
tooth **diente** *m.* 7
toothpaste **pasta** *f.* **de dientes** 7
tornado **tornado** *m.*
tortilla **tortilla** *f.* 8
touch **tocar** *v.* 13
tour an area **recorrer** *v*; **excursión** *f.* 4
tourism **turismo** *m.* 5
tourist **turista** *m., f.* 1; **turístico/a** *adj.*
toward **hacia** *prep.* 14;

para *prep.* 11
towel **toalla** *f.* 7
town **pueblo** *m.* 4
trade **oficio** *m.*
traffic **circulación** *f.* 11; **tráfico** *m.* 11
traffic signal **semáforo** *m.*
tragedy **tragedia** *f.*
trail **sendero** *m.* 13
trailhead **sendero** *m.* 13
train **entrenarse** *v.* 15; **tren** *m.* 5
train station **estación** *f.* **(de) tren** *m.* 5
trainer **entrenador(a)** *m., f.* 15
translate **traducir** *v.* 6
trash **basura** *f.* 12
travel **viajar** *v.* 2
travel agent **agente** *m., f.* **de viajes** 5
traveler **viajero/a** *m., f.* 5
(traveler's) check **cheque (de viajero)** 14
treadmill **cinta caminadora** *f.* 15
tree **árbol** *m.* 13
trillion **billón** *m.*
trimester **trimestre** *m.* 2
trip **viaje** *m.* 5
take a trip **hacer un viaje** 5
tropical forest **bosque** *m.* **tropical** 13
true **verdad** *adj.* 13
it's (not) true **(no) es verdad** 13
trunk **baúl** *m.* 11
truth **verdad** *f.*
try **intentar** *v.;* **probar (o:ue)** *v.* 8
try *(to do something)* **tratar de (+ *inf.*)** 15
try on **probarse (o:ue)** *v.* 7
t-shirt **camiseta** *f.* 6
Tuesday **martes** *m., sing.* 2
tuna **atún** *m.* 8
turkey **pavo** *m.* 8
turn **doblar** *v.* 14
turn off *(electricity/appliance)* **apagar** *v.* 11
turn on *(electricity/appliance)* **poner** *v.* 11; **prender** *v.* 11
twelve **doce** 1
twenty **veinte** 1
twenty-eight **veintiocho** 1
twenty-five **veinticinco** 1
twenty-four **veinticuatro** 1
twenty-nine **veintinueve** 1
twenty-one **veintiún, veintiuno/a** 1
twenty-seven **veintisiete** 1
twenty-six **veintiséis** 1
twenty-three **veintitrés** 1
twenty-two **veintidós** 1
twice **dos veces** 6
twin **gemelo/a** *m., f.* 3
twisted **torcido/a** *adj.* 10
be twisted **estar torcido/a** 10
two **dos** 1
two hundred **doscientos/as** 2
two times **dos veces** 6

U

ugly **feo/a** *adj.* 3
uncle **tío** *m.* 3
under **bajo** *adv.* 7; **debajo de** *prep.* 2
understand **comprender** *v.* 3; **entender (e:ie)** *v.* 4
underwear **ropa interior** 6
unemployment **desempleo** *m.*
United States **Estados Unidos (EE.UU.)** *m. pl.* 1
university **universidad** *f.* 2
unless **a menos que** *adv.* 13
unmarried **soltero/a** *adj.*
unpleasant **antipático/a** *adj.* 3
until **hasta** *prep.* 6; **hasta que** *conj.* 13
up **arriba** *adv.* 15
urgent **urgente** *adj.* 12
It's urgent that... **Es urgente que...** 12
us **nos** *pl., d.o. pron.* 5
to/for us **nos** *pl., i.o. pron.* 6
use **usar** *v.* 6
used for **para** *prep.* 11
useful **útil** *adj. m., f.*

V

vacation **vacaciones** *f., pl.* 5
be on vacation **estar de vacaciones** 5
go on vacation **ir de vacaciones** 5
vacuum **pasar** *v.* **la aspiradora** 12
vacuum cleaner **aspiradora** *f.* 12
valley **valle** *m.* 13
various **varios/as** *adj. m., f. pl.* 8
VCR **videocasetera** *f.* 11
vegetables **verduras** *pl., f.* 8
verb **verbo** *m.*
very **muy** *adv.* 1
very much **muchísimo** *adv.* 2
(Very) well, thank you. **(Muy) bien, gracias.** 1
video **video** *m.* 1
video camera **cámara** *f.* **de video** 11
video(cassette) **video(casete)** *m.* 11
videoconference **videoconferencia** *f.*
video game **videojuego** *m.* 4
vinegar **vinagre** *m.* 8
violence **violencia** *f.*
visit **visitar** *v.* 4
visit monuments **visitar monumentos** 4
vitamin **vitamina** *f.* 15
volcano **volcán** *m.* 13
volleyball **vóleibol** *m.* 4
vote **votar** *v.*

W

wait (for) **esperar** *v.* **(+ *inf.*)** 2
waiter/waitress **camarero/a** *m., f.* 8
wake up **despertarse (e:ie)** *v.* 7
walk **caminar** *v.* 2
take a walk **pasear** *v.* 4;
walk around **pasear por** 4
walkman ***walkman*** *m.*
wall **pared** *f.* 12
wallet **cartera** *f.* 6
want **querer (e:ie)** *v.* 4
war **guerra** *f.*
warm (oneself) up **calentarse (e:ie)** *v.* 15
wash **lavar** *v.* 12
wash one's face/hands **lavarse la cara/las manos** 7
wash (the floor, the dishes) **lavar (el suelo, los platos)** 12
wash oneself **lavarse** *v.* 7
washing machine **lavadora** *f.* 12
wastebasket **papelera** *f.* 2
watch **mirar** *v.* 2; **reloj** *m.* 2
watch television **mirar (la) televisión** 2
water **agua** *f.* 8
water pollution **contaminación del agua** 13
water-skiing **esquí** *m.* **acuático** 4
way **manera** *f.*
we **nosotros(as)** *m., f.* 1
weak **débil** *adj. m., f.* 15
wear **llevar** *v.* 6; **usar** *v.* 6
weather **tiempo** *m.*
The weather is bad. **Hace mal tiempo.** 5
The weather is good. **Hace buen tiempo.** 5
weaving **tejido** *m.*
Web **red** *f.* 11
website **sitio** *m.* **web** 11
wedding **boda** *f.* 9
Wednesday **miércoles** *m., sing.* 2
week **semana** *f.* 2
weekend **fin** *m.* **de semana** 4
weight **peso** *m.* 15
lift weights **levantar** *v.* **pesas** *f., pl.* 15
welcome **bienvenido(s)/a(s)** *adj.* 12
well **pues** *adv.* 2; **bueno** *adv.* 2;
(Very) well, thanks. **(Muy) bien, gracias.** 1
well-being **bienestar** *m.* 15
well organized **ordenado/a** *adj.*
west **oeste** *m.* 14
to the west **al oeste** 14
western *(genre)* **de vaqueros**
what **lo que** *pron.* 12
what? **¿qué?** 1
At what time...? **¿A qué hora...?** 1

What a pleasure to… ! **¡Qué gusto (+ *inf.*)…**
What day is it? **¿Qué día es hoy?** 2
What do you guys think? **¿Qué les parece?** 9
What happened? **¿Qué pasó?** 11
What is today's date? **¿Cuál es la fecha de hoy?** 5
What nice clothes! **¡Qué ropa más bonita!** 6
What size do you take? **¿Qué talla lleva (usa)?** 6
What time is it? **¿Qué hora es?** 1
What's going on? **¿Qué pasa?** 1
What's happening? **¿Qué pasa?** 1
What's. . . like? **¿Cómo es...?** 3
What's new? **¿Qué hay de nuevo?** 1
What's the weather like? **¿Qué tiempo hace?** 5
What's wrong? **¿Qué pasó?** 11
What's your name? **¿Cómo se llama usted?** *form.* 1
What's your name? **¿Cómo te llamas (tú)?** *fam.* 1
when **cuando** *conj.* 7; 13
When? **¿Cuándo?** 2
where **donde**
where (to)? (*destination*) **¿adónde?** 2; (*location*) **¿dónde?** 1
Where are you from? **¿De dónde eres (tú)?** (*fam.*) 1; **¿De dónde es (usted)?** (*form.*) 1
Where is...? **¿Dónde está...?** 2
(to) where? **¿adónde?** 2
which **que** *pron.*, **lo que** *pron.* 12
which? **¿cuál?** 2; **¿qué?** 2
In which...? **¿En qué...?** 2
which one(s)? **¿cuál(es)?** 2
while **mientras** *adv.* 10
white **blanco/a** *adj.* 6
white wine **vino blanco** 8
who **que** *pron.* 12; **quien(es)** *pron.* 12
who? **¿quién(es)?** 1
Who is...? **¿Quién es...?** 1
Who is calling? (*on telephone*) **¿De parte de quién?** 11
Who is speaking? (*on telephone*) **¿Quién habla?** 11
whole **todo/a** *adj.*
whom **quien(es)** *pron.* 12
whose? **¿de quién(es)?** 1
why? **¿por qué?** 2
widower/widow **viudo/a** *adj.* 9
wife **esposa** *f.* 3
win **ganar** *v.* 4
wind **viento** *m.* 5
window **ventana** *f.* 2
windshield **parabrisas** *m., sing.* 11
windy: It's (very) windy. **Hace (mucho) viento.** 5
wine **vino** *m.* 8
red wine **vino tinto** 8
white wine **vino blanco** 8
wineglass **copa** *f.* 12
winter **invierno** *m.* 5
wish **desear** *v.* 2; **esperar** *v.* 13
I wish (that) **ojalá (que)** 13
with **con** *prep.* 2
with me **conmigo** 4; 9
with you **contigo** *fam.* 9
within (ten years) **dentro de (diez años)** *prep.*
without **sin** *prep.* 2; 13; 15; **sin que** *conj.* 13
woman **mujer** *f.* 1
wool **lana** *f.* 6
(made of) wool **de lana** 6
word **palabra** *f.* 1
work **trabajar** *v.* 2; **funcionar** *v.* 11; **trabajo** *m.* 16
work (*of art, literature, music, etc.*) **obra** *f.*
work out **hacer gimnasia** 15
world **mundo** *m.* 13
worldwide **mundial** *adj. m., f.*
worried (about) **preocupado/a (por)** *adj.* 5
worry (about) **preocuparse** *v.* **(por)** 7
Don't worry. **No se preocupe.** *form.* 7; **Tranquilo.; No te preocupes.;** *fam.* 7
worse **peor** *adj. m., f.* 8
worst **el/la peor, lo peor** 8
Would you like to...? **¿Te gustaría...?** *fam.* 4
write **escribir** *v.* 3
write a letter/post card/e-mail message **escribir una carta/postal/mensaje electrónico** 4
writer **escritor(a)** *m., f*
written **escrito/a** *p.p.* 14
wrong **equivocado/a** *adj.* 5
be wrong **no tener razón** 3

X

X-ray **radiografía** *f.* 10

Y

yard **jardín** *m.* 12; **patio** *m.* 12
year **año** *m.* 5
be... years old **tener... años** 3
yellow **amarillo/a** *adj.* 6
yes **sí** *interj.* 1
yesterday **ayer** *adv.* 6
yet **todavía** *adv.* 5
yogurt **yogur** *m.* 8
You **tú** *fam.* **usted (Ud.)** *form. sing.* **vosotros/as** *m., f. fam.* **ustedes (Uds.)** *form.* 1; (to, for) you *fam. sing.* **te** *pl.* **os** 6; *form. sing.* **le** *pl.* **les** 6
you **te** *fam., sing.,* **lo/la** *form., sing.,* **os** *fam., pl.,* **los/las** *form., pl, d.o. pron.* 5
You don't say! **¡No me digas!** *fam.;* **¡No me diga!** *form.* 11
You are. . . **Tú eres...** 1
You're welcome. **De nada.** 1; **No hay de qué.** 1
young **joven** *adj.* 3
young person **joven** *m., f.* 1
young woman **señorita (Srta.)** *f.*
younger **menor** *adj. m., f.* 3
younger: younger brother, sister *m., f.* **hermano/a menor** 3
youngest **el/la menor** *m., f.* 8
your **su(s)** *poss. adj. form.* 3
your **tu(s)** *poss. adj. fam. sing.* 3
your **vuestro/a(s)** *poss. adj. form. pl.* 3
your(s) *form.* **suyo(s)/a(s)** *poss. pron. form.* 11
your(s) **tuyo(s)/a(s)** *poss. fam. sing.* 11
your(s) **vuestro(s)/a(s)** *poss. fam.* 11
youth *f.* **juventud** 9

Z

zero **cero** *m.* 1

Text Credits

474–475 © Carmen Laforet. Fragment of the novel *Nada*, reprinted by permission of Random House Publishing Group.
505–506 © Gabriel García Márquez, *Un día de éstos*, reprinted by permission of Carmen Balcells.

Fine Art Credits

67 (ml) Diego Velázquez. *Las meninas*. 1656. Derechos reservados © Museo Nacional del Prado, Madrid. Photograph © José Blanco/VHL
105 Oswaldo Guayasamín. *Madre y niño en azul*. 1986. Cortesía Fundación Guayasamín. Quito, Ecuador.
136 Frida Kahlo. *Autorretrato con mono*. 1938. Oil on masonite, overall 16 x 12" (40.64 x 30.48 cms). Albright-Knox Art Gallery, Buffalo, New York. Bequest of A. Conger Goodyear, 1966.

Illustration Credits

Hermann Mejía: 5, 14, 15, 17, 18, 22, 23, 29, 50, 52, 63 (b), 73, 83 (b), 86, 94, 95, 97, 119, 123, 130, 143, 150 (l), 153, 156, 161, 165, 167 (b), 177, 197, 199, 212, 213, 218, 222, 232, 235, 255, 265, 269, 278, 288, 297, 311, 328, 329, 333, 358, 361, 364, 365, 367, 392, 401, 403, 407, 432, 439, 441, 473, 499, 503.
Pere Virgili: 2–3, 36–37, 58, 70–71, 83 (t), 108–109, 110, 140–141, 142, 157, 160, 167 (t), 174–175, 198, 210–211, 242–243, 244, 276–277, 308–309, 342–343, 344, 376–377, 378, 416–417, 418, 450–451, 452, 482–483, 484.
Yayo: 9, 43, 77, 115, 149, 181, 217, 251, 283, 315, 349, 383, 423, 457, 489.

Photography Credits

Martín Bernetti: 1, 3, 4, 16 (c, m), 19, 38, 53, 64, 65, 71, 72 (tl, tm, r, bml, bmr, br), 82, 89 (r), 90, 98, 99 (b), 101, 104, 105 (t, ml, b), 109 (b), 131, 134, 189, 193 (tl, tr, ml, mr), 194, 195, 202, 203, 221, 223, 226, 227, 238 (tl, tr), 239 (tl, br), 247, 279, 298 (t), 321, 325, 355, 360, 379, 406, 466, 485, 506, 507.
Carlos Gaudier: 168, 169, 170 (tl, tr, ml, mr), 171 (tl, bl).
Corbis: **11** (tr) © Hans Georg Roth. **19** (r) © 1999 Charles Gupton. **32** (tr) © Robert Holmes. **44** (t) © Pablo Corral V. **54** © Charles Gupton. **66** (m) © Elke Stolzenberg, (b) © Reuters. **67** (br) © Owen Franken, (tl) © Patrick Almasy, (tr) © Jean-Pierre Lescourret. **69** © Ronnie Kaufman. **78** (tr) © Rafael Pérez/Reuters, (b) © Martial Trezzini/epa. **79** (t) © Reuters. **97** © George Shelley. **100** © Tom & Dee Ann McCarthy. **107** © Jon Feingersh. **109** (t) © George Shelley. **116** (b) © Reuters. **117** (t) © Reuters. **133** © Images.com. **135** © AFP Photo/Juan Barreto. **136** (tl) © George D. Lepp, (mr) Peter Guttman, (b) Reuters. **137** (tr) © Bettman, (br) Greg Vaughn. **150** (r) © Jeremy Horner. **151** (b) © Mark A. Johnson. **155** © Ronnie Kaufman. **171** (br) © Steve Chenn. **205** (t) © Manuel Zambrana. **238** (bm) © Charles & Josette Lenars, (lm) © Richard Smith. **239** (bl) © Jeremy Horner. **253** (tr) © Carlos Cazalis, (br) © Carlos Cazalis. **257** © José Luis Pelaez, Inc. **272** (t) © Bob Winsett, (ml, mr, b) © Dave G. Houser. **273** (tl) © Reuters Newmedia, Inc./Jorge Silva, (tr) © Michael & Patricia Fogden, (bl) © Jon Butchofsky-Houser, (br) © Paul W. Liebhardt. **284** ® © PictureNet. **304** (ml) © Dave G. Houser, (tr, mtr) © Mcduff Everton, (tl) © Pablo Corral V., (mbr) © AFP/Macarena Minguell, (bl, br) © Bettman. **305** (tl) © Wolfgang Kaehler, (bl) © Roger Ressmeyer, (br) © Charles O'rear. **329** © Lawrence Kesterson. **336** (m) © Jan Butchofsky-Houser, (ml) © Bill Gentile, (mr) © Dave G. Houser, (b) © Bob Winsett. **337** (r,b) © Martin Rogers. **338** (tl) © Jeremy Horner, (tr, m) © Bill Gentile, (b) © Stephen Frink. **339** (tl) © Brian A. Vikander, (r) © Reuters NewMedia Inc./Claudia Daut, (bl) © Gary Braasch. **341** © PictureNet. **370** (m, mr) Galen Rowell. **371** (t) Pablo Corral V. **372** (tl) © Bettmann, (tr) © Reuters/Andres Stapff, (m) © Diego Lezama Orezzoli, (b) © Tim Graham. **373** (tl) © Stephanie Maze, (r) © SI/Simon Bruty, (ml) © Reuters/Andres Stapff, (bl) © Wolfgang Kaehler. **375** © Rolf Bruderer. **384** (1) © Dusko Despotovic. **410** (tl) © Kevin Schafer, (tr, b) Danny Lehman. **411** (tl) © Danny Lehman, (ml) Ralf A. Clavenger, (b) Jose & Fuste Raga. **412** (tl) © José F. Poblete, (tr) © Peter Guttman, (ml) © Leif Skoogfors, (mr) © Lake County Museum. **413** (tl) © Guy Motil. **415** © Michael de Young. **417** (tr) Stephanie Maze. **428** © Karl & Anne Purcell. **444** (tr) Carl & Anne Purcell. **445** (tl) Gianni Dagli Orti, (tr) Stringer/Mexico/Reuters, (br) © Jeremy Horner. **446** (tl) © Stuart Westmorland, (tr, ml) © Macduff Everton, (mr) © Tony Arruza. **447** (tl) © Macduff Everton. **475** © Bureau L.A. Collection. **476** (t) John Madere, (mt) Kevin Schafer, (mb) Buddy Mays, (b) Peter Guttmann. **477** (tl) Reuters/New Media Inc./Kimberly White, (bl, br) Pablo Corral V. **478** (tr) © Reinhard Eisele, (m) © Richard Bickel. **479** (tl) © Jeremy Horner, (r) © Reuters NewMedia Inc./Marc Serota, (bl) © Lawrence Manning. **495** © Sygma. **501** © Michael Keller. **510** (tl) © Anders Ryman, (m) © Reuters NewMedia Inc./Sergio Moraes, (b) © Pablo Corral V. **511** (tl) © Hubert Stadler, (r) AFP Photo/Gonzalo Espinoza, (bl) © Wolfgang Kaehler. **512** (t) © Peter Guttman, (ml) © Paul Almasy, (b) © Carlos Carrión. **513** (r) © Joel Creed; Ecoscene.

AP Wide World Photos: 78 (tl) © David Cantor. 79 (b) © Juanjo Martin. **285** (t) © Simon Cruz, (b) © Karel Navarro. **316** (b) Ricardo Figueroa. **493** © Mark Lennihan, File.
Alamy: cover © ImageState. **45** (b) © Michele Molinari. **137** © Greg Vaughn. **151** (t) © Christopher Pillitz. **424** (t) Clive Tully. **425** (br) David South. **475** AM Corporation. **491** (l) VStock. **509** (b) Hemis.
Dreamstime: **284** (l) © Sylwia Blaszczyszyn.
Getty Images: **11** (l) © Mark Mainz. **116** (t) © Javier Soriano/AFP. **117** (b) © Daniel García/AFP. **139** © Robert Harding World Imagery. **171** (tr) PhotoDisk. **183** (l) © Guiseppe Carace, (br) © Mark Mainz, (tr) © Carlos Álvarez. **205** (m) © Lucy Nicholson/ AFP. **206** (t,b) © PhotoDisk. **207** (tl) © Don Emmert/AFP. **284** © Tim Graham. **303** © Alberto Tamargo. **305** (tr) © PhotoDisk. **317** (b) Kiko Castro/AFP. **409** (t) Paul Hawthorne. **447** (r) © Elmer Martínez/AFP. **490** (l) © Krysztof Dydynski.
Lonely Planet Images: **11** (br) © 2000 Wes Walker. **252** (b) © Greg Elms. **425** (tr) Krzysztof Dydynski, (l) Eric L Wheater.
Masterfile: **241** © Mark Leibowitz.
The Picture-desk: **207** (br) © Road Movie Prods/The Kobal Collection. **317** (m) The Art Archive/Templo Mayor Library Mexico/ Dagli Orti. **409** (b) Miramax/Columbia/The Kobal Collection/Torres, Rico.
Misc.: 33 (br) © DominiCanada. **35** © Jimmy Dorantes/Latin Focus. **63** (tr) © Hola Images/Workbook.com. **103** (t, m) images are in the public domain, (bl) © Yoyo (br) © Brentwood. **110** (b) Reprinted by permission of Juana Macíos Alba. **182** (t) © Robert Frerck/Odyssey Productions. **205** (b) © The Celia Cruz Foundation. **206** (tl, bmr) © Robert Frerck/Odyssey Productions. **238** (b) © Yann-Arthus Bertrand. **247** © Network Productions/IndexStock Imagery. **253** (l) © Studio Bonisolli/StockFood Munich. 298 (b) Esteban Corbo/VHL. **307** © Jimmy Dorantes/Latin Focus. **351** (b) © Gabrielle Wallace, (t) © Esteban Corbo. **385** (bl) Maribel García. **449** © David R. Frazier/Danita Delimont.com. **458** (l) www.metro.df.gob.mx. **459** (t, b) ©2006 Barragan Foundation, Birsfelden, Switzerland/ProLitteris, Zürich, Switzerland, for the work of Luis Barragán. **474** www.joanducros.net Permission Requested. Best efforts made. **509** (t) © Los Kjarkas.

About the Authors

José A. Blanco founded Vista Higher Learning in 1998. A native of Barranquilla, Colombia, Mr. Blanco holds degrees in Literature and Hispanic Studies from Brown University and the University of California, Santa Cruz. He has worked as a writer, editor, and translator for Houghton Mifflin and D.C. Heath and Company and has taught Spanish at the secondary and university levels. Mr. Blanco is also the co-author of several other Vista Higher Learning programs: **Panorama, Aventuras,** and **¡Viva!** at the introductory level, **Ventanas, Facetas, Enfoques, Imagina,** and **Sueña** at the intermediate level, and **Revista** at the advanced conversation level.

Philip Redwine Donley received his M.A. in Hispanic Literature from the University of Texas at Austin in 1986 and his Ph.D. in Foreign Language Education from the University of Texas at Austin in 1997. Dr. Donley taught Spanish at Austin Community College, Southwestern University, and the University of Texas at Austin. He published articles and conducted workshops about language anxiety management, and the development of critical thinking skills, and was involved in research about teaching languages to the visually impaired. Dr. Donley was also the co-author of **Aventuras** and **Panorama**, two other introductory college Spanish textbook programs published by Vista Higher Learning.

About the Illustrators

Yayo, an internationally acclaimed illustrator, was born in Colombia. He has illustrated children's books, newspapers, and magazines, and has been exhibited around the world. He currently lives in Montreal, Canada.

Pere Virgili lives and works in Barcelona, Spain. His illustrations have appeared in textbooks, newspapers, and magazines throughout Spain and Europe.

Born in Caracas, Venezuela, **Hermann Mejía** studied illustration at the *Instituto de Diseño de Caracas*. Hermann currently lives and works in the United States.

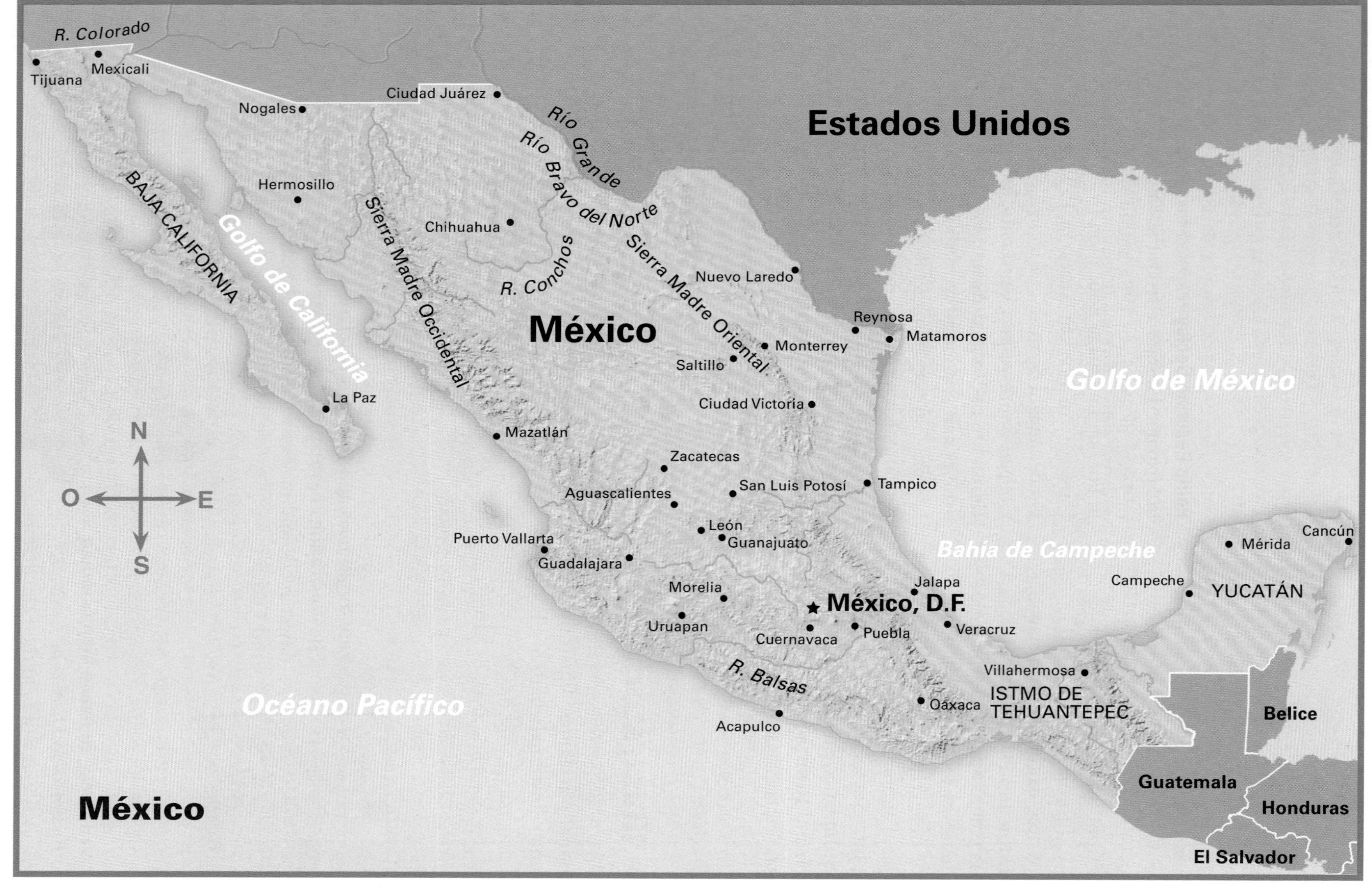
México
Estados Unidos
R. Colorado
Tijuana
Mexicali
Nogales
Ciudad Juárez
Río Grande
Río Bravo del Norte
Hermosillo
BAJA CALIFORNIA
Golfo de California
Chihuahua
Sierra Madre Occidental
R. Conchos
Sierra Madre Oriental
Nuevo Laredo
México
Reynosa
Matamoros
Monterrey
Saltillo
Ciudad Victoria
La Paz
Golfo de México
N
O
E
S
Mazatlán
Zacatecas
San Luis Potosí
Tampico
Aguascalientes
León
Guanajuato
Puerto Vallarta
Guadalajara
Bahía de Campeche
Mérida
Cancún
Campeche
YUCATÁN
Jalapa
México, D.F.
Morelia
Uruapan
Cuernavaca
Puebla
Veracruz
R. Balsas
Villahermosa
Oaxaca
ISTMO DE TEHUANTEPEC
Océano Pacífico
Acapulco
Belice
Guatemala
Honduras
El Salvador
México

América Central y el Caribe
N
O
E
S
Estados Unidos
Golfo de México
Océano Atlántico
Estrecho de la Florida
Canal de Yucatán
Islas Bahamas
La Habana
Pinar del Río
Matanzas
Cienfuegos
Cuba
Camagüey
Guantánamo
Santiago de Cuba
Haití
Puerto Príncipe
República Dominicana
Santo Domingo
Puerto Rico
Mayagüez
San Juan
Ponce
Jamaica
Kingston
México
Belice
Belmopan
Guatemala
Quetzaltenango
Ciudad de Guatemala
Copán
Honduras
Tegucigalpa
San Salvador
El Salvador
Nicaragua
Managua
Mar Caribe
Puntarenas
San José
Limón
Costa Rica
Canal de Panamá
Colón
Panamá
Islas de San Blas
Colombia
Venezuela
Océano Pacífico
Islas Vírgenes (EE.UU. y R.U.)
Antigua
Antillas Menores
Guadalupe
Dominica
Martinica
Sta. Lucía
San Vicente
Barbados
Granada
Aruba
Bonaire
Curaçao
Isla de Margarita
Puerto España
Trinidad y Tobago

Mar Caribe
Barranquilla
Maracaibo
Caracas
Puerto España
Trinidad y Tobago
Venezuela
R. Orinoco
Georgetown
Guyana
Paramaribo
Surinam
Cayena
Guayana Francesa
Medellín
Colombia
Bogotá
Cali
Pasto
Quito
Ecuador
Guayaquil
R. Negro
R. Amazonas
Belém
Manaus
Iquitos
Perú
R. Madeira
Cordillera de los Andes
Recife
Lima
Cuzco
Lago Titicaca
Brasil
Salvador
Brasilia
Arequipa
La Paz
Bolivia
Arica
Sucre
R. Paraguay
R. Paraná
Belo Horizonte
Océano Pacífico
Iquique
Antofagasta
Paraguay
São Paulo
Santos
Río de Janeiro
Salta
Asunción
Chile
R. Uruguay
R. Paraná
Córdoba
Porto Alegre
Valparaíso
Mendoza
Rosario
Santiago
Buenos Aires
Uruguay
Montevideo
Concepción
Argentina
Océano Atlántico
Bahía Blanca
Puerto Montt
Cordillera de los Andes
N
O
E
S
Estrecho de Magallanes
Islas Malvinas
Punta Arenas
Tierra del Fuego
América del Sur
Islas Galápagos
Océano Pacífico
Isla Pinta
Isla Marchena
Isla Genovesa
Isla Isabela
Línea Ecuatorial
ECUADOR
Volcán Darwin
Isla Santiago
(San Salvador)
Isla Fernandina
Puerto Ayora
Isla San Cristóbal
Santo Tomás
Isla Santa Cruz
Puerto Baquerizo Moreno
Isla Santa María
Isla Española

Mar Cantábrico
Océano Atlántico
Gijón
Avilés
Santander
La Coruña
Oviedo
CANTABRIA
San Sebastián
Bilbao
GALICIA
ASTURIAS
PAÍS VASCO
Pamplona
Pirineos
Andorra
NAVARRA
Burgos
LA RIOJA
Pontevedra
Vigo
Palencia
CATALUÑA
Gerona
Zamora
Valladolid
Lérida
Braga
Zaragoza
Barcelona
CASTILLA-LEÓN
Oporto
Salamanca
España
ARAGÓN
Tarragona
Segovia
Ávila
Madrid
Coimbra
Serra da Estrela
COMUNIDAD VALENCIANA
Menorca
Islas Baleares
Toledo
Cáceres
Valencia
Palma
Mallorca
Portugal
EXTREMADURA
CASTILLA-LA MANCHA
Lisboa
Mérida
Badajoz
Ibiza
Setúbal
Albacete
Formentera
Sierra Morena
Mar Mediterráneo
Córdoba
Alicante
Murcia
Jaén
Sevilla
ANDALUCÍA
Cartagena
Huelva
Granada
Sierra Nevada
Almería
N
O
E
S
Cádiz
Málaga
Algeciras
Gibraltar (R.U.)
Estrecho de Gibraltar
Ceuta (Esp.)
Melilla (Esp.)
Marruecos
Islas Canarias
La Palma
Santa Cruz de la Palma
Lanzarote
Tenerife
Santa Cruz de Tenerife
Gomera
Arrecife
Hierro
Las Palmas
Puerto del Rosario
Fuerteventura
Gran Canaria
Marruecos
Océano Atlántico